Die Schauspiele

der

Englischen Komödianten in Deutschland.

Herausgegeben

von

Julius Tittmann.

Leipzig:

F. A. Brockhaus.

1880.

Einleitung.

Die „Schauspiele aus dem sechzehnten Jahrhundert", welche den zweiten und dritten Band unserer Sammlung bilden, sind mit einem Ueberblick über die Geschichte des deutschen Dramas eröffnet worden. Es mußte am Schlusse desselben als ein besonders folgenreiches Ereigniß das Er= scheinen fremder Berufsschauspieler in Deutschland hervor= gehoben werden. Wir haben dort die sogenannten Englischen Komödianten seit der Ankunft der ersten Gesellschaft in Deutschland auf ihren Wanderungen durch verschiedene volk= reiche Städte bis zu ihrem Auftreten an deutschen Fürsten= höfen begleitet und dabei die Eigenthümlichkeit ihrer Pro= ductionen, ihrer Bühneneinrichtung und sonstigen Dar= stellungsmittel geschildert, soweit dies zur Beurtheilung ihrer außergewöhnlichen Leistungen und des eingreifenden Unter= schieds zwischen diesen und der scenischen Genügsamkeit der alten Volks= und Schulbühne erforderlich schien.

Eine kennbare Wandlung im deutschen Drama konnte schon dort an den Dichtungen Jakob Ayrer's von Nürnberg nachgewiesen werden, der, fruchtbar und geschickt, der Form nach den Vertretern der alten Weise noch zugerechnet werden darf. Die Analyse einer Reihe seiner Stücke hat den Einfluß der Fremden sowol in den Stoffen wie in der dramaturgischen Behandlung außer Zweifel gesetzt.

Die unmittelbare Einwirkung der englischen Bühnenkunst

auf die deutsche dramatische Dichtung noch vor dem Schluß
des Jahrhunderts weiter zu verfolgen, betrachten wir als
eine fernere Aufgabe unserer Sammlung deutscher Dichter
jener Zeit. Dafür schien der Weg in folgender Weise vor-
gezeichnet. An einen erneuerten Abdruck der hervorragendsten
unter den von den Engländern vorgeführten Stücken, wie
sie der vorliegende Band bietet, hat sich in einem besondern
Bande eine Auswahl aus den in demselben Geiste und
für dieselbe Darstellungsweise verfaßten Schauspielen eines
deutschen Fürsten anzuschließen, dessen besondere Neigung den
Englischen Komödianten zuerst eine dauernde Stätte für
die Ausübung ihrer Kunst darbot. Eine eingehende kritische
Darlegung des Inhalts sämmtlicher durch diese herüber-
gebrachten Stücke, soweit sie zugänglich sind, soll zugleich die
weitern und nähern Quellen derselben, die eigenthümliche Art
der Behandlung der Originale, das Verfahren bei der Uebertragung ins Deutsche und der Zurichtung für die Mittel,
über welche sie verfügten, zu schildern versuchen. Dem so
gewonnenen Bilde wird eine Zeichnung der Thätigkeit des
Herzogs Heinrich Julius von Braunschweig für die
von ihm gegründete Bühne gegenüber gestellt werden. Auch
hier kam es uns darauf an, den Inhalt aller seiner Stücke
darzulegen, den Quellen der gewählten Stoffe nachzugehen
und den allgemeinen Zweck wie die speciellen Tendenzen des
Verfassers der Anschauung unserer Zeit näher zu bringen,
während die Auswahl der wieder abgedruckten Schauspiele
sich nach den leitenden Grundsätzen unsers Unternehmens
zu beschränken hat.

Der eine, mühseligere Theil unserer Arbeit wird auch
allen, die vom wissenschaftlichen Standpunkt aus sich für die
Sache interessiren, willkommen sein, da die Originaldrucke
sämmtlicher alten Spiele schwer zugänglich sind. Von den
Englischen Komödien sind nur einzelne neu abgedruckt, die von
des Herzogs von Braunschweig Schauspielen besorgte Ge-
sammtausgabe ist für beschränkte Kreise bestimmt; überall
aber blieb eine literarhistorische Behandlung des Ganzen und

Einzelnen in dem hier ausgesprochenen Sinne noch immer zu wünschen übrig.

Daß die eben herübergekommenen Fremden die mitgebrachten Stücke in ihrer eigenen Sprache spielten, liegt in der Natur der Sache. Das Fremdartige schon sicherte ihnen einen Erfolg; außerdem wissen wir, daß es bei diesen Vorstellungen nicht auf die Aufführung eines Schauspiels allein abgesehen war: musikalische Einlagen, Tänze, die Künste der Springer und Aequilibristen, die Späße der Clowns sorgten für hinreichende Unterhaltung auf einer Bühne, die nur für kurze Zeit aufgeschlagen wurde. Die Künstler zogen weiter und hatten vor einem neuen Publikum denselben Erfolg, bei dem sie ihre Rechnung fanden. Der Gebrauch der englischen Sprache ist für die früheste Zeit ausdrücklich bezeugt, für Hildesheim im Jahre 1599. Zur selben Zeit war vielleicht dieselbe Truppe, aus „elf jungen und raschen Gesellen" bestehend, in Münster. Sie gaben verschiedene Komödien „in ihrer englischen Sprache" und begannen und endeten die Vorstellungen mit Musik. Ihr Orchester bestand aus Lauten, Zithern, Violen, Pfeifen u. dgl.; dabei führten sie „neue und fremde" Tänze auf. Vor allen gefiel der Schalksnarr, der schon im Stande war, seine Witze deutsch vorzubringen, und zwischen den Acten während des Umkleidens der Spieler agierte. (Vgl. Röchell's münsterische Chronik, herausgegeben von Janssen, Münster 1855, bei Albert Cohn, „Shakespeare in Germany" S. CXXXV fg.)

Die Kenntniß der englischen Sprache war übrigens in Deutschland verbreiteter, als man gewöhnlich anzunehmen geneigt ist. Die Verbindung deutscher Höfe mit dem britischen, durch Gesandtschaften und Negotiationen unterhalten, der Geschäftsverkehr mit England und in Deutschland ansässigen Engländern, namentlich in den Hafen= und Handelsstädten, sind bei dieser Annahme übersehen worden. Auch die lateinischen Schulkomödien wurden ja besucht; wie bei diesen konnte eine Inhaltsangabe, ein deutsches „Argumentum", dem Verständniß zu Hülfe kommen.

Anders aber gestaltete sich die Sache da, wo die Eng=
länder sich dauernd niederließen; sie vermochten durch die
Vielseitigkeit ihrer Leistungen und den dabei zur Schau ge=
tragenen Flitterstaat wol anzuziehen, aber ein besseres Publi=
kum nicht festzuhalten. So mußten sie sich entschließen,
Deutsch zu lernen und Uebertragungen ihrer Stücke zu be=
sorgen; am Hofe des Landgrafen zu Kassel waren sie sogar
contractlich dazu verpflichtet.

Ein Theil solcher deutschen Bearbeitungen — denn von
eigentlicher Uebersetzung kann kaum die Rede sein — aus einer
Zeit, wo die Kunst der Fremden sich schon ein verhältniß=
mäßig großes Gebiet der Verbreitung erobert hatte, und
bevor der Krieg ihren Wanderungen ein Ende machte oder
dieselben auf weniger heimgesuchte Gegenden beschränkte, ist
im Jahre 1620 gesammelt und gedruckt worden. Das
Buch ist wol eine Geschäftsunternehmung und geht sicher
nicht von Schauspielern aus, denn diese hatten an der
Veröffentlichung ihrer Stücke kein Interesse. Der Ver=
fasser der Vorrede, der sich als einen Mann von halbwegs
gelehrter Bildung zeigt, leitet die Sammlung mit einer
Apologie des Schauspielerstandes ein, indem er sich auf die
Ehre und die Auszeichnung, die einzelnen Mimen bei
den Römern zutheil wurde, beruft, um auf die eigentliche
Absicht des Buchs zu kommen. „Wenn dann zu unsern
Zeiten die Englischen Komödianten, theils wegen artiger
Inventionen, theils wegen Anmuthigkeit ihrer Geberden, auch
öfters Zierlichkeit im Reden, bei hohen und Niederstands=
personen großes Lob erlangen, und dadurch viel hurtige und
wackere Ingenia zu dergleichen Inventionen Lust und Be=
liebung haben, sich darin zu üben: also hat man ihnen hierin
willfahren und diese Tragödien und Komödien ihnen zum
Besten in öffentlichen Druck geben wollen. Da man nun
vermerken wird, daß sie ihnen lieb und angenehm, sollen
derselben bald mehr darauf folgen; unterdessen wollen sie
diese nützlich und wohl gebrauchen und ihnen gefallen lassen.“
Es scheint, daß der Herausgeber an den Gebrauch für

Dilettantenbühnen, Studenten= und Schüleracte gedacht habe. Wirklich findet sich dafür wenigstens ein Beispiel bezeugt: In Bautzen wurde von den Schülern des Gymnasiums eine „Deutsche Comödie Von eim Könige von England und des Königs Tochter aus Schottland" aus dem „Pickelhäring" aufgeführt. Diese Bezeichnung des Buches wird dadurch entstanden sein, daß auf dem Titel desselben das Wort besonders hervorgehoben wird.

Der Bearbeiter der Schauspiele selbst verräth ebenfalls überall trotz der lateinischen Brocken, die er einzumischen liebt, eine nur sehr oberflächliche Schulbildung. Er stand wahrscheinlich mit Englischen Schauspielern in Verbindung, vielleicht gehörte er als ein heruntergekommener Magister oder Student einer Truppe an. Daß er ein Deutscher war, glaube ich aus einzelnen Anklängen an die deutsche Volks= dichtung, namentlich aber aus der Aufnahme eines ältern deutschen Stücks nach eigener Bearbeitung abnehmen zu dürfen. Wo seine Sprachkenntniß nicht ausreichte, scheinen Engländer so gut es gehen wollte ausgeholfen zu haben. Nur in einem Falle, beim „Titus Andronicus", hat einer der Fremden den größten Theil der Arbeit selbst übernommen, um die rohe Behandlung eines abschreckenden Stoffs fast unlesbar zu machen. Schon hier wollen wir bemerken, daß die englischen Originale nicht vollständig vorgelegen haben können. Es konnten nur die Rollenbücher, vielleicht gar nur die einzelnen ausgeschriebenen Partien benutzt werden. Darauf scheint auch die Bemerkung auf dem Titel hinzudeuten: „Dergestalt in Druck gegeben, daß sie daraus leicht wieder angerichtet werden können."

Das Buch enthält acht „Comödien und Tragödien", zwei „Pickelhäringsspiele" und fünf „Actionen" oder „Aufzüge", Zwischenspiele mit Gesang und für die Aufführung durch Clowns bestimmt. Wir führen dieselben, da eine chronologische Anordnung nicht thunlich war, in selbstgewählter Reihefolge vor, indem wir, um die Uebersicht zu erleichtern, die Inhaltsangaben und kritischen Bemerkungen zu denjenigen

Stücken, welche für den Wiederabdruck nicht geeignet schienen, den von uns ausgewählten voranstellen.

I. Eins der größern Dramen der Sammlung steht in allernächster Beziehung zu einer bekannten Dichtung Shake=speare's. Obgleich dasselbe in seiner unbeholfenen Darstellung und wahrhaft erbärmlichen Sprache keine Spur vom Geiste des britischen Dichterfürsten verräth, darf es doch des Inhalts wegen die Beachtung derjenigen beanspruchen, die in ihrer Arbeit an der Geschichte der Dichtung auf poetischen Genuß, wie das häufig genug geboten ist, vollkommen. zu verzichten haben. Der Titel: „Eine klägliche Tragoedia von Tito Andronico und der hoffärtigen Kaiserin, darin=nen denkwürdige Actiones zu befinden", weist auf die gleichnamige Dichtung hin, die man heute, wenn auch mit einem gewissen Widerstreben nicht allein wegen der Wahl des Stoffs, sondern auch wegen der Behandlung desselben, die sich übrigens durch die Zeit der Entstehung erklären, als Shakespeare's Werk anerkennen muß. Der erste bekannte Druck: „The most lamentable Tragedie of Titus Andro-nicus", nennt das Jahr 1600; der zweite, nur in Kleinig=keiten abweichende erschien 1611. Danach, um eine Scene vermehrt (III, 2), wurde die Dichtung als Shakespeare's Eigenthum in die Folioausgabe von 1623 aufgenommen. Der „Titus" gehört indessen zu den ältesten Werken des Dich=ters und wird noch vor 1590 entstanden sein. Schon 1593 findet sich ein bislang nicht wieder aufgefundener Druck desselben in die Register der Londoner Buchhändlerinnung eingetragen. Aufführungen eines „Titus und Vespasian" werden seit 1591 häufiger erwähnt: in Henslowe's „Diary" zuerst als neu den 11. April des genannten Jahrs, darauf ein „Titus Andronicus", ebenfalls als neu, den 23. Januar 1593. So wird also das Drama bis zu seiner jetzigen Gestalt verschiedene Wandlungen durchgemacht haben. Ein Vespasian kömmt bei Shakespeare nicht mehr vor. In der deutschen Bearbeitung ist er der Sohn des alten Titus und als der Rächer seines Vaters eine der Hauptpersonen des

Stücks, während keiner der übrigen Namen mit den bekann=
ten Shakespeare'schen zusammentrifft. Man darf also an=
nehmen, daß die Schauspieler eine der ersten Abfassungen
mit herüberbrachten. Eine weitere Frage drängt sich freilich
dabei auf: Könnte nicht diese Abfassung die Arbeit eines
ältern Dichters sein, welcher Shakespeare's Hand eine Gestalt
verlieh, in der das Stück der Bühne, der er selbst angehörte,
würdiger erschien? Hierüber sowie über die ursprüngliche
Quelle des Stoffs gibt die deutsche Tragödie der Untersuchung
keinen Anhaltspunkt. Die bekannte Ballade bei Percy („Reliques of ancient english Poetry", I, 184 fg.), die den Geist
des verstorbenen römischen Feldherrn seine grauenhaften
Schicksale erzählen läßt, weicht in wesentlichen Zügen von
beiden Fassungen ab, am entschiedensten darin, daß Titus
erst dem Kaiser und dann sich selbst den Tod gibt. Das
im Volkston gehaltene kleine Gedicht wurde zugleich mit dem
Drama in die genannten Buchhändlerregister eingetragen, war
aber schon vorher das Eigenthum eines andern Verlegers
gewesen, könnte also nur mit der ältesten Fassung der Tra=
gödie in Zusammenhang stehen; eine freie Schöpfung ist es
sicher nicht, schwerlich aber ein versificirter Auszug einer
ältern noch nicht wieder aufgefundenen Prosaerzählung. Auch
scheint die Einführung des Titus als eines Geistes we=
nigstens eine allgemeine Kenntniß der Geschichte beim Pu=
blikum vorauszusetzen. So liegt die Vermuthung nahe, daß
die Ballade, als fliegendes Blatt gedruckt, ursprünglich die
Bestimmung hatte, als Reclame für die Aufführung der
Tragödie zu dienen, und nach der Quelle selbst wäre dann
noch zu suchen.

Der Schauplatz des Sieges, den Titus erfochten hat,
ist in unserer Bearbeitung nach Aethiopien verlegt. Es ist das
offenbar eine für deutsche Zuschauer, die von einem Gothen=
reich vielleicht noch weniger wußten als vom Mohrenland,
berechnete Erfindung des Uebersetzers. Die Aenderung ist
sehr ungeschickt. Die Königin „Anthiopissa", die Tamora
Shakespeare's, soll der Bühnenanweisung zufolge als „schön'

und weiß" erscheinen, ebenso wie ihre ehelichen Söhne; nur
der Mohr ist schwarz wie das Kind, die Frucht seines Um-
gangs mit ihr!

Dem deutschen Uebersetzer war das Thatsächliche die
Hauptsache: die rohen Schlächtereien, das Thyestische Mahl,
deren einzelne Scenen wie auf der Wachstuchtafel eines
Orgeldrehers der Reihe nach aufeinander folgen. Wer ein
kritisches Interesse an einer genauen Vergleichung hat, dem
ist in Tieck's und A. Cohn's neuen Abdrücken das Mach-
werk selbst zugänglich.

II. Wie die wandernden Künstler ihr Repertoir zurichte-
ten, davon gibt ein wunderliches Beispiel das kleine Lustspiel
„Eine kurzweilige lustige Comoedia von Sidonia
und Theagene". Dasselbe ist nichts als eine Prosaauflösung
eines gereimten deutschen Schauspiels, Gabriel Rollenhagen's
„Amantes amentes. Das ist Ein anmutiges Spiel von der
blinden Liebe, oder wie mans deutsch nennt, von der Leffe-
ley u. s. w." (Magdeburg, 3. Aufl. 1604; 4. Aufl. 1614).
An Handlung oder auch nur an dem Versuch einer dramatischen Verwickelung fehlt es gänzlich. Ein Aelternpaar
beschließt, die Tochter, „die die Kinderschuh zerrissen hat",
zu verheirathen, und zwar aus guten Gründen, „weil es
so weit gekommen ist, daß Cupido sie arg verletzt", und die
Befürchtung nahe liegt, „sie werde ihren Begierden den Zaum
verhängen, alle Scham verlieren" u. s. w. Die Liebesgefühle
des Mädchens sind aber noch ohne bestimmten Gegenstand;
so werden die beiden einig, für sie einen Gemahl zu wählen,
da auf eine specielle Neigung der Tochter nach des Vaters
Ansicht nichts ankömmt. Bald meldet sich auch ein Freier,
ein gutmüthiger alter Junker (im Original ein Doctor).
Sie läßt ihn ablaufen und zwar aus sehr materiellem Grunde,
den sie trotz seiner Versicherung nicht für gehoben erachtet.
Darauf hat die schöne Sidonia die handgreifliche Bewerbung
eines Bauernknechts, des Narren im Spiel, abzuweisen, der
sich nun auch an die richtigere Adresse, an die Kammermagd
wendet. Also ist die Schöne, die aus dem Zustande ihres

Herzens kein Geheimniß macht, noch übel berathen. Da
tritt zum Glück Theagenes auf, bei Rollenhagen ein junger
„Stutzer", der dem Mädchen gefällt und ohne zu überwin=
dende Hindernisse, denn der Alte fällt nach einigen weiner=
lichen Tiraden von selbst ab, die Braut heimführt: ein Glück,
das dem unflätigen, aber lustigen und witzigen Knecht, dessen
Liebeshandel mit Aleke sich neben dem der Herrschaft her=
laufend abwickelt, ebenfalls zutheil wird.

. Fragen wir, was die Engländer bewog, das Stück nicht
aufzuführen wie sie es fanden, so erklärt sich dies leicht aus
ihrer Ungeübtheit im Vortrag von Versen in fremder Sprache,
die ein strenges Memoriren verlangten und das gewohnte
Extemporiren unmöglich machten. Aus demselben Grunde
wurde auch das Niedersächsische in den Rollen des Knechts
und der Magd ins Hochdeutsche übertragen. Im übrigen
konnten sie sicher sein, daß die Aufführung dem Geschmack
der Zuschauer entsprechen werde. Es werden mit aller Un=
genirtheit Dinge ausgesprochen, die bis dahin schwerlich auf
deutschen Bühnen mögen gehört worden sein; aber alle diese
Unanständigkeiten finden sich schon bei Rollenhagen. Dennoch
muß anerkannt werden, daß alles mit großer Lebendigkeit
und, namentlich in den Scenen zwischen dem Knecht und der
Magd, mit viel Witz und Behagen durchgeführt ist. Auch
die Sprache ist gewandter als in den übrigen Stücken.

Als der Herausgeber des vorliegenden Bandes vor Jahren
die Englischen Komödien und Tragödien zuerst kennen lernte,
fiel ihm sofort die Bemerkung auf, daß ganze Seiten mit
Leichtigkeit sich in Reimzeilen verwandeln ließen. Darauf
fielen ihm zufällig die „Amantes amentes" in die Hände,
und das Räthsel fand seine Lösung. Reinhold Köhler ver=
öffentlichte nicht lange nachher seine eigene Entdeckung im
„Jahrbuch der Deutschen Shakespeare=Gesellschaft" (Jahrg. I,
S. 406 fg.). Entgangen ist ihm nur eins. Die Namen
der Personen des Originals, bis auf Aleke, sind gegen an=
dere vertauscht, wol um den Schein der Originalität sicherer
zu wahren. Sie sind fast sämmtlich aus Heliodor's „Theagenes

und Chariklea" entnommen. An die Stelle der letzten ist der
Name Sidonia getreten. Eine Kupplerin, Lena, ist weggelassen,
statt ihrer besorgt ein Knabe die Briefe des Liebhabers. Die
Mutter, Betula, heißt Grasilla. Die übrigen nahm der
Bearbeiter, wie er sie zusammenfand, wahrscheinlich aus
einer deutschen Uebertragung des Romans von Johann Zschorn
(Straßburg, ohne Jahrzahl; als Einzeldruck öfter wiederholt
und im „Buch der Liebe", 1587, Bl. 179 fg.).

Der alte Druck enthält unter den Nummern IX und X
noch zwei „Pickelhäringsspiele", Possen für die Darstellung des Niedrigkomischen, ja des Burlesken berechnet.
Die Träger dieser untersten Gattung des Komischen, die
Clowns, die Spaßmacher (Jesters, jesting players), sind
natürlich die Darsteller der Hauptpersonen; auf der Bühne
dienten solche Vorstellungen als Füllstücke, Vor= und Nach=
spiele bei größern, zumeist bei ernsten Dramen. Um auch
diese Seite der dramatischen Kunst der englischen Theater
nicht unvertreten zu lassen, ist die zweite dieser Farcen in
unsre Auswahl aufgenommen. Von der ersten:

III. „Ein lustig Pickelhäringsspiel, von der
schönen Maria und alten Hahnrei", möge hier
wenigstens ein kurzer Auszug stehen.

Seinem Diener Hans Pickelhäring theilt ein alter reicher
Geizhals seinen Entschluß mit, eine übel berufene „Jungfrau",
die Maria vom Langen Markte, zu heirathen. Die derben
Einreden des Dieners fechten den Alten nicht an, und die
Hochzeit wird gehalten. Da kömmt unerwartet sein Sohn
von der Universität und langen Reisen zurück und erfährt
durch Pickelhäring, was geschehen ist. Der Vater ist anfangs
hocherfreut und in seiner Weise vergnügt. Aber der Sohn
will Geld haben; überdies können er und der Diener ihre
Bemerkungen über die Braut nicht unterdrücken; so werden
beide aus dem Hause gejagt. Die Neuvermählte kündigt
nun sofort ihren Entschluß an, den Alten zum Hahnrei zu
machen; ein alter Bekannter, ein aus dem Kriege zurück=
kehrender Soldat, will ihr gern behülflich sein. Als nun

der Mann das Paar tanzend und sich küssend überrascht,
weiß sie ihn vollständig zu beruhigen, sie stellt den Soldaten
als „unsern" Schwager vor, und dieser verspricht auch, dies
ewig bleiben zu wollen. Nun hat aber der Alte durch einen
Nachbar Verdächtiges über die Frau gehört; halb ungläubig,
beschließt er doch, eine Probe anzustellen und zum Schein
zu verreisen. Dem Diener befiehlt er, darauf zu achten, daß
der Soldat nicht ins Haus komme. Pickelhäring aber hält
es mit dem freigebigen Liebhaber und dient lieber als Wäch=
ter für das Liebespaar. Als der Alte zurückkehrt, versteckt
sich der Soldat hinter einen Kasten. Der Mann findet die
schöne Maria, die sich unterdessen entsetzlich gegrämt hat,
hocherfreut. Nur fürchtet sie seinen Zorn, da sie eine böse
Mittheilung zu machen hat: sie hat das Unglück gehabt,
in ein Laken ein Loch zu brennen. Das will er sehen; die
Frau breitet es mit Pickelhäring's Hülfe vor dem Kasten
aus, und dahinter entkommt der Schwager.

Der Nachbar, dem der Sohn sein Leid geklagt, macht
dem Alten Vorwürfe und bestätigt das Urtheil desselben über
die schöne Maria. Auch jetzt will er nichts glauben, läßt
sich indessen zu einer neuen Prüfung überreden, indem er sich
todt stellt. Nun bekömmt er schöne Dinge zu hören: die
Frau will ihn unter dem Galgen begraben lassen; Hans be=
steht die Probe noch schlechter, indem er unflätige Scherze
mit der Leiche seines Herrn treibt. Desto besser beträgt sich
der Sohn, dem der Nachbar räth, in seinem Hause das Ende
abzuwarten. Die Scene schließt dann in folgender Weise:

„Sie gehen alle drei ab. Kömmt die Frau mit dem
Soldaten und wollen sich vertrauen lassen, Pickelhäring geht
vornen an mit der Trummel; da sie aber mitten auf die
Gassen kommen, begegnet ihnen der Alte, hat in der einen
Hand eine Fackel, in der andern einen Stiefel, stellet sich
gar ungestalt, zertrennt die Ordnung, der Soldat läuft mit
Pickelhäring, der läßt vor Angst die Trummel fallen, der
Alte kriegt das Weib in der Mitten." Maria weiß sich
aber auszureden: es ist alles nur Scherz gewesen; und als

endlich der Sohn des Schimpfes wegen zum Frieden räth, wird sie wieder zu Gnaden aufgenommen. Nur an dem Pickelhäring läßt der Alte seinen Zorn aus, er jagt sich zum Schluß mit ihm auf der Bühne umher, während der Narr „Hahnrei, Hahnrei!" singt.

Die englische Quelle läßt sich nicht nachweisen; es wird eins der auf der Londoner Bühne sehr beliebten, oft von gewandten dramatischen Dichtern herrührenden Scherzspiele, der „Jiggs", zu Grunde gelegt sein. Auch die Trommel weist auf einen englischen Theatergebrauch hin; sie ist vorzugsweise das Instrument des Clown, das er geschickt zu behandeln weiß, und dessen Lärm ihm oft erwünschte Gelegenheit gibt, was ihm misfällt, z. B. die Befehle seines Herrn, zu überhören.

Die Art der Probe ist ein alter Scherz; die Erzählung in Pauli's „Schimpf und Ernst" Nr. 144 (nach des Florentiners Poggio „Facetien". Antverpiae 1541. Bl. 44) wird jedoch anders motivirt, auch ist das Ende anders gewandt. Das Ausbreiten des Tuches kennen schon die „Gesta Romanorum". Wir verweisen auf Nr. 122 und die zahlreichen Parallelen von Aristophanes bis in die novellistische Literatur der romanischen Völker in den Anmerkungen des neuesten Herausgebers H. Oesterley. Auch bei Ayrer, der die Hauptzüge seiner Komödie: „Von einem alten Buhler und Wucherer, wie es ihme auf der Buhlschaft ergangen, und wie er seines Weibes Leib probirt", den Engländern entlehnte, weichen Anfang und Schluß von unserm Stücke ab. Der Clown heißt bei ihm Jahn Grundt (engl. Grunter?), die Frau aber Marina. Zwei von Adelbert von Keller mitgetheilte Fastnachtspiele (Nr. 117 und 118), ohne Angabe des Jahrs gegen das Ende des 16. Jahrhunderts als fliegendes Blatt gedruckt, behandeln denselben Stoff in doppelter Fassung, indem einmal die Frau, das andere mal der Mann die Probe zu bestehen hat.

Das Pickelhäringsspiel hat den Schauplatz localisirt, die Buhlerin heißt einmal „die schöne Maria vom Langen

Markte", vielleicht einer Aufführung in Leipzig zu Gefallen. Die Sprache weist auf Niedersachsen hin, und die Einmischung lateinischer Wörter bestätigt auch hier unsere Ansicht über den Verfasser der Uebertragung.

Die Beliebtheit des Scherzes beweisen verschiedene Aufführungen des Spieles „vom alten Proculo": im Jahr 1626, im Carneval noch 1663, und als Intermezzo in „Romeo und Julia" 1678 auf dem Dresdener Theater. Ob in der Ayrerschen Fassung oder in der ursprünglichern der Engländer, ist freilich nicht zu entscheiden.

Die Sammlung von 1620 hat zum Schluß des Bandes eine Reihe kleiner Singspiele beigefügt, ihrer Bestimmung und ihrem Charakter nach eine Nachahmung der schon erwähnten Jiggs. Im Druck werden sie durch die Bemerkung eingeleitet: „Nachfolgende englische Aufzüge können nach Beliebung zwischen den Comödien agiret werden." Die Bezeichnung als Aufzüge bedeutet, daß dieselben mit Tanz verbunden waren. Der englische Name ist das französische „Gigue", eine alte Tanzmelodie von rascher und munterer Bewegung, gewöhnlich im $^6/_8$ Takt gehalten, dann diese Art des Tanzes selbst. Aus dieser Verwandtschaft mit dem eigentlichen Ballet erklärt sich denn auch leicht die Form dieser Spiele, wie sie hier vorliegt, vor allem die Kürze des Dialogs, die in der deutschen Fassung oft bis zur Unverständlichkeit geht. Der Text wird in Strophen und nach einer, zuweilen bei einzelnen Abtheilungen umfangreicherer Aufführungen auch nach mehreren durchgehenden Melodien abgesungen. Diese werden vorzugsweise bekannten Volksliedern entnommen.

Ueber das Verhältniß der Ayrer'schen Singspiele zu den Englischen hat die Einleitung zu dem zweiten Bande der „Schauspiele aus dem 16. Jahrhundert" ausführlicher berichtet. Der Nürnberger Dichter nimmt sogar die erste Einführung derselben in Deutschland für sich in Anspruch. Das Spiel „Von dreien bösen Weibern" schließt mit den Worten: „Das ist das erste Spiel, so man bei uns hier singen thut."

Einer Mittheilung auch nur einer dieser Jiggs für un=
sere Leser können wir füglich überhoben bleiben. Sie ver=
dienen und vertragen keinen Wiederabdruck. Der Wahl der
Stoffe nach unterscheiden sie sich nicht von den prosaischen
Possenspielen; auch in ihnen sind die Clowns die Darsteller.
Das erste Stück erneuert einen alten Schwank von der List
einer Frau, die den einen ihrer Liebhaber vor dem andern
und beide vor ihrem Ehemann zu verbergen weiß. Wie
es scheint ursprünglich aus dem Orient stammend (vgl. Ben=
fey, „Pantschatantra", I, 163), wurde die Geschichte durch Peter
Alfons' „Disciplina clericalis" (Kap. XII) in Europa ein=
geführt und fand weitere Verbreitung durch die „Gesta Romanorum" (deutsche Bearbeitung von Gräfse, II, 150), in der
novellistischen Literatur: in den „Cent Nouvelles", S. 34; bei
Boccaccio, VII, 6. Aus Tieck's Bemerkung („Deutsches Thea=
ter", Bd. II, S. XXX) sehe ich, daß es ein altes englisches
Spiel gab: „Singing Simpkin", von wesentlich ähnlicher
Fassung, welches das Original des deutschen sein dürfte.

Pickelhäring, der erste der Liebhaber, ist mit der Frau
allein im Hause; da klopft der zweite, ein Soldat, vor dem
er gewaltige Angst hat, an die Thür, und die Frau schließt
ihn in einen Kasten ein; als endlich auch der Mann er=
scheint, muß der Soldat sich stellen, als ob er jemand ver=
folge, der ihn um Geld betrogen. Die List gelingt, der
arme Verfolgte wird befreit und erhält eine Herzstärkung,
darf sogar über Nacht im Hause bleiben, da er auf der
Straße nicht sicher ist. Die Uebersetzung ist im höchsten
Grade elend, der Druck so incorrect, daß die Reime, die sich
übrigens leicht herstellen lassen, häufig verwischt sind. Die
Melodie ist die eines Liedes, welches mit den Worten beginnt:
„Mein Herz ist betrübt bis in den Tod".

Auch das vierte Stück hat eine Intrigue, die an eine
ältere Novelle erinnert. Pickelhäring, dem die Frau des
Hauses während der Abwesenheit des Mannes ihr Leid klagt,
bildet sich ein, er selbst sei der erkorene Stellvertreter; aber
die Ankunft eines Magisters reißt ihn aus dem Irrthume

Er soll bei einer nächtlichen Zusammenkunft, die verabredet wird, Schildwache stehen. Doch es kömmt anders, als alle erwarten. Es tritt ein von Häschern verfolgter Student auf die Bühne; noch im Zweifel, ob er in dem Hause Zuflucht suchen soll, wird er von der Magd, die ihn für den Magister hält, eingeladen, hereinzukommen, und von dem Diener eingelassen. Der arme Clown ist der allein Unglückliche, auch der Versuch, mit der Magd anzubinden, schlägt fehl. Der Student führt die ihm aufgedrungene Rolle durch und erhält ein Geldgeschenk. Am andern Morgen ist der Magister ganz erstaunt über das Glück, das er in der Nacht genossen hat. Auch den Studenten führt der Zufall wieder herbei. Um sich Tuch zu einem Kleide zu kaufen, tritt er in dasselbe Haus, dessen Lage er vergessen hatte. Die Frau erkennt ihre Thaler wieder, und der Student erhält das Gekaufte obendrein umsonst. Pickelhäring merkt den Zusammenhang, wird aber schnell beschwichtigt durch die Einladung des Liebhabers: „Du, Pickelhäring, komm mit mir, wir wollen zum Keller gehen Und uns zusaufen in Wein und Bier, daß keiner mehr kann stehen!" Beim Abgang empfiehlt er sich der Galerie mit einem Knalleffect: „So denken die Bauern, es donnert".

Die übrigen „Aufzüge" sind Machwerke von höchst elender Erfindung. In Nr. 2 trifft Pickelhäring mit seiner Geliebten zusammen und ergeht sich mit ihr in handgreiflichen Liebesversicherungen, wird jedoch durch einen hinzukommenden Junker ausgestochen und hat das Zusehen und noch Schlimmeres zu erdulden. Der Clown eröffnet die Scene mit dem Gesang „In Amsterdam bin ich gewesen": das scheint fast auf niederländischen Ursprung hinzudeuten.

Nr. 3 mit der Ueberschrift „Der Windelwäscher" ist roh und läppisch zugleich. Der Mann erhält eine derbe Lehre von der Frau, weil er in der Nacht betrunken heimgekommen ist. Sie hat ihm den Hut genommen und beschuldigt den Einfältigen, ihn verloren zu haben. Dafür muß er Wäsche herbeitragen und waschen; ein Nachbar trifft

ihn bei der Arbeit, weiß jedoch keine Hülfe und geht mit
sehr nützlichen Betrachtungen ab.

In demselben Ton ist die letzte der „Actionen" gehalten.
Ein Edelmann befiehlt seinem Diener, ihm einen Miethgaul
zu besorgen, und beide ziehen ab, der eine zu Roß, der
andere zu Fuß. Pickelhäring kehrt aber bald zurück: er habe
mit aufsitzen wollen, sei aber in eine Pfütze gefallen und
des Nachlaufens müde. Darauf bietet er einer auftretenden
jungen Frau seine Dienste an und wird angenommen. Nun
kömmt auch sein früherer Herr hinzu, der ein hübsches Pferd
für sich sucht. Der Frau gefällt er, und für eine Zusammen=
kunft spielt Pickelhäring den Unterhändler. Hier geht dann
ein gemeines Spiel mit Worten zuletzt in Thatsachen über,
alles vor den Augen des Publikums, bis endlich der Mann
klopft; sie muß öffnen, hat aber den Edelmann versteckt. Sie
sähe gern, daß der Mann zu Bette ginge; der hat jedoch
keine Eile. Da stellen sich plötzlich Schmerzen ein, deren
Heilung sie an dem Orte sucht, wo der Liebhaber verborgen
ist. Dem auf dem Gange wartenden Hahnrei wird zuletzt
die Zeit lang, und er verfügt sich zur Ruh. So kömmt
der Edelmann davon. Das konnte man damals dem Zu=
schauerraum bieten. Der Geschmack des Publikums, seine
Begriffe vom Komischen und das Maß dessen, was man
öffentlich sich erlauben durfte, werden unsere Zeit in Ver=
wunderung setzen. Von den guten und schlechten Witzen,
zugleich als Probe der Verse, mag nur einer hier stehen.
Der Herr singt:

> Pickelhäring, komm geschwind herzu,
> Ich will morgen ausreiten;
> Putz mir die Stiefeln und die Schuh,
> Hastu kein Schwärz, nimm Kreiden.

Eine Courante, gleich der Gigue ein französischer Tanz,
gewöhnlich im $^2/_3$ oder $^3/_4$ Takt mit laufenden Figuren und
zwei Wiederholungen, macht den Beschluß. Die Melodie
derselben, wie auch die Liedweisen, in denen der Dialog
abgeleiert wurde, sind in Notendruck beigegeben.

Der Zweck der vorstehenden Ausführungen, eine Ver-
anschaulichung des allgemeinen Charafters des bunten Repertoirs der fremden Wandertruppen auch in ihren weniger
bedeutenden Stücken, wird im ganzen erreicht sein. Die
nachfolgenden Blätter wollen unfern Lesern das Verständniß
der in unserer Auswahl mitgetheilten Schauspiele erleichtern.
Wie schon oben bemerkt wurde, sind auch hier die der Handlung
zu Grunde gelegten Stoffe auf ihre Quellen zurückgeführt,
die Originale, wo dieselben überhaupt zugänglich waren,
nachgewiesen, und das Verhältniß der deutschen Bearbeitungen
zu ihren Vorbildern klar gestellt worden.

I. „Comoedia. Von der Königin Esther und hof-
färtigem Haman.“

Die bekannte biblische Erzählung, als ein denkwürdiges
Beispiel der wunderbaren Führung des jüdischen Volks
durch die Hand Jehovas in den Kanon der hebräischen Volks-
bücher aufgenommen, ist auch als Dichtung anerkennenswerth.
Der einfachen Geschichte mit ihrem raschen Fortschreiten der
sicher angelegten und natürlich motivirten Handlung und der
klaren Zeichnung der Hauptcharaktere wird auch die neuere
Zeit mit ihren veränderten Lebensformen und Anschauungen
ihre Theilnahme nicht versagen. Die angedeuteten Vorzüge
ließen dieselbe schon früh, wo die kirchliche Volksdichtung
nach Stoffen auch in den Schriften des Alten Bundes
suchte, für die dramatische Darstellung besonders geeignet
erscheinen. In der That hat die Geschichte der deutschen
Literatur seit Hans Sachs, der seine „Esther“ 1536 schrieb,
eine Reihe weiterer Dichtungen zu verzeichnen. Schon ein
Jahr danach wurde zu Magdeburg ein „Tröstlich Spiel aus
der Heiligen Schrift und dem Buch Esther“ gedruckt, welches
vorzugsweise die didaktische Seite der Erzählung, die Strafe
der Hoffart und des Eigenwillens und die Belohnung der
Demuth und der Gottesfürchtigkeit, hervorhob. Naageorg's
1543 verfaßter „Hamanus“ wurde von Veit Chryseus zu
Allendorf 1546 „spielweis in deutsche Reime gebracht“
und darauf mehrfach, noch 1607 von Damian Lindtner,

„nützlich zu spielen und zu lesen", übersetzt. 1555 ließ An=
dreas Pfeilschmidt (von Dresden gebürtig), Geiger und Buch=
binder zu Corbach, vor einer ehrsamen Bügerschaft eine
„Esther" in Reimen agiren; in Windsheim wurde eine
Comödie „Von König Ahasverus und der Esther" vor dem
ehrbaren Rath und sämmtlichen Eheweibern mit deren Kin=
bern 1561 aufgeführt und darauf vor der ganzen Gemeinde
wiederholt. Auch auf der französischen Bühne war der
Stoff beliebt und wurde mehrfach bearbeitet, bis in die Zeit
der sogenannten Classicität hinein, bis zu Racine's „Esther",
welche 1689 zuerst im Druck erschien. In Collier's „Ge=
schichte des englischen Theaters" (II, 253) findet sich ein
„Enterlude of godly Queen Esther" erwähnt. Daß dieses
Zwischenspiel, das als ein biblisches Stück mit Anklängen an
die alten Moralitäten bezeichnet wird, in irgendeiner Be=
ziehung zu der deutschen Bearbeitung stehe, ist nicht anzu=
nehmen. Dagegen nennt Heuslowe's „Diary" unter den von
den Schauspielern des Lord Chamberlain, zu welchen auch
Shakespeare gehörte, aufgeführten Dramen 1594 eins: „Hester
und Ahasverus", dessen Benutzung wahrscheinlicher ist. Auf
ein englisches Vorbild, das nicht blos in seiner allgemeinen
Anlage benutzt wurde, weisen deutliche Spuren in der Sprache
hin, deren wichtigste in den Anmerkungen hervorgehoben
sind. Auch hier kennzeichnen Wortformen und Wendun=
gen den Verfasser als einen Niedersachsen, der übrigens
einzelne aus dem Bibeltext wörtlich aufgenommene Stellen
nach Luther's Uebersetzung wiedergibt. Der ungleiche Werth
des Dialogs in Bezug auf den sprachlichen Ausdruck verräth
hier noch deutlicher als anderswo die Zusammensetzung aus
den einzelnen Partien der Komödianten. Am besten spricht
Haman. Dies findet seine Erklärung, wenn man annimmt,
daß diese Rolle als die des Intriguanten dem Gewandtesten
unter der Gesellschaft zugetheilt war. Trotz der formellen
Unbeholfenheit, die häufig genug störend empfunden wird,
trotz der augenscheinlichen Kürzung des Dialogs erkennt
man doch überall die geschickte Hand eines Mannes, welcher

mit ausreichender Bühnenkenntniß arbeitete, in der Insceni=
rung des Ganzen sowol wie vor allem in der Verwebung
eines komischen Zwischenspiels mit der Haupthandlung, im
Gegensatz gegen den allgemeinen Theatergebrauch, der sich
mit der Herstellung eines losen Zusammenhangs begnügte,
indem die Hauptperson der komischen Einlagen auch eine
Nebenrolle, z. B. als Diener, ausfüllt und etwa als carri=
kirter Gegensatz seines Herrn, z. B. in dessen Liebesangelegen=
heiten, auftritt. Es war ein glücklicher Einfall, an das
Bedenken eines der Fürsten von Medien und Persien anzu=
knüpfen: das böse Beispiel der Königin Vasthi werde die
Weiber im Ungehorsam gegen ihre Männer bestärken, wes=
halb denn der König neben der Verbannung der Wider=
spenstigen aus seinem Angesicht auch ein Gebot ergehen läßt,
daß ein jeglicher Mann der Oberherr in seinem Hause sein
soll. Was Hans Sachs (Gedichte, Bd. I, 25ᵇ) nur andeutet,
indem er den Narren des Königs sagen läßt:

> Den Sieman werdet ihr nicht vertreiben,
> Er wird dennoch Herr im Hause bleiben —

muß hier der Clown an sich selbst erfahren. Daß Jakob
Ayrer das Stück kannte, ist schon in den „Schauspielen aus dem
16. Jahrhundert" (II, 137) nachgewiesen. In dem Fast=
nachtspiel „Von dem Engelländischen Jan Posset, wie er
sich in seinen Diensten verhalten, mit acht Personen, in des
Roland's Ton" wird eine Prügelei zwischen dem Narren und
seiner Frau durch Trabanten beendigt, die einen Befehl des
Kaisers zur Ausführung bringen. Dieselbe Scene wiederholt
sich, ausführlicher dargestellt, in der Comedia „Von König
Edwarto, dem dritten des Namens, König in Engelland
u. s. w." Die Frau muß Aepfel holen, als ein Freund als
Gast erscheint; zuletzt aber wird Johann Clam gezwungen,
den Korb für die Frau zu tragen, und erhält noch obendrein
Schläge. Auch hier beruft sich der Narr auf einen Befehl
des Königs. Natürlich hat dieser Zug nur Sinn im Zu=
sammenhang der Geschichte von der Ungehorsamkeit der

perfischen Königin. Jan ist aber nicht blos die lustige Person
im Stück, sondern zugleich der Zimmermann und Henker.
Als er auf Befehl des allmächtigen Ministers einen Galgen
für Mardochai bauen soll, nimmt er in seiner täppischen
Weise an Haman selbst das Maß. Auch dieser Zug findet
sich bei Ayrer wieder. Jan spielt dieselbe Rolle in der
Tragedia „Von dem Griechischen Kaiser zu Constantinopel".
Als er einen Mörder henken soll, mißt er die Länge des
eigentlichen Schuldigen, des Anstifters der That, mit seinem
Spieße. Die „Esther" war also schon zur Zeit des Nürn=
berger Dichters auf dem Repertoir der Engländer. Im J.
1626 spielten sie dieselbe in Dresden. Die Beliebtheit des
Stücks bezeugt auch die lateinisch geschriebene „Esther" des
Joh. Valentin Andreä (gest. 1654 zu Adelsberg), worin er
es seiner eigenen Angabe nach den Englischen Komödianten
gleichthun wollte.

II. „Comoedia. Von dem verlornen Sohn, in
welcher die Verzweifelung und Hoffnung gar artig
introduciret werden."

Unter den neutestamentlichen Parabeln, die sich für eine
dramatische Behandlung nicht allein wegen ihres innern Werths,
sondern auch durch die einkleidende Erfindung empfehlen,
ist die Erzählung Ev. Luc. 15 schon früh als höchst dank=
bar erkannt worden. Die Hauptmomente derselben fügen
sich leicht und natürlich der Darstellung: der Abschied des
Sohnes aus der Beschränktheit des väterlichen Hauses in die
mit tausend Hoffnungen auf Glück und Genuß lockende Welt,
seine Erlebnisse, das bittere Gegentheil aller seiner Erwar=
tungen, die Reue in ihrem Durchgang durch Verzweiflung
und Hoffnung zur Erkenntniß des rechten Weges, die Rück=
kehr und die freudige Aufnahme durch den alten Vater — an
sich schon ein anmuthendes Gemälde der Familienliebe, zugleich
aber auch in höherer Beziehung auf das Reich Gottes ein
Typus der ewigen Barmherzigkeit.

Die Einfachheit des christlichen Apologs scheint mir im
Drama der Engländer glücklicher bewahrt zu sein als in den

mir bekannten deutschen Bearbeitungen. Die vorgeschrittene
Bühnenkunst ihrer Heimat bewährt sich schon durch das
richtige Maß in der Motivirung der Handlung. Während
ältere deutsche Dichter die Freiheit, die ihnen die biblische
Erzählung ließ, indem sie nur andeutet, was für die Parabel
selbst unwesentlich ist, sich zu Nutze machen, um das wüste
Treiben des Sohnes in der Fremde mit grellstem Lichte zu
beleuchten und dasselbe als Mittelpunkt des Ganzen hervortreten zu lassen, beschränkt sich hier alles auf ein einziges
Abenteuer, das erste und letzte des Ausflugs, sodaß nur
wenige Tage zwischen Abschied und Wiederkehr zu liegen
brauchen. Daß die Bühnenwirkung dadurch gewinnen muß,
ist unzweifelhaft, und die Moral, hier überall blos von
rein menschlichem Standpunkt aufgefaßt, hat nichts von ihrer
Würde verloren.

Der Sohn ist unter strenger Zucht und Arbeit in der
Stille des Hauses aufgewachsen, weder gut noch böse, leich-
ten Sinnes, wie die Jugend immer ist, leichtgläubig und ohne
alle Kenntniß der Welt und der Menschen. Er fordert trotz
der Warnung des Vaters und des Bruders sein Erbe,
verspricht, der guten Lehren derselben eingedenk zu bleiben,
und zieht, mit Pferden und allem Nöthigen ausgestattet,
unter Trompetenklang und Gesang mit einem Diener von
dannen.

In einer Stadt gerathen sie nun einem schurkischen Wirth
in die Hände. Mann, Frau und Tochter in schönem Verein
haben es leicht, mit üppigen Gelagen, Kartenspiel und Würfel-
lust dem Unerfahrenen das Seil über die Hörner zu werfen
es gelingt ihnen durch doppelte Kreide, abgedrungene Geschenke, Wetten und falsches Spiel, den von Wein und Liebe
trunkenen Neuling zu bethören; nachdem schließlich die „Jungfrau" in der Nacht seinen Seckel und damit seinen ganzen
Reichthum entwandt hat, ist es aus mit aller Liebe und
Freudigkeit, und der Unglückliche wird halbnackt aus dem
Hause geworfen. Der fünfte Act ist ein trauriges, auf der
Bühne wirksames Gegenbild gegen das mit außerordentlicher

Lebendigkeit geschilderte, in Zeichnung und Colorit sehr natura=
listisch gehaltene Wohlleben und das selbstvergessene Genießen.
Der Reiche tritt plötzlich als Bettler auf die Straße. Vor
den Thüren, wo er anklopft, wird er abgewiesen, denn bei der
herrschenden Theuerung hat niemand etwas zu geben. Da
erscheinen auch die auf dem Titel angekündigten allegorischen
Figuren. Was in der Seele des Elenden vorgeht, der
Streit zwischen Verzweiflung und Hoffnung, ist auf der
Bühne verkörpert: die erste als Satan selbst, mit bloßem
Schwert, mit dem der Jüngling sein Leben enden mag, die
zweite als Siegerin durch Wort und That. Wirklich kommt
auch zur rechten Zeit ein Bürgersmann, um ihm auf seinem
Meierhofe Arbeit und Unterkommen zu bieten. Aber auch
hier kann er nur mit Noth sein Leben fristen. Noch einmal
kehren jene Geister zurück. Der reuige Sünder ist zur voll=
ständigen Erkenntniß seiner Thorheit gelangt und hat nun
die Kraft, Hülfe da zu suchen, wo sie allein zu finden ist.
Das Ende ist, wie im biblischen Text, einfach und würdig
gehalten.

Ein englisches Vorbild ist in Deutschland nicht bekannt
geworden. Die Nachrichten der britischen Theatergeschichte
über die Aufführung eines „Prodigal Child" sind zu unbe=
stimmt, um einen Anhaltspunkt zu geben, aber zahlreiche
Aeußerlichkeiten weisen auf die Benutzung eines ältern Stücks
hin: außer der Einrichtung der Bühne vor allem das durch=
klingende Englisch in unbeholfener Uebersetzung, gemischt mit
niedersächsischen Idiotismen. Dem Clown ist übrigens keine
Rolle zugewiesen. Der „Diener" ist nur das gröbere Eben=
bild seines Herrn und macht sich beizeiten aus dem Staube.

III. „Comoedia. Von Fortunato und seinem
Seckel und Wünschhütlein, darinnen erstlich drei
verstorbene Seelen als Geister, darnach die Tu=
gend und Schande eingeführt werden."[1]

---

[1] Eine handschriftliche „Comödie von Fortunato" befindet sich auf der Bibliothek zu Kassel. Ich habe dieselbe nicht vergleichen können.

Die nächste Quelle des Dramas ist leicht zu erkennen. Sie ist das bekannte Volksbuch, das uns in dem ältesten für Deutschland nachgewiesenen Druck vorliegt: „Fortunatus" (in einem Titelholzschnitt). Am Ende: „Zu trucken verordnet, durch Johannßen Heybler Apotegker, in der kayserlichen stat Augspurg in dem grossen Schießen, der mindern iartzal christi im neünden jar." 8. Mit Holzschnitten. Schwerer zu beantworten ist die Frage nach der Quelle des Buches selbst. Die Untersuchung hat davon auszugehen, daß die Geschichte in zwei deutlich erkennbare Theile zerfällt, die in keinem nothwendigen innern Zusammenhange stehen. Die erste dichterische Gestaltung hat zwei verwandte Stoffe geschickt miteinander verbunden. Den ersten Theil bildet die Begabung des Fortunatus mit den Wunschdingen durch die Glücksgöttin, den zweiten das Geschick seiner Söhne, denen er die Zaubergaben hinterlassen hat. Es lag nahe, zu fragen, wo die Kleinode geblieben, wenn man den ersten Theil als Hauptsache betrachtete; nahm man aber den zweiten als für sich bestehend an, so drängte sich die andere Frage nach der Herkunft derselben auf. Da fand sich sogleich, daß das ursprünglich Getrennte leicht in einen poetisch gerechtfertigten Zusammenhang zu setzen sei. Das Verbindungsglied ist der Gedanke, daß die doch als unheimlich erkannten Gaben des Glücks ihre Sendung unter dem thörichten und übermüthigen Menschengeschlecht erfüllen müssen, bis ihre Kraft erlischt, oder sie in die Hand der Gottheit zurückkehren.

Der Kern des Ganzen ist die Begabung, und daß dieselbe durch die Hand einer Jungfrau geschieht. Sie beruht auf einem Glauben des germanischen Alterthums und weist in ihrem Ursprunge auf Wuotan hin, den Gott des „Wunsches". Auf dem Gebiete des geistigen Lebens ist Wuotan-Odhin der Geber der Weisheit, der Weissagung und der Dichtkunst, er entscheidet das Geschick der Schlachten und verleiht den Sieg; aber auch die vergänglichen Gaben des Lebens kommen von ihm: Reichthum und was sonst die Wünsche der Menschen ausmacht; selbst was diesen durch eigene Kraft stets

unerreichbar bleiben muß, kann er einzelnen Beglückten ver=
leihen, auch solche Dinge, die den sehnlichsten aller Wünsche
verwirklichen: die endliche Natur durchbrechen, die Gesetze
derselben überwinden zu können, der in dem Glauben an
Zauberei seinen Ausdruck findet. Kommen die Geistesgaben
aus dem Geiste der Gottheit unmittelbar, so wird das übrige
an körperliche, greifbare Dinge geknüpft gedacht, deren die Gott=
heit selbst zur Ausübung ihrer Macht sich bedient, an Kleid,
Waffen, Geräth. Wuotan beschenkt einzelne Menschen, denen
er wohl will, mit solchen Machtattributen. Aber nicht un=
mittelbar aus der Hand des Gottes werden die Gaben
empfangen. Er, der ja selbst als „Wunsch“, der Inbegriff
aller Macht, gedacht wird, sendet dieselben durch Frau Saelde
(Sâlida), die sich mit den Walküren, als Dienerinnen des
Gottes, den Wunschmädchen, Wuotans Mädchen, vielfach
berührt. Diese Beziehungen haben sich in Sage und Mär=
chen der germanischen Völker die Jahrhunderte hindurch
lebendig erhalten; dieselben lassen sich selbst noch in der Kunst=
dichtung des deutschen Mittelalters als letzte Anklänge an einen
bedeutungsvollen germanischen Mythus deutlich erkennen.

Der Unterschied gegen die Auffassung des römischen
Alterthums von dem Walten des Glücks ist einfach der:
Fortuna wird als blind gedacht und mit verbundenen Augen
dargestellt; Frau Saelde ist eine milde Göttin, die sich der
Menschen als Kinder annimmt; es gibt „Glückskinder“, solche,
die dem Glück im Schoße sitzen. Das Volksbuch hat die
Begabung des Helden dem hohen Alterthum getreu bewahrt.
Fortunatus war eingeschlafen „und that einen guten Schlaf,
und so er also erwacht und seine Augen aufthat, sah er, daß
es begunt tagen, und sah vor ihm ston ein gar schönes
Weibsbild.“ Hier ist eben bedeutsam, daß das Glück im
Schlafe zu ihm tritt. Die freilich auch dem classischen Alter=
thum nicht unbekannte Auffassung kömmt bei Ottfried und
noch bei den mittelhochdeutschen Dichtern häufiger vor. Frau
Saelde wacht für ihre Erkorenen; das Glück schläft nicht,
ihre Milde wachet. Die Vorstellung klingt noch heute nach:

„Das Glück kommt im Schlafe", „Der Herr gibt es den Sei=
nen im Schlafe". Sie heißt im Volksbuch eine Jungfrau,
gewaltig des Glücks; das heißt doch, daß sie über dasselbe
verfügt, wenn es auch nicht von ihr ausgeht, denn die Ver=
leihung ist an Bedingungen, an den Stand der Sterne und
eine bestimmte Stunde, gebunden. Trägt somit die Geschichte
schon in ihrem Ausgangspunkte ein deutsches Gepräge, so
bieten auch deutsche Sagen und Märchen zahlreiche Ver=
gleichungsmomente. In vielfachen Fassungen berichten sie
von Wunschdingen, die sich ungezwungen als Eigenthum
Wuotan's und Gaben von ihm deuten lassen: Mantel, Hut,
Schwert, Stab, Reisetasche (Ranzen), Horn und, als Aus=
läufer in späterer Zeit, selbst Würfel, Stiefel und anderes
der Art.

Die Geschicke des ersten Besitzers der Glücksgaben sind
ohne alterthümliche Färbung, von dem Verfasser des Volks=
buchs frei erfunden; er folgte dem im Leben wie in der Dich=
tung des spätern Mittelalters ausgeprägten Zuge, dem
Hange zum Phantastischen und Wunderbaren, dem Drange
nach der Kenntniß fremder Länder, dem Vorläufer der großen
Reisen, die endlich zur Entdeckung eines neuen Welttheils
führten, und schrieb unter dem Einfluß der Ausbildung des
Abenteuerlichen in der epischen Kunstdichtung. Der eigent=
liche Vorwurf unsers Schauspiels ist der Verlauf der Ge=
schichte im zweiten Theil des Volksbuchs. Dieser liegt
hier in folgender Gestalt vor: Fortunatus war nach lang=
jährigen Fahrten in seine Heimat, Famagusta in Cypern,
zurückgekehrt, lebte seinem Reichthum und Rittertugenden
gemäß prächtig und in großen Ehren und heirathete auf
des Königs Wunsch eine schöne Grafentochter, die ihm zwei
Söhne, Andalosia und Ampedo, gebar. Mitten aus dem
häuslichen Glück treibt ihn die Unruhe zu einer neuen Fahrt
nach Indien und Aegypten. In Alexandria erwirbt er noch den
Wunschhut, den er dem König „Soldan" von Alcairo entführt.
Nach der Rückkehr raubt ihm der Tod seine geliebte Cassandra,
und er selbst stirbt, nachdem er den Söhnen die Eigenschaft

der Kleinode, die sie gemeinschaftlich und ungetheilt besitzen
sollen, und die von der Jungfrau des Glücks daran geknüpf=
ten Bedingungen mitgetheilt hat. Nach dem Ende des Trauer=
jahrs kommen die beiden Brüder überein, daß der älteste den
Seckel auf sechs Jahre empfangen soll, nachdem er dem jüngern
einen großen Schatz an Gold zurückgelassen. Andalosia ge=
langt zunächst an den Königshof von Frankreich. Hier er=
hält der noch Unerfahrene eine gute Lehre: eine schöne Frau,
um die er mit seinem Gelde wirbt, betrügt ihn, indem sie
ihm eine Buhlerin unterschiebt. Das veranlaßt ihn, Frank=
reich zu meiden; er gelangt nach Arragonien, Navarra, Casti=
lien, Portugal, Hispanien, der mit dem König von „Gra=
naten" im Krieg lag, an den Hof des heidnischen Königs von
Damasco in „Barbarien", verschmäht eines Grafen Tochter,
die ihm zur Ehe geboten wird, und wendet sich nach Eng=
land, das von nun an der Hauptschauplatz seiner Abenteuer
wird. Am Hofe zu London gelangt er zu hohen Ehren,
denn er hat im Kriege gegen Schottland ritterliche Hülfe
geleistet. Er tritt, wie er das gewohnt ist, mit großartiger
Pracht und verschwenderischer Freigebigkeit auf und bewirthet
selbst die königliche Familie in seinem Hause. Um dem
fremden Ritter zu beweisen. daß doch seine Macht geringer
sei als die eines Königs, läßt dieser ein Verbot ergehen, ihm
Holz zu verkaufen; aber Andalosia befiehlt, die Speisen mit
den köstlichsten Spezereien und Gewürzen zu kochen. Dieser
Uebermuth ist der Anfang seines Unheils. König und Köni=
gin möchten die Quelle seines Reichthums erfahren, und da
der Fremde Agrippina, ihre Tochter, liebt, so soll diese ihm
das Geheimniß entlocken. Sie verspricht ihm Gegenliebe
und bewilligt ihm eine nächtliche Zusammenkunft in ihrer
Kammer; die moderne Delila gibt ihm einen Schlaftrunk
und raubt ihm den Seckel. Es bleibt ihm nun nichts übrig,
als mit seinem Diener zu seinem Bruder zurückzukehren; er
setzt sich in den Besitz des Wunschhuts und geht damit wieder
nach England. In der Verkleidung eines fremden Juweliers
entführt er Agrippina auf eine irische Insel. Als sie zur

Erquickung um einen Apfel bittet, setzt er ohne Bedacht der
Prinzessin seinen Hut auf und steigt auf einen Baum. Sie
spricht absichtslos den Wunsch aus, in der Heimat zu sein,
und ist sofort verschwunden. Das Maß des Unglücks ist
noch nicht voll, denn nach dem Genuß eines Apfels fühlt er,
daß ihm Hörner gewachsen sind. Ein „Waldbruder" heilt
ihn durch Aepfel, die als Gegenmittel wirken, und führt
ihn aus dem Walde. Er nimmt von den Früchten beider
Bäume mit und kömmt wieder nach London, bietet die
schlimmen Aepfel feil und hat die Genugthuung, daß die
Untreue der Königstochter in Gestalt von ein Paar Hörnern
aus dem Kopfe wächst. Als fremder Arzt kehrt er wieder,
läßt die Hörner wenigstens kürzer werden, findet seinen Hut
in der Kammer und entführt die Schöne zum zweiten mal.
Dem König wird der Zusammenhang klar, und er sendet
Boten aus, um die verschwundene Tochter zu suchen. Diese
war nun wieder im wilden Walde; der Betrogene droht
Rache für die Untreue und erlittene Schmach. Agrippina
bittet, wenigstens ihre Ehre zu schonen; er verspricht ihr das,
aber die Hörner soll sie als Andenken behalten. Zum Vater
will sie nicht zurück, lieber von der Welt geschieden sein.
Nun kauft er sie in ein Kloster ein, wo sie Zeit hat, ihre
That zu bereuen.

In seiner Heimat beginnt wieder das alte fröhliche und
prächtige Leben. Durch sein ritterliches Thun und seine Freigebigkeit gewinnt er hohes Lob beim Volk wie bei dem König.
Einst fragte ihn dieser nach Agrippina, von deren Schönheit er gehört und die er seinem Sohne zur Gemahlin bestimmt hat, und nach dem Gerücht, daß sie verloren sei.
Da berichtet Andalosia, was der König wissen darf, und er-
bietet sich, alles zu ordnen. Er fliegt nach dem Kloster,
heilt Agrippina und führt sie nach London zurück, ohne jedoch
ihres Vaters Palast, wo er so viel Leid erduldet, zu betreten.
Nach ihm erscheint die cyprische Gesandtschaft; die Werbung
wird vom Königspaar angenommen, und auch die Prinzessin,
der das übersandte Bildniß des Prinzen gefällt, gibt ihre

Zustimmung. Sie reist mit dem Gesandten ab und kömmt zur Vermählungsfeier nach Medusa. So wird Agrippina noch glücklich. Desto drohender kündigt sich das Unheil für Andalosia an. Bei der Hochzeit hatte er sich durch die Pracht seines Auftretens ausgezeichnet und auch im Rennen und Stechen das Beste gethan. Ein von England mit herübergekommener Graf Theodorus verbindet sich mit einem einheimischen Edelmann, dem Grafen von Limosi; sie lauern dem Mann, den sie beneiden, bei der Rückkehr von dem Feste auf. Seine Diener werden erstochen, er selbst auf ein Inselschloß als Gefangener geführt. Auf der Folter bekennt er das Geheimniß des Seckels und wird erdrosselt.

Ampedo hatte nach dem Verschwinden des Bruders die Hülfe des Königs angerufen und war, als alle Nachforschung vergeblich blieb, vor Leid gestorben, nachdem der Wunschhut noch vorher in Stücke gehauen worden. Um den Seckel waren die Grafen in Streit gerathen, denn er hatte seine Kraft verloren. Der eine der Mörder war zum Tode verwundet, und die herbeikommenden Diener führten ihn vor den König. Hier kam alles an den Tag. Die beiden werden geradbrecht, das Schloß Limosi eingenommen und alle Mitschuldigen gegehängt. Andalosia's Leichnam, den man in eine Wassergrube geworfen hatte, wird mit hohen Ehren im Dom, einer Stiftung seines Vaters, begraben, tief betrauert auch von der Königin Agrippina. Das Erbe der Brüder fiel an den König; in ihrem Palast hielt das junge Paar Hof bis zum Tode des Vaters. — Das Buch schließt mit der einfachen Nutzanwendung, daß alles so gekommen, weil Fortunatus nicht Weisheit gewählt habe.

Wie die Grundlage des Ganzen, die Begabung mit Wunschbingen, so sind auch die Hauptmomente der Geschichte des Andalosia in der Fülle des Sagen- und Märchenschatzes der christlich erneuerten Welt, namentlich auch Deutschlands nachweisbar.

Die schon gelegentlich erwähnte, seit dem 15. Jahrhundert unter dem Titel „Gesta Romanorum" viel verbreitete

Sammlung von Erzählungen, Fabeln und Parabeln enthält, in die Zeit des Perserkönigs Darius verlegt, eine Geschichte, die auffallende Aehnlichkeit besitzt. Des Darius ältester Sohn war nach seinem Tode der Erbe des Reichs; der zweite erhielt alles, was der König während seiner Regierung erworben; dem jüngsten, Jonathas, vermachte er drei Kleinode, die er besaß, ohne daß gesagt wird woher: einen Ring, der seinem Besitzer die Gunst aller Menschen erwarb, ein Brustgeschmeide, dem die Kraft eigen war, daß dem Träger jedes Verlangen gewährt werden mußte, endlich ein Tuch, das den darauf Sitzenden dahin entrückte, wohin er sich wünschte. Die Mutter gibt dem Sohne das erste der Kleinode, die sie für ihn in Verwahrung genommen, den Ring, als er die hohe Schule besuchen soll, mit der Ermahnung und Warnung, nach Kenntnissen zu streben und seinen Schatz zu hüten. Jonathas findet aber bald ein schönes Mädchen, das ihn zu bethören weiß, sodaß er das Geheimniß verräth und des Ringes beraubt wird. Mit dem zweiten Erbstück geht es ebenso; mit dem dritten endlich entführt er die Buhlerin in einen Wald, um sie den wilden Thieren zum Raub zu geben. Nachdem sie jedoch versprochen, das Gestohlene zurückzuerstatten, entschläft er in ihren Armen. Sie entzieht ihm den Theil des Tuches, auf dem er sitzt, und wünscht sich in die Heimat zurück. Er muß endlich hülflos und auf gutes Glück den Heimweg suchen. Da hat er einen Bach zu durchschreiten, dessen ätzendes Wasser das Fleisch von den Knochen löst; als ihn hungert, ißt er von den Früchten eines Baums, die ihn aussätzig machen; doch ein anderes Wasser heilt ihm die Füße, ein anderer Baum die furchtbare Krankheit. Später wieder zu Menschen gelangt, sieht er die Kraft der Mittel bewährt: ein König wird durch ihn geheilt, und er trägt reiche Belohnung davon. Ein Schiff bringt ihn in die Heimat zurück. Das Gerücht von der Ankunft eines großen Arztes ist auch zu dem erkrankten Mädchen gedrungen, das um seine Hülfe bittet. Er gibt vor, seine Heilmittel würden ihr nicht helfen, wenn sie nicht vorher ihre Sünden bekenne und unrechtmäßiges Gut zurückgebe. So erhält er das Geraubte wieder und lebt fortan glücklich bis an seinen Tod, während die schöne Sünderin an dem Gift des Wassers und der Früchte elend sterben muß. (Gesta Romanorum, Nr. 120: „De Mulierum subtili deceptione".)

Daß eine der Gaben durch den Verrath eines Weibes verloren, aber durch eine andere wiedergewonnen wird, kehrt auch in der deutschen Sage wieder. Specielle Nachweise würden den uns vergönnten Raum überschreiten; als am nächsten liegend machen wir nur auf ein noch im Volksmunde in Niedersachsen lebendiges Märchen „von einer Königstochter" (bei Grimm, III, 201) aufmerksam. Hier ist es statt des Hörnerpaars eine unendlich lange Nase, die nach dem Genuß eines Apfels wächst; auch hier wird die Heilung durch eine andere Frucht, eine Birne, von dem verkleideten Arzt bewirkt, der dieselbe Bedingung stellt wie in den „Gesten". Dem alten Volksbuche noch näher steht ein ebenfalls niedersächsisches Mär= chen: „Die Prinzessin mit dem Horn" (Schambach und Müller, „Niedersächsische Sagen und Märchen", Göttingen 1854, S. 310), das sonst die Spuren des höchsten Alterthums trägt.

Wenn wir also die dem Fortunatus zu Grunde liegende Idee in ihren hervorragendsten Momenten für ein Eigen= thum Deutschlands erklären dürfen, so ist doch die Frage nach der Heimat der Fassung, die der deutsche Bearbeiter vor sich hatte, damit nicht gefördert.

Fortunatus ist natürlich von Fortuna abgeleitet, wie auch die Jungfrau des Glücks im Volksbuch heißt, deren Name und Begriff auf die römische Gottheit übertragen erscheint. Als Eigenname kömmt Fortunatus bei den Römern häufiger vor, in späterer Zeit noch auch in Italien. Dann scheint daraus als Appellativum die Bezeichnung eines vom Glück Begünstigten geworden zu sein. Dafür spricht auch die Analogie zwischen Fortunatus und Faustus in der Sage; der letztere heißt so als Besitzer des Wunschmantels, wie der erste als Eigenthümer des Hutes und Seckels. Faustus war

gleichfalls ein römischer Männername.[1] So werden wir die
nächste Quelle wol in einer romanischen Dichtung zu suchen
haben. Für Spanien als Heimat des Dichters sprechen
außer den Namen Andalosia und Ampedo einzelne in der
deutschen Bearbeitung stehen gebliebene spanische Wörter.
Eine annähernde Zeitbestimmung und zwar für die erste
Hälfte des 15. Jahrhunderts ergibt sich aus mehrern An-
deutungen: Die Türken haben Konstantinopel noch nicht erobert, Cypern ist ein christliches Königreich, die Mauren
besitzen das Königreich Granada, die Bretagne ist ein selbst-
ständiges Herzogthum, in der Wallachei herrscht der Wütherich
Dracole Wayda. Eine genauere Vergleichung des deutschen
Volksbuchs mit den Bearbeitungen desselben Stoffs bei
Italienern, Franzosen und selbst in Dänemark und Island
könnte vielleicht neue Aufschlüsse gewinnen lassen. Das
englische Volksbuch unter dem Titel „History of Fortunatus and his sons" (o. O. u. J. 12.) ist mir nicht erreichbar
gewesen.

Daß die Geschichte, wie sie seit der Mitte des 15. Jahrhunderts in fester epischer Gestaltung vorliegt, einer dramatischen Behandlung wie kaum ein anderer Stoff widerstrebt,
wird einem jeden, der dieselbe mit den herrschenden ästheti-
schen Begriffen betrachtet, klar sein. Und doch haben zwei
Dichter schon früh den Versuch nicht gescheut: in Deutschland Hans Sachs, in England Thomas Dekker, der eine
mit der ganzen Naivetät seiner dichterischen Eigenart, der
andere mit dem Geschick eines gewandten und geübten Dra-
matikers; jener für die Anschauungen und Bedürfnisse seiner
Zeit und nicht ausschließlich für die Aufführung bestimmt,
dieser für ein verwöhntes Publikum und eine hoch ausgebil-
dete Bühnenkunst. Der Nürnberger Meister läßt, seinem
vorzugsweise epischen Talent folgend, die Handlung getreu
nach dem Volksbuche, nichts von Bedeutung ändernd, weniges,

---

[1] Zufällig stehen beide Namen zusammen bei Martialis, Epigr. II, 14:
Nec Fortunati spernit, nec balnea Fausti.

c*

was ihm unwesentlich erschien, beiseitelassend, in Gesprächs=
form, oft nur erzählend durch den Mund einer der auftre=
tenden Personen an uns vorübergehen. Es ist eine „Histori“
wie der Prolog sagt, „tragedienweis zu agiren, in teutscher
Sprach zu eloquiren“. Der „Fortunatus mit dem wunsch=
seckel. Tragebia mit zweiundzwanzig personen und hat fünf
actus“ (1553. Gedichte, III, 2, Bl. 38) ist durch den Ab=
druck in den „Deutschen Dichtern des sechzehnten Jahrhun=
derts“, Bd. VI, S. 112, unsern Lesern zugänglich.

Thomas Dekker legte sich dagegen den unfügsamen Stoff
mit geschickter Hand zurecht, im vollen Bewußtsein des Wag=
nisses. Seine Begriffe von dramatischer Kunst waren dafür
vollkommen zureichend. Er wußte, daß sein Werk kein regel=
mäßiges Drama nach dem Beispiel der Alten werden könne,
aber der poetische Gehalt des Märchens zog ihn an, und er
durfte unbedenklich annehmen, daß er dankbare Zuschauer
finden werde. Waren diese doch durch die Dichter jener Epoche
in einen gewissen romantischen Zug gekommen, ohne welchen
Schöpfungen wie Shakespeare’s „Sommernachtstraum“ oder
„Der Sturm“ unmöglich gewesen wären.

Ein Schauspiel „Fortunatus“ wird seit dem Jahre 1595
ohne Angabe des Namens des Verfassers (vgl. Henslowe’s
„Diary“, S. 64—69), 1599 aber als der „Erste Theil
des Fortunatus“, endlich 1600 mit Dekker’s Namen und
als „The whole history of Fortunatus“ erwähnt. Im letzt=
genannten Jahre wurde das Stück gedruckt. Halliwell’s
„Dictionary“ verzeichnet den Titel: „Old Fortunatus, a co-
medy by Thomas Decker, acted before the Queen at
Christmas by the Earl of Nottingham’s servants“. 4.
(wieder gedruckt in Dilke’s „Old English Plays, being a
Selection from the early dramatic writers“, vol. III.
London 1814). Danach ist anzunehmen, daß die erste
Bearbeitung nur dem ersten Theil des Volksbuchs entsprach
und die zweite beide Theile miteinander verband.

Die letzte Fassung des Dramas scheint der deutschen
Bearbeitung zu Grunde zu liegen, doch nur in dem Sinne,

daß die Komödie der Englischen Schauspieler eher eine freie
Nachbildung als eine Uebertragung zu nennen ist. Offenbar
kannte der Verfasser derselben das deutsche Volksbuch und
entnahm daraus, was ihm eben paßte, weil ihm dies die
Arbeit entschieden erleichterte. Die Zahl des Personals, über
das die Engländer verfügten, wird für die unverkürzte Wie=
dergabe des Dekker'schen Stücks nicht ausgereicht haben,
ebenso wenig wie die übrigen Erfordernisse scenischer Dar=
stellung, die ihnen zur Hand waren. Dekker's Quelle ist
ebenfalls das Volksbuch, das zuweilen wörtlich benutzt wird;
aber ihm konnte der einfache Gang der Erzählung nicht
genügen; Zusätze, Erweiterung der Handlung, Vermehrung
der Personen durch die reichere Entwickelung der Handlung
dienen dem Zweck, mit glänzenderm scenischen Apparat vor das
Publikum zu treten; Aenderungen wurden nöthig durch den
Wunsch, das Auseinanderfallen der Zeit und des Orts auf
das möglich geringste Maß zu beschränken. Die fehlende
Einheit der Handlung weniger fühlbar zu machen, dient der
„Chorus". Dieser soll, wie der Prolog betont, der armen
Kunst zu Hülfe kommen und auftreten, nicht wenn die Ge=
setze der Poesie es verlangen, sondern wenn die Geschichte
(the story) seiner bedarf. Er schließt auch in der That
nicht die natürlich sich ergebenden Abschnitte, sondern will
nur die Zuschauer im Zusammenhange der Handlung er=
halten, den Wechsel der Scene erklären und das Disparate
mildern.

Was in der ersten Fassung bei Dekker ein selbständiges
Ganzes bildete, ist in der letzten kurz zusammengezogen.
Fortunatus tritt sehr bald vom Schauplatz ab. Sein Auf=
treten überhaupt hat augenscheinlich nur den Zweck, die
Geschichte einzuleiten, die ohne dies nicht verständlich
wäre, also die Art der Gewinnung der beiden Wunsch=
dinge zu erzählen. Darum wird der Held gleich als alter
Mann eingeführt, und die Söhne sind schon erwachsen,
durchaus der alten Geschichte entgegen, wo Fortunatus, als
ein junger Abenteurer in die Welt gezogen, nach widrigem

Geschick, arm, elend und verirrt dem Glück in den Schoß
fällt. Er stirbt nicht, wie hier, nachdem er seine Fahrten
vollendet und in seiner Vaterstadt glänzend Hof gehalten, die
Söhne ritterlich erzogen und endlich seine Hausfrau verloren,
sondern fast unmittelbar nach der Heimkehr, nachdem er im
Taumel des Genusses sein Leben vergeudet. Er war noch
nicht gesättigt und rüstet sich schon zu neuer Fahrt, da kündigt ihm Fortuna, für seine Bitten taub, den Tod an; auch
seine Söhne sollen elend sterben. Nun theilt er diesen sein
Geheimniß mit und empfiehlt ihnen, das Buch seiner Abenteuer zu lesen. Sein Tod erscheint als Strafe seiner unseligen Wahl, während das Volksbuch ihn nur das allgemeine Menschenlos theilen läßt, das auch die höchsten Lebens-
güter nicht abzuwenden vermögen. Darauf rüstet sich Andalosia zur Weltfahrt.

Das deutsche Drama nahm diese Kürzung auf, doch noch
knapper gehalten. Einzelne Züge sind aus dem „Old For-
tunatus" beibehalten, z. B. die läppische Spielerei mit dem
Echo, das Erscheinen der Fortuna vor dem Tode ihres
Schützlings, und die Einführung der „Geister", die an die
Stelle des Gefolges der Götter getreten sind.

Der zweite Act beginnt im englischen Vorbild mit der
Bemerkung: „The scene changes to England"; in der
deutschen Komödie tritt Ampedo auf und spricht: „Nun bin
ich in Lunden."

Ein gewandter Dramatiker wie Dekker glaubte die Einheit des Orts bewahren zu müssen, soweit dies anging; so
lag es ihm nahe, den Schauplatz nicht wieder zu verlegen,
was ja auch scenisch bequemer war. Deshalb läßt er auch
Andalosia's Bruder in England auftreten. Der Prinz von
Cyprus, der Bewerber um Agrippina's Hand, der in dem
deutschen Drama gar nicht vorkömmt, ist schon da, als Andalosia anlangt, und so motivirt sich alles natürlicher. Aber
wie flüchtig und roh nimmt sich daneben die deutsche Bearbeitung aus! Möglich, daß Dekker's Dichtung bei derselben
gar nicht vorlag, vielleicht noch nicht gedruckt war, daß also

die Erinnerung an das Ganze und die einzelnen ausgeschrie=
benen Rollen hier wieder aushelfen mußten. Denn Einzelnes
ist ganz ohne Motivirung stehen geblieben; die Einheit, die
Dekker anstrebte, ist beseitigt. Am Schluß treten die Grafen
auf, nicht, wie im Volksbuch, in Cyprus wohnend, sondern,
man weiß nicht wie und warum, aus England herüber=
gekommen; es sind dieselben, welche als Hörnerträger das
Schicksal der Königstochter theilten. Aber noch mehr! Der
König, der das Gericht über die Mörder hält, ist der englische.
Der Deutsche sah nicht, daß bei Dekker der Schauplatz in Eng=
land geblieben war, und läßt ihn und seine Tochter ihre Rollen
in Cypern weiter spielen. Bei dem englischen Dichter blei=
ben die Mörder straffrei; der deutsche Bearbeiter folgt dem
Volksbuch; er nahm übrigens unbedenklich was er brauchen
konnte, z. B. den eigenthümlichen Einfall, daß Laster und
Tugend die Bäume mit den verhängnißvollen Früchten auf
der Bühne erst pflanzen müssen, daß Fortuna an die Stelle
des Waldbruders tritt, den sicher weder Kotzebue noch die
Romantiker sich hätten entgehen lassen, um Andalosia zu Hülfe
zu kommen. Eine Reminiscenz ist auch, daß trotz der drohen=
den Gefahr der Diener seine Clownnatur nicht verleugnen
kann, als die Mörder auftreten, indem er spöttisch ausruft:
„Aepfelchen von Damasco!" Wenn endlich bei Dekker der
für die Gegenwart Elisabeth's berechnete „Epilog bei Hofe"
einen Segenswunsch für der Königin Wohl und langes Le=
ben ausspricht; so paßte das natürlich nicht für Deutschland,
und der Schluß wurde in die Verkündigung von Heil und
Segen für das ganze Königreich verwandelt.

Das Volksbuch läßt Agrippina dem cyprischen Prinzen
vermählt und glücklich werden. Nicht so bei Dekker. Die
doppelt gekrönte Braut bleibt sitzen und muß sich mit der
Hoffnung trösten, einem zweiten Anbeter, der sich durch ihre
Hörner nicht zurückgestoßen fühlt, zutheil zu werden. Im
deutschen Drama geht sie gänzlich leer aus. Fortuna nimmt
schließlich den Seckel zurück.

Möglich erscheint es, daß diese auch hier wieder bemerk=

bare Beschränkung auf das rein Thatsächliche seinen Grund
zum Theil wenigstens in dem Mangel an ausreichenden
Bühnenmitteln hatte. Sonst würden die Engländer in Deutschland einen wirksamen Bühneneffect, den sie aus dem „Old
Fortunatus" kennen mußten, nicht unbenutzt gelassen haben.
Die Scene, wo Andalosia im Arm der Königstochter ent=
schläft und seines Schatzes beraubt wird, ist dort als „Dump
Show", als lebendes Bild dargestellt, während im Deutschen
alles breit verhandelt wird.

Dekker nannte sein Werk eine „Komödie" schon deshalb,
weil alles humoristisch aufgefaßt und behandelt ist. Eine
„Tragödie" mit dem an sich burlesken Motiv des Wachsens
von Hörnern wäre geradezu eine Albernheit. Das Grausige
mußte der Dichter überdies zu mildern, indem er die Mörder
straflos bleiben ließ. Das deutsche Spiel behielt die Be=
nennung ohne Bedenken bei, war ja doch für die Befriedi=
gung der Lachlust bei den Zuschauern durch die Anweisung
gesorgt: „Allhier agirt Pickelhäring". Im englischen Vorbild
ist der Diener Andolosia's, Shadow, der Vertreter des
Humors; er bleibt leben, als das einzige, was von dem
unseligen Geschlecht übriggeblieben, ein „Schatten" seines
Herrn:

> Der arme Schatten nur erzählt, wie arm sie starben.
> All ihr Besitz, der Menschen ganze Habe,
> Nur einen Schatten senden sie vom Grabe.

Die ernste Moral des alten Volksbuchs tritt bei Dekker
poetisch wirksam hervor, roher in der Komödie der Engländer.
Die Schuld, die sich schwer bestraft, liegt in der Thorheit,
unter den Gaben, nach denen der Mensch sich sehnt und
nach denen er mit allen Kräften ringt, gerade die edelste zu
verwerfen, das Geistige unter das Körperliche, das Innere
unter das Aeußere, das Vergängliche über das Ewige zu
stellen.

Das Stück hielt sich lange Zeit auf dem Repertoir der
fremden Schauspieler. Im Jahre 1626 spielten sie es zu
Dresden, und noch 1679 wurde eine „Tragödia von des

Fortunati Wunſchhut · und Seckel, mit dem Intermezzo: Vom alten Proculo" (vgl. oben), bei Gelegenheit einer Zuſammen= kunft des fürſtlichen Geſammthauſes in der ſächſiſchen Haupt= ſtadt aufgeführt.

IV. „Eine ſchöne luſtige Comoedia von Jemand und Niemand" iſt ſchon wegen der Eigenthümlichkeit der Compoſition merkwürdig. Es weiſt uns dieſelbe auf einen dramatiſchen Gebrauch hin, der in England mehr als bei den übrigen Völkern hervortritt: die Vermiſchung des Komi= ſchen mit dem Ernſten, ja mit dem eigentlich Tragiſchen. Wie in den franzöſiſchen Mirakelſpielen und den älteſten deutſchen Geiſtlichen Spielen einzelne poſſenhafte Scenen Ein= gang finden, ſo wurde auch dieſe niedere Komik in den engliſchen ſogenannten Moralitäten zugelaſſen, wo das Lächer= liche ein Hauptmotiv in der Darſtellung des Verwerflichen und Verkehrten zu bilden pflegt. Dieſe Sitte gewinnt denn auch Raum in dem regelmäßigen weltlichen Drama. Anfäng= lich bleiben die Gegenſätze unvermittelt; die Verbindung des Ernſten mit dem Komiſchen iſt eine durchaus äußerliche, kann ſogar nur in der abwechſelnden Vorführung beider Gattungen auf derſelben Bühne beſtehen. Beide Handlungen haben keine innere Beziehung zueinander, oft nicht einmal den Zweck, die Haupthandlung durch ihren carikirten Gegenſatz heller hervortreten zu laſſen. Einer beſſern Erkenntniß erſt, die von der Zweckmäßigkeit, um nicht zu ſagen Nothwendig= keit der Einheit der Handlung einen dunkeln Begriff gewon= nen hatte, und der Hand begabter Dichter war es vorbehal= ten, die Gegenſätze zu verſöhnen.

Schon daraus werden wir den Schluß ziehen müſſen, daß das engliſche Original eine alte, noch vor Shakeſpeare's Bühnenwirkſamkeit entſtandene Dichtung war, denn hier ſind zwei in ſich abgeſchloſſene Handlungen in der geſchilderten Weiſe miteinander verflochten. Ludwig Tieck hat zuerſt auf die deutſche Bearbeitung aufmerkſam gemacht. Er beſchränkt ſich auf die Mittheilung des Titels des engliſchen Stücks und die nicht weiter begründete Angabe, daß daſſelbe 1603

gedruckt sei, was jedoch eine frühere Entstehung und Auf=
führung nicht ausschließt. O. Halliwell verzeichnet dasselbe
im „Dictionary of old english Plays", 1840, S. 182:
„Nobody and Somebody with the true Chronical Historie
of Elidure, who was fortunately three several times
crowned kinge of England. 4to. No date"; er fügt hinzu:
„Dieses Spiel ist nicht in Acte eingetheilt. Die Geschichte
ist aus unsern englischen Chroniken genommen". Im Bücher=
verzeichniß des Britischen Museums steht es unter demselben
Titel, ebenfalls ohne Jahr und Ort des Drucks (vgl. „Li-
brorum impressorum, qui in Museo Britannico adservan-
tur, Catalogus." London 1787, fol., vol. II s. v.). Tieck
geht nicht auf Vergleichung beider Bearbeitungen ein; das
Original, das er in London gelesen, könne selbst in dieser
„kauderwälschen" Gestalt für vortrefflich gelten.

Der dem ernsthaften Theil des Schauspiels zu Grunde
gelegte Stoff gehört der sagenhaften Königsgeschichte Bri=
tanniens an. Raphael Hollinshed's „Chronik von England,
Schottland und Irland" (herausgegeben von John Hooker,
1586, Fol., neue Ausgabe in 6 Bänden, London 1807. 4.
Vol. V.; vgl. auch „The Chronicle of Fabian" cet. 1559. fol.
p. 30—32, und Gottfried von Monmouth, „Historia regum
Britanniae", von San=Marte, S. 17, 18) erzählt von einem
wunderbaren Glückswechsel im Leben eines der alten Herrscher
des Landes. Nach dem Tode des Morindus folgte sein ältester
Sohn Gorbonianus, und als auch dieser starb, wurde der zweite
Sohn Archigallus (Artogaill) König; dieser war ein gewalt=
thätiger Mann, vor allem auch hart gegen den Adel des Lan=
des, dessen Stellen er mit niedriggeborenen Leuten besetzte.
Nach einem Jahre schon nahm ihm eine Verschwörung der
Edelleute seine Macht. Die Briten erwählten einmüthig
den dritten Sohn des Morindus, Elidurus (Hesidor, Esoder).
Der neue König war jedoch in Zweifel, ob ihm die Krone
auch rechtmäßig zukomme, und dachte darauf, seinen Bruder
wieder auf den Thron zu erheben. Als er ihm einst in der
Nähe von York als heimatlosem Wanderer begegnete, brachte

er ihn heimlich in sein Haus zu Albud. Darauf stellte er
sich krank, beschied seine Barone zu sich und verhandelte mit
jedem einzeln über seine Absicht. Nachdem er sie für seinen
Plan gewonnen, berief er eine Reichsversammlung nach York,
entsagte seinen Rechten, und der Bruder wurde durch seine
Vermittelung wiedergewählt. Archigallus war in der That
ein neuer Mensch geworden. Er starb „geliebt und gefürch=
tet" von allen seinen Unterthanen nach zehnjähriger Regie=
rung und wurde in York begraben. Nun gelangte Eliurus
nach dem Willen des britischen Volks zum zweiten mal zur
Herrschaft, aber nur für ein Jahr, denn seine jüngern Brü=
der Vigenius und Peredurus griffen ihn mit Heeresmacht
an und setzten ihn gefangen in den Tower zu London; dabei
wurde erzählt, alles sei, wegen seiner Abneigung gegen die
Königswürde, mit seiner Zustimmung geschehen. Die Brüder
theilten sich nun in die Herrschaft. Nach Gottfried's Bericht
trat darauf nach Vigenius' Tode Peredurus die Regierung
an. Ueber ihn sind die Berichte abweichend. Einige rühmen
ihn als verständig und weise, sodaß über seine Tugenden
selbst Eliurus vergessen wurde; nach andern war er ein
Thrann und wurde von den Edeln des Landes erschlagen.
Er starb ohne Nachkommen. So mußte Eliurus zum dritten
mal den Königsthron besteigen; er regierte ebenso weise und
mild wie früher, und ward in Caerleill begraben.

Der unbekannte Verfasser des alten Dramas hat die Er=
eignisse, wie sie hier vorlagen, zwar in ihren Grundzügen
beibehalten, aber den Verlauf derselben seinen Zwecken ange=
paßt. Daß Artogaill unmittelbar nach der Rückkehr aus der
Verbannung, als er die besten Entschlüsse für sein künftiges
Leben ausgesprochen und eben die Vorbereitungen zu einem
Freudenfest anordnet, plötzlich erkranken und sterben muß,
daß die beiden jüngern Brüder sich sofort nach seinem
Tode gegen die von den Reichsständen beschlossene Krö=
nung des Eliurus erklären, aber auch sogleich in Streit
über ihre Herrscherrechte gerathen, der mit einem Zweikampf
und dem Tode beider endet, ist eine Aenderung, die den

dramatischen Werth erhöht, indem sie die Einheit der Hand=
lung fördert. Eliburus ist die Hauptperson des Stücks,
und der Mittelpunkt der Handlung ist seine dreimalige Er=
hebung auf den Thron trotz seiner eigenen Abneigung da=
gegen. Dieser Widerwille wird dadurch motivirt, daß er
nicht nur als ein edler Charakter, sondern auch als ein
philosophisch denkender Mann dargestellt wird. Gleich im
ersten Act tritt er in einem Buche lesend auf, aus dem er
seine Lebensweisheit geschöpft hat. Auch bei Hollinshed fand
der Dichter rühmend hervorgehoben, der König habe nach
dem Satze gedacht und gehandelt:

> Nicht sich entziehen soll, wem Gott die Herrschaft gibt,
> Noch danach streben. [1]

Dramatische Gewandtheit verräth auch das Auftreten der
beiden Grafen zu Anfang des Stücks, welche die Handlung
einleiten und während der weitern Entwickelung derselben,
gleichsam als Vertreter des tief gekränkten britischen Adels,
thätig bleiben. In der deutschen Komödie tritt gegen den
Schluß nur einer derselben auf, obgleich beide angekündigt
werden. Offenbar hatte der Schauspieler, dem ursprünglich die
Rolle zukam, einen der Brüder zu spielen. Ob die Vertauschung
und Entstellung der Namen auf Rechnung der englischen oder
der deutschen Abfassung zu setzen sei, ist für uns ohne Be=
deutung. Sie erklärt sich einfach aus der Nachlässigkeit in
dieser Beziehung, wie sie bei gleichzeitigen Schriftstellern,
z. B. in Henslowe's „Diary", selbst bei den Hauptpersonen
der verzeichneten Stücke häufig vorkommt.

Neben dem Verlauf der Geschichte, diese bei der Auf=
führung unterbrechend, wo etwa ein bedeutenderer Abschnitt
sich ergibt, geht nun das Zwischenspiel einher. Der
Grundgedanke desselben beruht auf dem Erfahrungssatze,
daß das Böse, das in der Welt verübt wird, und das
doch jemand gethan haben muß, niemand gethan haben

---

[1] Nec abnuendum, si dat imperium Deus,
   Nec appetendum.

will. Diefer Jemand und Niemand werden perfonificirt.
Sie treten als erbitterte Gegner, ja im Kampfe um ihr
Leben auf. Durch den Schurken Jemand wird der ehrliche
und unfchuldige Niemand aller denkbaren Lafter und Verbrechen angeklagt. Die Form des Scherzes ift nicht Erfindung des Dichters, fie war vor ihm längft bekannt. Ein
Gedicht aus der Mitte des fechzehnten Jahrhunderts, mitgetheilt von Percy (in den „Reliques of ancient english
Poetry", vol. II, S. 104 fg.), durch den Balladenton und die
durchgeführte Alliteration feine Beftimmung für das Volk
ankündigend, führt einen armen traurigen Gefellen redend
ein, der in der Winterkälte für fich hin fingend dafitzt. Auf
die Frage, wer er fei, antwortet er, er fei der arme kleine
Niemand und wage nicht zu fprechen („He said, he was little
John Nobody and dare not speake"). Diefer Refrain
fchließt jede Strophe feiner Klagen über die unlautern Mo-
tive der Leute, die fich öffentlich zur Reformationslehre bekennen. Die „Ballade" ift alfo einer auch bei uns fehr beliebten
Gattung kleiner Schriften verwandt, der fogenannten „Büch-
lein", deren nächfter Zweck war, die neuerwachten Reforma-
tionsideen in Bezug auf öffentliches und häusliches Leben
zu fördern. Im Jahr 1585 fchrieb Heinrich Götting ein
Gedicht: „Niemandt, wie faft Jedermann an ihm will Ritter
werden. Allen Haußherren vnd Frawen, fo ftets mit Gefinde umbgehen, nützlich u. f. w." (Erfurt. 8. Wieder-
gedruckt in Casp. Dornavii „Amphiteatrum Sapientiae So-
craticae, joco-seriae". Hanoviae. fol. I, 761 fg.). Die
Einkleidung ift vielleicht auf Ulrich's von Hutten „Nemo"
zurückzuführen, der in diefem Gedicht den Satz behandelte,
es gebe Fälle, in denen man fagen könne, daß Niemand
etwas befitze oder nicht befitze, etwas gethan oder nicht gethan habe. Durch die vielgelefene kleine Schrift wurde der
Gedanke zunächft in Gelehrtenkreifen, dann über diefe hinaus
verbreitet.[1] Auch Shakefpeare benutzte gelegentlich den Scherz,

---

[1] Dornavius hat eine Reihe ähnlicher Spielereien mit Aliquid, Nihil,
Aliquis, Nemo gefammelt.

z. B. in den „Veronesern" (III, 1), im „Sturm" (III, 2), wo Nothing und Nobody persönlich aufgefaßt werden. Die Satire ist in unserm Stück nicht schlecht durchgeführt, wenigstens darin, daß sie für alle Stände etwas Beherzigenswerthes gibt; allein der Witz, der doch nur in einem sehr durchsichtigen Wortspiel liegt, ist zu sehr in die Länge gezogen, um nicht zu ermüden. Eine lose Anknüpfung ist am Ende dadurch versucht, daß der Streit der beiden durch den König entschieden wird, wenn wir nicht annehmen wollen, daß der Verfasser, einer Tradition der alten Schaubühne folgend, sämmtliche Personen zum Schluß auf dem Theater versammeln wollte. Der Leser sieht, daß das komische Zwischenspiel in der „Esther" schon ein Uebergang zum Bessern ist, da es ihm neben demselben Schluß nicht an natürlicher innerer Beziehung fehlt. Auch der durch alle Acte sich weiterspinnende Zank der Königinnen, deren eine je nach der veränderten Situation die Oberhand behält, sobaß diese eben daraus sofort zu erkennen ist, sowie die Figur des „Schmarotzers", des Repräsentanten der an die Stelle des Landadels zu Ansehen erhobenen Emporkömmlinge, selbst die endliche Versöhnung der Schwägerinnen stehen in keinem nothwendigen Zusammenhang mit der Handlung; alles ist ohne Einfluß auf den Gang der Ereignisse.

Der Gewohnheit der Englischen Komödianten, sich mit dem knappsten Ausdruck für die Darstellung des Thatsächlichen zu begnügen, ist auch hier augenscheinlich jede Feinheit der Zeichnung, jede poetische Färbung zum Opfer gefallen; auch hier findet sich die beliebte Anweisung zum Extemporiren. Unglaublich roh sind die Charaktere der beiden Königinnen gehalten, während die Partien in „Jemand und Niemand" gewandter auch im Ausdruck, also wahrscheinlich dem Original getreuer wiedergegeben sind. Die Erneuerung durch Ludwig Achim von Arnim als „Trauerspiel" ist, wie seine Komödie von „Hahnrei und Maria vom Langen Markt" (vgl. oben) und die Bearbeitung des Spiels: „Der wunder=

thätige Stein" (f. Nr. VII), willkürliche Umdichtung, ohne
besondern poetischen Werth.

V. Die internationale Forschung eifriger Shakespeare-
Freunde hat auch die in der alten Sammlung gedruckte
„Tragoedia. Von Julio und Hippolyta", abgedruckt
in Albert Cohn's „Shakespeare in Germany", S. 117 fg.,
beachten zu müssen geglaubt. Als Ludwig Tieck in wenigen
Zeilen über dieselbe zuerst berichtete, war sein Urtheil kurz
und bündig: „Fast die Geschichte der «Veroneser» Shakespeare's, nur ersticht am Ende auf der Hochzeit der hinter-
gangene Freund den falschen, die Braut ermordet sich ebenfalls, und der getreue Liebende folgt ihrem Beispiel. Ein
wunderliches „Nur"! Man sollte meinen, daß doch gerade
hierin ein Unterschied läge gegen den Ausgang in den „Beiden
Veronesern", den die Schlußworte zierlich ausdrücken: „Ein
Fest, ein Haus, und ein gedoppelt Glück!" Die Geschichte
ist mit wenigen Strichen zu zeichnen. Zwei edle Römer,
eng befreundet, leben am Hofe eines Fürsten; Romulus liebt
des Fürsten Tochter Hippolyta und erhält die Einwilligung
des Vaters. Vor der Vermählung reist er nach Rom, auch die
Einwilligung seiner Aeltern einzuholen. Die Geliebte empfiehlt
er dem Freunde Julius, um sie zu unterhalten und zu trösten. Dieser stellt sich tief betrübt, kann aber seine heimliche
Freude kaum unterdrücken. Sofort nach dem Abschied verräth er den Zuschauern seinen Plan, den Freund zu ver-
drängen und dazu die Zeit seiner Abwesenheit gut zu be-
nutzen. Er hat Briefe von Rom für Hippolyta erhalten,
unterschlägt aber dieselben und sendet ihr durch seinen Diener
Grobianus von ihm selbst geschriebene. Ein grober Absagebrief
wird in des Fürsten und des Verräthers Gegenwart gelesen;
den Zorn des Vaters, den Schmerz der Tochter erbittern noch
die Schimpfreden des Falschen gegen den Freund und dessen
Familie. Diese Stimmung kommt ihm erwünscht. Ein
Liebesbrief an das Mädchen ist erfolglos, darauf mit Zustimmung des Vaters bringt er sein Wort an, doch vergeblich; endlich aber, auf das Zureden des Fürsten, der seine

Tochter als einzige Erbin des Landes vermählt zu sehen
wünscht, entschließt sie sich, die Seinige zu werden. Während
der Vorbereitungen zur Hochzeit kehrt Romulus zurück. Der
noch am Boden liegende Brief verräth das falsche Spiel.
Er faßt seinen Entschluß, er will dem frühern Freunde
„helfen den Brauttanz tanzen und eine Tragödie mit ihm
spielen". Da kömmt grade der festliche Zug aus der Kirche.
Romulus, den man in seiner Verkleidung für einen Studenten aus Padua hält, der am Feste theilzunehmen wünscht,
wie das sonst wol gebräuchlich war, wird ehrenvoll empfangen, und Julius bietet ihm Hippolyta zum Tanz. Nachdem er sie dankend zurückgeführt, bittet er, nun selbst den
Tanz mit der Braut antreten zu wollen und dazu den „Tragödientanz", als der Würde fürstlicher Personen angemessen,
aufspielen zu lassen. Tags zuvor war ein Trauerspiel aufgeführt worden, und im Gespräch über die Musik und die
Schauspieler hatte Romulus die Neuvermählten getroffen.
Während des Tanzes gibt sich der Betrogene zu erkennen
und ersticht den Betrüger: „Siehe, diesen Tragödientanz hast
du getanzt!" Die Braut mag das Unheil nicht überleben
und stirbt durch ihre eigene Hand. Nun gibt sich auch Romulus den Tod, nachdem er dem Vater gesagt, daß er die
Briefe nicht geschrieben. Der Fürst beschließt, sein Leben
in der Einsamkeit zu enden. — Den Werth des zu Grunde
liegenden englischen Originals wird man nicht verkennen,
aber auch hier hat die Bearbeitung für deutsche Zuschauer
die Form in rohester Weise verdorben. Der Dialog scheint
oft bis zur Unverständlichkeit gekürzt. Manches ist gestrichen,
die Uebergänge von Scene zu Scene bleiben oft unvermittelt.
Die ganze Ausführung gibt kaum mehr als das zum Verständniß unumgänglich Nothwendige; Anweisungen zum Extemporiren sind hier häufiger als sonst. Für die Wander-
bühne mochte ein solches Verfahren erwünscht sein; es
blieb immerhin von der Handlung genug übrig, um das
Thatsächliche vorzuführen und eine Nachmittags- oder Abend-
vorstellung auszufüllen. Ueberhaupt ist alles eine sehr freie

Bearbeitung. Einzelnes hat der Verfasser derselben hinzu-
gethan. Wenn z. B. Hippolyta sagt: „Weil Treu und
Glauben werden klein, will ich nun bleiben gar allein", oder
„Sollt' ich noch lieben? O nein, denn Lieben ist gewiß Betrüben", und der Fürst in den Schlußworten: „Ade, du
böse Welt! ein einsam Leben mir jetzt gefällt. Ich gehe jetzt
hin meine Straßen, thu' dich gänzlich verlassen" — so wird
man dies nicht für Nachbildung gereimter Stellen des Originals, vielmehr eher für Reminiscenzen aus der einheimischen
Liederdichtung zu halten haben.[1]

Wenn ein neuerer, um die internationale Geschichte des
Dramas hochverdienter Schriftsteller, gestützt auf die ver-
stümmelte Form, in dem deutschen Stücke nichts als ein
Fragment, nur eine Episode aus einem größern Schauspiel
erkennen will, das Shakespeare für sein reizendes Lustspiel
benutzt habe, so ist für den ersten Theil der Ansicht übersehen, daß alles das Gepräge einer abgeschlossenen Handlung
trägt, die ohne alle Anknüpfung nach irgendeiner Seite hin
für sich besteht. Diese Handlung ist ungemein einfach: der
Verrath an einem Freunde aus Liebe, also der Sieg dieser
Leidenschaft über die Freundestreue, und seine ebenso gerechte
wie natürliche Strafe. Die Aehnlichkeit besteht eben nur in der
Untreue eines Mannes als des Nebenbuhlers seines Freundes,
also in nichts weiter, als was alle Tage sich wiederholen
kann. Erst der Ausgang macht daraus einen novellistischen
Stoff. Der Schauplatz weist auf Italien hin; eine Novelle,
die benutzt sein könnte, ist freilich noch nicht aufgefunden
worden. Es soll damit nicht geleugnet werden, daß der

---

[1] Ein Lied in Sethus Calvisius' „Harmonia Cantionum Ecclesiasticarum"
(Leipzig 1597. 4.) fängt an:

> Pfui dich an, du schnöde Welt,
> Dein Weis mir nicht gefällt,
> Kunst geht bei dir nach Brote,
> Tugend hat wenig Ehr,
> Wahrheit gilt auch nicht mehr.

In Rollenhagen's „Amantes amentes", Act III, kommen die Worte vor: „Ade,
ade, du schnöde Welt, Dein Weise mir gar nicht gefällt"; ebenso, etwas anders
gewandt, in der „Comoedia von Sidonia und Theagene".

große Dichter, statt aus einer alten Prosaerzählung zu schöpfen, vielleicht unmittelbar durch das ältere Drama zu dem Einfall angeregt wurde, der alten Geschichte, die ewig neu bleibt, eine andere Wendung zu geben, um alles durch die Zier anmuthigster Erfindung zu schmücken, die Dissonanzen aufzulösen und mit dem Zauberlicht der Poesie einfallende unheimliche Schatten zu verscheuchen. Unzweifelhaft bleibt nur die Benutzung einer Episode aus der „Diana" des Montemahor, und wahrscheinlich die einer andern aus Philipp Sidney's „Arcadia" durch Shakespeare.

VI. Das schon oben beiläufig erwähnte, durch Schüler aufgeführte und ausdrücklichen Zeugnissen nach von den Engländern in Kassel und auch mehrfach in Dresden gespielte Drama führt in der deutschen Bearbeitung den Titel: „Eine schöne lustig triumphirende Comoedia von eines Königes Sohne aus Engelland und des Königes Tochter aus Schottland[1]." Der Grundgedanke ist die Versöhnung zweier feindlicher Fürsten durch eine Heirath zwischen ihren Kindern, an sich ein ganz natürlicher Ausgleich verschiedener politischer Interessen und in Sage und Geschichte nicht ohne Vorbild. Die dramatische Einkleidung führt durch eine ansprechende und spannende Handlung, die einen unglücklichen Ausgang befürchten läßt, zu einem befriedigenden Schluß. Um das Wunderbare, Märchenhafte glaublicher erscheinen zu lassen, ist die Geschichte in sagenhafte Ferne und heidnische Zeiten verlegt. Der erste Act führt die Zuschauer mitten in das Schlachtgetümmel; eine Unterredung der beiden Könige bleibt erfolglos. Der Sohn des Engländers, Serule, fordert einen Schotten zum Einzelkampfe, um weiterm Blutvergießen ein Ende zu machen, aber niemand nimmt die Forderung an. Da tritt die schottische Königstochter, die schöne Astrea, zwischen die Streitenden, um die Ankunft ihres Vaters, der

---

1 Triumph bedeutet nicht blos Siegesfeier; Shakespeare gebraucht das Wort im Sinne ritterlicher, höfischer Feste mit Prachtaufzügen. Vgl. „The two Gentlemen of Verona", V, 4, und „Midsummer-Nights Dream", I, 1, und Ric. Delius' Anmerkung dazu.

zur Aufnahme des Kampfes bereit ist, anzukündigen. Bei
ihrem Anblick weicht der Kampfesmuth der Liebesglut, Venus
ist siegreich über Mars. Liebeserklärung, kurzes Bedenken
der Prinzessin, und die beiden werden einig, das Ende des
ihnen jetzt unbequemen Krieges dadurch anzubahnen, daß sie
die Väter zum Abschluß eines Waffenstillstands für ein Jahr
bereden. Im zweiten Act ist das Heer nach London zurückgekehrt. Aber die Sehnsucht läßt dem Prinzen keine Ruhe.
Unter dem Versprechen, vor Ablauf des Jahres zurückkehren
zu wollen, erwirkt er die Erlaubniß zu einer Reise nach
Frankreich; in der That will er die Geliebte heimlich sehen,
und bald finden wir ihn in einem Walde in der Nähe des
Königsschlosses in Schottland wieder. In dieser Wildniß
wohnt ein zauberkundiger Mann, Barrabas, den der König
bei wichtigen Dingen um Auskunft und Rath zu befragen
pflegt. Zu ihm schickt Serule seinen Diener; er soll sich als
Schüler anbieten, wirklich aber als Wächter für die Sicherheit
der Liebenden dienen und eine etwa drohende Gefahr an
die Prinzessin berichten. Die dritte Handlung eröffnet eine
Beschwörungsscene in der Hütte des Zauberers. Der Diener wird angenommen. Die Scene wechselt; im Schloß
unterhält sich der König mit der Tochter über den nahen
Wiederausbruch des Krieges. Da kömmt ein Narr auf einem
Stecken hereingeritten, es ist der Prinz in Narrenkleidern; in
dieser Vermummung, in welcher also eine der Hauptpersonen
die Partie des Clown selbst übernimmt, als ein ungefähr-
licher Tölpel, erwirbt er sich rasch die Gunst des Königs,
der ihn seiner Tochter zum Geschenk macht, und die Handlung geht unter platten Pickelhäringsspäßen zu Ende. Die
den vierten Act eröffnende Erkennungsscene wird durch den
König unterbrochen, der seine Absicht ankündigt, seinen Hexen-
meister im Walde zu besuchen. Die Frage nach dem künfti-
gen Gemahl der Prinzessin beantwortet der Alte, indem er
den König in einem Spiegel die Tochter im Tanz unter
Musikbegleitung mit dem Narren erblicken läßt, den er nur
zu gut kennt. Als er ungläubig und zornmüthig zurückkehrt,

d*

hat die Tochter schon erfahren, was vorgefallen, und ihr
Geliebter ist entkommen. Der König nimmt Rache an dem
ganzen Geschlecht der Clowns, denn er gibt den Befehl, alle
Narren, „so noch da sein‟, umzubringen. Des Prinzen Liebe
erfindet eine neue Maskerade. Mit einem Flor über dem
Gesicht und im schwarzen Rock erscheint er wieder als
„Morian‟ und wandernder Krämer mit Schmucksachen aus
seines Vaters Schatzkammer. Es gelingt ihm, Astrea allein
zu sprechen, wie das erste mal. Aber auch die Waldscene
wiederholt sich. Diesmal zeigt der Spiegel ein ander Bild:
der verblüffte Monarch muß sehen, wie ein schwarzer Teufel
mit seiner Tochter tanzt. Neuer Abschied ist geboten; aber
Astrea verspricht, dem Geliebten zu folgen. Den rückkehren=
den Vater weiß sie mit allerhand Redensarten zu besänftigen;
auch bleibt zu weitern Erörterungen keine Zeit, denn es
kommt die Meldung, daß das englische Heer zum Marsch
gerüstet ist. Ehe der Act zu Ende geht, tritt der feindliche
König auf, besorgt über das Ausbleiben seines Sohnes, ohne
den er nun dennoch vorrücken will. Trompeten blasen zum
Marsch.

Der sechste Act zeigt uns Astrea, die „ein schlecht Ge=
wand‟ anlegt, denn sie beabsichtigt, mit Postpferden noch
vierzig Meilen von hinnen zu reisen. Scenenwechsel stellt eine
wilde Waldgegend dar und den Prinzen in tiefer Betrübniß;
er gedenkt seiner Pflicht gegen den Vater, und doch fühlt er
sich an den Ort gebannt, von wo aus er die Zinnen der
Königsburg erblicken kann. Endlich gibt er die Hoffnung auf,
Astrea zu finden, und entschließt sich, weiter zu wandern.
Nach seinem Abgang erscheint sie dennoch; Trommeln und
Trompeten erschallen von neuem, plötzlich ist sie vom
Gewühl der Kämpfenden umringt und muß sich hinter einem
Baum verbergen. Die beiden Könige stehen einander gegen=
über, böse Worte fallen von beiden Seiten. Astrea war
entdeckt und gefangen; die Tochter in des Feindes Hand zu
sehen, läßt den Schotten gleichgültig, denn nach ihrer Flucht
will er sie nicht mehr als seine Tochter erkennen. Da wird

auch Serule gefangen eingebracht. Der Drohung, daß sein
Sohn sterben solle, wenn er sich nicht unterwerfen werde,
setzt der Engländer gleichen Starrsinn entgegen; vor seinen
Augen fällt der Sohn, dem man Gift gegeben, zu Boden.
Nun soll aber auch Astrea die That durch ihr Blut sühnen.
Sie sinkt vor dem Feinde in die Knie, um den Todesstoß zu
empfangen; aber der hebt sie besänftigt auf, um sie dem
Vater zurückzugeben. Sie stürzt sich über den Geliebten —
und dieser erwacht, denn nur einen Schlaftrunk hatte er
trinken müssen; ein Mord wider allen Kriegsgebrauch wider=
strebte dem königlichen Sinne des Schotten, wie dem Eng=
länder die Rache an einer wehrlosen Jungfrau. Das
versöhnt die Väter des Paars, dessen treue Liebe sie nun
erfahren, und das Publikum kann voller Befriedigung über
diese Peripetie und mit der Beruhigung nach Haus gehen,
„daß morgenden Tages die Heirath mit Pracht und Herrlich=
keit soll gehalten werden".

Von einem erneuerten Abbruck schien die äußere Form,
die demselben die Hand des Bearbeiters gegeben, abrathen
zu sollen. Die Sprache ist roh nicht allein da, wo der
Uebersetzer mit Schwierigkeiten zu kämpfen hatte. Ueberdies
lag demselben das Original nicht vollständig vor, sondern
nur so, wie die Schauspieler dasselbe für die Zahl ihres
Personals zugeschnitten hatten; vielleicht mußte er aus
den einzelnen Partien das Ganze wieder zusammensetzen.
Vieles wird gekürzt, ganze Scenen werden weggefallen sein,
z. B. alle diejenigen, in welchen ursprünglich zwei Bewerber
um die Hand Astrea's, deren Namen Douglas und Tinar
sogar einmal ohne alle Motivirung stehen geblieben sind,
auftreten sollten. Der Zauberer, im Text Barrabas, heißt
im Personenverzeichniß und einmal in einer Bühnenanweisung
Runcifax. Was dieser zu reden hat, ist besonders schlecht
stilisirt und oft bis zur Unverständlichkeit verworren. Die Auf=
nahme des Stücks in die vorliegende Sammlung wird jedoch
einem literarhistorischen Interesse dienen. Ein Zusammenhang
der Komödie mit Shakespeare's „Sturm" im Vergleich mit Jakob

Ayrer's „Comoedia von der schönen Sidea" ist unverkennbar.
Wir müssen uns eine weitere Begründung desselben an
dieser Stelle versagen und verweisen auf unsere eingehendere
Untersuchung in der Vorbemerkung zu Ayrer's Schauspie=
len im dritten Bande unserer Sammlung, S. 148—156.
Ein englisches Original ist bisjetzt nicht aufgefunden worden.
Die Vergeblichkeit der Nachforschung erklärt sich hinlänglich
daraus, daß die englischen Bühnendichter zunächst für die
Aufführung zu schreiben pflegten, die Schauspiele selbst aber
erst nach gesichertem Erfolg, oft auch überall nicht zum Druck
gelangten. Ludwig Tieck („Deutsches Theater", Berlin 1817,
I, XXVI) begnügt sich mit der kurzen Angabe, daß dieses
Stück „eins der ältesten" sei.

VII. Das zweite der oben erwähnten kleinern Spiele in
Prosa: „Ein ander lustig Pickelhäringsspiel, darin=
nen er mit einem Stein gar lustige Possen macht",
schien uns seines wahrhaft komischen Gehalts wegen die
Aufnahme in unsere Sammlung im vollen Maße zu ver=
dienen. Es ist eine hübsche, in sich abgerundete Posse, ein
kleines Intriguenstück in einem Bauernhause und dem Kreise,
in dem es sich bewegt, angemessen durchgeführt. Das eng=
lische Vorbild ist noch nicht nachgewiesen. Dasselbe wird
das Schicksal vieler ähnlicher Rüpelspiele getheilt haben:
sie wurden nach und nach vergessen, als die Bühne edlern
Bestrebungen zu dienen begann. Daß dasselbe schon früh
auf dem Repertoir der Wanderbühnen war, erfahren wir
wieder durch Jakob Ayrer, der auch dieses Scherzspiel als
Einlage benutzt hat. Seine „Comoedia vom König in
Cypern, wie er die Königin in Frankreich bekriegen wolt
und zu der Ehe bekam" verdankt ihre Entstehung einem
ältern englischen Stück von Matchin und Gervase Markham,
das 1608 in London gedruckt worden ist: „The dumb
knight. An historicall comedie, acted sundrie times by
the Children of his Majesties Revells." 4. Das hier ein=
gelegte Zwischenspiel schien ihm für Deutschland nicht zu
passen, deshalb vertauschte er dasselbe mit einem andern und

wählte das uns vorliegende, das mit geringfügigen Aenderungen seinem Inhalt nach Scene für Scene wiedergegeben wird (vgl. „Schauspiele des 16. Jahrhunderts," II, 131 fg. und 137—38). Auch der erste Verfasser hat den Einfall, um den sich alles dreht, die eingebildete Unsichtbarkeit, nicht selbst erfunden. Boccaccio („Decameron", VIII, 3) erzählt eine ergötzliche Geschichte von einem einfältigen Maler Calandrino, den ein lustiger Gesell, im Einverständniß mit zwei Kunstgenossen, einen unsichtbar machenden Stein, einen Heliotrop, finden läßt. Als schließlich Calandrino's Frau, die in die Verabredung nicht eingeweiht ist, ihren Mann dennoch erblickt, glaubt er, die Schuld liege nur an ihr, weil sie ihm beim Eintritt in sein Haus zuerst entgegengekommen sei; denn die Frauen rauben ja jeglichem Dinge seine Kraft und pflegen alles zu verderben. Der Streit um das Zumachen der Thür ist ebenfalls fremdes Eigenthum. Straparola (Notte piacev. VIII, 1) hat eine ähnliche Geschichte in der Novelle „von den drei Taugenichtsen", nur mit raffinirterem Schluß. Was der Pickelhäring blos befürchtet, als die Frau mit dem Nachbar gehen will, geschieht hier wirklich unter den Augen des Ehemannes, der beharrlich schweigt, um die Wette nicht zu verlieren.

Aufführungen des „Sichtbar-Unsichtbaren" — Visibilis et Invisibilis — werden noch in den Jahren 1672 und 1676 in Dresden erwähnt; vor dreißig Jahren etwa war das Spiel mit Paias (Bajazzo) und Colombine, sonst wenig verändert, im Circus einer österreichischen Kunstreitertruppe zu sehen.

Fragen wir jetzt, wo wir über Gehalt und Werth des Englischen Repertoirs uns ein Urtheil bilden können, worin denn eigentlich der vielfach bezeugte außerordentliche Erfolg derartiger Vorstellungen begründet war. Es liegt nahe, denselben in dem Reiz der Neuheit zu finden, der ja durch die Wanderungen von Ort zu Ort immer frisch erhalten wurde, noch wirksamer gemacht durch eine ungewohnte Pracht

der äußern Erscheinung, durch die Garderobe, welche immer
bunt und schimmernd, wenn auch zuweilen fadenscheinig, oft
aber wirklich glänzend und solid, wie an den Höfen der
Fürsten und von ihnen bezahlt, dem Stück angepaßt und
im ganzen zusammenstimmend sich zeigte. Aber die An-
ziehungskraft der zur Schau gestellten fremden Kunst war
dauernd und blieb ungeschwächt, selbst als einzelne Stimmen
gegen das allgemeine Lob sich abweisend erklärten!

Absichtlich ist von uns die Art der deutschen Bearbeitungen betont worden, die immer nur bestrebt war, die
„Geschichte" in der Weise den Zuschauern vor die Augen zu
stellen, daß die nackte Handlung verständlich bleibt. Sie
durften darauf rechnen, der überwiegenden Mehrzahl derselben, vielleicht allen, damit vollständig Genüge zu thun.
Liebt es doch auch eine gewisse Klasse von Romanlesern, alles,
was sie nicht für zum Verlauf der Ereignisse gehörend halten,
zu überschlagen. Ueberdies brachte die Darstellungskunst der
Berufsschauspieler die Handlung und das, was von Charakter-
zeichnung aus den bessern Originalen übriggeblieben war,
wenigstens stark genug zur Anschauung. Wer Lust hatte,
sich einmal erschüttern und durchschauern zu lassen, fand dazu
für sein Geld durch den Besuch des Schauplatzes Gelegenheit; gefühlvolle Herzen konnten sich butterweich rühren lassen,
zart besaitete Seelen die Wonne der Wehmuth genießen.
Poetischer Genuß ward ebenso wenig geboten wie erwartet
und begehrt. Die Späße der Clowns befriedigten das Be-
dürfniß, einmal tüchtig zu lachen, und waren oft witzig genug, selbst einem Cato ein Lächeln abzugewinnen; überdies
floß aus Pickelhäring's Munde das Oel, womit man gar zu
schmerzliche Eindrücke lindernd übergießen konnte. Eins aber
vor allem darf nicht übersehen werden, die Verbindung der
Musik mit den Theatervorstellungen. Sehen wir bei den
geschilderten Verhältnissen ganz davon ab, daß die Verwandtschaft mit der Poesie den Dichter zu ihrer engern Verbindung einladet: im Leben schon hat dieselbe ihre Berech=
tigung wie ihre Aufgabe; sie erhöht freudige Stimmungen,

verschönert Feste, dient der Andacht und selbst dem Ausdruck
der Trauer. Dieselbe Aufgabe wird sie auch im Drama,
das doch ein Abbild des Lebens ist, erfüllen können.

Musikalische Aufführungen zu Anfang und Ende der
Stücke, Einlagen von Instrumentalmusik und Gesang in
passenden Scenen gehörten zu den wirkungsvollsten Dar-
stellungsmitteln der Englischen Schaubühnen in Deutschland.
Die Kunst der edeln Musica wurde hier geliebt und geübt
und zwar in weitesten Kreisen. Die ungewöhnliche An-
ziehungskraft dessen, was die Fremden darboten, lag eben in
den bedeutendern Leistungen eigentlicher Berufsmusiker den
beschränkten Mitteln der alten Bühnen gegenüber. Die
unter den Königinnen Anna und Elisabeth bestehenden Hof-
kapellen waren eine gute Schule für musikalische Technik.

Englische Instrumentisten sind die Vorläufer der Schau-
spielertruppen, welche gegen das Ende des sechzehnten
Jahrhunderts in Deutschland auftreten. Schon seit 1556
werden englische Fiedler, Trompeter, Pfeifer am markgräflich
brandenburgischen Hofe erwähnt. Daß selbst Künstler von
großem Ruf eine Kunstreise nach Deutschland unternahmen,
lehrt das Beispiel des berühmten Lautenspielers und Com-
ponisten John Dowland, des Freundes Shakespeare's, der ihm
mit wenigen Worten ein Denkmal gesetzt hat:

> Dowland whose heavenly touch
> Upon the lute doth ravish human sense.
> (Dowland, deß himmlisch Lautenspiel
> Der Menschen Sinn entzückt.)
> The Passionate Pilgrim, Str. 6.

Auch der Name Instrumentisten verschmilzt mit dem von
Schauspielern, nicht weil sie ihre Kapellen mit herüberbrach-
ten, sondern weil sie beide Künste meist zugleich ausübten.
Man darf sie etwa den alten landfahrenden Spielleuten, den
Ministrels und Joculatoren, vergleichen, nur mit größerer
Kunst und besserer Sitte. Bei Gelegenheit der Investitur
des Herzogs Friedrich von Würtemberg mit dem Hosenband-
orden, den ihm Jakob I. im September 1603 übersandte,

traten auch Musiker auf, die zum Theil zugleich Schauspieler
waren, und zwar ein Meister mit zehn Gehülfen. So war
es zu Anfang und so blieb es auch bis in späte Jahre des
siebzehnten Jahrhunderts. Aus diesen Instrumentisten bil-
deten sich dann an deutschen Höfen die ersten stehenden Kapellen, denen sich auch deutsche Musiker, häufig als ihre
Schüler, anschlossen. Johann Rist, der selbst Schauspiele
schrieb, ja in seiner Jugendzeit auf der Bühne aufgetreten
war, ein begeisterter Verehrer der Musik, weiß die Kunst der
Engländer zu rühmen und erwähnt als Hauptpflegestätten
derselben neben Dresden die Hansestädte, Leipzig, Nürnberg,
Braunschweig; besonders hebt er die Leistungen der Kapelle
des Grafen Ernst zu Schaumburg und Holstein hervor, die
aus Angehörigen verschiedener Länder, vorzugsweise aber aus
Deutschen und Engländern zusammengesetzt war. Sie hatten
bei ihm eine ehrenvolle Stellung und wurden „wie des
Grafen Kanzler und Räthe besoldet und wie die Edelleute
gekleidet". Unter ihnen waren ein Violinist und ein Gamba-
spieler besonders ausgezeichnet.

Die englische Sitte, auch in dem ernsten Schauspiel der
Musik Raum zu gestatten, fand in Deutschland mit der
Möglichkeit, tüchtige Musiker zur Hand zu haben, nach und
nach allgemeinen Eingang und gewann nicht allein die An-
erkennung des Publikums, sondern auch die volle Zustimmung
der dramatischen Dichter. Auch dafür möge ein Zeugniß
Rist's gehört werden. Er behauptet entschieden, „daß die
Schauspiele nimmermehr ohne Musik sein dürfen". Er habe
es selbst unterschiedliche male bei Vorstellung trauriger
Geschichten auf der Schaubühne erfahren. „Als ich einst-
malen", so erzählt er, „die Person eines grausamen Tyran-
nen spielte und ein unschuldiges gar schönes Weibsbild ließ
hinrichten, welcher blutiges Haupt man bald hernach in einer
Schüssel sah stehen, ließ ich ein Lied, welches eine gar klägliche Melodei hatte, und dessen Text mit diesen Worten anfähet: Ach, nun hab ich dir mein Leben, bleicher Tod, ergeben u. s. w., sehr traurig spielen und singen, worüber die

Gemüther der Zuschauer, sonderlich bei dem zarten Frauenzimmer, dergestalt beweget wurden, daß viele unter ihnen
häufig ihre Thränen vergossen ... Wir hatten aber damals
einen sehr guten Kapellmeister, den berühmten Engländer
Wilhelm Brade; dessen Gehülfe war Herr David Kramer,
ein gelehrter Studiosus und stattlicher Musicus dabei, wie
das die schönen Stücke, welche er zu den Komödien und
Tragödien selbiger Zeit gesetzt, nunmehr aber im offenen
Druck sind zu finden, genugsam beweisen." In der That
hatte auch, wie ihm nachher gesagt wurde, die Musik das
Beste zur Rührung beigetragen.

In den Englischen Tragödien und Komödien tritt die
Mitwirkung der Instrumentisten überall ein, wo ein beson-
derer Anlaß dieselbe erfordert oder doch wünschenswerth
macht. Trompeten werden geblasen und Trommeln geschlagen,
wenn auf der Bühne kriegerische „Actionen" vorgehen („Von
des Königs Sohn aus England" und „Andronicus"), ebenso
während eines Zweikampfs: „die Schwerter klingen, und
wird eine ziemliche Weil getrompetet" („Jemand und Niemand"), zur Jagd blasen Hörner („Jemand und Niemand");
Trompeten blasen Tusch, wenn hohe Personen bei einem
Festmahl trinken („Esther"). Der „Verlorene Sohn" nimmt
unter Trompetenklang und Gesang Abschied; bei dem betrü-
gerischen Wirthe läßt er die Spielleute „aufgeigen", aber
piano (submisse) „also, daß man dabei reden kann". Im
„Fortunat" spielen Geigen während des Schlafs im Zimmer
der Agrippina, und sie hören erst auf, als der Held erwacht
und auf seinen Befehl. Den feierlichen Racheschwur des
Titus Andronicus im fünften Act begleitet ein Klagelied.
In „Julius und Hippolyta" spielen die Instrumentisten den
verhängnißvollen Tragödientanz. Während sonst Serenaden
mit Lauten und Geigen aufgeführt werden, bringt der Rü-
pel in „Sidonia und Theagenes" der Magd ein Ständchen
auf der Pfeife. Aufzüge, Tänze und Festdarstellungen jeder
Art können ohnedies der Musik nicht entbehren; wollte man
nicht eigentliche Zwischenspiele zwischen Acten und Scenen

verwenden, so konnten Productionen der Clowns, Springer,
Tänzer unter Musikbegleitung eingelegt werden, um Zeit zu
gewinnen für scenische Veränderungen und Wechsel der
Garberobe; auch der Vortrag eines Tonstücks füllte die Zeit
passend aus.

Doch erst dann, als der Kunst der Fremden eine feste
Stätte gegründet wurde, konnten sie dieselbe zur vollen
Geltung bringen. Das Wanderleben, wobei es doch zu=
nächst auf Gelderwerb abgesehen war, ließ am Ende
auch die Bessern andere und höhere Zwecke aus den
Augen verlieren und verführte leicht zu Oberflächlichkeit und
Flüchtigkeit in der Vorführung dessen, was sie zu leisten im
Stande waren; dazu fehlte es oft an ausreichendem Personal
zur genügenden Besetzung aller Rollen und an einheitlicher
Leitung, durch welche allein ein erträgliches Zusammenspiel
zu erzielen ist. Mit der Bildung stehender Gesellschaften
an deutschen Höfen wurde das anders. Die Schauspieler
treten meist förmlich in die Dienste der Fürsten, müssen sich
durch Contracte verpflichten und empfangen Besoldungen und
Remunerationen. Einrichtung und Ausstattung der Theater
sammt der Garberobe gehen auf Rechnung der fürstlichen
Kammer. Die Inscenirung der Vorstellungen gewinnt an
Gediegenheit; das eigene Interesse der Schauspieler und der
Ehrgeiz stacheln sie zur Anstrengung ihrer Kräfte, sobald sie
einem hohen, gebildeten und anspruchsvollen Publikum gegen=
überstehen. Verhältnißmäßig kurze Zeit nach ihrem ersten
Auftreten auf deutschem Boden sehen wir Englische Künstler
auch schon in solcher Stellung an den Höfen von Wolfen=
büttel und Kassel wirkend, und zwar am erstgenannten
Orte unter den Augen und der persönlichen Leitung eines
Fürsten, dessen Vorliebe für das Theater und eigene schrift=
stellerische Thätigkeit für die Bühne seinem Namen einen
Platz in der Geschichte des deutschen Schauspiels sichern.

Die Sammlung Englischer Comödien und Tragödien
von 1620 erlebte im Jahre 1624 eine zweite Ausgabe,

jedoch ohne Vermehrung des Inhalts. Ich finde dieselbe er=
wähnt in Gottsched's „Nöthigem Vorrath zur Geschichte der
deutschen dramatischen Dichtung" (I, 182 fg.). Der Titel
hat den Zusatz: „Zum andern mal gedruckt und corrigirt"
(o. O. 8.) Erst später folgte die in der Vorrede versprochene
Fortsetzung unter dem Titel: „Liebeskampff, oder Ander
Theil der Englischen Comödien und Tragödien, in welchen
sehr schöne außerlesene Comödien vnd Tragödien zu befinden
vnd zuvor nie in Druck außgegangen" (Gedruckt im Jahr
1630. 8), mit folgendem Inhalt: 1) Comoedia von
Macht des kleinen Knaben Cupidinis; 2) Comoedia von
Aminta und Silvia, nach Tasso; 3) Comoedia vnd Prob
getrewer Lieb; 4) Comoedia von König Mantalors unrecht=
mäßigen Liebe vnd derselben Straff; 5) 6) Zwei „Singe=
Comoedien"; 7) Tragicomoedia (die drei letzten Stücke ohne
besondere Benennung); 8) Tragödi vnzeitiger Vorwitz, nach
Cervantes' Novelle „Il curioso impertinente". L. Tieck
(„Deutsches Theater", I, xxx) konnte kein englisches Original
auch nur für eins der Stücke nachweisen. Vierzig Jahre
später erschien noch eine umfangreiche Sammlung, die dem
Titel nach sich an die erste anschließt: „Schaubühne Eng=
lischer und Frantzösischer Comödianten. Auff welcher werden
vorgestellet die schönsten und neuesten Comödien, so vor wenig
Jahren in Franckreich, Teutschland und andern Orten, bey
Volkreicher Versammlung seynd agiret und praesentiret wor=
den. Allen der Comödi Liebhabern und andern zu Liebe
und Gefallen dergestalt in offenen Druck gegeben, daß sie
leicht darauß spielweise wiederum angerichtet, und zur Er=
götzlichkeit und Erquickung des Gemüts gehalten werden kön=
nen" (Franckfurt. In Verlegung Johann Georg Schiele,
Buch=Händlers. Im Jahr M.DC.LXX. 3 Theile. 8).
Der dritte Theil hat den Zusatz: „auf welchem sampt dem
Pickelhäring werden vorgestellet". Auch hier sind keine neuen
Englischen Stücke aufgenommen worden. Der erste Theil
enthält, außer Uebersetzungen nach Molière („L'Amour méde=
cin": „Sganarelle ou le coccu imaginaire") und Quinault

(„La Comédie sans comédie" und „La Mère coquette"),
eine Comödie: „Die Liebesgeschicht beß Alcippe und der Cephise,
oder die Hahnreyinn nach der Einbildung" (Fr. Donneau's
„La Coccue imaginaire ou les amours d'Alcippe et de
Céphise"); „Die Eyfernde mit ihr selbst" („La Jalouse d'elle
même" von Boisrobert nach Lope de Bega); Thomas Corneille's
„Antiochus" und „Damon's Triumpffpiel"; die in dem Stück
auftretenden „Cimbrischen" Schäfer und Schäferinnen weisen
auf den Hamburger Kreis hin. Der zweite Theil bringt,
außer „Sidonia und Theagenes", dem „Lustigen Pickelhäringsspiel, worin er mit einem Stein gar lustige Possen macht",
und dem „Fortunatus" aus dem Buche von 1620, Quinault's
„L'amant indiscret ou le Maître Etourdy" (1654); ein Lustspiel:
„Der Verliebten Kunstgriffe" („La superchérie d'Amour"
par le Sieur de Ch.?) und eine „Taliclea, die Großmüthige",
deren Quelle ich nicht nachweisen kann. Der dritte Theil
hat aus der ersten Sammlung die „Esther" und den „Verlornen
Sohn", aus dem „Liebeskampf" den „Mantalor", „Aminta"
und „Macht des Cupidinis" aufgenommen und Molière's
„Geizigen" und „George Dandin" hinzugefügt.

Göttingen, 1. October 1879.

Julius Tittmann.

Inhalt.

Engelische Comedien vnd Tragedien

Das ist:

Sehr Schöne

herrliche vnd außerlesene,

geist= vnd weltliche Comedi vnd
Tragedi Spiel,

Sampt dem

Pickelhering,

Welche wegen ihrer artigen

Inventionen, kurtzweiligen auch theils

wahrhafftigen Geschicht halber, von den Engelländern
in Deutschland an Königlichen, Chur= und Fürstlichen Höfen, auch in vornehmen Reichs= See= vnd
HandelStädten sein agiret vnd gehalten
worden, vnd zuvor nie im Druck auß-
gangen.

An jetzo,

Allen der Comedi vnd Tragedi lieb-

habern, vnd Andern zu lieb vnd gefallen, der Gestalt
in offenen Druck gegeben, daß sie gar leicht darauß
Spielweiß widerumb angerichtet, vnd zur Ergetzlichkeit vnd
Erquickung des Gemüths gehalten wer-
den können.

Gedruckt im Jahr M.DC.XX.

I.

Comoedia
Von der Königin Esther
und hoffärtigen Haman.

Personae:

Ahasverus, König.

Bightan, }
Theres, } Kämmerer.

Haman, königlicher Rath.

Esther, Königin.

Kammerath oder Diener.

Mardocheus, Jübe.

Hans Knappkäse.

Hans (Hier nochmals aufgeführt, weil er als Zimmermann
und Henker, zugleich aber als Clown auftritt.)

Frau.

Nachbar.

Sohn.

———

Actus primus.

(Kömt der König, zween Kämmerer, Haman.)

König. Ich, König Ahasverus, Regierer und Gebieter von India biß in Mohren, über 123 Länder, habe euch, meine liebe Fürsten und Obristen des Landes, zeigen wollen die Pracht und Herrlichkeit unser Majestät; damit ihr aber den großen, unzähligen und unaussprechlichen Reichthum recht sehen möchtet, habe ich dazu verordnet 180 Tage, in dero Tagen ihr die Pracht anschauen möchtet. Welches Panketiren und große Pracht dann nun voll-endet, die hundert und achtzig Tage verflossen; zu dem haben wir nun einen jedern Mann jung und alt, klein und groß, arm und reich allhie zu Schloß zusammen am Hofe des Gartens zu panke-tiren zurichten lassen, auch befohlen, einen jedern seinen Willen zu lassen, und daß er, was ihme nur sein Herz gelüstet, bekom-men kan, denn in unsern großen Reichthum kans uns nicht scha-den. Dieses Panketiren sollen sie sieben Tage treiben, denn also sehen wir es vor gut an, daß unsere geringe Unterthanen besto mehr Liebe zu uns tragen.

Nun habt ihr all unser Reichthum, Silber, Gold und edele Kleinodien gesehen, aber eins haben wir noch, das übertrifft diese alle, welches wir euch jetzt wollen sehen lassen. Bightan und The-res, gehet alsobald hin und holet unsere schöne Königin Vasthi mit ihrer königlichen Krone, denn ihre Schöne und Krone müssen wir auch vor allem Volk zeigen.

Bightan. Großmächtiger König Ahasverus, in Vnterthä-nigkeit sol solches verrichtet werden. (Gehen hin.)

Ahasverus. Wiewol wir mächtig sein und groß auf Erden, haben wir dennoch uns unser Gewalt nicht wollen überheben, son-dern meistes Theils beflissen, gnädiglich und sanft zu regieren, und den lieben Friede, dessen sich jederman von Herzen erfreuet, zu halten, damit ein jeglicher einträchtiglich leben und werben[1] möchte; demnach wir aber Rath gehalten, wie solches geschehen könte, da zeigt mir an Haman, mein klugester, liebester und getreuester Rath, wie ein Volk sei, das, in allen Landen zerstreuet, sonderlich Gesetze halte wider aller Lande und Leute Weise und stets der Könige Gebot verachte, dadurch sie Friede und Einigkeit verhindern, und da wir vernehmen, daß sich ein einiges Volk wider alle Welt sperrete und unsern Geboten ungehorsam wäre, dadurch sie denn großen Schaden thäten, Friede und Einigkeit in unserm Reich zerstöreten, befehlen wir, daß, welche Haman anzeigen würde, mit Weib und Kind durch ihrer Feinde Schwert ohn alle Barmherzigkeit umbbracht, und niemand verschonet werde, und also ein beständiger Friede in unserm Reich bleiben möge. Darumb, Haman, kom hier, zu unser rechten Seiten soltu leben und gehen, große Gnade hastu vor unser Königlichen Augen funden, zum größesten Fürsten, auch den nähesten nach uns thun wir dich setzen, denn du solches wegen deines weisen und klugen Raths, wormit du uns gedienet, wol würdig bist.

Haman. Großmächtigster König, nimmermehr kan ich die große Ehre und Würde, so mir E. Kön. Majestät anleget, recompensiren, dennoch soviel es an mir müglich ist, wil mich höchstes Fleißes angelegen sein lassen.

(Gehet beim Könige. Sie kommen wieder.)

Bightan. Großmächtigster König, ungerne thue ich Ihr Majestät solche Botschaft bringen. Die Königin Vasthi ist ungehorsam, und kan sie nicht bereden, daß sie zu Ihr Majestät komme.

König. Nicht kommen? Dieses ist ein großer Ungehorsam, bei meiner Krone und Scepter schwere ich, diese Unehre sol nicht ungestrafet bleiben. O ihr unverständigen Weibesbilder, wie dürft ihr so hoffärtig werden! Gedenket ihr nicht, daß der Mann euer Herr und Häupt sei, und daß ihr nach seinen Willen leben müsset? Ihr Herren von Persien und Meden consuliret, was man vor ein Recht der Königin Vasthi thun sol, denn wir sein gänzlich resolviret, solches nimmer ungestraft zu lassen. Haman, gib deinen Rath.

Haman. Großmächtiger König, die Königin Vasthi hat nicht allein an Ihrer Majestät übel gethan, sondern auch an uns, ja an allen Mannspersonen hohes und niedriges Standes im ganzen Lande des Königes, denn es wird solche That der Königin-

---

1 werben, seine Geschäfte betreiben, seine Angelegenheiten besorgen.

nen auskommen für alle Weiber, eben so wol für unsere, daß sie
ihre Männer werden verachten vor ihren Augen und werden die=
ses sagen: Der König Ahasverus hieß die Königin für sich kom=
men, aber sie wolte nit kommen; so werden nun die Fürstinnen
so wol als alle andern Weiber ihren Männern ungehorsam, wenn
sie dieses von der Königin hören sagen, und wird derhalben Ver=
achtunge und Zorn gnug unter den Eheleuten geben, wenn solchem
Uebel nicht vorkommen[1] wird. Derohalben gefällt es Ihre Maje=
stät, daß man ein Königlich Mandat von ihm in die 127 Länder
ausgehen läßt, daß Vasthi ihres Ungehorsams halben von ihrer
Kron abgestürzet und nimmermehr vor Ihr Königlich Majestät
kommen dürfe, und der König gebe die Kron und ihr Reich einer
andern, die besser ist dann sie, und daß dieses Mandat mit Ernst
in sich halte, daß alle Weiber ihre Männer hohes und niedriges
Standes in Ehren halten und ihnen gehorsam sein sollen. Ge=
schicht dieses, so wird es wol im Lande sein; viel ungehorsame
und muthwillige Weiber, so das Regiment führen und das Häupt
sein wollen, werden sich den Männern unterthänig machen, sich
bekehren und an dem Exempel der Königin Vasthi sich spiegeln.

König. Mein getreuester und nähester Rath Haman, du
hast sehr wol gerathen und gesaget, denn ein jedes Weibsbild
würde Vasthi Exempel nachfolgen und ihren Männern nicht ge=
horsamen. Derhalben uns dein Rath aus der Maßen wol gefällt;
Vasthi sol nicht mehr Königin sein, all ihr Pracht und Herrlichkeit
sol ihr genommen werden, und sieh, hie hastu unser Siegel, laß
alsobald ein Mandat in unser Landen ausgehen, nach allen
Sprachen unsers Reichs, darunter druck unser Insiegel, und laß
also schreiben, daß ein jederman Herr und das Häupt in seinem
Hause sein sol, und die Fraue dem Manne unterthan. Nach die=
sem so ist unser Will und Begehren, daß Schauer[2] in allen Lan=
den gestellet werden, auszusuchen die zartesten und schönesten Jung=
frauen, daß sie allhie im Schloß Susan in das[3] Frauenzimmer
unter die Hand Hege[4], des Königs Kämmerer, gethan werden, der
sie pflege und ziere; und welche Dirne unsern Augen und Herz
gefallen wird, Königin an Vasthi Statt werde.

Haman. Solche zween Befehl von mir mit allem Fleiß
sollen ausgerichtet werden.

---

1 vorkommen, zuvorkommen, abhelfen. — 2 Schauer, zur Schau und
Prüfung bestellt. — 3 Statt „in das" hat der Text „ihres", natürlich als
Druckfehler, den übrigens die Ausg. von 1670 nicht verbessert. — 4 Hege,
nach der englischen Aussprache: Hagai.

König. So laß uns hinein gehen zu unsern Palaſt, und
du, Haman, verschaff, daß Vaſthi ihr Schmuck und Zier alſobald
genommen werde, und erforſche, wo mehr dergleichen böſe, muth=
willige Weiber, denn dieſelben gleichesfals müſſen geſtrafet werden.

Haman. In Unterthänigkeit und getreu ſol ſolches ge=
ſchehen, denn ohne das bin ich der böſen Weiber Feind.

(Gehen hinein.)

(Jetzt kömt Hans, trägt einen Korb, ſeine Frau hat einen Stock.)

Frau. Gehe fort, gehe fort, du fauler Schelm, muß ich dich
doch treiben gleich einen faulen Eſel.

Hans. Ach, meine liebe Fraue, ſchlaget mich doch nicht mehr,
denn ihr habet mich genug geſchlagen, wil ich doch gerne den Korb
hintragen zur Wäſche.

Frau. Daß dich hundert Enzian[1] auf dein Kopf fahren,
darffeſtu noch ſagen, du hätteſt zu viel Schläge auf deinen Kopf
bekommen? Nein, nicht das dritte Theil, wie du wol verdienet,
und iſt gut, daß du mir noch gedenken helfeſt, denn hiefür haſtu
noch nichts bekommen, daß du geſtern den Hallunken, deinen Nach=
bar Hans, bei dir in dem Hauſe batteſt und zechteſt friſch; deinen
Nachbar hieß ich willkommen, alſo daß er für mir über den Zaun
ſpringen muſte und jetzt wil ich dir[2] auch geben. (Schlägt ihn.) Wer
hat dir befohlen, daß du dem Nachbar ſolleſt eſſen geben? darzu,
wenn ich nicht zu Hauſe bin?

Hans. O, o, Frau, ich bitte, höret auf, ich wils all mein
Tage nicht mehr thun. (Setzet den Korb nieder.)

Frau (ſchlägt ihn). Sieh, du Schelm, wiltu nieder ſetzen?
Gehe fort in aller Elemente Namen.

Hans. O, meine liebe Frau, ich wil gerne gehen, höret
nur auf.

Frau. Nein, ich kan nicht aufhören, denn noch eins fällt
mir ein. (Schlägt.) Warumb giengſtu geſtern hinaus, da du zwo
Stunden hinweg wareſt und mir nicht ein Wort geſagt noch Ur=
laub gebeten haſt?

Hans. O, o, o, meine liebe Frau, ich wil nicht mehr hinaus
gehen! Geſtern wolt ichs euch geſagt haben, aber ihr waret auch
nicht zu Hauſe.

Frau. So, ſo, warumb ſuchteſt du mich nicht? Kom mir
nicht mehr alſo, oder ich wil dir deine Rieben greulich zerſchmieren.

----

1 Enzian, niederſächſiſch, weißer Enzian, Hundedreck. — 2 1670 hat
den Zuſatz: „deinen Theil".

Hans. Nein, ich wil all mein Tage ohn euern Willen nicht mehr hinaus gehen.

Frau. Das stehet dir auch zu rathen, oder du wirst greulich anlaufen. Nun gehe fort mit deinem Korbe; hie setze ihn hin. (Er setzet ihn.) Hörestu, gehe alsbald hin zu meiner Schwester und hole mir dar zwei Waschhölzer, gehe eilends fort, und kom zur Stunden wieder, oder du wirst gewaltige Pumps bekommen.

Hans. Ja, Frau; ich wil alsbald hingehen und euch ge-horsamen. (Sie gehet hinein.) Ja, ja, das ist eine Frau, ja, keine Frau ist es, sondern der Teufel, ich armer betrübter Kerl, was sol ich anfahen? Ich muß mich vor Verzweifelung aufhenken, daß ich von der Qual abkomme. Denn das Weib ist mein Teufel, mein Hausteufel, und tribulieret mich gar zu viel. O weh, ich armer Kerl, was sol ich anfahen? Ich muß doch verzweifeln.

(Jetzt kömt der Nachbar heraus.)

Nachbar. Hoho, Nachbar Hans, warumb so betrübt? Wa-rumb so betrübt, Nachbar Hans?

Hans. Mein lieber Nachbauer, solches könnt ihr leicht er-achten.

Nachbar. Ja, eur Frau hat euch[1] wieder geschlagen? Für-wahr, ich habe viel böse Weiber gesehen, aber all mein Tage nicht so eine wie eure. Summer[2] Potz Velten[3], wie jagte sie mich gestern über den Zaun, und schmiß mich mit einem großen Stein oben auf mein Capittel[4], daß mich der Schwindel auch ankam! Aber sagt mir, was bekamet ihr?

Hans. O, ihr könnet nicht gläuben, wie greulich mich das Weib geschlagen, und noch jetzund dafür widerumb.

Nachbar. Phui, schämet euch, lasset ihr euch nun von dem Weibe schlagen? Nein fürwahr, wann sie auch der Teufel selbst wäre, so wolt ich sie zähmen.

Hans. O, man meint es wol, meine Frau ist nicht wie andere böse Weiber, die da umb eine Sache einmal zürnen, son-dern ist der Teufel selbst. Aber sagt mir, wie ist es mit euerm Weibe worden? Ihr habt ja zuvor auch über sie geklagt, wie ein gewaltig böses Weib es wäre.

Nachbar. Das ist wahr, gestern war sie noch ein böses Weib, aber nun ist sie so from wie ein Engel, denn ich ihr den Teufel ausgebannet mit einen großen Prügel. Ich wil mit dir

---

1 Druckfehler: mich. Auch 1670 hat den Fehler. — 2 Summer, soll mir! oder so mir! Fluchformel. — 3 Velten, St. Valentin, entstanden aus vô-lant = Teufel. — 4 Capittel, Kopf, capitulum von caput.

wetten, daß in kurzen die bösen Weiber werden from werden, denn ich weiß warumb.

Hans. Ho, ho, solte das geschehen? Fürwahr derhalben wette ich mit dir. (Geben sich die Hände). Denn ich weiß, meine Frau wird ihre Tage nicht from.

Nachbar. Nun wir haben gewettet, nun wil ich dir die Ursache sagen. Unser König Averus hat durch die ganze Welt schreiben laffen, daß alle Weiber ihren Männern unterthänig sein sollen; wo nicht, sollen sie höchlich geftrafet werden, wie solches auch hie öffentlich angeschlagen; wie ich solches gelesen, da ward ich betrogen[1], gieng in den Krug und sof mir einen halben Rausch, damit ich ein Herz bekam, darnach hieb ich mir einen ausbündigen Prangen[2], gieng damit zu Hause, mein Weib kam mir mit Ungestüm entgegen, schalt: du Schelm wo bistu so lange gewesen, da fieng ich sie an zu schlagen, schlägstu nicht, so haft du nicht[3]; ja braun und blau habe ich sie auch geschlagen, daß sie zum Balbierer gehen muß. Darnach verklagte sie mich, aber da die Obrigkeit die Ursache hörete, daß ich sie umb Ungehorsamkeit willen geschlagen, haben sie gesagt, sie sol also vorlieb nehmen, und befohlen, wofern sie noch mehr so muthwillig und Herr im Hause sein wolte, solte ich noch beffer drauf schlagen. O nun, nun kanftu nimmer gläuben, Nachbar Hans, wie freundlich meine Frau ift, und da ich zuvor einen Teufel hatte, habe ich nun einen Engel im Hause; da sie zuvor sagte: Du Schelm wo bistu so lang gewesen? sagt sie nun: Ei, Lieb, wo seid ihr gewesen? In Summa, sie ist gar neu und demüthig.

Hans. Ho, ho, ho, das muß ein guter König sein. Nun sol mein Weib auch potz Schlapperment auf den Kopf bekommen, sie hat mich nach ihrer Schwester geschickt, aber da werde ich nicht hingehen, jetzt wil ich einen halben Rausch saufen und darnach zu Hause gehen und eine fromme Frau machen.

Nachbar. Macht ihrs also, mein Nachbar, ihr werdet eine fromme Frau haben.

---

1 So steht im Text; vielleicht in der Bedeutung des mittelhochdeutschen betrogen = falsch; in niedersächsischer Mundart ist falsch = ärgerlich, aufgebracht. — 2 Prange, großer Knittel. — 3 Niedersächsische noch übliche Redensart zur Verstärkung, etwa wie das ähnliche: Haftu nicht gesehen!

Actus secundus.

(Jetzt kömt Esther in einem geringen Kleide und Mardocheus.)

Mardocheus. Liebe Esther, dein lieber Vater, der da mein Vetter[1] war, ist uns mit Tode abgegangen, ich bewein seinen Tod eben so wol als du. Nun du aber vater- und mutterlos bist und keiner ist der sich deiner annimt, so wil ich mich jetzt deiner annehmen, als ein Vater; ja, kein Vater kan es treulicher meinen, wie ichs mit dir meine, darumb so sei mir gehorsam, trag ein kindlich Vertrauen zu mir und folge mir allein.

Esther. Herzlieber Vater, ein elender Mensch bin ich, weil mir Vater und Mutter beide abgestorben, dennoch so hat der Gott Abraham, Isaac und Jacob also beschlossen und euch wieder an dero Statt gesetzet, darumb auch ich euch billich wil annehmen, lieber Vater, und wil mich mit Gehorsam gegen euch also verhalten, wie eine fromme Tochter gebühret.

Mardocheus. Du hast wol gesaget. Was kommen dar vor Herren? Laß uns beiseit gehen.

Haman, Bightan und Theres.

Haman. Wir suchen in allen Landen die schönesten und zartesten Jungfrauen, ja, auserlesene schöne haben wir vor unsern König gebracht, aber keine wil ihme gefallen, die er wieder zur Königin wähle an Vasthi Statt. Bightan, ist unter euern Jungfrauen noch keine, so dem Könige gefället?

Bightan. Nein, groß Haman[2]. Gar viel schöner Jungfrauen habe ich ins Frauenzimmer geführt, aber es ist keine darunter so glückselig gewesen, die dem Könige gefallen thue. Ich muß wol bekennen, daß die gewesene Königin Vasthi schön und daß ich ihres gleichen nicht anzutreffen weiß.

Haman. O nein, Vasthi ist nicht die Schöneste, sieh hin, hie ist ein Wunder von Schönheit, ich glaub, Göttin Venus hat uns umb unsers Königs willen hieher gefüget[3]. Sieh, Bightan, kanstu vergleichen die Schönheit Vasthi gegen dieser schönen Creatur, so von ferne stehet?

---

1 Vetter, im Druck: Vatter. — 2 Scheint Uebersetzung aus dem Englischen zu verrathen: great Haman. — 3 gefüget, zu gelegener Zeit hergeführt.

Bightan. So ich meiner Sinne nicht beraubet, so mich meine Augen nicht betrügen, kan ich schweren, daß ich nimmer ein schöner Creatur[1] gesehen, fürwahr die Göttin Venus kan nicht schöner sein an lieblichen und schönen Geberden.

Haman. So sei die Stunde glückselig, in der wir hier ankommen; freu dich, du edelste Creatur, denn bis an den Thau[2] des Himmels wirstu erhaben werden; so laß uns nun zu ihnen gehen, daß wir sie anreden. (Gehen hin.) Lieber Alter, ist die Jungfrau deine Tochter?

Mardocheus. Nein, mein Herr, ich bin nicht ihr natürlicher und leiblicher Vater, dennoch habe ich sie gleich meiner Tochter, weil ihre Eltern, meine Blutsverwandten, gestorben.

Haman. Wie gefällt dir dieses, Alter, die Jungfrau werden wir von dir nehmen, und solches verursachet ihr Schönheit.

Mardocheus. Ich hoffe nicht, ihr Herren, daß ihr sie von mir nehmen werdet oder könnet.

Haman. Hastu du wol gelesen, wie der König Ahasverus der Königin Vasthi ihre Reputation und königliche Kron von ihr genommen, auch wie sie nimmer in seine Augen kommen sol und für kein Königin gehalten werden sol, ihr verboten?

Mardocheus. Ja, solches habe ich alles wol gelesen.

Haman. So wisse, daß uns Sein Majestät befohlen, die schönesten Jungfrauen zu suchen und vor ihm zu bringen, darunter er eine wieder zur Königin erwählen wird an Vasthi Statt, derohalben diese schöne Jungfrau mit uns muß, daß wir sie vor des Königes Angesicht bringen; wer weiß, das Glück könnte sie treffen, daß Ihr Majestät sie erwählte, denn unter allen andern, deren eine große Anzahl ist, die wir schon für Sein Majestät bracht, ist keine an Schönheit ihr zu vergleichen.

Mardocheus. Dem Gebot unsers Königes müssen wir unterthänig gehorsamen. Nun ist die Zeit unsers Scheidens vorhanden, liebe Tochter Esther, du must mit diesen zum Könige gehen. O, der allmächtige Gott wolle dir Glück und Heil verleihen!

Esther. Muß ich denn nun von euch scheiden, so nehme ich meinen Abschied von euch mit Thränen und Seufzen, herzlieber Vater. Ich bitte nun herzlich, laßt mich in euerm täglichen Gebete zu Gott empfohlen sein, daß mir es müge wol gehen; eben

---

1 Nach dem Englischen: creature. — 2 Wieder eine Spur der Uebersetzung aus dem Englischen; dawn mit dew verwechselt.

so wil ich wieder thun, und dafern mir Gott das Glück geben würde, wil ich an euch gedenken.

Mardocheus. O, Gott gebe dirs, in meinem Gebet wil ich Gott vor dich bitten. O, daß du jetzt von mir must scheiden, bringet mir großen Schmerzen, ich kan dich gleich nicht verlassen, sondern im Thor des Königes wil ich stets sein und beten, damit ich auch sehen möge, wie es dir ergehet.

Haman. Nun machet euern Abschied, denn wir können nicht länger warten.

Mardocheus. O ihr Herren, alsobald sol sie mit euch gehen. So höre noch, liebe Esther, nim dieses in dich[1], sage nicht an[2] deine Freundschaft und daß du aus Judengeschlecht geboren.

Esther. Euerm Gebot, lieber Vater, wil ich nachkommen und nicht mein Geschlecht offenbaren.

Mardocheus. So gehe nun hin mit diesen Herren im Namen Gottes, der das Gering erheben kan, ja dem alles müglich.

Esther. Nun, Vater, Gott wolle euch mit seinen Engeln bewahren. (Gehen hinein.)

Mardocheus. In dieser Pforten des Königes wil ich stets sein, damit ich sehen und erfahren möge, wie es meiner Tochter Esther ergehe. O du allmächtiger Gott, erbarme dich ihrer, laß nicht zu, daß sie nur in Schande beim Könige sein möge. Dir ist ja alles müglich, was uns armen Menschen unmüglich däucht. Ich wil dich, himlischer Vater, täglich anrufen, daß es meiner Tochter möge wol gehen. Herr, Herr, erhöre mich!

Kömt der König, Haman, Bightan, Theres heraußer.

König. Allhie in unserm Schloß Susan seind viel schöne Jungfrauen versamlet unter die Hand Hege, ihres Pflegers, der sie mit diesem Geschmuck auszieret, 6 Monden mit Balsam und Myrrhen und 8 Monat mit guten Specereien; aber keine darunter und so noch vor uns gewesen, wil unser Herz und Augen erfreuen. Ist dieses ein wunderliches Ding, daß jetzo die Schöne an den Weibsbildern so schlecht, und keine kan angetroffen werden, die man an Schönheit unser gewesenen König Vasthi vergleichen könte! Du warest zwar, Vasthi, aus der Maßen schön, aber durch dein Ungehorsam machtestu dich greulich. Sagt an, ihr Herren, ist noch keiner unter euch, der eine schöne Jungfrau angetroffen?

Haman. Ja, allergnädigster Herr und König, ein wunder=

---

1 in sich nehmen, sich gesagt sein lassen, wohl beachten. — 2 ansagen, verrathen, verlauten lassen.

schöne Jungfrau haben wir jetzt Euer Majestät funden; in Schön=
heit thut sie fürwahr weit vorgehen der gewesenen Königin Basthi,
fürnehmlich aber was ihre Tugend anlanget, ist sie würdig eine
königliche Krone zu tragen.

König. Solche deine Wort machen unser Herz voller Freu=
den, denn ich gar keine Hoffnung mehr hatte, daß schöne Jung=
frauen, und fürnehmlich, die mit Tugend gezieret, in der Welt
anzutreffen und zu finden wären. Sag an, wo sie jetzunder sei.

Haman. Allergnädigster Herr und König, ins Frauen=
zimmer unter der Hand Haggaei.

König. Was sagten denn dieselben, so sie gesehen, von der=
selben Jungfrauen?

Haman. Großmächtigster König, ein jederman, der nur so
glückselig und sie anschauet, muß sie loben vor allen andern
Weibsbildern, ja auch die Jungfrauen, so im Frauenzimmer sein,
fürchten und sagen, sie werde doch Königin werden, und bekennen,
daß ein Unterscheid sei zwischen ihnen gleich der Sonne und Mon=
den. Ihr Majestät kan wol gedenken, daß es den Jungfrauen
wehe thut, weil sie sehen, daß eine unter ihnen, welche sie alle in
Schönheit übertreffe, denn ein jede wär gern Königin.

König. Solches hören wir gerne, daß ein jederman ihr
das Lob vor andern gibt. Aber sage an, hat sie auch ihr Ge=
schmuck und königliche Zier vollkömlich empfangen?

Haman. Großmächtigster König, 10 Monat ist sie nun ge=
wesen im Frauenzimmer, nämlich 6 Monat mit Balsam und
Myrrhen und 4 Monat mit guten Specereien.

König. Ist es also, so gehe alsbald von hinnen und bring
sie vor unser Augen, denn wir ein Begierden haben, sie anzuschauen.

Haman. Es sol geschehen, Großmächtigster König. (Holet sie.)
Allhier offerir ich die schöne Jungfrau Ew. Königlichen Majestät
in aller Unterthänigkeit.

König (siehet sie ein wenig an). Sei mir willkommen, du schö=
nest Creatur auf Erden.

Esther. Ich, als Euer Majestät geringe Magd, danke dem
Könige höchlich.

König (gehet zu ihr). O sei mir noch eins willkommen, du edle,
schönste Creatur. (Nimt sie bei der Hand, sie neiget sich.) Sag uns, wie
ist dein Name?

Esther. Allergnädigster König, meine Name ist Esther.

König. Esther! Gnade und Barmherzigkeit findestu für
unsern Augen. (Sie neiget sich.) Je mehr ich sie ansehe, je mehr ich

mit Liebesbanden gegen fie werde umbfangen. Haman, gehe hin
und hole der gewesenen Vasthi Krone, denn ich bin resolviret,
Esther damit zu zieren.

Haman. Zur Stunden wil ich sie Ihr Majestät bringen.

König. Und nun, herzliebe Esther, die Schönheit und Tu=
gend wird dich über alle Weiber erheben. Dich habe ich erwählet
für unser Königin und Gemahlin, denn Vasthi nimmer in unser
Praesenz kommen muß, weil sie unserm Gebot nicht gehorsamet.

Esther. O, ich schlechte und geringe Magd bin nicht würdig,
Ihr Majestät geringste Magd zu sein, viel weniger Königin.

König. Ja, Esther, du bist es würdig, und wir machen dich
würdig.

(Haman bringet die Krone, küsset sie und gibt sie dem Könige; er setzet sie
ihr auf.)

Sieh da, herzliebe Esther, lang magst du mit uns leben!

(Sie rufen all mit lauter Stimme:)

Langes Leben, Glück und Heil, wünschen wir dem Großmäch=
tigsten Könige Ahasvero mit der Schönesten auf Erden, Esther!

(Esther neiget sich.)

König. Habt Dank, ihr meine lieben Getreuen. Und nun,
ihr Herren, lasset alle Länder rufen, bereit zu ein großes Mahl
umb meiner schönen Esther willen; alle sollet ihr, mein lieben
Getreue, Geschenke von unsern Händen acceptiren umb Esther
willen. Lasset durch all unser Königreich Friede, Triumph und
Freude umb Esther willen proclamiren. Haman, kom du zu uns,
dich lieben wir vor allen; Esther, kom du zu meiner rechten Sei=
ten, da soltu leben; und Haman, kom du zu meiner linken und
lebe allda in Gnade und Friede, dich setze ich über alle Fürsten
und Herren und sollest mein Nähester sein. (Er credenzet sich[1].) Lasset
uns nun hinein gehen und die Zeit umb Esthers willen in Freu=
den vertreiben. (Gehen hinein.)

Mardocheus. Dir sei Lob und Dank, du höchster Gott,
der du dein Volk heimsuchest mit Gnade und Barmherzigkeit! O
Herr, der du jetzt meine Tochter Esther hast zur Königin gemacht,
bewahre sie vor allem Unglück, behüte sie vor bösen Zungen;
Herr, Herr, erbarm dich deines Volkes! Nun wil ich noch harren
allhie im Thor des Königes und sehen, wie es meiner Tochter
noch weiter ergehen werde. (Gehet sitzen.)

─────────────

1 sich credenzen, häufiger in den englischen Comödien, ceremonielle
Verbeugungen rc. machen, wie ein Credenzer beim Auftragen und Präsenti=
ren der Speisen und Getränke.

Bightan und Theres. Guter Bruder Theres, wie steht es, warumb bistu so voll Melancholei?

Theres. Ich habe Ursache zu melancholiren, weil mir solch Unrecht geschicht.

Bightan. Warumb? Was ist es vor Unrecht, das dir geschiehet?

Theres. Weistus nicht? eben diß Unrecht das mir geschicht, widerfähret dir auch. Seind wir nicht beide zugleich in Dienst kommen, was aber ist unser Nutz davon? Andere gleich Haman werden immer baß erhöhet, und wir beide haben ihm länger gedienet und bleiben stehen; der König achtet unser gering, ist dieses nicht groß Unrecht und die höchste Unbillichkeit, welche der König an uns beweiset?

Bightan. Du redest fürwahr die Wahrheit. Er wird erhöhet, und wir, die wir länger gedienet, bleiben zurück, werden nicht erhöhet, und solche Fuchsschwänzer erhebet der König neben sich. Fürwahr im Herzen thut mirs wehe, wenn ich nur an die Unbillichkeit gedenke; möcht ich nur einen getreuen Menschen haben, mein Sache solte bald mit seiner gut werden.

Theres. Ich habe genug Brüder, wiltu vertraulich Verbündnüs mit mir halten, so sollen unser Sachen beide gut werden.

Bightan. In getreuen Verbündnüs verschwere ich mich mit dir, laß uns zusammen gleich einer Mauren stehen, laß uns unser beides Leben wagen, das Unrecht, so uns beiden widerfahren, zu rächen[1]. Gefällt dir dieser Anschlag, daß wir auf den Abend, wenn wir den König zu Bette führen, ihn umbs Leben bringen, denn alsdann sein wir gerochen und wollen uns alsbald zum Könige wählen.

Theres. Recht, recht hastu gesagt, getreuer Bruder, bleib standhaftig in deiner Meinung. So laß uns gehen und präpariren, daß wir den König beiseits bringen. (Gehen hinein.)

Mardocheus (steht auf). O ihr verächtlichen Bösewicht, wie dürfet ihr euch solche mörderliche That unterstehen, die Hand an König Ahasverum zu legen! Nein, solches euer böses Vornehmen sol zurücke gehen, denn ich euch solches verhindern wil. Ich wil mich verfügen zu der Esther und ihr solches ansagen, aber sieh, da kömt sie eben gangen. Herzliebe Tochter Esther, danke deinen Gott vor alle Wolthaten, so er dir bescheret, ich warte noch auf im Thor des Königes, damit ich sehen möge, wie es dir ergehe.

---

1 rächen, im Text, nicht bloß an dieser Stelle, steht öfter „rechnen".

Esther. O Vater, saget an, ob ihr was von mir begehrt, ihr solt solches alles von mir gewähret sein.

Mardocheus. Nein, Tochter, nun thue ich noch nichts begehren; höre mich aber mit Fleiß zu. Des Königes Kämmerer Bightan und Theres haben sich verschworen, deinen König zu Abend, wenn er sich wil zu Bette legen, umbs Leben zu bringen. Solches alles ich mit meinen Ohren habe angehört, derhalben mache dich zum Könige und erzähle ihm, daß er sich hüte.

Esther. Gott behüte den König. Nun muß ich mich eilends zum Könige verfügen und ihm solchen mörderlichen Anschlag offenbaren, damit ich ihm vom Tode errette. Aber da kömt mein Herr König.

König. Schöne Königin Esther, warumb bist du so betrübet? denn dein Angesicht hat sich verändert. Sag uns, was ist dir widerfahren?

Esther. Gnädigster König, ich bin einer Sachen halben erschrocken, die mir angesagt worden, wie nämlich ihr Majestät Leben in Gefahr stehet, denn die beiden Kämmerer Bightan und Theres haben sich zusammen verschworen, dem Könige auf den Abend das Leben zu nehmen.

König. So bewahrestu jetzt mein Leben, schöne Königin Esther! Sih, da kommen die mörderlichen Schelm gegangen.

(Sie credenzen sich.)

Bightan und Theres, sagt an, was ist euer Begehren?

Bightan. Allergnädigster König, weil der Abend vorhanden, so kommen wir, ihr Majestät zur Ruhe zu bringen.

König. Ihr mordlichen Schelmen, weil der Abend vorhanden, so komt ihr, uns umbs Leben zu bringen.

Bightan und Theres (fallen auf die Knie). O großmächtiger König, solche mördliche That sei fern von uns!

König. Es hilft gar keine Entschuldigung, ihr mordlichen Schelmen, bekennet nur euer Vorhaben! Wollet ihr mich diesen Abend nicht entleiben?

Bightan. Wir seind unschuldig dran, großmächtigster König.

König. Unschuldig? Ich weiß es gewißlich. — Darumb, Haman, übergib sie dem Scharfrichter, daß er ihnen die Hände von Glied zu Glied abhaue, darnach die Augen ausgrabe, die Nase und Ohren abschneide, die Füße in zerschmelzten Blei abmalme und letzlich sie in einer Pfannen Oele brate.

Haman. Es sol also geschehen, groß und mächtigster König. So gehet fort, ihr Mörder des Königes!

Bightan. O großmächtigster König, wir bekennen, daß wir den König auf diesen Abend zu entleiben uns fürgenommen. O ihr Majestät sei barmherzig und laß uns so eines schmerzlichen Todes nicht sterben! Ob wir wol nicht wirdig, länger zu leben, auch nur den Tod begehren, so bitten wir dennoch, ihr Majestät wolle uns mit diesem Tode verschonen!

König. Ihr Schelme, ob ihr eines solchen Todes wol wirdig wäret, jedoch sollet ihr unser Barmherzigkeit spüren und sehen. Haman, befiehle demnach den Scharfrichter, daß er sie zur Stunde an dem höchsten Baum hänge.

Haman. Es sol geschehen, großmächtiger König.

König. Aber höre, Haman, nach diesem kom alsbald zu uns, denn wir dich noch höher erheben wollen wie zuvor.

Haman. Großmächtigster König, in aller Unterthänigkeit thue ich mich bedanken.

(Gehen hinein.)

Jetzt kömt Hans Knapkäse, hat ein Schwert in seiner Hand mit einem Schilde.

Hans. Nun, nun sol mein Frau potz Schlapperment auf den Kopf bekommen, denn nun hab ich mir erst ein Herz gefasset. Ho ho! Ich bin so toll als ein Bull; potz Schlapperment, wie werde ich das Weib schlagen! Nun wird sie bald kommen als ein Teufel und mich wieder schlagen wollen, aber laß sie nur ankommen! Ho ho! Ich bin nun so nicht mehr, als ich war. Sih da, sih, da kömt der Teufel!

(Das Weib kömt, hat einen Korb.)

Weib. Daß dich, loser Schelm, potz Schlapperment, wor bistu so lange gewesen?

Hans. Ho ho, du Hure, kömstu? Gehe zurücke, oder ich ersteche dich! (Machet ein Haufen Fechterstreiche.)

Weib. Sih hin, du Schelm, trage mir den Korb!

Hans. Du faule Hur, trage ihn selber!

Weib. Du ehrloser Schelm, trag ihn mit Guten, oder du solt sehen, wie ich es wil zusammen mit dir abrechnen und deine Rieben¹ also schmieren, wie du wol weißt.

Hans. Schmieren? Ho ho! Ich bin nun so ein Narr nicht mehr. (Fechtet.)

Weib. Seht, welch ein Narr der Kerl ist! Potz Element, hätte ich so viel in Händen wie du, wir wolten wol sehen, wer das ander vertreiben solte. Ich sei ein ehrlose Hure? Wo ich dir

---

1 Riebe, Rippe.

dieſes ſchenke, daß du mich nun einen ſolchen Spott vor allen Leuten macheſt! Ich wil dir bald begegnen. (Gehet hinein.)

Hans. Nun wird des Teufels Mutter auch ein Gewehr holen, ich muß mir ein Herz faſſen. (Spetet aus, brüſtet ſich.) Ho ho! Ein Löwenherz habe ich mir gefaſſet, laß nur des Teufels Mutter ankommen: wenn es auch ſieben Kerle wären, ich würde nit laufen.

(Sie kömt mit einen Prügel.)

Nun wird ſich ein ritterlicher Kampf erheben, nun bewahre nur deinen Kopf!

(Laufen zuſammen, er ergreift ihren Stock und ſchlägt ſie gewaltig, ſie ſchreiet.)

Todt wil ich dich ſchlagen, ja, rein todt. Du Hur, wiltu mich auch noch mehr ſchlagen?

Weib. O nein, mein herzlieber Mann, höret auf, ſchlaget mich nicht mehr, ich wil auch alle meine Tage nicht mehr ſchlagen!

Hans. Du Hur, ſol ich denn auch Herr im Hauſe ſein?

Weib. O ja, o ja!

Hans. Nun, ſo wil ich dich auf dieſes Mal nit todt ſchlagen.

(Stehen auf, ſie wil hinein gehen, er ſchlägt ſie.)

Weib. O mein herzlieber Mann, was ſol ich thun?

Hans. Sih, hie thu mir ſtehen. (Ad spectatores.) Ach, ach, das mag mir wol ein ritterlicher Kampf heißen, denn ich des Teufels Mutter überwunden. Iſt dar allhie unter euch, der ein böſes Weib hat, der bring ſie nur zu mir, ich bin der Mann, der ein Weib zähmen kan; zuvor war ich ein Junge, jetzt bin ich ein Herr im Hauſe. — Sih hier, Weib, nim den Korb!

Weib. Gerne, herzlieber Mann. (Nimt den Korb.)

Hans. Daß dich potz Element, bin ich nicht Herr im Hauſe? Hinder mich gehe! (Schläget ſie.)

Weib. O herzlieber Mann, ſchlaget mich nicht mehr, ich wil gern hinder gehen.

Hans. Ach, ach, das iſt mir eine große Ehre, Herr im Hauſe zu ſein. Hörſtu, Frau, gehe hin und richte mir eine Milchſuppen zu, denn unſer Ehrenfeſt wil eſſen, ſetze den Korb nieder!

Frau. Ja, mein herzlieber Mann, ich wil euch alsbald bringen. (Gehet hin.)

Hans. Aber höre, Frau, du muſt auch Zucker drein thun.

Frau. O ja, mein lieber Mann.

Hans. Das, das iſt eine Frau, hundert Thaler iſt ſie werth; nun wil ſie mir Zucker in die Milch thun, da ich zuvor wol ſaure Milch allein eſſen muſte. Aber ſihe, da kömt mein Nachbauer.

Nachbar. Ho ho, guten Tag, Nachbauer Hans, wie ſteht es?

Hans. Ausbündig wol.

Nachbar. Aber, Nachbar Hans, wie kamt ihr mit euer Frauen zu rechte?

Hans. Sie ist eine gute Frau worden, ja für hundert Gülden beßer denn gestern; sie ist jetzunder so gut wie alle der Teufel, denn ich sie heftig geschlagen, wornach sie denn so from worden.

Nachbar. Nachbar Hans, ich kans nicht gläuben. Potz Element, da kömt sie gangen. Ich muß nun laufen, sie schlägt mich sonsten zum Hause hinaus.

Hans (hält ihn). Warumb, warumb? Nein, laufe nicht, sihe erst zu, wie mein Weib nun worden.

Weib. O mein lieber Nachbar, seid uns willkommen!

Nachbar. Ich danke euch, meine liebe Nachbarin. (Ad spectatores.) Potz Element, das Weib ist from, sonst sie mich mit einen großen Prügel willkommen hieß.

Weib. Hier, mein lieber Mann, habe ich gute frische Milch, es ist auch Zucker darin.

Hans. Es ist wol, aber ist sie auch aufgewärmet?

Weib. O nein, mein lieber Mann, sie darfs nicht, weil ich sie jetzt von der Kuh gemolken, davon sie noch warm.

Hans. Du bist ein häuslich Frau, solches hastu wol bedacht, damit du nicht wollest Holz verbrennen. — Mein lieber Nachbar, eſſet mit mir, denn es eine (schlägt mit den Händen drein) ausbündige gute Milchsuppe ist; meine Frau hat mir auch Zucker ingethan.

Nachbar. Mein Nachbar Hans, hierauf sei[1] ich euer Gast nicht.

Hans. So mögt ihrs laſſen, ich eſſe allein. (Er iſſet, schlägt darein.) Ach, ach, das ist eine herrliche Suppe, ein Fürst sol wol ein Appetit darzu bekommen. Ihr Herren, Frauen und Jungfrauen, ist einer unter euch, der mein Gaſt sein wil, der komme heran! — Aber, Frau, warumb ist die Milch so schwarz?

Weib. Mein lieber Mann, es däucht euch nur, denn die Milch ist ja weiß.

Hans (schlägt sie). Ich sage, die Milch ist schwarz.

Weib. Wor[2] zum Teufel schlagt ihr mich? — Nachbar, ich bitte, sehet ihr, ist die Milch schwarz?

Nachbar. Wor zum Teufel sol die Milch schwarz sein? Nachbar Hans, bistu toll, die Milch ist ja schneeweiß.

---

1 sei, Anklang an die niedersächsische Form: ek sin. — 2 wor, wofo, wie, warum.

Hans. Potz Schlapperment, ich wil es jetzo haben, daß die Milch sol schwarz sein. — Frau, ist sie nicht schwarz?

Nachbar. Nachbäurin, laßt euch derhalben nicht schlagen; saget lieber, sie ist schwarz.

Hans. Frau, ist die Milch schwarz oder weiß?

Weib. O mein lieber Mann, sie ist pechschwarz.

Hans. Ja, das wolt ich auch haben, sie muß schwarz sein; sih, da haftu die Milch, friß sie rein auf.

(Sie nimt sie.)

Gehe hinter mich, denn dein Herr hat dir noch mehr zu gebieten. Alsbald gehe hin und hole unser Ehrenfeste ein Gericht Äpfel, dasselb wil ich mit unsern Nachbar verzehren.

Weib. Ja, mein lieber Mann, ich wil euch alsbald brin= gen. *(Gehet hinein.)*

Nachbar. O Jesu, Nachbar Hans, ich kan mich nicht ge= nugsam verwundern über deiner Frauen, daß sie so gar ein from= mer Engel worden. Potz Element, du hast jetzt ein besser Frau denn ich. Wenn ich meine so wie du jetzt unverdient geschlagen, fürwahr, sie hätte ihr Leben darbei gelassen.

Hans. Ja, Nachbar, ehe ich auch solches erlanget, habe ich Leib und Leben daran gewagt, denn mit Wehr und Waffen bin ich ihr entgegen gelaufen, da fiel ihr das Herz in die Hosen; wanne [1], potz Element, wie gab ich ihr!

(Sie kömt.)

Frau. Mein lieber Mann, hie seind die Äpfel. *(Gibt ihm.)*

Hans *(schmecket sie)*. Frau, das sind nicht von den allerbesten, so wir haben.

Frau. Ja, mein lieber Hans, von den allerbesten, so wir haben.

Hans *(schlägt sie)*. Daß dich potz Schlapperment, du Hure, sie seind nicht von den besten!

Frau. Ich bin auch deine Hure nicht, das magstu wol wissen. Gebe ich dir dieses unschuldiges Schlagen zu gute, so halt mich vor eine Hure! *(Läuft hinein.)*

Nachbar. Ihr macht es auch gar zu grob und schlagt sie immer unschuldig.

Hans. Derhalben bin ich Herr im Hause. Nachbar, bleibet ihr hie so lange, ich muß uns selber besser Äpfel holen. *(Gehet hinein.)*

---

1 wanne, meist wiederholt: wann, wanne, ndf. Ausruf des Vorwurfs und der Drohung.

Nachbar. Habe ich doch alle mein Tage so wunderlich Volk nicht gesehen! O, ich weiß doch, daß sie ihm solches nicht vergibet, sondern bezahlet es ihme einmal mit Haufen.

(Hans kömt und weinet, hat ein Apfel oder drei.)

Ho ho, Nachbauer Hans, Nachbauer Hans, deine Frau hat dich, glaube ich, willkommen geheißen mit einem großen Prügel, das merk ich wol.

Hans. O nein, derhalben nicht.

Nachbar. Sag, warumb weinestu denn?

Hans. Mein lieber Nachbar, unterdessen ich die Äpfel holete, so gedachte ich an meines Großvaters Vater, welcher todt ist und eben so ein frommer und ehrlicher Mann sol gewesen sein, wie ich bin.

Nachbar. Ho ho, Nachbar Hans, das ist unmüglich. Solt ihr noch umb eures Großvaters Vater weinen, den ihr nicht ge- kant? O, das ist nichts, euer Frau hat euch willkommen heißen mit einem großen Prügel.

Hans. O nein, mein lieber Nachbar, dar kam noch mehr zu, denn unterdessen ich so an meines Großvaters Vater gedachte, wil ich schmecken, ob der Apfel süße oder sauer, und beiß in einen Zippel [1].

Nachbar. I Hans, Hans, macht mir doch das nicht weis, es ist vergebens! Nun guten Tag. (Gehet weg.)

Kömt Frau, der Vater und Sohn.

Frau. Oho, lieber Mann, unser Sohn Nickel ist zu Hause kommen, sehet hin!

Hans. O mein Sohn Nickel, den habe ich lange, lange nicht gesehen. Willkommen zu Hause!

Sohn. Ich danke euch, lieber Vater.

Hans. Potz Schlapperment, Sohn Nickel, du bist ein groß Jung worden! Sag mir, wo hastu so viel Brod gefressen, und wo bistu die Zeit über gewesen?

Frau. O ja, Sohn, wo bistu gewesen?

Hans. Daß dich potz Schlapperment, er sol birs nicht sagen, sondern meiner Ehrnfeste. Potz Schlapperment, ich schlage dich bald noch einmal! Sol er birs noch sagen?

Frau. O nein, o nein!

Hans. Sih hier, Nickel, sag mir, wo du gewesen bist.

Sohn. In Frankreich bin ich gewesen.

---

1 Zippel, Zipolle (it. cipolla), Zwiebel.

Hans. Ahah, da hab ich einen verſuchten braven Sohn. Mein lieber Sohn, haſtu denn die Franzoſen gelehret[1]?

Sohn. O ja, Vater, die müſt ich ja haben.

Hans. Potz Schlapperment, mein franzöſiſcher Sohn wird zu großen Ehren kommen, denn er die Franzoſen gelehret. Aber, mein Sohn, was haſtu denn gelehret?

Sohn. Gelernet? Das ſehet ihr an mein Wehr und Waffen wol. Mit dieſen Bogenſpringen verdiene ich viel Geld.

Frau. O mein lieber Sohn, weiſe uns doch, was kanſtu?

Hans. Daß dich ein Enzian, halt das Maul! (Schlägt ſie.) — Nun, Sohn, unſer Ehrnfeſte begehret, daß du vor uns deine Künſte macheſt.

Sohn. Das wil ich thun, Vater. (Machet.)

Hans. Ach, ach, das mag mir ein kunſtreich Stück ſein! O Frau, wir behalten doch unſern Sohn nicht, denn wenn große Herren ſeine Kunſt erfahren, fürwahr, ſie werden ſich darumb ſchlagen.

Frau. O, das iſt mir eine ſolche Freude, daß ihrs nicht gläubet. Aber, mein lieber Mann, verſuchet ihrs, ob ihr auch den Bogen umb den Leib ziehen könnet.

Hans. O Frau, ich habe wol ein wenig Luſt darzu, aber ich habe kein Herz, ich muß meinen Sohn umb Rath fragen. — Höre, mein lieber Sohn, könnte ich wol meinen Leib durch den Bogen bringen?

Sohn. O ja, lieber Vater, es iſt an der Dicke nicht gelegen, ſondern an der Geſchwindigkeit.

Hans. So muß ich es denn verſuchen, denn geſchwinde genug bin ich; fürwahr, ich kann ehe ein Gans auffreſſen, ehe ein ander eine halbe. Sohn, thue[2] mir den Bogen! (Thut ihme.) Wer weiß, hie, hie kan noch wol mein Glück in ſtehen, alsdenn würde ich in großes Anſehen kommen bei großen Herren, bei welchen ich trefflich gerne ſein mag, darumb daß man allda gewaltig ſaufen muß. O, ſolches thue ich gerne, ihr gläubet es nicht. Nun, nun wird es angehen! Sohn, muß ich beide Füße zugleich einſtecken?

Sohn. Nein, Vater, das könnet ihr nicht thun, einen Fuß nach dem andern. Sehet, alſo: (Stedt den einen hinein.) Nun den andern. (etiam.) Nun den einen Arm mit dem Häupt. (etiam.) Nun den andern. (etiam.)

---

1 die Franzoſen gelehret (niederſächſiſch für gelernt); Anſpielung auf das french disease. — 2 thun, niederſächſiſch: geben, hergeben, leihen.

Weib. Nun, Sohn, gehe du hinein und laß mich mit ihme zufrieden.

Hans. Nein, nicht also, poz Element, Sohn, wie drücket mich dieses mein Hindertheil zusammen. O, ich bleibe todt, mache mich los!

(Wil ihn los machen. Die Frau fasset ein Prügel.)

Frau. Wo du ihn los machest, sol dich ein Enzian bestehen auf deinen gebenedeiten Kopf[1]! *(Schlägt ihn.)* Sih, da brühe du dich hinaus[2], oder bekömst mehr.

(Läuft.)

Hans. O Sohn, mach mich los, denn ich bleibe todt.

(Sie schlägt ihn gewaltig.)

Frau. Sih, du Narr, hab ich dich nun so gefangen? Dieses ist dafür, daß du mich oft so unschuldig geschlagen.

Hans. O Frau, mach mich los, ich wil dich all mein Tage nicht mehr schlagen!

Frau. Nein, du kömst also nicht los, ich muß dir baß geben. *(Schlägt zu.)*

Hans. O Frau, o Frau!

(Sie schlägt.)

Frau. Sol ich auch Herr im Hause, sol ich auch Herr im Hause, wiltu mir auch unterthänig sein?

Hans. O Frau, ich bitte um Gottes willen, schlag mich nicht mehr, ich wolte dir wol unterthänig sein, aber der König hat es lassen verbieten.

Frau. Hoho, was hab ich mit des Königes Gebot zu thunde[3]? Nein, ich muß dich zehn mal besser schlagen. *(Schlägt.)* Wiltu mich auch Herr im Hause sein lassen? Wiltu mir auch unterthänig sein?

Hans. O Frau, o Frau, ich wil euch gehorsamen und Herr im Hause sein lassen.

Frau. Das hieß dich Gott reden, ich wolt dich sonst greulich gepeiniget haben. *(Machet ihn los.)*

Hans. O Frau, ich bin halb todt, so habt ihr mich geschlagen.

Frau. Das hindert dir den Teufel[4]. Sih hier, gehe hinter mich widerumb und trage mir den Korb nach.

---

1 Der Druck von 1670 hat: solle dir alle Enzian auf deinen gebenedeiten Kopf kommen. — 2 brühe dich hinaus, wie: packe dich, schere dich hinaus. Das Wort brühen von meist unanständigster Bedeutung kommt sanst auch vor für quälen, ärgern, verspotten, aufziehen. — 3 zu thunde, Participium statt des Infinitivs, noch jetzt in Niedersachsen gebräuchlich. — 4 das hindert dir den Teufel, das ist gut wider den Teufel, der in dir steckt.

Hans (nimt den Korb). Gerne, liebe Frau.

Frau. Wirstu mir hinfüro nicht unterthänig sein, so wil ich dich Elementsding abschlagen[1].

Hans. O, mein liebe Frau, ich wil gerne thun, was ihr mir gebietet.

(Gehen hinein.)

Actus tertius.

Jetzt kömt herauſſer Haman.

Haman. Du glückseligster Mensch auf Erden, sei lustig und führe ein königliches Leben; denn wer ist in der ganzen Welt, der in Pracht und Herrlichkeit dich übertreffe? O, Fortuna ist mir günstig, sie erhebet mich biß in den Himmel. Der König Ahasverus hat mich zum obersten Fürsten über alle ander gesetzet. O Ahasvere, du wirst so hoch geachtet wie ich, ob es wol alles dein ist. Du bist dein selbst nicht mächtig, denn ich dir gleich einem Kinde zu gebieten habe. Alles, was ich haben wil, muß fürsich gehen. Nichtes thustu wider meinen Willen. Durch Ahasveri Gebot muß ein jederman die Knie vor mir beugen und mich anbeten gleich den unsterblichen Göttern des Himmels. In Ansehen übertreffe ich den Ahasverum, denn ein jederman thut einig und allein darnach trachten und streben, wie sie nur in mein Gratia mögen sein weil sie wissen, daß Ahasverus thut, was mir gefällt. — Aber was sehe ich hier vor ein sterblich Creatur, die da nicht die Knie vor mich beuget und mich anbetet gleich wie andere? Und dafern ich nicht irre, ist es der Jude, wovon mir die Meinen gesaget, daß er mich nicht mit Anbeten ehre. — Du Wurm, schlecht und geringer Schelm, warumb hastu nicht ein erschrockenes Herz, wenn du in mein Praesenz kömmest? Warumb fälleſtu nicht vor mir nieder und beteſt mich an?

Mardocheus. Anbeten? Nein, du bist nur ein Mensch, nach deinem Tode Staub und Asche gleich wie ich, derhalben wil es mir nicht gebühren, dich anzubeten, sondern den Gott Abraham, Isaac und Jacob, der alles aus nichts gemacht, was du ansiheſt, den wil ich anbeten allein und bitten, er wolle die arme Seele, so er mir gegeben, zu sich wieder nehmen.

Haman. Warumb werde ich nicht rasend und toll? O wäreſtu ein König und beteteſt mich nicht an, so wolte ich dich mit diesem

---

1 abſchlagen, abprügeln.

Schwert zerschmettern; solte ich nun Hand anlegen an einen sol=
chen nichtswirdigen und geringen Menschen, solches wäre mir eine
Schande, aber bei all meiner[1] zukünftigen Hoffnung thue ich schwe=
ren, dieses an dir und alle den Deinigen zu rächen, denn alle sollet
ihr umbs Leben gebracht werden!

Mardocheus. O, der höheste Gott, der über dir herrschet,
wird dein Hoffart strafen und uns Armen gnädig bewahren. ·

(Jetzt kömt der König, Mardocheus gehet sitzen.)

König. Mein getreuester Rath Haman, es ist uns lieblich[2]
jetzt anzuschauen. Du weist, wie ich dir alle Macht und Gewalt
über alle unser Länder gegeben, und solchs ist geschehen extra-
ordinarie aus der Liebe, so ich zu dir trage. Drumb, weil ich dich
zum Obersten über alle Fürsten gesetzet habe, so zeige uns nun
an, was vor Mangel im Lande ist, denn Recht und Gerechtigkeit
sehen wir in unsern Landen gerne floriren.

Haman. Großmächtigster König und allergnädigster Herr,
die Tage werde ich doch nicht können erleben, zu verdienen des
Königes Wolthat, an mir gethan.

Dennoch, so viel an mir, zum müglichsten mit getreuen unter=
thänigen Diensten zu verdienen, wil ich mich höchstens angelegen
sein lassen. Denn mein Thun und Trachten zu jeder Zeit stehet
dahin, daß es in des Königes Ländern möge wol gehen, woran
denn auch gar kein Mangel, wann eines solchs nicht verhinderte.
Es ist ein betriegliches Volk, welches sich unter des Königes Volk
in allen Ländern mit hinein wickelt und wurzelt, worvon dem
Könige in seinem Lande großer Hohn und Spott geschiehet; denn
sie leben nicht nach des Königes, sondern nach ihren sonderlichen
und eigenen Gesetzen. Derhalben wäre es ein große Unbilligkeit,
daß sie der König in seinem Lande duldete, sintemalen des Königes
Unterthanen zum übelsten geschiehet, indem sie nicht vor ihnen
auffkommen können. Darumb, großmächtigster König, habe ich
jemalen Gnade funden vor euren Augen, hat mich ihr Majestät
jemaln geliebet, so gewähre mir ihr Majestät eine Bitt.

König. Mein getreuer Rath Haman, es wäre uns ver=
weislich[3] vor jederman, wann wir sie dir nicht gewähren solten.
Sag an deine Bitte, und wenn du auch eine unzählige große
Menge Goldes oder Silbers aus meiner Schatzkammer begehretest,
hättestu es wegen deines getreuen Raths wol verdient.

---

1 Im Text: bei allgemeiner zukünftiger Hoffnung. — 2 So im Text,
vielleicht: lieb, dich. — 3 verweislich, zu verweisen, vorzuwerfen.

Haman. O großmächtigster König · und allergnädigster Herr, umb solch große Gnade willen mag ich mich wol den aller- glückseligsten Menschen schätzen. Dieses ist meine unterthänige Bitte: ihr Majestät wolle zugeben, daß alle Jüden, das verstreute Volk, in seinen ganzen Lande, samt Weib und Kind und all ihr Geschlecht umbs Leben gebracht und sie also aus ihrer Majestät Landen ganz und gar vertilget und ausgerottet werden mögen. So wolt ich alsdenn zehen tausend Centner Silbers geben um deswegen den Obersten des Landes, daß solches in des Königes Schatzkammer gebracht werde.

König. Getreuester Rath Haman, deiner Bitte sol Folge geleistet werden. Lebe [1] nach deinen Gefallen mit den angeklagten Volk der Jüden; thue nur so viel Böses an ihnen mit geblößeten Schwert, Feuer, Mord, wie dein Herz gelüstet. Das Silber aber, so du uns vor dieselben Jüden geben woltest, sei dir dazu zu eigen gegeben.

Haman. O allergnädigster König, ihr Majestät Gnade ist über mir und strecket sich biß an die hellleuchtende Sonne; nun wird Friede sein im Königreich, nun werden die armen Unter- thanen mit freudiger Stimmen überlaut schreien: Langes Leben, Glück und Heil unserm allergnädigsten Könige, unserm Vater, unserm Beschirmer, die wir alle unter seinen Flügeln der Gnade leben, dem Ahasvero!

König. Nun wolan, Haman, mache es alles nach deinen Willen; hie hastu unser Königlich Petschaft und Versiegel [2] zu mehrer Bekräftigung, daß du über die Juden zu triumphiren, sie alle umbs Leben zu bringen und gänzlich zu vertilgen gesetzt bist.

(Haman nimts, küsset, gehet darauf hinein, aber kömt alsobald wieder.)

Haman. Aber noch mehr, großmächtigster König, gefällt es ihr Majestät, daß ich auch ausschreib, daß keiner zu ihrer Ma- jestät komme, dafern ihm ihre Majestät nicht fordern lassen? Denn der König würde vor den Jüden keinen Friede haben und des Ueberlaufens würde kein Ende sein.

König. Du hast wol gesaget. Laß ein Gebot ausgehen, daß wer zu uns komme und der nicht gerufen, es sei Mann oder Weib, der sol zur Stund sterben, dafern wir unsern Scepter nicht gegen demselben neigen, daß er leben bleiben muß; ausgenommen du, Haman, sei allezeit bei uns. Gehe nun aus und verrichte dasselbe und sei nicht lange von uns.

---

1 leben, verfahren, handeln. — 2 Versiegel, wie das einfache: Siegel.

Haman. Solches ſol in Eile verrichtet werden, großmäch=
tiger König.

(König gehet hinein, er gehet zu Mardocheus.)

Sih hier, du ſchlecht und gering Wurm, dieſes ſol dich ſo wol[1]
dein ganzes Geſchlecht austilgen. (Zeiget ihm das Petſchaft.) Darumb
daß du mich nicht angebetet haſt, ſoltu morgen ſowol alle andern
Jüden jämmerlich umbs Leben gebracht werden. (Gehet hinein.)

Mardocheus. O Gott, laß doch nicht unſere Feinde ſo
trotziglich über uns triumphiren, o ſtrafe du die Hoffart, ſo wer=
den wir nicht umbs Leben kommen, du biſt ja aller Hoffärtigen
Feind und haſt ſie von Anbeginn der Welt greulich geſtrafet. O
allmächtiger Gott, du biſt wunderbar; wenn der Menſch mit dem
Tode ringet und kämpfet, ſo kanſtu ihn ſtärken; wann oft ein
großes Heer wider deine Erwählete, die da ein geringes Häuflein
ſeind, ziehet, ſo giebeſt du dein geringen Häuflein ſolche Löwen=
ſtärke, daß ſie ihr mächtige Feinde überwinden. Herr, du biſt der
ewige, allmächtige König, und wann dein Zorn ergrimmet, ſo
muß der ganze Erdboden und alles, was drauf iſt, erzittern. Nie=
mand kan doch wider deinen Willen thun, niemand kan dir wider=
ſtehen; wenn ſich dein Grim erhebet, ſo müſſen die Menſchen plötz=
lich zur Erden ſtürzen. O Gott, du biſt mächtig, dein Königreich
iſt ewig, du haſt es dieſen irdiſchen Königen alles gegeben, du
nimſt es ihnen auch wieder, wenn es dein göttlicher Will iſt.

O Herr, verlaß nicht Iſrael! Ja, du wirſt es nicht verlaſſen,
denn deine Zuſage lehret uns ſolches, und iſt mein Troſt; Herr,
du haſt ja gemacht Himmel und Erden und alles, was darin
lebet und ſchwebet; für dir kann doch nichts beſtehen, alle hoffärtige
Herzen thuſtu zermalmen wie ein Scherb. Dir iſt doch alles be=
wuſt, du kanſt in eines jeden Menſchen Herz ſehen, du weiſt auch,
daß ich aus keiner Hoffart den ſtolzen Haman nicht habe wollen
anbeten; ich wäre reſolviret, ihm ſeine Füße zu küſſen, wenn
Iſrael damit gedienet. O mein Herr Himmels und der Erden,
der du mich erſchaffen und eine vernünftige Seele gegeben haſt,
vor dir habe ich mich gefürchtet, daß ich nicht die Ehre, die dir.
meinen Gott, gebühret, einem Menſchen ſolte geben, und niemand
anbeten denn meinen einigen Gott. O Gott, nun iſt dir auch
bewuſt, wie der ſtolze hoffärtige Haman mich ſowol mein ganzes
Geſchlecht, welches er vom Könige Ahasvero erlanget, umbs
Leben bringen wird. Nun wil ich hingehen und einen Sack mit

---

1 ſowol, für: ſowol wie.

Aſchen anhängen und in der Stadt kläglich und überlaut ſchreien;
auch wil ich dieſe Tage mit Faſten zubringen und ſamt unſern
ganzen Geſchlecht innerlich[1] zu Gott rufen, daß er uns von der
Hand unſeres Feindes erretten wolle! (Gehet hinein.)

Eſther kömt mit einem Diener u. ſ. w.

Eſther. Jetzo bin ich leider in Erfahrung kommen, wie mein
lieber Vater Mardocheus ein kläglich erbärmliches Leben führen
ſol, mit Weinen, Faſten und Beten, ſowol unſer ganz, ganz Ge=
ſchlecht im Lande des Königes. O Gott, was mag dieſes die Urſache
ſein? Hörſtu, Diener, gehe alſobald hin in das Thor des Königes,
da wirſtu finden den Jüden Mardocheum ganz kläglich ſchreiende;
denſelben gieb dieſes Kleid, daß ers anziehe, auch ſage ihn, daß
er dir anzeigen wolle die Cauſam ihrer Betrübniß.

Diener. Solches ſol geſchehen, gnädigſte Königin.

Eſther. Aber daß du mir alſobald Antwort bringeſt von
Mardocheo.

Diener. Gnädigſt Königin, alsbald wil ich ihr Majeſtät
die Antwort von Mardocheo bringen.

(Gehen hinein. Kömt Mardocheus mit drei Vermummten.)

Mardocheus. O lieben Brüder, weinet und faſtet, betet
innerlich zu Gott.

(Sie murmeln, legen die Augen zur Erden[2].)

O Gott, verlaß nicht dein Volk Iſrael! O Gott, erbarme dich
unſer, laß uns nicht kommen in unſerer Feinde Händen! O Gott,
erhöre uns, o Gott, erhöre uns, ſei uns gnädig!

Kömt der Diener.

Diener. Glück zu, Glück zu, Mardochee!

Mardocheus. O, Gott wolle dir beſſer Glück geben, denn
wir jetzt haben. Ich bitte dich, thue uns nicht in unſerm andäch=
tigem Gebete zu unſerm Gotte moleſtiren.

Diener. Jetzt muß ich dich darin verhindern. Wiſſe, daß
mich die Königin Eſther zu dir geſandt, und ſendet dir dieſes Kleid,
damit du deine Trauerkleider ablegeſt.

Mardocheus. O nein, bring Eſthern die Kleider wieder,
denn ich ſie durchaus nicht begehre.

Diener. Sie läßt auch fragen die Urſach, warumb du dich
ſo betrübeſt und ängſtigeſt.

Mardocheus. Solches bericht Eſthern: Haman habe ich

---

1 innerlich, inniglich. — 2 legen die Augen zur Erden, cast
down their eyes, ſchlagen die Augen nieder.

nicht anbeten wollen, darumb er beim Könige erhalten, daß ich und mein ganzes Geschlecht mit Mord und Feuer sollen vertilget werden. Darfür hat auch Haman dem Könige aufzubringen zugesaget zehenmal hundert tausend Centner Silbers, die er in die Schatzkammer des Königes legen wolle; nun ist das Mandat angeschlagen in allen Städten, Flecken und Dörfern des Königes, uns umbs Leben zu bringen. Derhalben wir jetzt zu unsern Gott schreien umb Beistand, und daß er uns von den hoffärtigen Haman erlösen wolle. Sih, da hastu die Copei des königlichen Mandats; gib sie Esthern zu lesen und sage ihr weiter, daß sie zum Könige gehe und thue eine Bitte vor sie und ihr Volk.

Diener. ·Solches wil ich der Königin frei alles berichten. (Gehet hinein.)

Mardocheus. O Gott Abraham, Isaac und Jacob, verlasse nur nicht dein Volk. Du sihest, wie sie jetzt verkaufet, erbarme dich unser, Herr, Herr! So laßt uns nun, lieben Brüder, auf die Gassen gehen und mit innerlichen Bitten zu Gott, dem Allmächtigen, nicht aufhören.

(Gehen hinein. Kömt Efther und der Diener.)

Esther. Getreuer Diener, bringstu mir Antwort von Mardocheo?

Diener. Gnädigst Königin, die Antwort wil ich jetzo ihr Majestät erzählen. Dieses Kleid, so ich ihm geben solte, wolt er nicht annehmen, sondern hat mir befohlen, solches der Königin wieder zu geben, denn er in Trauerkleidern sein Zeit spendiren wolte, aus diesen Ursachen: Haman sei vor Mardocheum kommen, da habe er ihn nicht angebetet, wordurch Haman mit solchen Eifer und Ernste bewogen, bittet und erhält beim Könige, alle Jüden in des Königes Lande umbs Leben zu bringen und gänzlich zu vertilgen. Allhie hat er mir die Copei des königlichen Mandats, eur Majestät zu überreichen, geben, welches zu Schloß Susan und an allen andern Flecken und Orten des Königes angeschlagen. Hiervor hat Haman dem Könige gelobet, tausend Centner Silbers darzuwägen.

Esther. O wir verkauften elenden Menschen! (Liefet.) O du hoffärtiger Haman, gedenkestu nicht, daß beide Gott und Menschen den Hoffärtigen Feind sein, denn er sündiget vor beiden. Gedenkestu nicht, daß die Hoffart keinen Bestand hat, sondern wie sie Gott zuletzt greulich strafe? — Getreuer Diener, befahl er dir auch etwas mehr?

Diener. Ja, gnädigste Königin, er hat mir auch befohlen,

ihr Majeſtät wolle zum Könige gehen und ein Bitte bei ihr könig=
liche Majeſtät vor ihr Volk zu thun.

Eſther. Ich muß ſelbſt klärlicher mit ihme reden. (Geht hin.)

Kömt Mardocheus.

Mardocheus. Herr Gott Himmels und der Erden, wir hören
nicht auf mit Beten, denn wir wiſſen, du wirſt uns dennoch er=
hören. (Legt ſein Angeſicht auf die Erden.)

Kömt Eſther, geht vor ihm.

Eſther. O Vater Mardochee, betrübet euch nicht ſo ängſtig=
lich, Gott wird euch bewahren vor den hoffärtigen Haman.

Mardocheus. Biſtu es, Tochter? O wie verläſſeſtu mich
in meinem Trübſal. Iſt dieſes die große Liebe, die ich zu dir trage?
Iſt dieſes die Recompenſion, daß ich mich deiner ſo treulich wie
ein Vater habe angelegen ſein laſſen? Ja, deinethalben komme
ich jetzt in Todesgefahr. Denn du weiſt, daß ich derhalben ſtets
im Thor geſeſſen, damit ich erfahren und ſehen wolte, wie es dir
ergienge.

Eſther. O Vater, wie könte es doch müglich ſein, daß ich
euch verlaſſen ſolte? Nein, nimmermehr!

Mardocheus. Aber, Eſther, biſtu geweſen beim Könige
und ein Fürbitt vor dich und uns gethan?

Eſther. O nein, Mardochee, denn der König hat ernſtlich
allen ſeinen Völkern, Mann[1] ſo wol Frau und alln, verboten,
daß wer zu ihm käme, und der König ihm nicht habe fordern
laſſen, der ſol eines elenden Todes ſterben; und nun hat mich der
König in dreißig Tagen nicht fordern laſſen, derohalben, ſo ich zu
ihm käme, und er den gülden Scepter nicht gegen mir beugete,
müſte ich eines geſchwinden Todes ſterben.

Mardocheus. Eſther, thuſtu dieſes nicht, ſo muſtu doch
gewiſſe ſterben, denn es in dieſen Rumor ohn allen Zweifel auch
vor des Königes Ohren kommen wird, daß du aus Jüdengeſchlecht.
Wirſtu zu dieſer Zeit ſchweigen, ſo müſſen wir alle ſterben, und du
und deines Vatern Haus müſſen umbkommen. Und wer weiß,
der Gott Abraham, Iſaac und Jacob habe dich derhalben zur
Königin erwählet, daß du uns all erretteſt; darumb ſchweige nicht,
denn es iſt nun hohe Zeit.

Eſther. So wil ich gehen zum Könige, und ſolte ich auch
alſobald ſterben müſſen. Aber, lieber Vater, verſamlet ihr alle
Jüden, ſo zu Suſan vorhanden, faſtet vor mich, daß ihr nicht

---

1 „Mann" fehlt im Text.

esset in dreien Tagen weder Tag noch Nacht. Ich und meine Die=
ner wollen auch also fasten; darnach wil ich zum Könige gehen
wider sein Gebot; kom ich umb, so kom ich umb.

Marbocheus. O Esther, Israel wird dich loben, mache es
also, Gott, hoffe ich, wird uns gnädig sein. Also wil ich nun hin=
gehen und die Jüden versamlen und zu Gott ängstiglich beten.

(Gehen hinein. Kömt Marbocheus mit Vermummten wieder.)

Lieben Brüder, fastet nur vor die Königin Esther, betet, daß
ihr Gott zu ihren Vorhaben wolle Glück geben, denn ohn Befehl
des Königes wird sie zu ihm gehen und bitten vor ihr Volk.

(Sie legen das Angesicht zur Erden, murmeln.)

Und nun, Herr, du König aller Könige, du Herr aller Herren,
du Gott Abraham, du Gott Isaac, du Gott Jakob, erbarm dich
über dein Volk, denn unsere hoffärtige Feinde wollen uns vertilgen
und uns, deine Kinder und Erben, die du von Anfang gehabt hast,
gänzlich ausrotten. O Herr, verachte dein Häuflein nicht, das du
aus Egypten geführt hast, erhöre unser Gebet und sei uns gnädig!
O Herr, wende unser Trauren und Trübsal in Freuden, auf daß
wir leben und deinen Namen preisen! O Herr, laß den Mund
nicht vertilget werden derer, die ihren Schöpfer rühmen!

(Sie murmeln, gehen hinein. Kömt:

Esther. Nun ist die Zeit vorhanden, daß ich mein Leben in
die äußerste Gefahr setzen muß. Drei Tage hab ich nun gefastet
mit meinen Mägden in Trauerkleidern, und mit Aschen und
Staub demüthige ich mich vor Gott, und an allen Orten, da ich
zuvor ganz fröhlich gewesen war, weinete ich nun und raufte mein
Haar aus. O Herr, umb unserer Sünde willen übergibstu uns
jetzt in die Hände unserer Feinde. O Herr, hilf mir, deiner Magd,
laß unser Feinde in dieselben Gruben fallen, die er uns gemacht
hat! — Aber da sehe ich das Angesicht des Königes.

(Kömt der König und Haman, der König sihet zornig aus, sie verschricket,
sinket nieder zur Erden, der König springet zu ihr und umbfänget sie:)

König. O schöne Königin, was ist dir? Sei fröhlich und
fürchte dich nicht, du solt nicht sterben.

(Sie thut die Augen auf.)

Ich bin dein Bruder, gedenk nicht, daß dich das Gebot mit
angehe, sondern die andern.

Esther. O gnädigster König, da ich ihr Majestät erstlich
ansahe, däuchte mich, ich sehe einen Engel, darumb erschrak ich,
denn ihr Majestät war groß und schrecklich, und seine Gestalt
ganz herrlich. (Wil wieder zur Erde sinken, der König hält und küsset sie.)

König. O schöne Königin, sei gutes Muths, seien wir dir doch in Gnaden gewogen, du und Haman mügen wol zu uns kommen;

(Haman credenzet sich)

aber kein ander. Ich bitte, sei nicht so furchtsam, sag an aus unerschrockenem Herzen, was du bitten wollest und begehrest, es sei auch die Hälfte unsers Königreichs, sol es dir gegeben werden.

Esther. Nein, großmächtigster König und gnädigster Herr, Gold oder Reichthum thue ich nicht begehren. Ihr Majestät, die ich in einer geraumen Zeit nicht gesehen, bitte ich auf ein Mahl, welches ich ihr Majestät zugerichtet, zu mir zu kommen; gefällt es nun dem Könige, so bitte ich unterthänig, ihr Majestät wolle auf das Mahl erscheinen.

König. O mein Schönste und Allerliebste wegen der extraordinari[1] Liebe, du uns dieses Mahl zugerichtet hast; wir seind auch resolviret, auf deinen Mahl zu erscheinen. Aber sagt uns, umb welche Zeit wird es sein?

Esther. Gnädigster König, morgen umb zehen Uhr. Aber noch eins, gnädigster König, Haman, euern getreuen Rath, den ihr Majestät für andern liebet, sähe ich auch gern auf mein Mahl.

König. Solches ist uns lieb, so bitte ihn.

Esther. Haman, der König hat mir zugesagt, morgen auf mein Mahl zu erscheinen, welches ich ihme und euch habe zurichten lassen; es ist mein Bitte, morgen umb zehen Uhr, daß ihr euch dann gewißlich einstellet.

Haman. Gnädigst Königin, ich bin unwürdig, mit ihr Majestät Mahl zu halten, dennoch, weil es ihr Majestät also gefället, bin ich schuldig, unterthänig und willig, mich einzustellen.

König. Ja, Haman, du must nicht außen bleiben, denn meine Königin dir unsertwegen Lieb und Ehre beweiset.

(Haman credenzet sich.)

Und nun, schöne Esther, hastu nun eine Bitte, so sage an, denn wir sie dir gewähren wollen.

Esther. Ja, großmächtigster König, ein Bitte habe ich: so ich Gnade funden für ihr Majestät, und so es derselben gefällt, meine Bitte zu gewähren, so komme der König und Haman morgen zum Mahl, so wil ich ihr Majestät meine Bitte auftragen.

König. Gar wol, Esther, wir werden gewißlich erscheinen.

(Gehen hinein.)

Haman kömt mit dem Zimmermann Knapkäse.

---

[1] extraordinari, stammt wol aus dem englischen Original. Die ganze Stelle zeigt die größte Unbeholfenheit im deutschen Ausdruck.

Haman. Die Pracht, Macht und Herrlichkeit, so mir der
König Ahasverus gegeben, ist mit Menschenzungen nicht gnug
auszureden, denn wenn ich nur ansehe, wie große Herren aus
dem Gebot des Königes vor mir niederfallen und mich anbeten,
so erhebet sich mein Herz, so empfinde ich Freude über alle Freude.
Mein Pracht und Herrlichkeit beim Könige nimt nicht abe, sondern je länger je mehr zu, denn die Königin hat morgen ein
Mahl anrichten lassen für mich und den König, und wil wol
glauben, daß solches Mahl meistentheils meinetwegen geschiehet,
weil die Königin sihet, daß ich mehr regiere denn der König selbst.
Darumb, Haman, freue dich, weil sich vor dir fürchten und beugen
muß alles Volk auf Erden; mein Macht und Pracht ist unver-
gänglich, und thue floriren gleich einem Lorberbaum. Aber ich
schwere, ehe ich zum Mahl der Königin gehe, sol der halsstarrige
und schlechte Jüde Mardocheus aufgehenkt werden; ihme zu Ehren
wil ich einen neuen und hohen Galgen im Hofe aufbauen lassen.
— Sih, Zimmermann, du bist gleich als wärestu gerufen.

Hans. O ja, ich bin ein solch wunderlich Kerl, ich komm,
ehe man mich ruft.

Haman. Ich sehe, daß du ein wunderlicher Narr mit zu[1] bist.

Hans. Das kan wol sein, mein Herr.

Haman. Hörest du, Zimmermeister, baue mir einen Galgen
in meinem Hofe, fünfzig Ellen hoch; mach dich eilends hin, denn
heute sol noch ein Jüd daran gehangen werden.

Hans. Fünfzig Ellen hoch! Potz Schlapperment, derselb
wird hoch erhöhet werden. Aber, mein Herr, ich wil die Maße von
euch erstlich nehmen. (Nimt die Maß.)

Haman. Gehe, du alber Narr, und säum dich nicht.

Hans. Nein, ich werde nicht säumen, vor euch ein Galgen
zu bauen.

Haman. Du grober Esel, sähe ich dein Alberheit und Unverstand nicht an, so müstestu erst daran gehenket werden. Die
Götter werden mich vor dem Galgen behüten.

Hans. O ja, o ja, aber vor eurem Hals wil ich nicht
schweren.

Haman. Trolle dich, du nichtswürdiger Mensch! (Ziehet sein
Gewehr.)

Hans läuft. Gehen hinein. Kömt der König und sein Diener.

König. Diese vergangene Nacht ist uns länger gewesen
denn andere drei, weil mir sie mit Melancholei[2] habe vertreiben

---

1 mit zu (too), auch, ebenfalls. — 2 Druckfehler: Melancholoi.

müssen, und nichts geruhet; darumb, Diener, hole alsbald die Chronicam, und lies uns etwas auß derselben, damit wir die Zeit verkürzen.

Diener. Es sol geschehen, großmächtigster König. (Holet das Buch.)

König. Hastu die Chronicam da, so lies uns etwas vor, so bei unser Zeit geschehen.

Diener. (Er schläget auf. liefet:) Und es begab sich, daß zween Kämmerer, Bigthan und Theres, sich verbunden, den König Ahasverum umbs Leben zu bringen, solches erfuhr ein frommer Jüde, mit Namen Mardocheus; derselb eilet zur Königin Esther und offenbaret ihr solch mörderische That, daß sie den König warne, sich zu hüten. Also errettet und erhielt Mardocheus den König beim Leben, und die Mörder wurden strangulirt und erhenkt.

König. Halt still! Sag an, was haben wir den frommen Jüden Mardocheo für Ehre und Gutes gethan, daß er damaln unser Leben errettet?

Diener. Großmächtigster König, es ist ihm nichtes Gutes dafür geschehen.

König. Nichts? Das ist uns leid! Sag, wer ist dar im Hofe?

Diener. Großmächtigster König, es ist Haman, der läßt sich einen Galgen bauen.

König. Laß ihn alsbald zu uns herein kommen.
(Holet ihn.)

Haman. Allergnädigster König!

König. Haman, ich habe jetzt eine Frage, die soltu mir beantworten, observire es wol. Was sol man dem Manne thun, den der König gerne wolte ehren?

Haman. Großmächtigster König, ich bitte umb ein wenig Bedenkzeit.

König. Es sei dir erläubet.

Haman. Der König fraget mich, was man dem Manne thun sol, den der König gerne ehren wolte. Nun weiß ich, daß er keinen andern ehret denn mich, darumb wil ich mir mein Glück selbsten nicht versprechen.[1] Haman, Fortuna ist dir günstig, denn der König wil mich also ehren, wie ich ihm nur vorschreibe. Ich hab es schon bedacht. (Gehet zum Könige.) Großmächtigster König, den Mann, den ihr königliche Majestät gerne ehren wolte, sol man herbringen, daß man ihn ausziere mit königlichen Kleidern,

---

1 Darum will ich mir mein Glück nicht durch meinen Ausspruch verderben, d. h. will ich so antworten, daß ich selbst die größte Ehre davon habe.

die der König selbst zu tragen pflegt, und setzen auf das Roß, da der König auf reitet, und daß man die königliche Krone auf sein Häupt setze; darnach sol man das königliche Kleid geben einem vornehmen Fürsten, daß er denselben Mann anziehe, den der König gerne ehren wolte, und der Fürste vor ihme auf der Stadtgassen gehe und überlaut vor jedermänniglich rufe: So wird man thun dem Manne, den der König gerne ehren wolte.

König. Du haft recht gesagt; dich halte ich nun vor meinen fürnehmsten Fürsten. Derhalben eile und nim das königliche Kleid und Krone, wie du gesagt hast, und thue also mit Marbocheo dem Jüden,

(Verschrickt heftig.)

der für dem Thor des Königes sitzet, und laß nichts fehlen an allen, was du gesaget, bei unserer höchsten Disgratia!

Haman. Wie, großmächtigster König? Ich habe nit recht vernommen, wem ichs thun sol.

König. Verstehestu es nicht? Dem Jüden Marbocheo, der im Thor sitzet, soltu es thun. Thue dieses zur Stunden und laß nichts mangeln an allem, was du gesaget hast. *(König geht hinein.)*

Haman. Ist mir denn nun Fortuna so misgünstig? Sol ich nun meinen Feind, dem ich das Leben nicht gönne und es zu nehmen gemeint, solche hohe Ehre anthun? Weh mir, daß ich die Stunde habe erleben müssen! Ich hätte nimmer gegläubet, daß einen mehr Ehre denn mir solte können gegeben werden. Ich hätte wol gemeinet, daß kein Mensch auf Erden höher solte erhaben[1] werden denn ich, und nun werde ich schon verringert. Nun muß ich die königliche Kron meinem Feind auffetzen. O, gienge es nach meinem Willen, von Feuer wollte ich dir eine auffetzen! Pfui mir, daß ich ihn damals im Thor nicht habe durchstochen! Nun kan es nicht anders sein, des Königes Gebot muß ich vollziehen.

(Gehet hinein; nicht lange kömt er wieder, hat Marbocheum bei der Hand; ist umbgethan mit einen prächtigen Mantel und hat die königliche Krone auf dem Häupt; wird aufgeblasen[2], hernach fängt Haman an:)

So wird man thun dem Mann, den der König gerne ehren wolte. *(Wird wieder trompetet, gebt ein wenig.)* So wird man thun dem Mann, den der König gerne ehren wolte. *(Noch einmal.)* So wird man thun dem Mann, den der König gerne ehren wolte. *(Leitet ihn hinein.)* Nun gehe ich mit betrübtem Muthe in mein Haus zu meinem Weibe Seres, der ich dieses Verlaufens[3] erzählen wil;

---

1 erhaben, part. praet. von erheben. — 2 wird aufgeblasen, werden Trompeten geblasen. — 3 Verlaufens, Geschehenes, Vorfall.

mit ihr wil ich Leide tragen mit verhülletem Häupte, und keine
Freude wird dißfals nimmer in mein Herz kommen. Pfui mir
noch einmal, warum brachte ich da in puncto[1] den Jüden Mardocheum nicht umbs Leben! (Gehet hinein.)

Actus quartus.

Jetzt wird zum Mahl aufgetragen, kömt Esther, nicht lang der
König hernach.

König. Herzliebe Gemahlin, auf dein Bitten erscheinen
wir jetzt.

Esther. Gnädigster König, unterthänig thu ich mich bedanken, ich bitte, ihr Majestät wollen sich setzen.
(Gehen sitzen.)

König. Schöne Esther, setze dich zu meiner Seiten. (Sie thuts.)
Aber dieses nimt uns ein großes Wunder, daß Haman allhier
noch nicht vorhanden. — Kammerrath, gehe alsbald zu ihm, sag,
wir sein allhie, daß er komme.

Diener. Ich gehe hin, großmächtigster König. (Gehet hin.)

Esther. Gnädigster König, mein Tractament wird wol nicht
so prächtig sein, wie es wol sein solte vor ihr Majestät.

König. Schön, es mag auch so schlecht sein wie es wolle,
es sol uns gleich wol gefallen; mehr Freude hab ich darob, da du
mich nur aus Lieb zum Mahl gebeten, als hättestu mir ein Million
Goldes geben.
(Haman kömt.)

Haman. Glück und Heil warte auf ihr Majestät, auch auf
die schöne Königin.

König. Habe Dank, Haman. Wir hätten nicht gemeinet, daß
du so lang außen bleiben würdest, sondern vielmehr der erste sein.

Haman. Großmächtigster König, ich bitte umb Verzeihung,
durch nothwendig Geschäft des Königes bin ich aufgehalten worden.

Esther. Haman, setzet euch und seid frölich!

König. Zwar[2] du kömst mir jetzt seltzam vor; warumb hat
sich dein Gestalt verändert? Warumb bistu so voll Melancholei?

Haman. Großmächtigster König, die Ursach ist mir selbst
unbewust.
(Essen Confect.)

----

1 in puncto, auf der Stelle, im Augenblick (at the point). — 2 Zwar,
fürwahr, wie oben.

Esther. Gnädigster König, ihr Majestät bring ich ein glück=
seligen Trunk!

König. Ich danke dir, schön Esther.

(Esther trinkt, gibts darnach dem Könige, neiget sich.)

Haman, dieses bringen wir dir in Gesundheit unser schönen Königin.

(Wird getrompetet. Haman gehet auf die Erden knien.)

Haman. Großmächtigster König, der angenehmeste Trunk
sol mir dieser sein. Kammerrath, ich bring dir dieses auf der
Königin Gesundheit. (Trinkt, wird getrompetet, u. s. w.)

(Kammerrath trinkt, wird geblasen.)

Esther. Haman, ich weiß, du liebest die Jüden, darumb wil
ich dir auf ihr aller Gesundheit zutrinken.

Haman. Schön Königin, es sol mir angenehm sein wegen
ihr Majestät. (Ad Spectatores.) O möcht ich Macht haben, alle die
Jüden im Feuer zu verbrennen, so wolt ich nun nicht lange Zeit
suchen. (Trinkt, wird Haman gegeben, geußt das Meiste an die Erden.)

König. Schöne Königin Esther, uns verlanget nunmehr
zu wissen die Bitte, so du auf dißmal von unsern Händen begehrest;
sag nur an, schön Königin Esther, was bittestu? Begehrest du
unser halbes Königreich, es sol dir gegeben werden.

Esther. Allergnädigster König, habe ich Gnade funden für
ihr Majestät, o gnädigster König, wo es ihr Majestät gefällt,
so gebe sie mir und meinem Volk umb mein Begehrnis willen das
Leben, denn wir sein verkauft, ich und mein Volk, daß wir gänz=
lich vertilget und alle umbs Leben sollen gebracht werden. Und
wolte Gott, wir würden zu Knechten und Mägden verkauft, so
wolte ich stillschweigen und ihr Majestät nicht bitten, so würde
doch der Feind dem Könige nicht schaden. O, das Leben ist süße,
allergnädigster König Ahasvere, ihr Majestät errette doch mich
und mein Volk vom Tode!

König. Liebste Königin Esther, fürchte dich gänzlich nicht.
Sage uns nur an, wer ist, oder wo ist der Mann, der solches sich
unterstehen darf, dich, mein Liebste, sowol dein Volk umbs Leben
zu bringen?

Esther. Gnädigster König, der Feind und Widersacher ist
der stolze und böse Haman, der allhie sitzet.

Haman. (Verschrickt heftig.) O, ich nicht.

(Der König steht auf.)

König. So wahr ich mein königliche Kron trage, mustu,
Hoffärtiger, der ich dich erhoben, für sie sterben. Pfui dich!

(Gehet hinein. Die Königin wil auch mit, Haman hält sie, fället nieder.)

Haman. O gnädigst Königin, erbarmet euch mein, denn der König ist über mir ergrimmet, und ich muß sterben; thut eine Vorbitte vor mich!

Esther. Es wird hie kein Bitten helfen, denn dein Hoffart bringt dich umbs Leben. Nun siheſtu, daß Gott im Himmel die Stolzen niedrigen und die Demüthigen erheben kan. (Will hinein gehen, er hält sie.)

Haman. O gnädigst Königin, ich laß euch nicht gehen, mein Leben steht in euren Händen!

(Jetzt kömt der König wieder.)

König. Du boshaftig und hoffärtig Creatur, wiltu nun mein Königin bei mir im Hause erwürgen? Kammerrath, gib Rath, was man ihme vor ein Urtheil fälle.

Diener. Großmächtigster König, Haman hat einen Galgen bauen lassen in seinen Garten, fünfzig Ellen hoch, woran er den Mardocheum wolte henken lassen, der dem Könige sein Leben errettet, da er dem König offenbarete, daß Bightan und Theres den König umbs Leben bringen wolten.

König. So übergib Haman alsbald den Henker ohn einig Gnade, daß er ihn incontinent [1] selber daran henke.

Haman. O großmächtigster König, erbarmet euch mein!

König. Durchaus nicht, troll dich von hinnen.

(Gehet mit Haman hin.)

Nun, Esther, sei fröhlich, denn dein Feind haſtu überwunden. Kammerrath, gehe du alsbald hin und hole zu uns Mardocheum, daß wir ihn an Hamans Statt erheben! Und, Esther, das Haus Hamans sei dir gegeben samt all seinen Gütern, so er von unſern Händen acceptiret und empfangen.

Esther. Gnädigster König, hoch thue ich mich bedanken.

(Gehn hinein.)

Kömt Hans Knapkäse und Haman gebunden.

Haman. O ich elender Mensch, wie schandlos [2] muß ich mein Leben enden! O ihr Menschen Kinder alle, die ihr zu Dignitäten erhoben werdet, erhebet euch nicht in Hoffart und Ueppigkeit, denn sonst wird es euch gehen, wie es mir jetzt, leider, gehet. Nun, Henker, mache nicht lang mit mir, damit ich, der ich ein Ekel bin vor allen Menschen, nur vom Leben komme.

Hans Knapkäse. Laßt euch nicht verlangen, mein gut Haman!

---

1 incontinent, incontinently, augenblicklich, sofort. — 2 schandlos, niedersächsisch, wie schämlos.

Haman. (Steigt die Trepp auf.) Wie süße ist das Leben, wie
bitter ist der Tod! Nun, Welt, Abe!

(Stürzet ihn herunter, schneidet hernach ab, trägt ihn hinein. Nicht lang
darnach kömt der König, Königin und Mardocheus.)

König.   Wie ist es, hat man den Haman schon hingehenket?

Diener.   Ja, gnädiger König.

König.   So sei fröhlich, Mardocheus, und danke deinem
Gott, der da ist wunderbar, der dich jetzt errettet von deinem
Feinde, der selbst in die Gruben gefallen, so er dir gegraben.
An seine Statt thue ich dich setzen und ordiniren, lebe lang in
Fried und Gratia bei uns und der Königin!

(Er neiget sich.)

Esther.   Gnädigster König, nun wil ich ihr Majestät offenbaren, wer Mardocheus sei. Er ist mein Vetter und hat sich meiner
so treulich angenommen gleich einem Vater.

König.   Das ist mir lieb von Herzen, darumb, Mardochee,
so viel lieber soltu uns sein. Sih, da hast du den Fingerreif,
den wir Haman genommen.

Mardocheus. (Nimt den Ring.) Höchlich thue ich mich gegen
ihr Majestät bedanken.

Esther.   Und ich gebe euch das Haus und alle Güter des
Hamans, darüber ihr regieren sollet.

Mardocheus.   Ich acceptire solches mit Danke, schön
Königin Esther!

Esther. (Sie geht vorn König kniende.) Noch eins thue ich
bitten, gnädigster König.

König.   Stehe auf, schön Königin, dein Bitte sol dir geben
werden.

Esther.   Habe ich Gnade funden für dem Könige und gefall
ich ihm, so werde ihr Majestät den Anschlag Hamans widerrufen
lassen, daß die Mandata, so angeschlagen, nämlich alle Jüden
umbs Leben zu bringen, abgerissen werden, und an dessen statt
werde wieder angeschlagen, daß sie immer sicher Geleite haben.
Denn, gnädigster König, wie könte ich ansehen das Uebel, daß
mein Volk sterben solte, und wie solte ich können zusehen, daß
mein Geschlecht solt umbs Leben gebracht werden?

König.   Esther und Mardochee, in eurem Geschlecht sol
keinem kein Leid widerfahren; darumb, Mardochee, laß schreiben
nach deinem Willen also, daß das vorige Gebot nicht gelten sol,
sondern all euerm Geschlecht sicher Geleite zu geben, auch daß die
Jüden sich präpariren sollen, alle die, so sie hassen, mit der

Schärfe des Schwerts umbzubringen. Nim unser Secret und
befestige es damit!

Mardocheus. Allergnädigster König, hiefür werden sie täglich
umb ihrer Majestät langes Leben und glückselig Regierung bitten.

König. Nun, schön Esther, begehrestu noch mehr, so sage
nur, denn unser Ohren sein jetzt eröffnet, dich zu hören, unser
Herz ist geneigt, dir zu geben.

Esther. Gefällt es dem Könige, daß des Hamans seine
zehen Söhne auch aufgehenket werden?

König. Es ist uns lieb, daß du uns solches gedenken thust. —
Kammerrath, gehe hin und sage dem Henker, daß er zur Stunden
des Hamans zehen Söhne fahe und auch an denselben Galgen
henke.

Kammerrath. Es sol geschehen, großmächtigster König.
(Gehet hinein.)

Mardocheus. Allergnädigster König, ich bitte ihr Majestät umb Verzeihen, mich däucht es unrecht sein, daß die Söhne
mit dem Vater sterben sollen.

König. Wie so? Denn man weiß, daß der Vater bös, gleich
sich auch die Kinder zu ahnen [1] pflegen. Der Frembling Haman,
den wir erhaben nächst uns, blasete sich auf mit Stolz und Hoffart,
also daß er uns nach dem Leben trachtete, ja ich ihn ehrete als
mein Vater, aber mit solchen, wie gesagt, uns lohnen wolte. O
nein, viel besser ist, das ganze Geschlechte auszurotten, damit man
seines Lebens sicher sei, und dich, Mardochee, da er wol wüste,
daß du mich vom Tode errettet, gleich unschuldig samt meiner
lieben Königin umbs Leben zu bringen und gänzlich zu vertilgen
in willens. Alsdenn meinte der Bösewicht das Reich allein zu
überkommen und dann dieser Perser Reich an die Macedonier zu
bringen. Darumb ist nun zu sehen, wie Untreu seinen Herrn
schlägt [2], und ist solches ein fein Exempel an Haman zu sehen.
Seid aber nun fröhlich mit uns in den Herrn, der Himmel und
Erden gemacht hat, und laßt derhalben diesen Tag zur Freuden
neben andern feiern. Welches Land unser Gebot nicht halten
wird, sol mit Feur und Schwert umbkommen.

(Klopfet an.)

Aber wer schlägt so steif [3] an die Thür?

---

1 sich ahnen, nach den Vorfahren arten. Der Druck 1670 setzt dafür:
sich arten. — 2 Untreu schlägt seinen Herrn, die Untreue fällt auf den
zurück, der sie übt; altes Sprichwort. „Untreue" personificirt als Diener
eines Herrn. — 3 steif, fest, hart.

Diener. Großmächtigster König, es ist vorhanden Hans Knapkäse, welcher seine Frau bei sich hat, sie anzuklagen für ihr Majestät, daß sie ihn nicht wolle Herr im Hause sein lassen.

König. Wir haben viel von Hans Knapkäse und seiner Frauen hören sagen. Laß sie herein kommen.

(Holet sie, sehen sich rings umb.)

Frau. O Hans, was ist das vor einer, mit dem Kessel auf dem Kopf?

Hans. Das ist der König.

Frau. Hans, sag mir doch, ist er noch mehr als der Bürgermeister?

Hans. Frau, danke du dem lieben Gott, daß du so einen verständigen und vielerfahrnen Mann hast, der dich unterrichten kan. O ja, der König ist wol noch eins so reich als der Bürgermeister.

Frau. Aber Hans, was ist das ander vor ein Ding, so bei ihm sitzt?

Hans. Frau, verstehe, das ist die Königin.

Frau. Königin? Was ist das, ein Mann oder ein Frau [1]?

Hans. Potz Schlapperment, Weib, du bist noch ein unvernünftiger Schelm! Die Königin ist eine Frau, und des Königes seine eigene Frau. Nun wollen wir zu ihnen gehen, du mußt vor sie knickbeinen, aber ich, ich werde Bousolus manus [2] machen, ich weiß mich ausbündig damit zu behelfen. Trotz sei geboten einem Könige, in Anreden, Laurenzen [3], Tanzen, und, da es andere wol lernen müssen, habe ich es aus mir selbst. Nun, so laß mich vornan gehn.

König. Sag an, du simpel [4] Mann, was du begehrest.

(Sie knickbeinet.)

Hans. Allmächtiger, ehrbarer, ehrenfester, großgünstiger Herr König, ich komme jetzt vor euch, mein Weib, die lose Hure, anzuklagen, daß sie mich nicht wil Herrn im Hause sein lassen.

Frau. Ja, mein liebe Frau Königin, euch wil ichs auch klagen, der Schelm schlägt mich so oft.

Hans. Du liegest, du Hure, du schlägst mich.

König. Hollah, hollah, also müßt ihr euch nicht [5] tituliren.

---

1 Diese Stelle verräth wieder ihren Ursprung. Die Frau erräth nicht was „queen" ist, das nicht von king abstammt. — 2 Bousolus manus, verdreht aus baise les mains; häufig als Base les manes, Baselmanes und in andern Formen: Höflichkeitsbezeigungen. — 3 Laurenzen, faire la révérence. — 4 Hier ist das englische Wort simple, einfältig, albern, geradezu beibehalten. — 5 nicht fehlt.

Wir thun dir auferlegen, daß du deine Frau nicht mehr Hure nennen sollest. Und Weib, so du deinen Mann wirst einen Schelm schelten, soltu deine Strafe erwarten mit schwerer Gefängniß, wie eben auch du, so du das Huren nicht nachlaffest, sondern wohnet bei einander gleich sich Eheleuten gebühret; habe deine Frau in Ehren und sage: mein liebe Frau; wie auch du ihn sag: mein lieber Mann; dennoch über alles gebühret der Frauen, dem Manne unterthänig zu sein, weil er das Häupt ist.

Hans (lachet). Sih da, Frau!

König. Sag an, Frau, warumb schlägt er dich?

Frau. O mein lieber Herr König, mein lieber Mann schlägt mich wol nicht, so ich ihn nicht erst schlage, wann er so lange aus dem Hause bleibet, denn ich ihn allezeit zu vermahnen pflege, er sol nicht lange außen sein, aber er achtet es gleich nicht, sondern wil Schläge haben.

König. Nein, Weib, solches wil dir nicht gebühren, daß du deinen Mann solt schlagen; hastu nicht gelesen das Mandat, daß alle Männer im Hause Herr sein sollen?

Frau. O mein lieber König, ich könt es nicht thun, es wäre mir unmüglich, ich kan mich nicht von ihme schlagen laffen. Viel lieber wil ich mich von ihn scheiden. Aber, Herr König, vor kurzer Zeit kam mein lieber Mann mit einem Schilde und bloßen Gewehr zu mir eingelaufen.

König. Hör, Mann, solches dir auch nicht gebühret, daß du sie mit bloßen Gewehr anrennest.

Hans. Aber, ehrenfester Herr König, mein liebe Frau ist so ein beherzter Teufel, daß sie sich vorm Stocke nicht fürchtet. Derhalben muste ich ein Rappier nehmen. Aber solches hat sie mir duppelt bezahlet, denn da mein Sohn Nickel zu Haus kam, der die kunstreiche Franzosen gelernet, gewaltig kunstreich durch Bogen springen, da vexiret sie mich in den Bogen, daß ich mich nichts regen oder beugen kunte. Wanne, poß Element, wie schlug da meine liebe Frau auf mich los, und wenn ich ihr nicht ange= lobet hätte, sie solte Herr im Hause sein, so hätte sie mich gar todt geschlagen. Aber solches kan ich meiner lieben Frauen nicht halten. Ich, ich muß Herr im Hause sein, daß ich sie schlage; darumb wil ich mich auch viel lieber mit meiner lieben Frauen scheiden laffen, denn ich bin ihr so feind wie alle der Teufel.

König. Ihr zwei albern Leut, ihr meinet gänzlich, daß eins kein rechter Herr im Hause sei, er müsse denn zuschlagen. Nein, ihr irret. Aber ich sehe wol, ihr werdet euch nimmer können

vertragen. Darumb fein wir resolviret, euch von einander zu
scheiden. Mann, du solt bei uns am Hofe sein, damit wir was
Kurzweil an dir haben, und Frau, dich gebe ich meiner Königin.
— Königin Efther, nehmt sie zu euch, damit ihr ein Zeitver=
treiber habet.

    Efther. Sie ift mir sehr lieb, gnädigster König.

    König. Nun, ihr beiden, wie gefällt euch biefes?

    Frau. Ich frage dar nichts nach, und ift mir lieb, daß ich
von meinem lieben Manne komme.

    Hans. Und ich bins auch wol zufrieden. Aber wir werden
ja des Nachts noch bei einander fein?

    König. O nein, scheiben ift soviel, als nimmermehr bei
einander zu kommen.

    Hans. O mein lieber, ehrenfefter Herr König, solches kan
ich nicht über mein Herze bringen. O mein lieber Herr König,
des Tages können wir uns nicht vertragen, aber des Nachts so
so feind wir gute Freunde.

    König. Nun, du wunderlicher Hans, so geben wir nach,
baß ihr des Nachts nicht geschieben feib, sondern des Tages.

         (Wird getrompetet, gehn hinein.)

Finis.

II.

Comoedia
Von dem verlornen Sohn,

in welcher die Verzweifelung
und Hoffnung gar artig introduciret werden.

Personae:

Vater des verlornen Sohns.
Verlorner Sohn.
Bruder des verlornen Sohns.
Wirth.
Wirthin oder Frau.
Tochter des Wirths.
Verzweifelung.
Hoffnung.
Bürger.

———

Actus primus.

Kömt heraus der Vater, ein alter grauer Mann, hat ein Stecken in der Hand; der verlorne Sohn hat ein jung Reuterstecklein, ist lustig. Auch der Bruder, welcher gar einfaltig vor sich hingehet.

Vater. Ach du mein herzlieber Sohn, wiltu dann nun sogar eilends von mir ziehen, solches bringet mir wahrlich groß Pein und Schmerz. Mit viel großer Mühe und Sorge hab ich dich auferzogen, daß du bist zu deinen verständlichen[1] Jahren gekommen, und nun wiltu von mir ziehen, mich in meinen alten Tagen verlaffen! Ich bitte, bedenke dich wol, herzlieber Sohn, und bleibe bei mir!

Verlorner Sohn. Nein, herzlieber Vater, ich hab es euch zuvor genug gesaget, daß es nicht sein kan; muß mich in die Welt versuchen, derhalben gebet mir mein Patrimonium, es kan nicht anders sein, ich muß von hinnen.

Vater. Ach mein herzlieber Sohn, laß dich erbitten und ziehe nicht von hinnen. Du siheft ja, daß ich dieses irdische und vergängliche[2] Wesen, auch meine meiste Tage, habe schon vorbei gebracht; verlaß mich jetzt nicht in meinem hohen, Alter und bleib so lange bei mir, daß du mögest mein Ende absehen.

Sohn. Herzlieber Vater, ich sage noch einmal, es kan nicht anders sein, sondern ich muß von hinnen, darzu hilfet kein Bitten auch nicht. Herzlieber Vater, ich frage, was ist umb[3] ein Menschen, der da immer zu Hause lieget wie ein Wolf und nimmer von der Mutter Seiten kommen; mich dünket, der ist ja ein alber, elender Mensche, weiß sich nirgends in keine mores zu schiden, ist sein Tage nirgends gewest noch gekommen, hat nichtes gesehen,

---

1 verständlich statt verständig. — 2 Beide Drucke haben u n vergängliche.
— 3 was ist umb, wie steht es um?

nichtes gehöret, auch nichtes gelernet. In Summa, er weiß nirgends von und ist ein alber Geck und Narr. Nein, dazu habe ich
nicht Lust, ist mir auch nit im Leibe[1], sondern ich wil mir die
Welt umb die Ohren schlagen und mancherlei Sitten und Sprachen
lernen. Wann ich dann nun wieder zu Haus komme, kan ich meinen Freunden die Ohren erfüllen, mein Wunder was ich alles
gesehen; ja ein jeglich Mensche hat mich gerne bei sich. In
Summa, alle Mann beweisen mich große Ehre, müssen sich für
mir knicken[2], Bier ins Glas schenken und allzeit ein Baseles
manus für mich machen. Gott aber gebe, herzlieber Vater, daß
ich euch wiederumb beim Leben und in guter Gesundheit finde;
wo aber nicht, daß mich Gott würde von hinnen fordern, so ist
hie mein Bruder, den ihr allezeit werdet bei euch haben, derselbe
wird euch ohne mich ehrlich zur Erden bestätten lassen.

Vater. Ja, herzlieber Sohn, es ist ein edeles Ding umb einen
jungen Menschen, der sich in die Welt versuchet, viel erfahren und
gesehen. Aber solches Versuchen ist zweierlei: Etliche ziehen aus,
nehmen keinen Heller oder Pfenning von den Ihrigen mit sich,
fürchten Gott, dienen guten Leuten und sehen alsdann viele
Gutes und versuchen sich also mit großem Nutze in die Welt,
sehen und erfahren viel, lernen dabei die freien Künste und befleißigen sich der Tugend. Etliche aber ziehen auch aus, nehmen
ein großes Gut mit, worauf sie sich dann triegen und verlassen;
dieselben ziehen gerne[3] gemeinig[4] aus zu ihrem Verderben und
Untergang; denn sie haben Gott nicht für Augen, halten auch
nicht sein Gebot, leben Tag und Nacht im Sause und führen ein
gottloses und wildes Leben, vertreiben ihre blühende Jugend mit
leichtfertigem Gesinde[5], auch mit Huren und Buben, befleißigen
sich stets der Untugend, biß so lange[6] sie alle das Ihrige verzehret;
darnach aber haben sie nichts gelernet in ihrer Jugend, können
nicht guten Leuten dienen, ja die Strafe Gottes kömt alsdann
über ihnen, gerathen endlich an den Bettelstab und verderben in
Hungersucht[7] und Miseria. Und weil dann jetzt mein Bitten gar
nichtes helfen wil, sondern wilt von hinnen und die Welt be-
schauen, so magstu jetzt ziehen, worhin du wollest. Jetzt aber

---

1 ist mir nit im Leibe, liegt nicht in meiner Art. — 2 knicken,
bücken. — 3 gerne, oft. — 4 gemeinig, gewöhnlich; roher Pleonasmus.
— 5 Gesinde, Gesindel. — 6 biß so lange, so lange bis. — 7 Hungersucht, Hungersnoth.

gehe ich hin und hole dir das Theil deiner Güter, welches dir zu-
gehöret. (Vater gehet hinein.)

Sohn. Laßt mich nun lustig sein, daß mein Vater ist jetzt
hin und holet mir mein Patrimonium, womit ich in die Welt
ziehe, mache mich damit lustig und fröhlich, und ein Herr für mir
alleine bin. Hie wolte ich nicht länger geblieben sein; es wäre
unmüglich, dann war ich hier bei Gesellschaft, bei schönen Frauen
und Jungfrauen und meinte, es würde kein Mensche in der ganzen
Stadt wissen, ja, sobald ich aber zu Hause kam, wuste es mein
Vater. Da gieng es an ein Schelten, ich meinte ja, daß ich wol
geplaget ward! Sagte ich zu meinem Vater: ich bin jung und
gerne bei der Welt, gab er mir allzeit zur Antwort: ja, mein
Sohn, es kostet aber viele Geld! Es mag kosten was es kostet,
ich muß gleichwol bei Gesellschaften sein. Ich bin wahrlich so
fröhlich, daß ich nicht weiß, was ich für Freude sol anfahen.
Juch, hollah, korasig [1]! Juch, hollah, korasig!

(Trojet und singet.)

Aber, herzlieber Bruder, sag mir, wie kömts, daß du so betrübet
stehest? Hastu den Cornelium [2]?

Bruder. Ja freilich hab ich den Cornelium, aber deinent-
halben, daß du so frech und wild bist; ich bin der älteste Bruder
und du der jüngeste. Von mir wirstu das wilde Leben nicht gelernet haben, auch hastu nicht gesehen, daß ich eine einige Nacht
aus meines Vaters Hause geblieben, wie du wol oftmals thust,
sondern ich bleibe stets zu Hause, verrichte meines Vatern Arbeit,
und daß sein Acker wol besäet und begätet werde. Nun aber
forderstu jetzt dein Erbtheil, wilt damit von hinnen ziehen; so [3]
weiß ich gewisse, du wirst das wilde Leben recht anfahen, wann
du nun erstlich [4] hinaus kömst, und wirst dadurch in Armuth gerathen. Derhalben bedenke dich wol, laß dein Erbtheil hie und
bleib zu Haus, dann hier hastu es allezeit gewisse und kanst mit
Frucht [5] genießen; aber damit unter Fremde zu ziehen, kömst
wahrlich davon ab [6] und in Armuth.

Sohn. Was, Bruder, wiltu mir jetzt auch noch viel fürpredigen! Nein wahrlich, laß bleiben, steig vielmehr auf die
Kanzel, so du Lust zu predigen hast, und laß mich ungemolestiret,
ich bin doch genung rechte geplaget worden. Ich weiß wol, daß

---

1 korasig (courageux), muthig, lustig, namentlich in der Studenten-
sprache jener Zeit. — 2 den Cornelium haben, betrübt sein. — 3 so,
ebenso, auch. — 4 erstlich, zum ersten mal. — 5 Frucht, Nutzen, Gewinn,
wie engl. fruit. — 6 davon abkommen, desselben verlustig werden.

man viele solcher alber Gecke findet als[1] du, die da Lust haben,
immer wie Wölfe zu Hause zu liegen, und nimmermehr von einer
Stätte kommen; meinestu, daß ich auch solte solch ein Narre sein?
Nein wahrlich, ich will ein Schloff[2] in die Welt thun und meinem
Glück und Heil nachziehen. Nun, mein lieber Bruder, sei zufrieden, wir wollen sehen, wer zum besten von uns beiden wird Frucht
schaffen, ich mit meinem Hinwegziehen, oder du mit deinem
Stilleliegen. Ich weiß wahrlich, wenn ich nun werde wiederkommen, so mustu für dem Tische stahn und warten mir wie einem
Großen auf; wann ich dann nun werde anfahen zu reden von hie
und da, was ich alles für wunderbarliche Sachen gesehen, und
an welchem Orte die besten und schönsten Jungfrauen sein, so
wirstu stehen, halten Mund und Augen auf und dich selbst anspeien, daß du dich auch nicht versuchet hast. Aber da kömt jetzt
mein lieber Vater und bringet mir ein Haufen Geldes.

Vater. Sieh hie, herzlieber Sohn, hastu dein Erbtheil,
aber erstlich observire meine Wörter[3] und behalt allezeit meine
Vermahnunge, so ich dir jetzt sagen wil, in deinem Herzen. Erstlich habe Gott allezeit für Augen, bitte ihn alle Abend und
Morgen, daß er dein Geleitsmann sein wolle und daß er deinen
Fuß nicht vom rechten Wege wolle gleiten lassen, damit du nicht
kommest auf den Weg des Sünders und des Verderbens! Sei ein
Feind des Saufens und der Unkeuschheit, denn wo diese beide Laster
sein, aus dessen Herzen wird vertrieben Gott, der heilige Geist;
dann Unkeuschheit vertreibet den heiligen Geist, welcher seine
Wohnunge bei uns in unseren Herzen gemachet, gleich als wenn
man die Bienen mit dem Rauche vertreibet. Wenn man alsdenn
den reinen und heiligen Geist vertrieben hat, kömt alsbald der
böse unsauber Geist, machet wieder Wohnung, benimt und be-
sitzet die Herzen, also daß sie nach seinen Willen thun müssen:
nämlich er treibet und reizet sie zu aller Schande und Laster, hält
sie abe von Gott und seinem heiligen Worte, also daß er sie ganz
in seinem Stricke gefangen hat, daß sie ihm dienen und den
Schöpfer Himmels und der Erden verachten. Hüte dich auch für
bösen Weibesbildern, für Doppelen[4] und Spielen! So du aber
wirst nach dieser meiner Vermahnung thun, wirstu wahrlich ein

---

1 als, wie. — 2 einen Schloff thun, so viel wie schliefen (mittelhochdeutsch sliefen, praet. slouf; engl. to slip) schlüpfen, hineingehen. Vgl.
auch die Redensart: einen Sprung in die Welt thun. — 3 Wörter, so fast
immer im Text, statt Worte. — 4 Doppelen, würfeln.

ehrbar Mann, mir und deinen Freunden eine Ehre und Freude sein.

Sohn. Herzlieber Vater, ich wil euere Vermahnung alle-zeit wissen nachzukommen, daferne ich lebendig bleibe, und soviele mir immer müglich. Nun, herzlieber Vater, so nehme ich jetzt meinen Abscheid. Ade, ade, Gott wolle euch bewahren.

Vater. O herzlieber Sohn, unser Herre Gott sei dein Ge-leitsmann, er führe und leite dich, daß du deinen Fuß nicht an einen Stein stoßest; auch bewahre er dich für böser und leichtfer-tiger Gesellschaft. Nun, so ziehe hin im Friede.

Sohn. Ade, ade, herzlieber Bruder, jetz fahr ich von hinnen, und thue dich in Schutz der Engel Gottes befehlen.

Bruder. So gehabe dich wol, herzlieber Bruder, und folge deines Vaters Lehren, so wirstu mit Frucht und Nutz ausziehen. Gott wolle dir allezeit viel Glückes in deiner Reise, auch in alle deinem Thun und Lassen geben.

(Vater und älteste Bruder gehen hinein.)

Sohn. Nun hab ich einen stattlichen Seckel voll Geldes, damit wil ich ein prächtiges und fürstliches Leben führen. Juch, seid nun lustig, ihr schönen Jungfrauen, freuet euch nun mit mich[1], denn ich habe Geldes genung, worvon ich lange kan zehren. Mein alter Vater thäte mich viel fürpredigen und ermahnen, wie ichs machen solte, daß ich Glück auf meiner Reise hätte. Ich aber weiß wahrlich kein Wort mehr davon, was er mir fürgeprediget hat, dann ich gar kein Achtung darauf gab, sondern da ich dieses Geld bringen sahe, gedachte ich daran, in welchem Lande ich die besten Jungfrauen möchte finden. Ich habe damit einen wünder-lichen Sinn, und ist mir ein Verdrieß[2], wenn einer stehet, machet viel Ceremonien und thut mir[3] vermahnen. Aber jetz muß ich mich auf meine Reise fort machen. Hollah, hollah, Diener!

Diener. Mein lieber Herr, was geliebet euch?

Sohn. Hörstu, Diener, hast du alles fertig gemachet zu meiner Reise, und sein die Pferde auch zugerichtet und gesattelt?

Diener. Ja, die Pferde seind schon gesattelt, und alles prächtig zugerichtet.

---

1 mit mich, so im Text; ebenso das folgende mich. — 2 Verdrieß, Verdruß. — 3 mir, so im Texte. Solche Verwechselungen sind sehr häufig; wir erwähnen dieselben künftig nicht mehr. Der Uebersetzer verräth sich eben hier als einen Niedersachsen und weiß in seiner englischen Vorlage Dativ und Accusativ nicht zu unterscheiden.

Sohn. Es ist gut, Diener, nun ziehen wir von hinnen.

> Abe, ich reite in die Welt,
> Ich thu und hauf' wie mirs gefällt.
> Ihr, Vater, Mutter und Bruder mein,
> Müget Gott wol befohlen sein.

(Gehen hinein. Jetzt werden die Trompeten geblasen, und reiten von hinnen.)

Actus secundus.

(Sohn und Diener kommen heraus.)

Sohn. Diese schöne, lustige und herrliche Stadt gefällt mir
so ausbündig wol, daß ich mich gänzlich fürgenommen, hie allzeit
zu bleiben. Aber Diener, hörestu, gehe alsbald hin und frage
aus, wor[1] die beste Herberge in der ganzen Stadt ist. Auch vornehmlich wo schöne Jungfrauen im Hause sein, und bestelle, daß
es alles prächtig werde zugerichtet, und bring mir alsbald wiederumb Bescheid; unterdessen wil ich hie spazieren gehen.

Diener. Ja, lieber Herr, jetzt gehe ich hin und bestelle
solch eine Herberge nach eures Herzen Lust und Begierden.

(Gehet ein Schritt oder sechs von ihm.)

Jetzt gehe ich herumb und sol meinem Herrn eine Herberge aus-
suchen, ich weiß aber selbst nicht, wo ich sie finden sol; allda gehet
ein Mann von ferne, denselben wil ich anreden und fragen, ob
er mich nicht weiß eine Herberge nachzuweisen. Ein guten Tag,
mein lieber Mann.

Wirth. Daß du sagest einen guten Tag, das wird mir
nichtes helfen; laß mich jetzt ohne Anreden, denn ich bin so verworren in meinem närrischen Kopfe, daß ich bald nicht weiß, was
ich sol anfahen.

Diener. J, mein Lieber, seid nicht so böse, ich wolte euch
nur einerwegen[2] nachgefraget haben; nun ich aber sehe, daß ihr
nicht gut seid anzusprechen, muß ich weiter gehen. (Wil weggehen.)

Wirth. Gehe nicht weg und sage mir, was wiltu?

Diener. Saget ihr mir erst, warumb ihr so verworren und
närrisch in euerem Kopfe worden seid.

Wirth. Du solt wissen, daß ich ein Gastgeber bin, und ich

---

1 wor, zu wo, wie mittelhochdeutsch war, zu wa; hier natürlich falsch, da
es nur vor Präpositionen, und zwar vorzugsweise bei solchen gebräuchlich ist,
die mit einem Vocal anlauten. — 2 einerwegen, niederdeutsch, wegen einer
Angelegenheit.

mich samt mein Weib und Kinder davon enthalten[1]. Nun aber
habe ich eine lange Zeit keine Gäste gehabt, worüber ich dann
gar närrisch worden, und mir mein Beutel gar leer, und wo ich
nicht bald welche bekommen werde, so werde ich mich gar zum
Narren grämen; so soltu wissen, daß ich dadurch den Cornelium
bekommen habe und derhalben so störrisch für mich hingieng.

Diener. Nun, ist das die Ursache? Ihr sollet wissen, daß
ich derhalben bin zu euch gekommen, zu fragen, wor doch die beste
Herberge wäre, dann ich heute mit meinem Herren in die Stadt
gekommen, und weil wir hie unbekant, haben wir noch keine
Herberge.

Wirth. O mein guter Freund, fraget ihr nach Herberge,
die solt ihr bei mir haben, so gut wie sie in der ganzen Stadt zu
finden ist. Aber saget mir, ist er auch ein vornehmer Herr, und
hat er viele Geld bei sich?

Diener. Solt er nicht Geld haben? Mich dünket, wann
er es auch fressen könte, so hätte er genug an edelen Gesteinen;
Gold, Silber und Münz ist die Menge und Fülle bei ihm. In
den Herbergen, da wir sonsten gewesen, hat er wahrlich alles
duppelt gerne und willig bezahlet, daß ich die Tage meines Lebens
keinen Fürsten oder Herren gesehen, die da freigebiger und libe-
ralischer gewesen, denn jetzt dieser mein Herr.

Wirth. Mein guter Freund, das wäre ein rechter Gast für
mir, ich bitte euch freundlich, bringet ihn hie zu mir in die Herberge. Ja wahrlich, den Nutz, so ich von ihm haben werde, sollet
ihr mit genießen.

Diener. Ja, mein guter Freund, es könte also kommen,
daß er bei euch zur Herberge liege, aber mit der Condition: schöne
Jungfrauen müsset ihr bei euch im Hause haben, sonsten reuchet[2]
er in keine Herberge, wo dieselben nicht darinnen sein.

Wirth. Hoho, daran habe ich keinen Mangel! Welch eine
schöne Tochter und Fraue ich habe! Hollah, hollah! Herzliebe
Frau und Tochter, kom eilends zu mir heraus!

(Jetzt kömt heraus die Frau und Tochter, hat einen grünen Hering[3] in der Hand.)

Frau. Was wolt ihr uns, herzlieber Mann? Ich bitte,
saget es uns balde.

Wirth. O herzliebe Tochter und Frau, seid nun fröhlich

---

1 enthalten, erhalten, ernähren. — 2 reuchet, riecht; hineinriechen,
kaum betreten. — 3 grünen Hering, frisch, ungesalzen.

mit mir, denn dieser der hie stehet, wil seinen Herren zu uns in die Herberge fouriren [1]; er sol ein reicher Herre sein und alles duppelt bezahlen. Gehet zu und heißet ihn willkommen.

 Frau. Herzlieber Mann, das wäre heftig gut für uns. (Gehet zum Diener.) O, der Herr sol mir freundlich willkommen sein.

 Diener. Habet Dank, tugendreiche Fraue.

(Die Frau redet heimlich mit dem Manne.)

 Tochter. Ihr, Fremder, seid mir Gott willkommen.

 Diener. Ich danke euch freundlich, schöne Jungfrau! Mich dünket, wird euch mein Herre sehen, ihr werdet ihm heftig wol gefallen.

 Tochter. Junger Gesell, ich bitte, saget mir, ist euer Herr jung und schön, und hat er auch viele Geldes?

 Diener. O schöne Jungfrau, er ist solch ein ausbündiger, junger und schöner Geselle, daß er auch von Jungfrauen, so ihn nur kennen, in großer Liebe und Wirde [2] gehalten wird! An Geld und Gut aber thut ihm nichts mangelen, sondern hat es die Menge und Fülle.

 Tochter. Ach mein schöner junger Geselle, ich bitte, laßt ihn ja nicht an einem andern Orte zur Herberg einkehren, sondern bringet ihn allhie zu uns.

 Frau. Hört ihr, junger Gesell, ihr habet gesaget, daß euer Herr gerne Jungfrauen bei sich hätte; an denselben sol es kein Mangel haben, denn hie ist meine Tochter, die sol auf sein Leib warten, und ihr, mein junger Geselle, wollet ihr auch eine haben, sollet sie allezeit bekommen, und alle Nacht bei mir schlafen. Dethalben bitte ich, laßt ja euren Herrn an keinem andern Orte einziehen, sondern bringet ihn zu uns.

 Diener. O Frau Wirthin, ihr habet wol gesaget, haltet mir auch, was ihr mir zugesaget, in Freude und Wollust wollen wir unser Zeit vertreiben. Nein wahrlich, in keine andere Herberge werd ich meinen Herren bringen, dann in diese, worin man schöne Frauen und Jungfrauen haben kan. Nun, so gehe ich hin und bringe meinen Herren in diese Herberge.

(Geht ein Schritt oder sechs fort.)

Aber wor mag er jetzt sein? Ich glaube, einen halben Tag werde ich noch nach ihm suchen müssen. Nein, sih, da kömt er leibhaftig her, wie ein Dorfpfaffe.

<hr>

 1 wil seinen Herrn uns als Fourier, Quartiermacher, zuführen. — 2 Wirde, Würde, Werth.

Sohn. Wie kömts, mein Diener, daß du bist so lange ge=
wesen? Mit großen Begierden hab ich nach dir gewartet.

Diener. O mein lieber Herr, die beste Herberge in der
ganzen Stadt habe ich gefunden! Da mangelt wahrlich nichtes,
was euerm Herzen gelüstet. Es ist ja in demselben Hause so eine
schöne ausbündige Jungfrau, wie ich sie mein Tage nicht schöner
gesehen, und die Wirthin hat mir gesaget, daß sie auf euch warten
sol, und die Wirthin sol ich allezeit haben, wann ich wil.

Sohn. O mein getreuer Diener, du hast eine ausbündige
Herberge angetroffen. Ist denn die Concubin so schön, die ich
haben sol, das thut mir insonderheit wol gefallen, aber als=
bald kom und zeige mir, wor dasselbe Haus ist, denn über ihr
Schön, wie du mich berichtest, kan ich mich nit länger enthalten,
hie zu bleiben.

Diener. Ja, mein lieber Herr, folget mir nun, ich wil
euch hinbringen. (Gehet mit ihm hin; der Wirth, Wirthin und Tochter
stehen beieinander, reden heimlich.) Sehet hie, mein lieber Herr, da
stehen sie zusammen und reden, der Mann ist der Wirth, die Frau
die Wirthin, die Jungfrau ist ihre Tochter.

Sohn. Ja wahrlich, schöner Mensche [1] hab ich niemalen ge=
sehen denn diese Jungfraue, je länger ich stehe und von ferne
sie ansehe, je mehr und mehr ich gegen sie verliebet werde. O,
nun werde ich mein Herz genugsam ersättigen, dann mit der
schönen Jungfrauen wil ich meine Freude und Lust stetes treiben.
Aber ich weiß nicht, wie es kommen mag, daß mir mein Herz
jetzt so zittert und bebet. Ich habe wahrlich die Dreistigkeit nicht,
daß ich dörfte [2] zu der schönen Jungfrauen gehen und sie anreden.
(Unterdessen sie so stehen und heimlich mit einander reden, siehet ihn der
Wirth; der Sohn gehet unterdessen auf und nieder spazieren.)

Wirth. Sehet, du meine liebe Fraue und Tochter, das ist
unser Gast, der da von ferne spazieret. Es ist wahrlich ein präch=
tiger Herr, und dünket mich, daß er wol Geld hat. Aber, Toch=
ter, hörstu, du must alsbald zu ihm gehen und ihn freundlich ins
Haus herholen.

Tochter. Ach, herzlieber Vater, ich darf nicht zu ihm gehen,
der Athem wird mir so kurz, daß ich nicht reden kan, mein Herz
zittert mir in meinem Leibe, und bin gar furchtsam.

Mutter. Sih doch, Tochter, was wiltu uns nun machen?

---

1 Mensch, neutr. Frauenzimmer, ohne verächtliche Nebenbedeutung. —
2 dörfen, dürfen, wagen.

Du mußt wahrlich zu ihm gehen, wofür solte dich bange sein?
Warumb solte dir dein Herz zittern, und soltest nicht reden
können? J, ich weiß, du pflegest so furchtsam nicht zu sein! Sih,
welch ein schöner, junger und prächtiger Geselle daß er ist. Nein,
du solt wahrlich gehen, und die beste Beute mustu uns davon
bringen, sonst wäre unser Gastrei nichtes.

Wirth.   Laß dich nicht lange nöthigen, gehe fort. (Nimt sie
bei dem Arm.)   Daß dich potz Velten bestehen, sih, Wunder wie
sich das Mensche stellet, gleich einer schamhaftigen, reinen und
hurtigen Jungfrauen!   Du bist ja für zwei Jahren schon eine
Hure gewest, eile fort und mache nicht lang.

Tochter (gehet zu ihm).   Schöner junger Gesell, ihr sollet in
Gott willkommen sein.

Sohn.   O schöne Jungfraue, ich thue mir sehr bedanken,
und auch, daß ihr allhie seid zu mir kommen.

Tochter.   Schön junger Geselle, ich hab erfahren, daß ihr
in die Welt umbziehet und euch versuchet, ich bitte, saget mir,
wie viel Sprachen könnet ihr?

Sohn.   Es ist wahr, schöne Jungfrau, ich bin derhalben
ausgezogen, mancherlei schöne Jungfrauen zu sehen und mich in
die Welt zu versuchen. Was aber Sprachen anbelanget, derselben
kan ich nur zween, meine Mutter-Sprache und die lateinische; ich
bitte, saget, was könnet ihr für Sprache reden?

Tochter.   Mein schön junger Gesell, ich kann nur die ita-
lianische perfect reden, sonsten aber keine mehr.   Ich bitte aber,
komt mit mir in meines Vaters Hause, da wollen wir weiter
Kundschaft machen und mit einander discurriren! (Nimt ihn bei der
Hand, führet ihn zum Wirth und Wirthin.)

Wirth.   Mein lieber Herr, ihr sollet mir Gott willkommen
sein.

Wirthin.   O, der Herr sol uns ein willkommener Gast sein.

Sohn.   Habet Dank, mein lieber Wirth und Wirthin.

Wirthin.   Meine liebe Tochter, nim den Herren bei der
Hand und gehe mit ihm in das Haus.

Tochter.   Schön junger Gesell, ich bitte, komt mit mir ins
Haus.

Sohn.   O schöne Jungfrau, ich gehe mit euch, und wo ihr
seid, da bleibe ich auch! Aber, lieber Herr Wirth und Frau Wirthin, laßt alfobald ein groß herrlich Mahl und köstlich Pankete
zurichten, darauf sol eure schöne Tochter, ihr und der Wirth mein

Gaſt ſein. Laßt es nirgend mangeln und richtet es herrlich zu; gar wol und duppelt ſol es euch bezahlet werden.

Wirthin. O mein lieber Herr, ich wils wol machen. Ich bitte, der Herre kehre nur ins Haus, und ſcherze mit meiner Tochter, denn es iſt ihm nur alleine gegönnet. (Gehet hinein.)

Actus tertius.

Jetzt kömt die Wirthin heraus, wil den Tiſch decken.

Wirthin. Lieber Diener, komt, laßt uns eilends die Tafel decken, denn euer Herr wird ein groß Panket halten.

Diener. Ja, mein Herr iſt ein liberaliſcher Compan, er lumpet [1] ſich gar nichtes, ſondern läßt ſich friſche, herrliche Pankete zurichten; je luſtiger und friſcher er ſich hält, je lieber ichs ſehe. Thue [2] mich her das eine Ende vom Tafellaken.

Wirthin. Ihr ſeid ein guter Geſelle, das iſt wahr! Gehet alsbald hin und holet uns den Wein und Confect.

Diener. Ja, ich gehe hin.

Wirthin. Ja wahrlich, unſer Gaſt iſt ein freigebiger Cavalier, das hab ich ihn wol abgeſehen; aber ich werde wahrlich alles duppelt anſchreiben, denn er mir es ſelber befohlen. Solche freigebige Geſellen bekömt man nicht ofte, wie dieſer iſt. Derhalben müſſen wir uns an ihn machen, biß wir ihn all das Sein geſtohlen und abgeziret haben. Seht, komt ihr doch ſchon mit dem Wein und Confect; ihr ſeid fürwahr ein geſchwinder Geſell, das muß ich euch nachſagen.

Diener. Solt ich nicht geſchwinde zu [3] ſein? Wenn ich ſchönen Jungfrauen etwas pflege zu holen, ſo bin ich noch viel geſchwinder; darüber komme ich dann bei ihnen in Gratiam, und rühmen mich auch, welches mir dann ſo ſanfte thut.

Wirthin. Ja, ich glaube es wol, guter Geſell, aber dieſe Tafel wollen wir nun ausbündig hübſch zurichten! Gehet ihr nur hin und ſaget euern Herrn, daß er kommen ſol, denn es iſt ſchon alles fertig.

Diener. Ich gehe hin und ſage es ihme an.

(Die Wirthin ſchenket unterdeſſen in die Römer Wein und thut den Zucker auf die Scheiben.)

---

1 ſich lumpen, wie: ſich lumpen laſſen. — 2 thuen, niederſächſiſch: geben, reichen. — 3 zu ſein, bei der Hand ſein.

Dieses ist nun alles fertig. Und sih, da kommen sie auch gleich gegangen.

Jetzt kömt der Sohn, hat die Concubin bei der Hand, der Wirth und der Diener.

Sohn. O mein liebe Wirthin, wie steht es, oder wie ist es mit euch? Ich sehe, ihr habt schon alles fertig gemacht.

Wirthin. Mein lieber Herr, es ist ja noch gut mit mir. Dieses ist schon alles fertig, der Herr kan sich setzen, wann es ihme geliebet.

Sohn. Ich bitte, schöne Jungfrau, kommet bei mir sitzen.

Tochter. Ja, schön junger Geselle, was euch geliebet.

(Gehen beide bei einander sitzen.)

Sohn. Ich bitte, Herr Wirth und Frau Wirthin, ihr wollet euch auch zu uns setzen, denn heute müssen wir uns lustig und fröhlich erzeigen. (Wirth und Wirthin setzen sich auch.) Ich bitte doch, laßt uns nun lustig und fröhlich sein, und ihr, Musicanten, geiget frisch auf und lasset die Saiten klingen.

(Die Spiellente geigen auf; der Sohn trinkt der Tochter eins zu, und also reiheumb zweimal, essen von dem Confect. Der verlorne Sohn hat die Tochter in Armen und küsset sie.)

Juch, hollah, lustig, rustig, frisch und fröhlich!

(Die Spiellente hören auf.)

Herr Wirth, trinket herumb, und machet euch mit mir fröhlich. [1]

Wirth. Mein lieber Herr, ich mache mich fröhlich, ich thue dem Herrn diß Gläslein Weins bringen.

Sohn. Ich dank euch, mein lieber Herr Wirth. Ich bitte, lasset mehr Gläser geben, und du, Diener, schenk frisch ein. Mein schöne Jungfrau, seid doch ein wenig fröhlich.

Tochter. O mein lieber junger Gesell, ich bin wahrlich lustig und gutes Muths.

Sohn. Liebe Frau Wirthin, seid ihr auch lustig und trinket mir einmal eins zu.

Wirthin. O mein Herr, ich bin so lustig und fröhlich, wie ich mein Tage nicht gewest bin. Dieses Gläslein aber wil ich dem Herren gebracht haben.

Sohn. Gott gesegne es euch, meine liebe Frau Wirthin. O ihr Musicanten, machet euch lustig und lasset die Saiten wiederumb klingen.

(Die Spiellente fangen wieder an, geigen gar submisse[2], also daß man dabei reden kan; der verlorne Sohn küsset die Jungfrau. Reden heimlich mit einander.)

1 sich fröhlich machen, wie: sich lustig machen. — 2 submisse, leise, piano.

Tochter. Herzlieber junger Gesell, ich hätte eine Bitt an euch, wann ich wüste, daß ihrs mir nicht versagen woltet.

Sohn. O meine herzliebe Jungfrau, solt ich euch versagen? Nein wahrlich, was ihr von mir begehren werdet, sofern ichs habe, solt ihr gewärtig sein.

Tochter. Mein feines Lieb, ihr sollet mir die güldene Ketten, welche ihr umb den Halse traget, verehren, damit ich euer allezeit, wenn ihr von mir wäret, möchte eingedenk sein.

Sohn. Ja, mein feines Lieb, das ist gar eine schlechte und geringe Sache; ich hätte gemeinet, ihr würdet was Höheres bitten, und diese Kette, ob sie mir wol von Liebes-Hand gekommen ist, und derselben, so sie mir verehret, zugesaget, daß sie nimmermehr solt von mir kommen, sondern allezeit sie ihrethalben zu tragen [1]. Aber weil ihr mich darumb bittet, wil ich das Gelübde nichts achten noch halten, sondern da habt ihr sie, und traget sie meinetwegen. (Hängt sie ihr an Hals.)

Tochter. Feines Lieb, ich thue mich höchlich gegen euch bedanken.

Sohn. Das Danken ist nicht nöthig, aber haltet jetzt euer beider Hände Finger in die Höhe, dieses wil ich euch verehren. (Er steckt ihr alle Finger voll Ringe.)

Tochter. O mein feines Lieb, ihr verehret mir gar zu viel, ich thue mich zum höchsten und fleißigsten gegen euch bedanken.

(Er setzet ihr den Hut auf und küsset sie u. s. w.)

Sohn. Juch, holla, allegrament lustig, frisch, fröhlich und unverzagt! Mein lieber Herr Wirth, was wollen wir doch ansahen, damit wir die Zeit vertreiben? Wollen wir nicht mit Karten etwas spielen?

Wirth. Ob ich zwar nicht viel spielen kan, so wil ichs doch dem Herren nit versagen und wils mit ihm wagen, so lang ich ein Pfenning im Beutel habe.

Sohn. Es ist gut, mein lieber Herr Wirth, Jung, gib bald die Karten.

(Der Jung gibt Karten.)

Nun, mein lieber Wirth, was wollen wir spielen?

Wirth. Ich weiß wahrlich nicht. Geliebts euch, so wollen wir spielen: arm mach reich.

Sohn. Es gilt mir gleich viel, was ihr wollet, so spielet fort.

---

1 Ein Beispiel verworrenster Satzbildungen, wie die Einleitung sie besprochen hat.

Wirth. Mein lieber Herr, wir wollen erst einmal oder zwei herumb trinken, auf daß wir ein Muth zu spielen kriegen. Es gilt dem Herrn.

Sohn. Es ist mir alles gut, mein lieber Wirth, was euch geliebet. Trinket immer her.

(Sie trinken sich einmal oder zwei zu; der Wirth trinket seines immer halb aus.)

Wirth. Nun, so wollen wir anfangen, so geb ich jetzt die Karten! Wie hoch wollen wir spielen?

Sohn. Ich setze 50 Kronen auf. Wollet ihr auch so hoch?

Wirth. Ich setze immer so hoch zu, wie ihr. (Jetzt spielen sie; der Wirth gewinnet es.) Sehet hin, mein lieber Herr, das ist mein, und habe es gewonnen.

Sohn. Das ist nichts, nehmet nur weg, ich setze jetzt noch eins so viel. Setzet dagegen.

(Sie setzen wiederumb zu, fangen an zu spielen.)

Der Wein hat mich wahrlich gar trunken gemacht, derhalben, feines Lieb, helfet mir spielen und sehet mit darauf.

Wirth. Sehet, dieses ist auch mein, da seind die Karten.

Sohn. Feines Lieb, ich bin so trunken, daß ich bald nicht mehr sehen kan. Besehet ihr die Karten, sagt, hat ers gewonnen?

Tochter. O ja, mein feines Lieb, dieses hat er redlich gewonnen.

Sohn. So nehmt weg! Da nehmt ihr den Rest Gold und spielet mit ihm darumb, denn ich bin gar schläferig, alsdenn wollen wir beide schlafen gehen.

Tochter. Gar gerne, feines Lieb! Nun, Vater, gebt ihr die Karten, ich spiele jetzt vor meinen Buhlen. (Wirth gewinnet.)

Wirth. Tochter, dieses habe ich dir abgewonnen.

Tochter. Nun, Herr Vater, ich mag wol sagen, daß ihr diesen Tag Fortun und Glück gehabt.

Sohn. Ich bin wahrlich sehr trunken, derhalben habe ich jetzt nicht mehr Lust zu spielen. Wir wollen nun aufbrechen und zu Bette gehen! Feines Lieb, kommet ihr mit mir.

Tochter. Gar gerne, Herzliebster, was euch geliebet.

(Die Tochter und Sohn stehen auf, gehen zu Bette.)

Wirth. Sih hie, meine herzliebe Hausfrau, welch eine Beute daß ich hie habe! Den Kerl hätte man leichtlich zu vexiren, denn er gar nichts Achtung auf sein Spiel gab. Wenn ich solcher mehr hätte, so wolt ich bald ein reicher Mann werden.

Wirthin. O mein herzlieber Mann, welch ein Haufen Goldes habt ihr hie! Nun müffet ihr mir ein ganz Sammetkleid machen laffen.

Wirth. Ja, meine liebe Frau, du folt es haben, aber wir müffen noch immer baß zufehen, daß wir all fein Silber, Gold und Edelgefteine von ihm bekommen. Aber haftu die Tochter ab= gericht, wie fie es in der Nacht machen fol?

Wirthin. Ja, mein lieber Mann, da wil ich wol zufehen, meine Tochter aber habe ich wol gelehret, wie fie es machen fol; denn wenn er bei ihr entfchlafen wird, fol fie heimlich von ihme auffftehen und den Seckel heimlich aus feinen Hofen ziehen, worin er noch einen großen Schatz hat.

Wirth. O mein liebe Frau, du haft recht und wol gelehret, also muß man den jungen Schmaufern die Fettfedern pflücken. Kom, wir wollen hinein gehen.

Actus quartus.

Jetzt kömt der Sohn heraus, hat die Tochter bei der Hand und ein Schlafmütze auf dem Häupt; die Tochter hat den Seckel heim= lich in der Hand, den fie ihn in der Nacht geftohlen hat, gibt ihn heimlich der Mutter, die fich barüber erfreuet, thut ihn wiederumb dem Mann, der damit weg gehet und verfteckt.

Sohn. Ein guten Morgen, mein liebe Frau Wirthin.

Wirthin. Habt Dank, mein lieber Herr! Sagt, habt ihr diefe Nacht wol gefchlafen?

Sohn. Mein Frau Wirthin, nicht gar viel, denn es war ein Nachtigal vorhanden, die hielt mich immer auf vom Schlafe; könnet ihrs aber errathen, was es vor ein Nachtigal gewefen, fo wil ich euch 40 Kronen geben.

Wirthin. O mein lieber Herr, das ift gar ein Schweres, und kans fo leichtlich nicht errathen. Wenn ich aber wüfte, daß ihr mir die 40 Kronen gewiß und alsbald geben wollet, fo wolte ich meinen Kopf noch etwas barumb zubrechen [1] und es durch lang= wierig Speculiren vielleicht errathen.

Sohn. Sih, meine liebe Wirthin, gläubet ihr mir denn nun nicht? Was den Teufel frage ich nach 40 Kronen!

(Der Wirth hat nun den Seckel hinweg.)

Werdet ihrs errathen können, ich wills euch alsbald zur Stunden geben.

---

[1] zubrechen, zerbrechen.

Wirthin. So gebet mir ein wenig Respiration, daß ich dem Dinge nach spintisire [1].

Sohn. Ja, ihr möget wol. Aber ihr, mein feines Lieb, mit welcher Freude wollen wir heute unser Zeit vertreiben?

Tochter. Ich weiß wahrlich nicht. So euch dünket, hätte ich wol Lust, mit euch im Bretspiel zu spielen. Ihr sollet euer Kleid, so ihr jetzt über eurem Leibe habet, zusetzen, und ich meinen Rock, so ich jetzt antrage, und der es verleuret, sol sich alsbald ausziehen, und es demselben, ders gewinnet, geben.

Sohn. O meine schöne Jungfrau und schönes Lieb, ihr habt ein ausbündig schön Spiel erdacht! Fürwahr, mein größeste Lust hab ich, mit schönen Jungfrauen umb ihre Kleider zu spielen, und daß sie sich müssen vor mir ausziehen.

Wirthin. Mein lieber Herr, mich dünket, ich sol die Nach= tigal errathen. Ist nicht die Nachtigal meine Tochter gewest, die euch vom Schlaf abgehalten?

Sohn. Ja, ihr habts errathen, und vor sie habe ich die ganze Nacht kein Auge können zuthun, so lieblich und freudig hat sie mir vorgesungen.

Wirthin. Nun, so habe ich die 40 Kronen gewonnen! Ich bitte, der Herr wolle sie mir doch jetzt geben.

Sohn. Ja, Frau Wirthin, ihr habt sie ehrlich gewonnen, und ich wil sie euch auch alsobald geben. Aber höret mich erst= lich, richtet wiederumb zu ein prächtig und herrlich Panket, ja, viel herrlicher und prächtiger denn das gestrige, denn ein Haufen schöne Jungfrauen werde ich auf dieses Panket bitten und haben. Laßt fertig machen schöne und herrliche Pasteten, Torten, schöne große Marcepanen, Zuckerbrob. In Summa, das Beste, das ihr in der Stadt bekommen könnet an Wildpret, Fischen und Vögeln. Das beste Getränk, das ihr ausfragen könnet, laßt holen, als den besten Rheinfall [2], ungarisch und rheinisch Wein, den besten zugerichten Malvasier, daß es gleich als fürstlich werde zugerichtet, denn ich habe einen größen Beutel, der es wol bezahlen kan; wann dann der aus ist, so bekom ich mehr, dann doch täglich Gold und Münze genung geschlagen wird. Was hilfts, traurig und eingezogen kan ich mich nicht halten, sondern habe allezeit einen frischen fröhlichen Muth. Mich dünket, solt ich nicht bei der

---

1 spintisiren, grübeln. — 2 Rheinfall (vinum ex valle Rheni), aus dem Rheinthale in Graubünden, Veltliner.

Welt fröhlich sein, ich müste sterben. Juch, holla, frisch, Corra=
sie, allegrament, lustig wollen wir uns erst recht machen.

Wirthin. Ja, mein lieber Herr, ihr habt wol gesaget, seid
frisch, auch nicht, wie sich wol andere eingezogene Narren halten.
Nein wahrlich, ihr seid so ein Mensch nicht, sondern muß euch
loben, daß ihr allezeit so lustig und frisch seid, auch nun schon
auf den Morgen. Aber, mein lieber Herr, gebet mir jetzt meine
40 Kronen, und thut mir auch Gold, wofür ich dieses Pankete
sol wiederumb anrichten, gleichwie ihr mir allzeit zuvor gethan
habt, wofür ich dem Herrn ausgerichtet habe.

Sohn. Ja, meine liebe Wirthin, komt her, ich wil euch
geben

(Gehet zum Tische, suchet den Seckel in beiden Schiebsäcken[1], kan ihn nicht
finden, worüber er sehr erschrocken wird; läufet darnach zu der Tochter.)

Ach, feines Lieb, ihr habt mein Seckel und mir aus Scherz
ausgezogen, daß ihr mich ein wenig vexiret; ich bitte, gebt mir
ihn wieder.

Tochter. Feines Lieb, wie komt ihr mich so an, als wenn
ich den Seckel solt genommen haben! Nein wahrlich, das ge=
denket nicht, und wisset, daß ich ihn nicht habe.

Sohn. Ach, warumb vexiret ihr mich doch? Ich weiß, es
ist ja euer Weise; gebet her, ihr habet ihn doch gewißlich. Ich
weiß, daß ihr so was schalkhaftig seid.

Tochter. Was den Teufel meint ihr, oder was bildet ihr
euch ein, als solt ich euer Dieb geworden sein? Haltet solche Red
ein, ich rath es euch, oder es wird nimmer gut werden; ich hab
ihn fürwahr nicht, das ist geschworen.

Sohn. Ach meine liebe Frau Wirthin, habt ihr ihn mir
aus Scherz genommen, so gebt mir ihn wieder.

Wirthin. Wie fahret ihr mich so an? Ich hab ihn auch
fürwahr nicht genommen. (Jetzt kömt der Wirth.)

Sohn. Ach mein lieber Herr Wirth, es ist mir ein Seckel
hinweg gekommen, habt ihr ihn nicht wo funden?

Wirth. Was den Teufel weiß ich von eurem Seckel! Habt
ihr ihn mir zu verwahren gegeben, ich frage euch, daß ihr mich
dörfet so kühn anreden?

Sohn. Nein. Ich hab ihn euch nicht zu verwahren gegeben,
ich muß ihn ja hie verloren haben und frage nur, ob ihr ihn
nicht gefunden.

---

1 Schiebsack, Schubsack, Tasche.

Wirth. Ich habe fürwahr keinen Seckel nicht gefunden; wer weiß, wo ihr ihn verloren habt; wenn ihr ihn verloren hättet, so hab ich so getreu Gesinde, die ihn euch wol solten widerumb geben. Ich habe hier die Tage meines Lebens viel große Herren beherberget, und wenn sie in meinem Hause etwas verloren, ist es ihnen allezeit ehrlich wieder zugestellet worden. Derhalben haltet inne mit solchen Worten, denn wir so ehrliche Leute, daß wir kein unrecht Gut begehren.
(Der Wirth stehet bei der Wirthin, redet heimlich mit ihr; der Sohn betrübet sich sehr, gehet bei den Tisch sitzen; leget den Kopf in die Hände.)

Sohn. O begehren hie oder da! Mein Seckel mit dem Golde ist gleichwol weg. (Sitzet betrübt und seufzet.)

Tochter. Feines Lieb, gebet euch zufrieden und seid nicht so betrübt; wer weiß, der Seckel kan noch wol wiederkommen.

Sohn. O nennet mich nicht mehr feines Lieb, denn die Liebe und Freude hat ein Ende, und groß Traurigkeit hat mein Herz überfallen. O, wo wolte ichs wieder bekommen, weil es mir dieblich gestohlen worden, der Dieb wirds wol behalten und nimmermehr wieder bringen. Solte ich denn derhalben nicht traurig sein? O weh, was werde ich nun anfahen? Denn keinen Heller noch nichts habe ich mehr, sondern all mein Gold und Silber und Edelgesteine war alles im Seckel, welcher mir jetzt gestohlen ist.

Tochter. Hoho, kein Geld mehr, das sihet übel aus. (Gehet zum Vater.) Herzlieber Vater, er sitzet und hat heftig den Cornelium, saget und beklaget sich, daß er gar nichts mehr Geld hat.

Wirth. Hat er kein Geld mehr, das taugt nicht. Nun wird er hie auch nichts mehr nütze. (Gehen zu ihm.) Höret ihr, was habt ihr gesagt, habt ihr kein Geld mehr?

Sohn. Nein, keinen Heller hab ich mehr, sondern ich habe es schon verzehret, das ander aber was ich hatte, ist mir dieblich gestohlen.

Wirth. Ja, ja, kein Geld mehr, da werd ich nicht Genügen haben; es ist dir gestohlen oder genommen, was frag ich darnach, du solt mich bezahlen.

Wirthin. Und hörestu, mich mustu auch bezahlen, du weist, daß du mir nichts vor meine Mühe gegeben; fürwahr, es wird sonst nicht gut werden.

Tochter. Hie höre auch, du armer Pracher [1], wer sol mich

---

1 Pracher, Bettler.

denn bezahlen, du weist ja, was du mir gelobet und verheißen
haft.

Sohn. O wie ängstiget ihr mich! Ihr wiſſet ja, Wirth,
daß ich euch alles duppelt bezahlet, und ingleichen euch, Wirthin,
ihr habt gnug von mir bekommen, wie mich däucht, darzu iſt
mir nun gleichwol mein Seckel mit dem Golde weggeſtohlen.
Derhalben laſſet mich zufrieden, und moleſtirt mich nicht mehr,
denn ihr ſeid ſchon alles duppelt und überflüſſig bezahlet, und bin
euch kein Heller mehr ſchuldig.

Wirth. Was dem Teufel bringeſtu auf die Bahn! Seind
wir ſchon duppelt bezahlet? Nein wahrlich, damit hab ich nicht
genung. So ich wil jetzt bezahlet ſein, muß ich nehmen, was ich
bekommen kan, nämlich die Pferde, die Poſtkaſten mit den Klei=
dern und alles, was er hat. Frau und Tochter, nehmet ihn als=
bald, und ziehet ihm all ſein Kleider abe, und jaget ihn hernach
zum Hauſe hinaus.

Tochter. Hörſtu, ehrloſer Schelm, können wir anders
nicht bezahlet werden, ſo müſſen wir nehmen, was wir bekommen
können! Hie ziehe mir alsbald die Hoſen und Wammes aus.

(Sohn weigert ſich, ſie wil ihn ausziehen.)

Wirthin. Du loſer Schelm, das Wammes muß ich haben,
die Hoſen gehören meiner Tochter. (Sie faſſen an.)

Sohn. O, was wollet ihr mit mir anfahen? Wollet ihr
mich denn gar zu Schanden machen? (Weigert ſich.)

Wirthin. Sehet, mein lieber Mann, er wil ſich nicht aus=
ziehen laſſen.

Wirth. Höreſtu, loſer Bube und Schelm, weigere dich
nichts, und laß dich gutwillig auszuziehen, ſonſten richte ich dich
mit meinem Schwert dermaßen zu, daß dir die Därmer vor die
Füße hängen, und nimmermehr von hier kommen ſolleſt.

Sohn. Ach weh, iſt denn kein Erbarmnis?

(Sie ziehen ihn aus, beſuchen[1] und nehmen ihn die Schlüſſel und alles, was
er bei ſich hat, ſchlagen ihn auch darzu. Der Diener kömt heraus.)

Diener. Heute früh Morgen hat mir mein Herr befohlen,
daß ich die Spielleute holen ſolte, welche denn alsbald kommen
werden; heute werden wir uns recht luſtig machen. Aber was
den Teufel haben ſie da vor? Hoho, nun weiß ich, was das be=

---

1 beſuchen, unterſuchen, viſitieren.

deutet. Nein, hie bleib ich nicht, sonsten gehet es mir eben also. Ich wil jetzt laufen, das beste ichs gelernet habe.

(Läuft darvon. Nun haben sie ihm das Wammes ausgezogen.)

Sohn. Ach erbarmet euch über mich und gebet mir ein altes Wammes, daß ich gleich nit nackt gehe.

Tochter. Nein, nichts wollen wir dir geben, sondern bloß darvon jagen.

Wirth. Ja, dieses alte wil ich dir geben. (Schmeißet ihn alt Hosen und Wammes zu.) Ziehe es bald an, und jaget ihr den Bettler bald aus dem Hause.

(Wirthin und Tochter nehmen jegliche eine große Ruthen, schlagen ihn heftig und jagen ihn zum Hause aus.)

Tochter. Du loser Schelm, gehe, lauf, je länger hier, je mehr Schläge bekömstu, und ziehe mir da die Hosen an.

Sohn. O schlaget mich nicht so sehr, ich laufe.

(Jagen ihn hinaus.)

Actus quintus.

Jetzt kömt der Sohn heraus in seinen Bettlerskleidern.

Sohn. Ach, wie hat sich mein Glück so gar verkehret! Nun muß ich in Hungersnoth verderben. O du treuer Vater, wenn ich deiner Lehre gefolget hätte, wäre es mit mir nimmermehr zu solchem Elende gekommen. O Gott, erbarme dich über mich, und sei mir armen Sünder gnädig. Laß deinen großen Zorn ein wenig sich über mich lindern und vergib mir meine Sünde. O, vor großer Hungersnoth kan ich bald nicht mehr gehen, denn in dreien Tagen habe ich bald [1] kein Brod gesehen, viel weniger gegessen. O wie greislich sehe ich jetzund Gottes Strafe; wenn ich nur möchte das Brod haben, welches mir zuvor unter den Füßen und unter dem Tisch gelegen, so wolt ich mich ersättigen. Aber kein Krümlein kan ich jetzt theilhaftig werden. So zwinget mich jetzt die äußerste Noth, daß ich muß gute Leute ansprechen, die mir ein wenig Brods mittheilen. Hie wil ich für diese Thür gehen und bitten. Ach, mein guter, frommer Herr, ich bitt, erbarmet euch über mich und theilet mir mit ein Almosen, damit ich mich des großen Hungers erwehre.

---

1 bald, niedersächsisch: fast.

(Es antwortet ihm einer unter den Tapetichten [1]:)

Ich kan dir nichts geben, hab kaum selbst soviel, daß ich mit
meinem Weib und Kindern das tägliche Brod habe, denn jetzt
eine große Theurung im Lande ist, derhalben gehe weiter. Gott
helfe dir.

Sohn. Ach, was sol ich elender Mensche denn anfahen,
weil ich so abgewiesen werde? Ich wils noch einmal versuchen
und vor ein ander Thür gehen. Erbarmet euch über einen noth=
armen Menschen, der da für Hungersnoth bald sein Leben muß
aufgeben.

(Redet einer zu ihm:)

Gott tröste dich, du armer Mensche, gerne wolt ich dir geben,
wenn ich nur was hätte, denn ich selbst kaum so viel mit meinem
sauern Schweiß verdienen kan, daß ich mich mit den Meinigen
des Hungers erwehre, derhalben gehe weiter und bitte da.

Sohn. Ach wie? Was sol ich armer betrübter Mensch nun
anfahen! Denn kein Mensch wil sich meiner erbarmen und mir
ein wenig Brods geben. Ach du allmächtiger, reicher Gott, er=
barme dich meiner und nim mich widerumb zu Gnaden an! O,
ich weiß nicht, was ich jetzt thue, ob ich weiter gehe und bitte,
denn sie möchten mich ebenso abweisen. Aber die Noth zwinget
mich, so ich nicht sol in Hungersnoth sterben und verderben. Ich
wil noch vor eine Thür gehen und bitten. Ach, erbarmet euch
über mich armen, elenden Menschen und theilet mir ein klein Al=
mosen mit, daß ich nicht in Hungersnoth verderbe; Gott der All=
mächtige wirds euch duppelt bezahlen.

(Antwortet ihm einer:)

Was bettelstu mir hier viel vor der Thür? Packe dich von
hinnen, denn ich habe dir nichts zu geben, und kaum selber so
viel, daß ich mein tägliches Brod habe. Denn es ist eine so hef=
tige Theurung in dem ganzen Lande, wie sein Tage nicht erhöret,
derhalben gehe nur von der Thür und bitte ander Leute.

Sohn. Ach weh, ach weh, was sol ich nun machen? O,
ich muß nun in Hungersnoth sterben, so du allmächtiger Gott
dich nicht über mich erbarmest. O, ich kan wahrlich vor Ohnmacht
nit mehr stehen.

(Fällt nieder zur Erden. Jetzt kömt der Satan zu ihm herausser, hat ein
bloß Schwert in der Hand und redet ihn an:)

---

1 Tapetichte, Teppiche, mit denen die Bühne an den Seiten geschlossen
war. Vgl. Schauspiele des 16. Jahrhunderts, Thl. I, S. xix. Diese Vor=
hänge stellen hier die Thüren der Häuser vor, an welche der verlorne Sohn klopft.

5 *

Verzweifelung. Sih, wie du armer, verderbter Mensch da liegest, daß ein jeglich Mensch dich thut anspeien und verschmähen. Du bist reich gewesen, und nun bistu ein armer Bettler; du weißt, deinem Vater warest du nicht gehorsam, er mußte dir dein Patrimonium geben, damit zogestu aus, ferne in frembe Lande, verzehretest und verpraßsetest es in Eil mit Huren und leichtfertigem Gesinde. In Summa, du bist ein großer Sünder, und können dir nimmermehr deine Sünden vergeben werden. Gottes Strafe ist jetzt über dir und wirst nimmermehr widerumb zu Gnaden kommen und must ewig verloren sein; in Hungersnoth mustu jetzt ganz und gar verderben, und ist dir ein ewig Hohn, so du einen Menschen, der dich zuvor gekant, widerumb ins Angesichte kommest, derhalben mustu jetzt in Verzweifelung fallen; nim dieses Schwert und verkürze dir dein Leben.

Sohn. O, wie voll großer Angst ist jetzt mein Herz. Sag mir, wie heistu?

Verzweifelung. Ich heiß die Verzweifelung.

Sohn. Es ist wahr, ich bin ein großer Sünder.

(Da er wil anfahen zu reden, kömt eilends die Hoffnung gelaufen.)

Hoffnung. An diesen armen Menschen wirstu kein Theil haben; pack dich alsbald von hinnen, Satan, mit deinem Gift

(Reißet ihn das Schwert aus der Hand, schlägt ihn damit von hinnen, wirft das Schwert hinter ihn.)

Laß dich nicht verführen, du elender Mensch, ob dir gleich der Satan alle deine Sünden vorhält; bereue und beweine sie und hab herzliche Reu und Leid darüber und bitte Gott ernstlich und inbrünstig, daß er dir vergebe und widerumb zu Gnaden annehme. Denn wenn deiner Sünden auch so viel wären, als des Sandes am Meer, so sie dir nur leid und von Herzen feind seind, und hast ein recht gläubiges, bußfertiges Herze, so wird sie dir Gott gewißlich vergeben. Trage jetzt dein Kreuz mit Geduld und zweifele nicht an Gottes Gnade. Und ob sich Gott wol ein wenig von dir abwendet, so hoffe doch gewißlich, es wird nicht lange währen, sondern dir deinen Hunger stillen.

Sohn. O sag mir, wie heistu?

Hoffnung. Ich heiß die Hoffnung.

Sohn. O Hoffnung, was du gesaget, wil ich gläuben, denn du lässest nicht zu Schanden werden. Ob mich aber wol der Teufel heftig ängstiget und mir meine Sünde vorschiebet [1], auch daß ich

---

. 1 vorschieben, vorhalten.

nimmermehr folte zu Gnaden auf und angenommen werden, weil
ich fo ein großer Sünder bin, fo wil ich dennoch an Gottes Gnade
nicht zweifeln und ritterlich mit dem Satan kämpfen; dabei feftig=
lich hoffen, Gott werde mir meine große und vielfältige Sünden
vergeben, mir diefes Kreuz und Hungersnoth lindern und mich
zu Gnaden annehmen.

Hoffnung. Das thue, halt dich an feine Gnade fefte
und kämpfe ritterlich, denn ich weiß, der Teufel wird mit feinen
Gift noch nicht nachgeben, fondern dich noch beffer anfaffen.

(Gehet weg. Der Sohn bleibet in großen Bekümmerniffen liegen. Jetzt kömt
ein gemeiner Bürger heraus.)

Bürger. Ich bin ein geringer Bürger, kom jetzt aus der
Stadt und habe in willens, nach meinem Meierhofe [1] zu gehen.
Aber was fehe ich hie liegen? Einen armen, elenden Menfchen;
höreftu, wie liegeftu hie fo elende?

Sohn. Ach mein lieber Herr, ich bin ein armer, elender
Menfch, in dreien Tagen habe ich kein Brod gefehen, viel weniger
gegeffen. Ich habe gebeten umb Almofen, aber niemand hat mir
einige geben wollen. Derhalben liege ich hier vor Ohnmacht,
muß auch allhier fterben, fo fich nicht einer über mir erbarmet
und Brod gibt, wormit ich mich des Hungers erwehre.

Bürger. Ich wils wol gläuben, aber kanftu dich nicht zu
einem begeben, dar du arbeiteft?

Sohn. O mein lieber Herr, wie gerne wolte ich arbeiten,
wenn ich nur einen Herrn bekommen könte. Ich bitte, erbarmet
ihr euch über mich und nehmet mich an vor einen Diener; Tag
und Nacht wil ich bei euch arbeiten, daß ich nur fo viel verdiene,
damit ich den großen Hunger ftille.

Bürger. Ich weiß wahrlich nicht; keinen Diener hätte
ich zwar vonnöthen, darzu ift es zu diefer Zeit fo heftig theuer,
daß man fich felbft kaum erhalten kan. Aber deiner wil ich mich
erbarmen; fo folg mir jetzt und gehe mit mir nach meinen Meier=
hof, da wil ich dir was zu thun geben.

Sohn. O ich dank euch, unfer Herr Gott wird es euch ver=
gelten, daß ihr mich in meiner Noth aufnehmet, damit ich nicht
Hungers fterbe. Gar fleißig und treulich wil ich euch dienen.

(Gehen hinein.)

---

1 Text: Mawrhofe.

Actus sextus.

Jetzt kömt heraus der verlorne Sohn, hat einen Korb unter dem Arm und ein Stock in der Hand.

Sohn. O weh dieser armen, elenden, kläglichen Noth! Je länger je elender wird es mit mir armen Menschen; jetzt hat mich mein Herr aufs Feld gesandt, daß ich ihme die Schweine muß hüten, aber vor großen Hunger kan ich bald nicht mehr gehen, denn die Theurung ist heftig groß, daß mein Herr selbst kein Brod hat. O wie gern wolt ich jetzt mit den Sauen ihre Speis, den Treber, essen, aber ich kan ihn nit bekommen, sintemal es die Schweine selbsten nicht haben, und muß sie derhalben die hüten, daß sie die Wurzeln aus der Erden suchen. O Herr und Vater Himmels und der Erden, wie heftig habe ich mich gegen dir versündiget! Meine Sünde und Uebertretungen seind viel, ich kom jetzt mit bußfertigem Herzen vor dir und beweine meine Sünden bitterlich. O du allmächtiger Gott, diese meine Strafe habe ich wol verdienet, aber mit zerknirschten und zermalmten, bußfertigen, gläubigen Herzen komme ich jetzt für dir und bitte, sei mir armen Sünder gnädig und gedenk nit mehr meiner großen Sünde, denn ich bin ein bitter Feind derselben, und ist mir herzlich leid. O Herr, ich lasse nicht abe, ich hoffe festiglich, du wirst mir helfen. O herzlieber Vater, hätte ich deiner Lehre gefolget, welche du mir thatest und vor den besten Zehrpfenning mit auf die Reise gabest, so wäre es mir, leider, hierzu nimmermehr kommen! Aber ich war frech und muthwillig und wolte von ihm die Vermahnung nicht eins [1] anhören. O herzlieber Vater, wie viel Tagelöhner hastu, die Brods die Fülle haben, und ich verderb hier in Hungersnoth!

(Seufzet heftig, weinet bitterlich; kömt zu ihm die Verzweifelung.)

Verzweifelung. Du arm und elender Mensch, sih, wie du da liegst, du must doch gleichwol in Hungersnoth verderben! Du sagtest, daß du ein bußfertiges Herze hättest und hoffetest gewiß, Gott würde dir barmherzig sein. Aber es ist umbsonst, denn deine Sünden sein größer, denn daß sie dir können vergeben werden. Du sihest ja jetzo genugsam, wie dich Gott verläßt und

---

1 eins, mittelhochdeutsch: eines, einmal.

dir gar nicht helfen wil, derhalben ift es mit dir ewig verloren;
nim nur diefes Schwert und nim dir das Leben.

Hoffnung. Du unverfchamter Teufel, wie darfeftu fo kühn
fein und folch einen bußfertigen Menfchen noch anfechten? Nein,
es wird dir unmüglich fein, daß du diefen Menfchen in deine
Fahne ¹ bekommen folteft, der Glaub und Hoffnung ift in ihm zu
groß. Derhalben trolle dich in Abgrund der Höllen und mache
dich von hinnen, du wirft doch kein Theil an ihn haben.

(Hoffnung nimt das Schwert, fchlägt damit die Verzweifelung weg.)

Du elender Menfch, bleib ftandhaftig in der Hoffnung, mache dich
alsbald auf und gehe zu deinem Vater und fag zu ihm: Vater, ich
habe gefündiget in dem Himmel und vor dir, und bin fort nicht
mehr werth, daß ich dein Sohn heiße; mache mich als einen deiner
Tagelöhner.

Sohn. O Hoffnung, du erquickeft mich mächtig, du woh=
neft noch in meinem Herzen, deinem Rath wil ich jetzt folgen,
und mich alsbald aufmachen, zu meinem Vater zu reifen.

Hoffnung. So folge mir jetzt nach, ich wil dir den Weg
zeigen, den du wandeln folt.

(Gehen hinein.)

Jetzt kömt des verlornen Sohns Vater heraus.

Vater. O wie fehr ift mir mein Herz betrübet, darumb,
daß ich nicht weiß, wo jetzt mein jüngfter Sohn fein mag, ob er
lebendig oder todt fei. Ich hab leider erfahren, daß er fol in
groß Armuth gerathen fein und das Seine gar unnützlich umb=
bracht haben. Aber ich wolte folches gar nicht achten noch ge=
denken, wenn ich ihn nur lebendig fehen möchte.

(Der Vater fitzt beim Tifche, fetzet die Hände unter den Kopf. Jetzt kömt der
verlorne Sohn.)

Sohn. O, da fehe ich das Haus meines Vatern, aber fo
mich recht däucht, ift das mein Vater felbft, der fo betrübet ift.
O, ich bin fo furchtfam, weiß nicht, was ich thun fol.

(Vater fihet ihn von ferne, ftehet auf, läuft eilends zu ihm zu.)

Vater. O wie hoch bin ich erfreuet! Du bift mein lieber Sohn,
es jammert mich dein von Herzen, du folt mir willkommen fein.

(Fället ihn umb den Hals, küffet ihn; der Sohn fället für ihm auf die Knie.)

Sohn. O herztrauter Vater, ich habe gefündiget in dem
Himmel und vor dir, und bin fort nicht werth, daß ich dein Sohn
heiße.

_____

1 Fahne, Fähnlein, kleine Truppenabtheilung, Compagnie, Haufen.

Vater. Stehe auf, herzlieber Sohn.
(Sohn stehet auf.)
Holla, holla, Knecht, kom heraus.

Diener. Hie bin ich, mein Herr. O, wen sehe ich hier? Willkommen zu Haus, willkommen!

Sohn. Sih, finde ich dich hier? Wann bistu herkommen?

Diener. Ho, ich bin hier schon lang gewesen, ich lief da alsbald von euch weg, da die zwo Huren euch die Kleider aus= zogen.

Vater. Hörstu, Knecht, gehe alsbald hin und hole meinem Sohn die beste Kleider hervor, und thue sie ihm an, und gib ihn Fingerring an seine Hand und Schuch an seine Füße, und bringet ein gemästets Kalb her, und schlachtets; wir wollen essen und fröh= lich sein. Denn dieser mein Sohn war todt, und ist wieder leben= big worden. Er war verloren, und ist funden worden. Nun, mein herzlieber Sohn, folge mir nach ins Haus, wir wollen fröhlich sein.
(Gehen hinein.)

Jetzt kömt der Bruder, hat ein Harken in der Hand und ein Säetuch umb.

Bruder. Ich komme jetzt von meines Vaters Aecker, welche ich habe besäen lassen. Nun wil ich ins Haus gehen und meinem Vater ansagen, wie viel ich heute gesäet habe.
(Gehet ein Schritt oder zwei, stehet still.)
Aber Wunder, was höre ich vor ein Wesen und Klappern und Zurichten in meines Vatern Hause? Sie seind so lustig; ich kan nicht wissen, was das bedeuten sol.
(Jetzt kömt der Diener eilends heraus, als wenn er wo ein Geschäft zu verrichten hätt.)
Hollah, Diener, lauf nicht vorüber, steh still, ich wil dich warumb fragen. Sag mir, was bedeutet das Klappern und Wesen in meines Vatern Hause, und daß sie so fröhlich sein?

Diener. Euer Bruder ist kommen, und der Vater hat ein gemästet Kalb geschlachtet, darumb, daß er ihn gesund wieder hat, und sein derhalben so lustig. Ich muß nun alles zurichten und diese Bänke und Stühle hineintragen, denn heut ein große Gaste= rei wird gehalten werden. Wenn ihr nicht wäret kommen, hatte mir der Vater schon befohlen, daß ich zu euch auf den Acker laufe und euch zu Hause holen solte.

Bruder. Es verdreußt mich wahrlich heftig, und weiß vor Zorn nicht, was ich reden sol! Solte ich derhalben zu Hause kommen und fröhlich sein, daß mein Bruder, der Hurenjäger, ist wieder kommen? Nein wahrlich, das habe ich noch nicht im

Sinn: Gehe alsbald hin und sage meinem Vater, daß ich in sein Haus nit begehr zu kommen.

Diener. Ja, ich gehe hin und wil es ihme sagen.

Bruder. Solte mich das nicht verdrießen? Ich habe meinem Vater stets gearbeitet gleich wie ein Esel, und hat niemalen meinetwegen eine Gasterei anrichten lassen. Der aber, mein Bruder, hat all das Seinige mit losen, leichtfertigen Gesinde verzehret; nun er aber wie ein armer Bettler wieder zu Hause kömt, muß man lustig und fröhlich sein! Ja wahrlich, groß Unrecht geschiehet mir! Wenn ich dein Vater wäre, ich wolte dich haben mit einen Prügel willkommen heißen. Aber da kömt jetzo mein Vater selbst.

Vater. Ach du mein herzlieber Sohn, ich bitte, kom mit herein. Was stehestu hier? Aus was Ursache wiltu nicht ins Haus?

Bruder. O herzlieber Vater, meint ihr, daß es mich nicht verdreußt? Ihr wisset, wie viel Jahr ich euch treulich gedienet habe, und gearbeitet wie ein Pferd in den Seilen[1]. Ja, all euren Acker hab ich jährlich bereiten helfen, in Summa, daß ihr niemals habt über mich zu klagen gehabt, daß ich solte euer Gebot übertreten haben, und habt mir doch niemals einen Bock gegeben, daß ich mit meinen Freunden fröhlich wäre. Nun aber dieser euer Sohn kommen ist, der sein Gut mit Huren verschlungen hat, habt ihr ein gemäßt Kalb geschlachtet und wollet mit euern Freunden und Nachbarn fröhlich sein.

Vater. Mein herzlieber Sohn, ich bitte, sei doch nit so unwillig auf deinen Bruder, und daß wir wollen lustig sein. Herzlieber Sohn, du bist allezeit bei mir, und alles was mein ist, das ist dein. Gedenke doch, mein lieber Sohn, dieser dein Bruder war todt und ist wieder lebendig worden. O habe doch nicht so ein steinern Herze, sei fröhlich mit mir, denn dein Bruder war schon in des Teufels Stricken; nun aber hat er recht in sich geschlagen[2] und sich bekehret und ist mit bußfertigen Herzen zu uns kommen, und ererbet nun mit uns das ewige Leben und Himmelreich. Sei doch derhalben mit fröhlich, herzlieber Sohn.

Sohn. Herzlieber Vater, ihr habt mich nun erst recht berichtet; ich bin von Herzen fröhlich, daß sich mein Bruder bekehret hat, damit er mit uns ererbe das Reich Gottes. Ich gehe nun mit hinein, und wollen darüber fröhlich sein.

---

1 in den Seilen, im Geschirr. — 2 in sich schlagen, in sich gehen.

Finis.

III.

Comoedia
Von Fortunato und seinem Seckel
und Wünschhütlein,

darinnen erstlich drei verstorbenen Seelen
als Geister, darnach die Tugend und
Schande eingeführet werden.

Personae:

Fortunatus.
Echo.
Fortuna.
Drei Geister.
Solban.
Ampedo.
Andalosia.
König.
Agrippina.
Jung.
Tugend.
Schande.
Zwei Grafen.

———

Actus primus.

Fortunatus (kömt heraus in zerrissenen Kleidern und spricht:) Ach, ich armer, elender Mensch bin so voller Trübsal, daß ich nicht weiß, wo ich mich lassen sol, denn zwei Tage bin ich schon in diesem Walde irre gangen und kan keinen Weg für mir finden, bin auch verschmachtet, daß ich kein Tritt mehr kan fortgehen; von meinen Eltern bin ich gezogen, weil sie gar verarmet, auf daß ich mein Glück unter Fremden möge suchen. Ach, ach, Hungers werde ich sterben müssen, so ich nicht aus diesen verirreten [1], ungeheuren [2] Walde komme. Ist hie denn kein Mensch, der mich dadurch helfen könne? Hollah!

Echo. Lah.

Fortunatus. Wer bistu?

Echo. Stu?

Fortunatus. Kom zu mir.

Echo. Mir.

Fortunatus. O, es ist nur ein Wiederschall, neben diesem grünen Zweige wil ich mich schlafen legen, und der allmächtige Gott thu mich bewahren für Schädlichkeit der wilden Thieren.

(Er leget sich nieder, entschläft; nicht lang darnach kömt die Göttin Fortuna mit verbundenen Augen und spricht:)

Fortuna. Viel mächtigen Königen, viel armen Menschen hab ich meine Gaben mitgetheilet und ihnen das Glück gegeben, aber kein einiger hat sie recht angewandt, sondern mißbrauchet, daß mir schier verdreußt, mehr zu geben, aber mit diesem armen Menschen, der da lieget, hab ich ein Erbarmen und wil ihm das Glück mittheilen.

---

1 verirrt; unbehülflicher Ausbruck: wo man sich verirren kann. — 2 ungeheuer; mittelhochdeutsch: ungehiure, nicht geheuer, unheimlich.

Fortunatus (fähret mit feinem Häupte auf und fpricht:) Welch ein fchöner Geruch mir ankömt, kan ich nicht fagen! Was mir diefes bedeuten wird, ift Gott bewuft. Aber was fehe ich? Eine fchöne Jungfrau!

Fortuna. Fortunate, Fortunate, ftehe auf und kom zu mir, denn die Stunde deines Glücks ift vorhanden.

Fortunatus. Ja, das thue ich gerne, denn in zween Tagen hab ich keinen Menfchen gefehen. Aber ich wundere mich zum höheften, daß du meinen Namen alfo zu reden weißt; der= halben fag mir doch, wer biftu?

Fortuna. Verfchrick[1] nicht, Fortunate, ich bin die Göttin Fortuna.

Fortunatus (fället auf die Knie nieder und fpricht:) O Göttin Fortuna, fo bitte ich umb Verzeihung.

Fortuna. Stehe auf, Fortunate; aber fag mir, was hat dich gezwungen, in diefem Wald zu kommen?

Fortunatus. O Göttin Fortuna, die Armuth zwinget mich, und bin von meinen Eltern gezogen und fuche, ob mir Gott in fremder Gegend fo viel Glück verleihen wolle, daß ich meine zeitliche Nahrung haben möchte.

Fortuna. Nun bekümmre dich nicht, denn die Stund deines Glücks ift nahe vorhanden, und folt wiffen, daß durch die Einfließung des himlifchen Geftirns und der Planeten, mir feind fechs Tugend verliehen, als nämlich: Weisheit, Reichthum, Stärke, Gefundheit, Schönheit, langes Leben. Unter diefen fechfen erwähle dir eins und bedenke dich nicht lange.

Fortunatus. O, wenn ich nur ein Jahr möchte zu be= denken haben! Erftlich Weisheit, ja Weisheit, du bift die edelfte Tugend, aber wie wird jeziger Zeit Weisheit geachtet? Nämlich für Narrheit.

Zum andern Reichthum: Du wirft in der ganzen Welt zum höchften geachtet, denn jeziger Zeit gehet es alfo zu, daß wenn ein Menfch mit allen Tugenden gezieret wäre und kein Geld hat, fo ift doch alles vergebens.

Zum dritten Stärke: Man höret zu jezigen Zeiten von den Allerftärkeften, wie fie zum jämmerlichften umbs Leben kommen, weil fie fich gar auf ihre Stärke verlaffen.

Zum vierten Gefundheit: Ja, diefes ift näheft Gott auf

---

1 verfchrecken, niederdeutfche Form, während das Wort im Mittelhoch= deutfchen in tranfitiver Bedeutung gebraucht wird.

Erben zu wünschen, aber dennoch, wenn man kein Geld dabei
hat, muß man seinen gesunden Leib mit Hunger und Durst
plagen.

Zum fünften Schönheit: Ja, in den meisten **Tragödiis** findet
man, wie erbärmlich und kläglich die schönsten Menschen ihr Leben
haben enden müssen [1].

Zum sechsten langes Leben: Ja, es wäre auch wol gut, aber
wenn ich dabei solte Armuth leiden, so wolt ich nur wünschen, daß
mir das Leben verkürzet würde. Aber was sein das für welche,
die so betrübt herein treten?

(Drei Geister kommen jetzt in Ketten gebunden, und spricht)

Der erst Geist. Ach, wir armen verdamten Seelen, die
wir nunmehr keine Ruhe haben können, wir müssen herumb-
schweben bis an der Welt Ende! O Fortunate, wir merken, daß
dir Fortuna ihre Gaben mittheilen werde, aber sehe dich für und
nim sie nicht an, denn damit wirstu in die Verderbnis gerathen.
Sie hatte mir auch ihre Gaben mitgetheilet und zum Könige in
Hispania gemacht, aber verfluchet sei die Stunde, in der ich sie
theilhaftig worden, und du, Fortuna, ich thue dich gänzlich verfluchen.

Der ander Geist. Ich rathe dir, armen Menschen, nim
ihre Gabe nicht an, sie ist mir auch günstig gewesen und machte
mich zu einem großmächtigsten Kaiser; ja, dadurch kam ich umb
Leib und Leben, ja, auch umb meine arme Seele, und thue dich,
o Fortuna, derhalben gänzlich verfluchen.

Der dritte Geist. O Fortuna, wie jämmerlich hastu mich
betrogen! Hättestu mich bleiben lassen und nicht zu solchen Ehren
erhoben, so wäre ich in die ewige Ruhe; nun aber muß ich hin
und her schweben und kan keine bleibende Statt [2] finden. O, Fortunate, nim nichts von ihr, sonst wird sie dich eben wie mich betriegen. Nun müssen wir von hinnen. O sei gänzlich verfluchet,
du Stifterin des Unglücks.

Fortuna. Fluchet immerhin, fluchet immerhin, ihr tollen
Narren! Es wird euch nunmehr nichts nutzen. Und daß ihr euer
Leben und Seel verloren, ist nicht mein, sondern euer eigen
Schuld, denn ich euch wol die Gaben gegeben, aber ihr habt sie
freventlich mißbrauchet. Aber du, Fortunate, sag eilends her,

---

1 Dieser Grund ist eigne Erfindung des Bearbeiters. Decker sagt nur,
daß unter der Schönheit oft die Sünde versteckt sei. — 2 Statt, Stätte.

welches haſtu erwählet aus meinen ſechs Gaben? Denn umb ein
gar wenig iſt die Stunde deines Glücks verlaufen.

Fortunatus.   Reichmilde Göttin[1], ſo begehre ich Reichthum, alſo daß ich allwege Gold und Geld die Fülle habe.

Fortuna.   Es iſt mir gleich, aber du alber Narr, kunteſtu
nicht Weisheit für Reichthum erwählen? Sih, hie haſtu einen
Seckel, ſo oft du darein greifeſt, wirſtu zehn Stücken Goldes her-
ausholen, und in welch Land du immer ſein mügeſt, ſoltu darin
finden, was allda läufig ſein wird.   Und dieſer Seckel ſol die
Tugend haben dein und deiner Kinder Lebetag, und wenn es ein
Frember, der nicht in dein Geſchlecht gehöret und von dir geboren, ſol alsbald der Seckel ſeine Tugend verlieren; darumb
hab Sorg und laß den dir lieb ſein.

Fortunatus.   O mildreiche Fortuna, wormit ſol ich dich
im geringeſten wieder dienen und zu Willen ſein?   Das ſag
mir an.

Fortuna.   Weil du denn ſo willig biſt, mir wiederumb zu
dienen, ſo obſervire jetzo meine Wörter wol, was ich dir ſag
und du thun ſolt.   Ich wil dir drei Dinge auferlegen, die du dein
Lebetag alleweg auf den heutigen Tag meinetwegen thun ſolſt!

Zum erſten ſoltu auf denſelbigen Tag feiern, auch auf denſelben Tag kein ehlich Werk vollnbringen, auf den Tag alle Jahr,
in welch Land du auch ſeieſt, eines armen Manns Tochter, die
mannbar iſt, berathen[2] und ihr einen Mann geben, ſie ehrlich
ſamt Vater und Mutter bekleiden, darzu vierhundert Stücke Goldes geben zum Gedächtniß; als du heute von mir biſt erfreuet
worden, ſo erfreue du auch alle Jahr eine Jungfraue.

Fortunatus.   O tugendreiche Göttin, dieſe drei Dinge
wil ich allezeit verrichten und ſie ehrlich halten.   Aber reichmilde
Göttin Fortuna, helfet und rathet, daß ich aus dieſem großen
Walde komme, denn heute iſt der dritte Tag, daß ich darinnen
irre gangen, und ſchier Hunger ſterben muß.

Fortuna.   Daß du alſo in dieſem Walde irre gangen biſt
und Trübniß gehabt, iſt dir zu einem großen Glück gerathen.   So
wil ich dir jetzt gar aus dem Walde helfen, und folge mir hie nach.

(Gehen hinein und kommen wieder heraus.)

Sih hie, dieſen Weg gehe eilends für dir hin, aber kehre dich

---

1 Reichmilde Göttin: reich; mittelhochdeutſch: rîch, mächtig, milte,
freigebig: alma dea. — 2 berathen, verſorgen, ausſtatten.

nicht umb, sehe auch nicht worhin ich komme, und so du dieses thust, kömstu leichtlich und bald aus dem Walde. So gehe hin in Freuden und gebrauch deine Gabe mit Nutzen!

Fortunatus. Nun bin ich eins[1] aus dem Walde gekommen; mein erhungert Magen erfreuet sich, weil ich für mir ein Wirthshaus sehe, aber keinen Heller oder Pfennig habe ich mehr zu verzehren, verlasse mich jetzt auf meinen Seckel. Hätte er aber die Tugend nicht, o Fortuna, wie du mir gesagt, so wäre ich schrecklich veriret; der Seckel ist gar schlecht und nichts darinnen.

(Sticht die Hand darin.)

Hollah, hollah, Fortunate, sei nun lustig! Hie finde ich in der Wahrheit Gold, und sind ihr zehen Stück! Ach, was sol ich bald anfahen für Freuden? Ich wil noch einen Griff thun. Ei, lustig, eitel Gold! Nun wil ich auch hin gehen, frisch einkaufen und mich gleich einem Fürsten halten, denn weil mir kein Geld oder Gold mangelt, habe ich auch keine Noth.

(Alhier agiret Pickelhäring.)

Actus secundus.

Jetzt kömt Fortunatus heraus und hat schöne Kleider, zu ihm spricht der

Soldan. Mein lieber Fortunate, mit Wunder kan ich nicht genugsam zuhören, wenn du mir deine Reisen erzählest, wie du durch so manches Land, ja den hälften[2] Theil der Welt schon durchwandert, und wundert mich, daß du nicht wollest aufhören, sondern auch ganz Turciam, Persiam, Aegyptum und Indiam noch in willens bist durchzuziehen. Dieses aber wundert mich am allermeisten, woher dir solch groß Gut komme, denn meine Mameluden können dir nicht genug Ruhm nachsprechen, wie groß Geschenk du ihnen reichlichen gethan[3], daß sie auch niemalen kein König reichlicher begabet habe. Derowegen weil du mir und den Meinen Ehre erzeigest, wil es mir wiederumb gebühren; so folge mir, ich wil dir jetzt sehen lassen.

(Gehn ein wenig hinein, nicht lange darnach kommen sie wieder heraus und spricht)

Fortunatus. Fürwahr, großmächtig Soldan, solche

---

1 eins, genet. adverb.: einmal, endlich einmal. — 2 der hälfte Preis; der Bearbeiter gebraucht das Substantiv statt des Adjectivs, augenscheinlich durch das Englische verleitet. — 3 thun, geben, wie oben.

Kleinöder sein nimmer für mein Augen gewesen, wiewol ich über die tausend Schatzkammern gesehen. Die beiden Carfunkel, so auf den gülden Leuchtern stunden, leuchteten die doch wie der Blitz vom Himmel!

Soldan. O mein lieber Fortunate, das ist mir das geringste unter allen meinen Kleinodien; darnach wil ich dich in einen andern eisern Thurm führen, da solt du viel andere bessere finden. Aber hie hab ich ein Kleinod, das ist mir lieber dann die andern alle. (Zeiget ihm einen kleinen Filzhut.)

Fortunatus. Großmächtig Soldan, solt das besser sein, denn die andern alle, so wäre es ja ein Königreich werth, und ich wolt nicht mehr wünschen, sondern daß ichs nur sehen möchte.

Soldan. Kom, ich wil dir sehen lassen! Hie diesen unansehnlichen Filzhut achte ich höher denn zwei Königreich, und mit diesem Filzhut kan ich solche Kleinodien erobern.

Fortunatus. O großmächtig Soldan, wenns nicht wider euer Majestät wäre, möchte ich von Herzen gerne wissen, was dieser Filzhut für Tugend an sich hätte.

Soldan. Das wil ich dir sagen: Wenn ich oder ein ander ihn auf dem Häupte habe, wo ich mich alsdann hinwünsche, so bin ich alsbald da. Daran hab ich meinen einigen Trost, denn wenn ich zum meisten betrübet, so wünsche ich mich unter die Pygmäer und sehe allda meine Kurzweile, wie dieselbigen mit den Kranichen streiten; ja wo ich in Erfahrung komme, daß einer eine schöne Tochter hat, wünsche ich mich bei ihr, nehme sie unter meine Arme und fahre mit ihr in einen schönen Wald, brauche allda mit ihr meinen Willen, bringe sie darnach wieder in ihr Vaterland; sie aber weiß alsdann nicht, ob sie im Himmel oder auf Erden gewesen. Ja, kein Thurm ist von Eisen so stark, ich kan mich darin und aus wünschen, was mir gelüstet zu essen oder zu trinken in fremden Landen, wünsche ich mich alsbald hin und sättige mich dran. Auch wenn ich mein Diener in die Jagd sende, so ziehe ich nicht mit, sondern wenns mir gelüstet, wünsche ich mich bei ihnen und helfe ihnen das Wild in die Netze jagen. Wenn auch ein schöner Vogel in der Luft schwebet und es mir gefällt, kan ich ihn alsbald mit meinen Händen aus der Luft hernieder holen; in Summa, daß ich alle meine Freude und Kurzweil damit habe! Wenn ich Feindschaft mit einem habe und einen öffentlichen Krieg führe, wünsche ich mich zum Feinde, sehe alsdann alles, was sie machen, daß mir also dieser geringer Filzhut zehenmal lieber ist, denn alle meine Kleinodien.

Fortunatus. Großmächtig Soldan, ich kan mich nicht genugsam verwundern und muß bekennen, daß es das beste Kleinod in der ganzen Welt ist. Aber lebet der Meister noch, der ihn gemachet?

Soldan. Das weiß ich wahrlich selber nicht, ob er noch lebet, oder ob er schon todt ist.

Fortunatus. Weil er solch überaus edle Tugenden an sich hat, so gläub ich, daß er auch muß schwer sein und demselbigen den Kopf heftig drücken, der ihn auf hat.

Soldan. Nein, mein lieber Fortunate, er ist nicht schwerer denn ein ander Hut; nim nur deinen abe! (Fortunatus nimt seinen Hut abe, der Soldan setzet ihm den Wünschhut auf und spricht:) Sih, da hast du ihn auf! Sage nun, ist er schwerer denn ein ander Hut?

Fortunatus. Fürwahr, ich hätte nicht gemeinet, daß er so leicht, noch daß du so ein Narr wärest! Ade, Soldan, ich wünsche mich jetzt in meine Galeen[1]. (fähret hiemit hinweg.)

Soldan. O zeter, o mordio! Verfluchet seistu, betrüglich Fortunatus! O nimmer muß dir wol werden! O weh, o weh, ist denn dort kein Eisen=Thor so stark, daß es[2] dich aufhalten könne! Holla, holla, laß zur Stunden in Eile hundert Gäleen dem verfluchten Fortunato nachfahren! Und der ihn mir lebendig oder todt samt meinem Wünschhütlein bringen wird, wil ich zwan= zigtausend Kronen geben; eilet geschwinde, denn seine Galeen sehe ich schon von hinnen ziehen! (Gehet hinein, reißet für Angst seine Kleider auf.)

Fortunatus (kömt heraus und spricht): Nun mag ich mich billich rühmen, daß ich die beiden edelsten Kleinodien habe in der ganzen Welt, denn in diesem Seckel hab ich Reichthum, und an diesem unansehnlichen geringen Filzhut habe ich die allerbeste Freude und kan mich damit durch die Luft wünschen, wohin ich nur begehre. Der Soldan wil mir eine Galeen mit köstlichen Specereien geben, so ich ihme nur diesen Filzhut wiederumb zustelle, aber wenn er mir ein Königreich geben wolte, sol er ihn doch nicht wieder be= kommen. Jetzo habe ich mir fürgenommen, in Westindien mich zu wünschen und zu sehen, wie es allda zugehet.

(Wil den Wünschhut aufsetzen und davon fahren, mittlerweile kömt zu ihm und spricht)

Fortuna. Halt, halt, Fortunate, dein Wünschen und zeit= liche Freude ist nunmehr gar aus, denn du mich sehr hart er=

---

1 Galee, auch im Volksbuch, engl. galley, Galere, Schiff von langem, schmalem Bau, zum Rudern und Segeln. — 2 Text: sie.

zürnet, darumb daß du meiner Gaben zu sehr mißbrauchet, der=
halben thue ich dir jetzo kund, daß du von dieser Welt scheiden
müssest!

Fortunatus (fället für ihr auf die Knie und spricht:) O reich=
milde Göttin, verzeihe mir meine Missethat, und laß mich nur
noch ein wenig auf dieser Welt wandelen!

Fortuna. Nein, solches wirstu nicht erlangen, denn dein
Seiger [1] ist bereits mehrentheils ausgelaufen.
(Gehet weg, bald kömt sie wieder mit einem weißen Hembde, hat ein Stöck=
lein in der Hand, damit stoßet sie ihn auf die Brust, gehet darnach wieder
davon.)

Fortunatus. O weh meinem armen Herzen! O wie bald
ist es umb ein Menschen gethan! Jetzt war ich fröhlich, frei, frisch
und gesund; nun bin ich schwach und krank, daß ich auch bald
meinen Geist muß aufgeben! (Gehet sitzen.)

Jetzt kömt Ampedo und Andalosia gar eilends hinein gelaufen.

Ampedo. Herzlieber Herr Vater, hier sein wir; was ist
die Ursache eures betrübten Herzens?

Fortunatus. Ampedo, kom her an diese Seite stehen,
und du, Andalosia, stehe hie an meine ander Seiten. Behaltet
wol in acht und behaltet wol in eurem Herzen, was ich euch sagen
werde! Ihr habt gesehen, liebe Söhne, wie für kurzen Tagen
euere herzliebe Mutter, meine Gemahlin, von dieser Welt hin=
weg genommen, die euch dann mit so großer Müh und Fleiß in
allen Guten auferzogen, ja, in ihrer letzten Todesstunde euch und
mich herzlich beseufzet, darumb daß sie von uns scheiden muste.
Nun aber ist die Zeit auch kommen, daß ich euch und die ganze
Welt verlassen, daß ihr alsdann klagen werdet, wie kurz nachein=
ander ihr Vater und Mutter los worden seid. So wil ich euch
nun in meiner letzten Stunde väterlich vermahnen, wie ihr euch
nach meinem Tode halten sollet, damit ihr bei Ehr und Gut bleibet,
(Ampedo weinet bitterlich)
wie ich an mein Ende geblieben bin. Observiret jetzo meine Wör=
ter wol, lieben Söhne! Eine Sache wil ich euch offenbaren, welche
ich sechzig Jahr alleine bei mir behalten; wie ich in meinen jungen
Jahren Ebentheuren nachzoge und mit ritterlicher Hand etwas
verdienen möchte, davon ich mich ehrlich erhalten könte, habe ich

---

1 Seiger, hier in der ursprünglichen Bedeutung: Sanduhr, Stunden=
glas; vgl. mittelhochdeutsch seiger, Adjectiv, langsam tröpfelnd.

die halbe Welt durchzogen, viel Unglück erlitten, aber unter an-
deren allen kam ich einsmals in einen großen, weiblichen, ungeheuren Wald, darinnen ich drei Tage verirret ging und an keinen
lebendigen Menschen kommen kunte, meinte auch nicht anders,
sondern daß ich Hungers darinnen sterben müßte, oder aber den
wilden Thieren zu einer Speise werden, mit welchen ich denn oftmals einen schweren Kampf ausstehen müssen. In dieser meiner
großen Angst und Trübsal kömt die Göttin Fortuna zu mir, leget
mir für sechs Gaben, als Weisheit, Reichthum, Stärke, Gesundheit, Schöne und langes Leben, unter welchen ich eines erwählen
solte, da ich denn Reichthum erwählete; aber ich wolte doch, daß
ich möchte Weisheit erwählet haben! Also gab mir diese Göttin
den Seckel, denn so oft ich darein greif, habe ich zehen Stück Goldes.
(Gibt einem jeglichen zehen Stück Goldes daraus. Andalosia stellet sich mit
Geberden derhalben ganz fröhlich.)

Daß ich also mein groß Reichthum aus diesem Seckel hab, aber
groß Gefahr und Unglück dabei ausgestanden; bin gefangen, ja
wie ein Dieb gepeiniget worden, daß ich bekennen solte, woher
mir solch groß Reichthum käme; aber Gott hat mich allwege, ja
auch oftmal von dem Tode errettet, daß ich nun diesen Seckel
bei sechzig Jahren bei mir gehabt, daß er nicht von mir kommen,
denn kein Mensch in der Welt auch noch seine Tugend weiß denn
jetzt ihr. Derhalben, liebe Söhne, vermahne ich euch, laßt ihr
ihn euch auch befohlen sein und verwahret ihn besser denn eure
Augen, denn so ihr seine Tugend einigem Menschen offenbaren
werdet, so verhoffet nichts anders, denn daß ihr gewisse von Ehr
und Gut, Leib und Blut dadurch kommen werdet, denn sie euch
heimlich und verrätherlich umbs Leben bringen werden, damit sie
nur den Seckel bekommen; aber es wird ihnen wenig nutzen,
denn wenn ihr gestorben, so hat der Seckel nicht mehr seine Tugend; so ihn aber einer bekömmet, weil ihr noch lebet, so kan derselbe gleich euch ihn nutzen. Dieses aber nehmet darbei in acht,
daß ihr alle Jahr den ersten Tag des Brachmonaten einer armen
Tochter eines frommen Mannes einen Mann gebet und darzu
vierhundert Nobel [1], auch daß ihr alsdann ihren Vater und Mutter
auch wol kleidet, denn solches hab ich zur Dankbarkeit der Göttin
Fortunae, wie sie mich begabet, jährlich zu halten zugesaget, habe
es auch allwege gethan, in welch Land ich auch gewesen. Zum

---

1 Nobel, Goldmünze von Eduard III. geschlagen, auch in Deutschland
für Goldgulden gebraucht. Unterschieden werden Rosenobel und Schiffnobel.
Vgl. Frisch II. 20.

andern, daß ihr auf denselben Tag kein ehlich Werk vollnbringet,
weder in noch außer der Ehe; hierneben sollet ihr auch wissen, daß
die er unansehnlicher geringer Filzhut theurer ist, denn ein König=
reich. Der Soldan, von deme ich ihn mit Liste bekommen, hat
mir ein groß Gut dafür geboten, aber er hat ihn nicht wieder
bekommen mögen. Er hat aber diese Tugend an sich: Wer ihn
nur auf sein Häupt setzet und wünschet sich, wohin er wolle, so ist
er alsbald da; damit habe ich in diesem Leben meine meiste Freude
gehabt. So befehle und ermahne ich euch nun letztlich aus väter=
lichem getreuen Herzen, laßt diese beiden Kleinobien nicht von
einander kommen, sondern laßt sie beisammen und habt sie ein
Jahr umbs ander, sonsten werdet ihr Unglück damit ausstehen.
Ich zweifele wol gar an dir nicht, Ampedo, daß du solt unacht=
sam damit umbgehen, aber Andolosia, für dir trag ich Sorg, daß
du gar zu wild; wärestu aber so from und eingezogen wie Am=
pedo, so wolt ich fröhlich sterben, und für euer Unheil nicht
trauren!

Andalosia. O herzlieber Herr Vater, ich wil euer Lehre
ebenso wol als mein Bruder, in acht nehmen, und bitte, beküm=
mert euch nicht meinethalben, denn, daß ich sonst wild gewesen,
ist der Jugend Schuld. Aber herzlieber Vater, ist mir denn auch
vergönnet, in fremde Lande zu ziehen? Denn all mein Begehren
stehet nur darnach, daß ich mich wol versuchen möge.

Fortunatus. So ist dir solches, lieber Sohn, von mir
angeerbet, denn ich mir selber wäre feind gewesen, wenn ich die
ganze Welt nicht wäre durch und durch gezogen, wie ich gethan,
und manchen Preis bei großmächtigen Königen dabei erlanget.
Solches ist auch dir wol vergönnet, aber nim deine Sache in
acht! Ampedo, weiß ich, wird es sich mit Ziehen und Reisen
nicht sauer werden lassen, sondern lieber allhie stille sitzen und zu=
frieden sein. O wehe, wie kan ich kein Wort mehr, denn der
Tod ist mir gar nahe! Gen Himmel, gen Himmel fahre ich mit
Frieden!

(Stirbet; Ampedo weinet bitterlich; Andalosia läßt sich nichts anfechten, nimt
alsbald den Seckel vom Vater, greift darein und langet etlichemal Gold her=
aus. Da spricht zu ihm)

Ampedo. O wehe, du unbarmherzig Mensche, darffstu noch
stehen und zählen Gold aus dem Seckel, läßt dich nichtes an=
fechten, daß dein lieber Vater hie todt lieget? Schäme dich!

Andalosia. Wie nu, wie nu, mein lieber Bruder? Du
must dich so nicht anstellen, kom nur und sei nicht ungebülbig auf

mich, wir wollen unsern lieben Herrn Vatern Seligen ehrlich be=
graben lassen.

(Ampedo weinet; nehmen beide den Vater und tragen ihn hinein.)
(Allhier agiret Pickelhäring.)

Actus tertius.

Andalosia (kömt heraus, ist sehr lustig und spricht:) Juch, holla!
Wie ists müglich, daß ich kan traurig sein wie mein Bruder?
(Tanzet und springet.) Holla, korasich [1], allegrament [2] lustig, nun
sol meine Freude erstlich angehen! Ja, in Pracht und Herrlich=
keit, in ritterlichen Kämpfen, Spielen und Turnieren wil ich mich
gebrauchen, damit ich der schönen Jungfrauen Gunst und Gratiam
bekomme, denn kein besser Ding auf Erden ist, als von schönen
Matronen [3] gelobet und gepreiset werden. Aber da kömt mein
Bruder!

Ampedo. Herzlieber Bruder, ich bitte dich um der Ehre
Gottes willen, sei doch nicht so frech, sondern bedenk doch ein
wenig unsers seligen Vatern und Muttern Tod, die uns so kürz=
lich nach einander abgestorben.

Andalosia. Mein lieber Bruder, ich bitt, sag mir doch
nit mehr davon! Weistu nicht, daß unser Trauerjahr ein Ende
hat? Darzu wil ich dir sagen, wenn königliche Majestät dieses
erführe, daß wir länger Trauerzeit hielten denn ein Jahr, wür=
den wir gewißlich in große Ungnade kommen, denn wenn der
König stirbet, so hält der junge Prinz fünf viertel Jahr seine
Trauerzeit, als [4] daß wir ihn nicht gleich sein müssen, dafern wir
bei J. königlichen Majestät in Gnaden bleiben wollen.

Ampedo. Ich weiß [5] zwar nichts davon, denn ich mein
Lebtag nicht im königlichen Hofe wie du gewesen. So wollen
wir derhalben viellieber das Trauerjahr enden, denn in könig=
licher Majestät Ungnade fallen.

Andalosia. Ja, mein lieber Bruder, das stehet uns auch
zu rathen; aber ich kan dir gleich nicht fürhalten [6], daß mir dieses
Trauerjahr so heftig lang geworden, gleich wären es zwei ge=
wesen, darum denn ich mich so still und eingezogen gehalten,

---

1 korasich, corraggioso, muthig, lustig. — 2 allegrament, allegra-
mente, fröhlich. — 3 Matrone, hier für Dame, ohne den Begriff der Ehr=
würdigkeit durch Stand und Alter. — 4 als, also, so. — 5 zware, zwäre,
fürwahr. — 6 fürhalten, vorenthalten, verschweigen.

nicht gekämpfet und nicht turnieret. Unterdessen habe ich unsers
seligen Vatern Bibliothek gar durch gesuchet und ein Buch gefun=
den, worin er alle seine Reisen die Zeit seines Lebens eingeschrie=
ben, und finde, wie er in seiner Jugend die halbe Welt, alle
christliche Königreiche durchzogen. Und da er unser selige Frau
Mutter schon gehabt, ist er noch in die Heidenschaft gezogen.
Derhalben, Lieber, was wollen wir anfahen? Laß uns unsers
seligen Vatern Fußtapfen auch nachtreten, laß uns ziehen und
nach Ehren streben, wie unser seliger Vater gethan! Hastu es
es nicht gelesen, so lies es noch; ich weiß, du wirst in eine An=
muth[1] dadurch kommen.

Ampedo.   Nun, mein lieber Bruder, wer wandern wil,
der wandere! Ich habe gar keine Lust dazu, es könte leicht sein,
daß es mir in der Fremde also nit gehe wie allhie; ich wil immer
allhie zu Famagusta bleiben und mein Leben in diesem schönen
Pallast, den unser Herr Vater bauen lassen, enden.

Andalosia.   So mag ich wol sagen, daß ich mein Tag
keinen Menschen gesehen, der größere Lust zu Hause und hinter
dem Ofen zu sitzen hat als du. Aber ich muß von hinnen, darum
wo du des Sinnes bist, laß uns die beiden Kleinod theilen!

Ampedo.   Was sagst du von theilen? Wiltu jetzt das Ge=
bot deines Vaters übertreten, da sein letzter ernstlicher Will war,
daß wir die beiden Kleinodien nicht solten von einander theilen,
sondern beides bei einander bleiben lassen?

Andalosia.   Ich kehre mich nichts an die Rede; er ist todt
und ich lebe, es wird nichts anders daraus, ich muß sie theilen!

Ampedo.   Kan es denn nicht anders sein, und du deinen
wilden Kopf nicht im Zaum halten kanst, so nim das Wünschhüt=
lein und ziehe dich damit müde genug!

Andalosia.   Nein, mein lieber Bruder, du bleibest hie, so
behalte du den Wünschhut und laß mir den Seckel!

Ampedo.   Das kan auch nicht geschehen, denn ich bin der
älteste und mag wol das Angenehmste behalten.

Andalosia.   Lieber Bruder, wir werden uns dieser Sachen
halber übel vertragen, denn der Seckel muß mir werden! Aber
ich hab mich bedacht, wie wir es machen wollen, damit wir einig
bleiben. Ich wil dir erstlich zwei große Pfannen mit Golde
füllen, die du hie behalten sollest und, wie ich hoffe, du dein Tag
nicht verzehren wirst, und darzu solstu auch das Hütlein behalten,

---

1 es wird dir angenehm zu lesen sein.

damit du Kurzweil und Freude magst haben. So laſſe mir den
Seckel, daß ich damit wandere und nach Ehren ſtrebe. Wil ſechs
Jahr aus ſein, und wenn ich dann wieder komme, ſo wil ich dir
den Seckel auch ſechs Jahr laſſen, und alſo wollen wir ihn in
gemein haben und alſo beide nutzen.

Ampedo. Ja mein lieber Bruder, was ſol ich mir noch viel
um den Seckel zu thunde machen? Wiltu mir hier Gold laſſen,
bin ich ſolches wol zufrieden, und magſt mit dem Seckel ziehen,
wohin dir geliebet und gelüſtet.

Andaloſia. Gar wol, mein lieber Bruder! Alsbald wil
ich dir aus dem Seckel zwei Pfannen voll Goldes zählen; gehe du
nur hinein und laß die Pfannen verfertigen.

Ampedo. Das thue ich gerne. (Gehet hinein.)

Andaloſia. Nun mag ich fröhlich ſein, denn meinen
frommen und einfältigen Bruder hab ich ſchon dahin bewogen,
daß er mir den Seckel des Reichthums laſſen wil. Ein jederman
weiß zu ſagen von der überaus Schönen, der Prinzeſſin Agrip=
pina aus Engelland, alſo daß keine in der ganzen Welt ſie in
Schönheit übertreffen ſoll. Nun iſt mein ernſtlicher Wille, ſchöne
Jungfrauen zu ſehen und ihnen zu dienen; derhalben wil ich mich
alsbald nach Lunden verfügen. O möchte ich von königlichen
Stammen geboren ſein, ſo wolte ich dem Könige ſo getreulich
dienen, er müſte ſie mir geben! Aber ich bin gar zu gering;
demnach wil ich ihrenthalben alle Tage ein Turnier halten, wenn
mir alſo das Glück favorabel ſein wolte, daß ich dadurch in ihre
Gunſt käme.

(Allhier agiret Pickelhäring.)

Andaloſia. Nun bin ich zu Lunden, da ich denn nichts
zur Liebe meiner Prinzeſſin unterlaſſe, mit Geſchenk, Gaben und
Turnieren, da ich mich dann bißhero alſo gehalten, daß mich noch
zur Zeit keiner überwunden. Aber groß Schmerz und Pein iſt
in mein Herz, denn geſtriges Abends hatte mich der König zu
Gaſte geladen an ſein Tiſch, dabei denn auch ſaße ſeine über=
ſchwänglich ſchön Tochter Agrippina, gegen welcher ich denn zur
Stunden noch heftiger wie vor und alſo heftig verliebet, daß ich
faſt weder eſſen noch trinken mehr kunte. O wehe mir, daß ich
allhie kommen bin! Denn allhie hab ich ein Feur in mein Herz
bekommen, das da nicht kan gedämpfet werden, denn, Agrippina,
du wirſt mich zu gering achten, weil ich von ſchlechtem und nit
königlichen Stammen geboren. O, kein ſchwerer Ding iſt auf
Erden, denn lieben und nit genießen! Ich kann nun auch klagen,

daß ich nur ein geringer Sclave der Liebe bin; dennoch, was
thut Liebe nicht! Ich wil mich gleich halten einem großen Her-
zogen oder Grafen, weil ichs thun kan, und den König, Königin
und Agrippinam wiederum zum Panket laden, welches denn
königlich sol gehalten werden! (Gehet hinein.)

König (spricht zu seiner Tochter Agrippina:) Herzliebe Tochter, ich
kan mich nicht genugsam verwundern, wovon doch dem Ritter
Andalosia solch groß Gut herkomme, nach dem ja sein Vater nur
ein armer vom Adel, und dennoch er jezo sich so prächtig gleich
einem Fürsten hält, auch gegen morgen, zu samt meiner Gemahlin und dich, auch vielen Grafen und Herren zum Panket geladen.

Agrippina. Gnädiger Herr König und herzlieber Vater,
keinmalen hat einiger König, Fürst oder Herr mich samt meinem
ganzen Frauenzimmer so herrlich begabet, als gestern Andalosia!
Jezo hat er mich wiederum bitten lassen, auf sein Panket, so er
königlich zurichten lassen, zu erscheinen; verwunder mich derhalben
auch selber, daß er ein solch herrlich und prächtig Leben führen
könne.

König. Nun, nun, es ist gut Andalosia, ich muß dir deine
Pracht legen, weil du dich nicht schämest, alle Tage herrliche
Pankete zu halten! Ich muß dich lehren mit Königen Kirschen
essen und deinen großen Hochmuth zu Schanden machen! Wie gefält dir das, liebe Tochter?

Agrippina. Es gefält mir gar wol, gnädiger Herr Vater,
denn solchen Gesellen, welche so gar reich sein mit Panketiren,
gehört nichts anders. (Gehen hinein.)

Andalosia (kömt heraus und spricht:) Nun habe ich auf mein
Panket, worauf der König, die Königin, junger Prinz und Prinzessin, alle Principals-Herren erscheinen werden, aufs allerherr-
lichste zurichten lassen, und sol diesen Abend mit großer Pracht
und Freuden gehalten werden. Aber da kömt mein Jung eilends,
was mag der wollen?

Jung. Gnädiger Herr, ein gar wunderlich Sache kan ich
Euer Gnaden nicht unangezeiget lassen.

Andalosia. Wie wunderbar ist sie dann? Sage her!

Jung. Gnädiger Herr, ich bin jezo auf dem Holzmarkte
gewesen, und kan kein einig Stock zu kaufen kriegen, weiß derhalben nicht, wobei man das Essen kochen wird.

Andalosia. Bist du nicht ein Narr, meinestu, daß nicht

mehr Holz in dieser Stadt ist, denn allein auf dem Holzmarkte?
Gehe eilends hin zu den andern Holzläufern und bezahle es ihnen
duppelt!

Jung. Dasselbige hab ich schon gethan, gnädiger Herr!
Bin wol bei tausend Holzläufern gewesen und mich erboten, ich
wolte es ihnen sechsduppelt bezahlen, aber kein einigen Finger
lang habe ich bekommen können.

Andalosia. Dieses muß der Teufel wollen, daß kein Holz
solte zu bekommen sein, und kömt mir solches zum allerseltzamsten
und unerhöret für; aber ich merke wol, daß mir dieses also zum
Schimpf ist bestellet worden, und meine gute Gönner vielleicht zu
Hofe beim Könige erhalten, daß man mir kein Holz verkaufen
sol, und gedenken mir also ein Schandfleck anzuhängen. Aber
derhalben nicht todt! Mit Schanden sollen sie bestehen! Sih,
da, Diener, hastu den Schlüssel, geh hin zum Kasten und nim
den fördersten Seckel mit dem Golde daraus, gehe hin damit zu
den Venediger Krämern, kauf ihnen abe alle Nägelein[1], Mus-
katen, Imber, Zimtrind; nim den Speisemeister zu dir, daß er
so viele nehme, dabei er gedenket die Speise alle gar zu kochen!
(Gehet weg.)

Diener. Gnädiger Herr, es sol von mir eilig und getreulich ausgerichtet werden. (Gehet weg.)

(Allhier agiret Pickelhäring.)

König. Nun sehe ich, daß Andalosia einen heimlichen
Schatz haben muß, denn kein Fürst würd es also aushalten können. Ich meinte, wolte ihn haben zu Schanden gemacht, also
wenn ich zu ihm käme, nichts bereiteter Speise sein solte. Wie
ich aber noch weit von seiner Herberge bin, sihe, da empfinde ich
ein so gar lieblichen Geruch, und wird mir Zeitung gebracht, wie
daß alles aufs allerherrlichst zugerichet sei, und die Speise bei
eitel köstlicher Specereien gekocht; tractirte mich daneben so prächtig, wie er zuvor noch nicht gethan. Zuletzt begabte er alle
meine Diener mit zehn Kronen, daß also kein Sparen bei ihm ist,
denn je länger, je köstlicher er lebet!

Agrippina. Und solches däucht mir auch, herzlieber Herr
Vater, daß er ein heimlichen Schatz muß haben, wovon er so
prächtig stolziret, denn solches großmächtigen Fürsten zu viel, also
zu leben, denn in solch überaus großen Panket bin ich mein Tag
noch nicht gewesen, wie dißmal bei Andalosia!

---

1 Nägelein, Gewürznelken.

König. Höre, meine herzallerliebste Tochter, ich weiß, daß dir Andalosia hold ist und von Herzen sehr lieb hat; nun wüßte ich keinen bessern Rath, damit mans ihm abfragen könte, woher ihm solch groß Reichthum käme, denn daß du ihme solches mit süßen lieblichen Worten abfragst. Wenn er nun zu dir kommen wird, so sol verschaffet werden, daß keiner zu euch komme, auf daß ihr gar alleine bleibet.

Agrippina. Solches däucht mir auch rathsam zu sein, und verhoffte ihn durch Veneris List wol zu bethören; wil meine beste Liste hierinnen gebrauchen. Eilig, Vater, von hinnen, er kömt schon!

(Der König gehet weg, da kömt und spricht)

Andalosia. Schöne Agrippina, ich bitte, wollet mir nicht vor übel halten, daß ich also ungebeten zu Euer Gnaden herein komme!

Agrippina. O nein, gar nicht, mein lieber Andalosia; gläubet mir in der Wahrheit, daß ich keinen Menschen lieber sehe zu mir kommen, denn euch!

Andalosia. Schöne Prinzeßin, solche euer Wörter bringen mir große Freude, habe doch solches nicht verdienet!

Agrippina. Mein lieber Andalosia, man sagt allhie zu Hofe viel und große Ehre von euch, wie ihr dem Könige so ein groß Mahl, welches mit Zimmetrinden und Muscaten gekochet, gegeben, darzu alle seine Diener so gar köstlich begabt habet und euch zwar viel prächtiger, denn ein Fürst haltet. Nun sagt mir, habt ihr keine Sorg, daß euch Goldes gebrechen werde?

Andalosia. Schönest Prinzeßin, dieweil ich lebe, kan mir kein Gold oder Geld gebrechen.

Agrippina. So müget ihr fürwahr eueren Vater wol danken, der euch so groß Reichthum hinterlassen!

Andalosia. Ich bin so reich als mein Vater, und er war nie reicher denn ich jetzt bin, doch so war er einer andern Complexion; ihme wars nur eine Freude, fremde Land zu besuchen, daß er auch die Welt durch und durch gezogen. Mich aber erfreuet nichts anders, denn schönen Frauen und Jungfrauen zu gefallen und ihnen zu dienen.

Agrippina. So hör ich wol, daß ihr derhalben ans Königs Hof gekommen, damit ihr nur schöne Jungfrauen sehet! Ich bitte euch, sagt mir doch, habt ihr denn nirgend etwann[1] eine gesehen, die euch und eurem Herzen gefället?

Andalosia. Ich habe an sechs königlichen Höfen gedienet,

---

1 etwann, mittelhochdeutsch: etewenne, irgend einmal.

manche schöne Jungfrau gesehen, aber, gnädiges Fräulein, ihr
thut sie alle übertreffen; kan euch derhalben nimmer verhalten,
daß ihr mein Herz so hart eingenommen, und ich mit solch groß
inbrünstig Liebe gegen euch umbfangen, also daß mir auch un=
müglich, euch zu verlaffen! Ob ich schon so hoch nicht geboren,
als ihr, zwinget mich doch euere Schöne, euch umb die Liebe zu
bitten; die wollet ihr mir, schöne Prinzessin, nicht verfagen, und
was und warumb ihr mich alsdenn bittet, sol euch von mir nicht
verfaget, sondern ihr deffen alfofort gewähret werden!

Agrippina. Andalosia, sagt mir erst die rechte Wahrheit,
woher euch solch groß Gut komme, und daß ich auch solches mit
Wahrheit erkennen möge, alsdenn wil ich euch lieben und alsbald
auch jederzeit nach eurem Willen leben.

Andalosia. O allerliebste, schönste Prinzessin, wie freudig
macht ihr mein Herz! Gelobet mir erstlich in allen Treuen, mir
allein günstig zu sein, so wil ich euch, woher mir mein groß Reich=
thum kömt, in geheim offenbaren.

Agrippina. O mein allerliebster Andalosia, zweifelt gar
nicht an meiner Verheißung und an meiner Liebe, so ich zu euch
trage, und was ich euch mit dem Munde verheißen, sol euch auch
im Werke gehalten werden.

Andalosia (ziehet den Seckel heraus und spricht:) Sehet hie,
meine allerliebste Agrippina, so lang ich diesen Seckel habe, kan
ich ein königlich Leben führen, denn so oft ich hinein greife, hab
ich zehen Ducaten, welchs ihr jetzt selbst in der Wahrheit und in
der That erfahren follet!

(Ziehet Gold heraus, gibt ihr solches in den Schoß.)

Agrippina. O ihr seid wahrlich das glückseligste Mensch
auf Erden, denn solch tugendreich Kleinod, wie in dem Seckel
verborgen, ist in der ganzen Welt nit vorhanden, hab auch solchs
mein Tag nicht gesehen, aber dennoch euer schön Gestalt und Ge=
berden gefället mir noch zehenmal mehr, auch also daß ich keine
Ruhe kan haben! Wir müffen noch heute unfer beide Lieb theil=
haftig werden! Die Königin, meine Mutter, wird heut zu Nacht
beim König schlafen, so wil ichs mit meiner Kämmerin machen,
daß ihr zu Nacht könnet zu mir hereinkommen und bei mir
schlafet.

Andalosia. O mein allerliebst Agrippina, wie hoch er=
freuet ihr mich! Zu Nacht umb zwölf Uhr werd ich gewißlich
kommen; so bitt ich, wollet mit eur Kämmerin verschaffen, daß sie
mich heimlich einlaffe, auch daß keiner davon etwas erfahre!

Agrippina. Mein Allerliebster, solches sol ohn alle Fehl wol verschaffet werden; säumt ihr euch nur alsdann nicht lang! (Gehen hinein, bald kömt Agrippina wieder und kömt zu ihr und spricht der)

König. Herzliebe Tochter, hastu deine Sachen wol ausge= richtet? Sag mir, wie ist es abgangen?

Agrippina. Gnädiger Herr König und herzlieber Vater, in einer glückseligen Stunden bin ich mit Andalosia zu reden kommen; da ich ihm abgefraget alles, was ich begehret, als zeigete er mir einen geringen Seckel, der da gar ledig und leer war, daraus er denn, so oft er darin griff, zehen Kronen holete, wel= ches ich selbst angesehen, hätte es aber schwerlich, auch wol gar nicht erfahren, wo ich ihn nicht mit Veneris Listen betrogen, denn ich ihm gesagt, daß er zu Nacht bei mir schlafen solte.

König. Meine liebe Tochter, du bist gar weislich mit ihm umbgangen, kan mich aber über den Seckel nicht gnug verwun= dern. Weistu aber, liebe Tochter, wie der Seckel gestalt [1] ist?

Agrippina. Ja, herzlieber Vater, ich habs ihm wol ab= gemerket, wie er gestalt ist.

König. So gehet uns dieser Poß recht nach unserm Wunsch! Höre, wie wir dieses wollen anfahen, damit wir den Seckel be= kommen. Ich wil alsbald einen Säckler zu dir holen lassen, der dir eben auf dieselbe Form einen nachmachen sol, als wäre er der rechte; darzu sol unser Doctor dir alsbald einen Schlaftrunk zu= richten. Wenn dann nun Andalosia kommen wird, bei dir zu schlafen vermeint, so bring ihm vorerst ein Gläslein mit Wein zu, und schütte ihm gemeldten Schlaftrunk darin; sobald er den genossen, wird er herrlich einschlafen, unterdessen kanstu ihm seinen Glücksseckel ausziehen und diesen andern an dieselb Stelle thun.

Agrippina. Solches gefält mir gar wol, herzlieber Herr Vater, denn durch diesen eueren Anschlag werden wir den glück= seligen Seckel überkommen; wollen nur eilends hingehen und solches verfertigen lassen, denn ich weiß, er wird jetzt nicht lang mehr ausbleiben.

(Gehen abe.)

(Hier agiret Pickelhäring.)

(Jetzt kömt Andalosia zu ihr, spricht:)

Mein Herzallerliebste, diese Nacht wollen wir in Freuden

---

1 gestalt, gestaltet.

leben. Bitte, wollet verschaffen, daß alle Thüren wol verwahret werden, damit wir sicher sein können.

Agrippina. Herzallerliebster, ihr könnet nicht gläuben, welch groß Verlangen ich nach euch gehabt! Aber habt dessen keine Sorge, wir sein jetzt sicher genug; bring euch einen herzfreundlichen Trunk, bitt, wollet meinethalben austrinken!

Andalosia. O mein Allerliebste, das sol mir ein lieber Trunk sein, ja, wans auch zehenmal mehr wäre, daß ich euch nur zu Willen würde.

(Jetzt fangen sie an zu geigen.)

(Andalosia nimt den Trank zu sich, setzet darnach das Gläslein beiseit, hat die Agrippin bei den Armen, und küsset sie, nicht lange darnach fallen ihm die Augen zu, wird [1] entschlafen, da holet Agrippina den Glücksseckel aus den Hosen, stecket ihm den andern an dessen Statt wieder ein, gehet damit in Freuden davon. Unter dessen wird submisse musiciret, harret ein wenig, barnach erwachet er, sihet umb sich und spricht:)

Wie kömt dieses, daß ich so gar allein bin?

(Ruft:)

Agrippina, Agrippina, mein Allerliebste, wo seid ihr hinkommen? O, gehet das auch recht zu? Bin ich doch mein Tage so eilends in keinen solchen harten Schlaf gerathen und gefallen! Pfui dich an, selber mag ich mich verfluchen, daß ich die Liebe so schändlichen verschlafen habe

(Der Diener kömt hinein.)

Was wiltu, Diener?

Diener. Gnädiger Herr, ich spür an euch ein Mangel, daß ihr jetzo gar traurig sehet; hat euer Gnaden jemand beleidiget, so wollen wirs rächen. Ich komme aber jetzo zu Euer Gnaden, Gold, Gold zu fordern, wofür man gegen den morgenden Panketen einkäufet.

Andalosia. Getreuer Diener, mir ist nichts Böses widerfahren. Kom her, halt deinen Hut her, ich wil dir Gold geben!

(Nimt den Seckel, greift darein, bekömmet nichts, verschricket sich gar heftig und sihet erbärmlich gegen den Himmel.)

O weh, o weh, verfluchet sei die Stunde, in welcher ich hieher kommen bin! O ich armer, elendester Mensche, wo ist nun mein Pracht, mein Hoffart? O weh, hätte ich der Lehre meines seligen Herrn Vaters in acht genommen, die er mir in seinem letzten Ende gab, nämlich: daß ich keinen Menschen die Tugend des Seckels offenbaren solte, so wäre ich in diese Armuth nicht

---

1 wird entschlafen; Umschreibung durch „werden" mit dem Infinitiv: entschläft (allmählich).

gekommen. O ihr lieblichen Muſicanten, höret auf mit Muſici=
ren und Spielen, meine Seele iſt betrübet biß in den Tod.
(Hören auf zu geigen.)
Sihe, da, Diener, haſtu das halbe Gold, ich theile es mit dir.

Diener. Gnädiger Herr, was ſol ich mit dieſen machen?

Andaloſia. O machen? Kauf mir und dir einen Strick,
damit wollen wir uns beide erhenken.

Diener. Behüte Gott, gnädiger Herr!

Andaloſia. Diener, lauf eilends hin und ſage deinen
andern Mitcompanen, daß ein jeglicher ſein Pferd und Harniſch
nehme, und ſich nach einem andern Herrn umbſehe, und thue du
auch dergleichen, denn ich kan hinfüro doch nicht mehr Hof halten,
ſintemal mich das Unglück über die Maßen getroffen hat.

Diener. Gnädiger Herr, euer Unglück iſt mir herzlich leid!
Wil euerm Befehl nach den andern anſagen, daß ſie ſich ſollen
von hinnen machen, mir aber iſt unmüglich, daß ich Euer Gna=
den alſo verlaſſen kan, mein Pferd und Harniſch wil ich ver=
kaufen und euch das Geld geben und zu Fuß nachlaufen, wohin
ihr kommet.

Andaloſia. Nun, ſo ſpüre ich und erfahre ich in der That
deine Treue; ich hoffe, das Glück wird ſich dermaln eins wieder
zu mir wenden; ſo ſol dir ſolche dein Treue reichlich belohnet
werden; gehe nun eilends hin und bring mir und dir ein Pferd,
damit wir von hinnen kommen, wir wollen den nächſten Weg
nach Famaguſta zu meinem Bruder reiten.
(Jetzt kömt der König und Agrippina.)

König. Sag mir doch, herzliebe Tochter, wie iſt es dir
gangen mit Andaloſia?

Agrippina. Herzlieber Vater, beſſer, denn ich es mir
hatte wünſchen können; habe es nach euerm Rath gemacht, und
iſt mir glücklich abgangen, alſo daß ich nun den Seckel und ſchon
etliche tauſend Kronen daraus gezählet habe.

König. Herzliebe Tochter, nun iſt keine reichere Jungfrau
auf der ganzen Welt denn du. Aber, herzliebe Tochter, gib mir
den Seckel, du ſolt ihn gleich mir gebrauchen, darmit du nicht
darvon kommeſt.

Agrippina. O nein, herzlieber Vater, ſolches werdet ihr
mich nicht anmuthen.

König. So gib den Seckel der Königinnen, daß ſie ihn in
Verwahrung habe.

Agrippina. O nicht, herzlieber Vater! Ich habe mein

Leib und Leben daran gewagt; wenn er erwachet wäre, indeme ich ihme den Seckel auszoge, so hätte er mich erschlagen, und nicht unbillich. So viel Goldes ihr aber von mir haben wollet, wil ich euch daraus geben.

König. Gar wol, liebe Tochter. Kom mit mir in die Schatzkammer, und hilf mir dieselbe vermehren. (Gehen abe.)

Jetzt kömt Ampedo und Andalosia heraus.

Ampedo. Herzlieber Bruder, in zehen Jahren hab ich dich nicht gesehen, und jetzo deine Gegenwart erfreuet mich von Herzen. Bitte aber, du wollest mir doch, weil [1] die Mahlzeit gehalten, erzählen, in welch Länder du gezogen, und wie es dir darin ergangen.

Andalosia. O herzallerliebster Bruder, wie sol es mir ergangen sein? Glück habe ich erfahren, aber Unglück zehenmal mehr.

Ampedo. Wie so, mein liebster Bruder? Ich bitte, sage mir nun, warumb du von Herzen so betrübet bist.

Andalosia. O, der betrübteste Mensch auf Erden bin ich und muß dir jetzt, leider, viel böse Mähr verkündigen, daß mir groß Uebel widerfahren und kommen bin umb den Seckel. Ach Gott, ich kan gleich nichts darwider, und ist mir Betrübnüs genug, also daß ich auch nichts mehr begehre denn den Tod.

(Ampedo erschricket heftig, wirket [2] die Hände, reißet das Wambs auf.)

Ampedo. O, wie hastu so übel zugesehen! Ist er dir mit Gewalt genommen worden, oder hastu ihn verloren?

Andalosia. Ich habe das Gebot, das uns unser seliger getreuer Vater im Testament gab, übertreten, und es eines Königes Tochter, welche mich mit betrieglichen Worten zu lieben verhieß, offenbaret; die hat mir ihn gestohlen.

Ampedo. Hätten wir das Gebot unsers seligen Vaters gehalten, so wären die Kleinodien nicht von einander gekommen, aber du woltest dich in fremden Landen versuchen und etwas erfahren. Sihe, wie wol du es nun ausgerichtet hast!

Andalosia. O ja, ich habe übel gehandelt, derhalben begehre ich nicht mehr, denn daß ich nur von dieser Welt komme.

Ampedo. Nun gehabe dich nicht so übel, lieber Bruder, es ist geschehen, wir haben noch zwo Truhen voller Ducaten und

---

1 weil, während die Mahlzeit gehalten (wird). — 2 wirket, wol misverständlich gebraucht für windet, ringet; oder vielleicht das Wort in der Bedeutung: bearbeiten (z. B. kneten) genommen?

darzu das Hütlein: so wollen wir dem König Soldan schreiben, daß er dafür schicke, was er geboten, so haben.wir unser Lebetag genug und können noch einen ehrlichen Stand führen.   Laß nur den Seckel vor all St. Velten [1] fahren.

Andalosia.   Gewonnen Gut ist schwerlich [2] zu verlaßen, und mein Begehren wäre, du gäbest mir das Hütlein, denn ich lebe der Hoffnung, ich wolte uns den Seckel damit wieder über= kommen.

Ampedo.   Man saget im Sprichworte: Wer sein Gut ver= leurt, der verleurt auch den Sinn; das spüre ich jetzt an dir wol, so du uns umb das Gut gebracht hast, so woltest du uns auch umb den Hut bringen.   Zwar mit meinen Willen so laß ich dich nicht mit fahren, sonsten wil ich dir ihn wol thun, und vergönnen, damit Kurzweil zu haben.

Andalosia.   Weil ich, lieber Bruder, so übel gethan habe, wil ich hinfüro in beinen Willen leben.   So laß mich doch jetzo mein betrübtes Gemüth ein wenig laben, schicke deine Diener hin in den Forst, daß sie jagen, und leihe mir das Hütlein, damit ich ihnen nachkomme.

Ampedo.   Ja, Bruder, was dir geliebet.   Ich wil also= bald eine Jagd anstellen, und kom du dann mit dem Wünschhut.

(Gehet hinein, kömt wieder und bringet den Wünschhut.)

Sih, da, lieber Bruder, hastu den Wünschhut und kom uns also= bald auf der Jagd nach.

Andalosia.   Ich wil euch bald nachkommen.

(Ampedo gehet hinein.)

Nun mag ich sagen, daß ich einen gar frommen Bruder habe. Aber meine Zusage werde ich nicht halten können und ihn auf die Jagd nit hindern; ich wil mich alsbald in Venetiam wünschen, allda wil ich die schönesten und theuresten Kleinodien entführen, und darnach damit fahren in Engelland und sie der Prinzessin zu kaufen darbieten.   Wer weiß, das Glück hilft mir vielleicht wieder zu meinem Seckel.   Nun ich begehre und wünsche mir, zu sein in Venetien. (Fähret weg.)

---

1 St. Velten, Fluchformel. Verwechselung von Valentin mit dem mittel= hochdeutschen vâlant: zu allen Teufeln. — 2 schwerlich, in der eigentlichen Bedeutung, schwer, ungern.

Actus quartus.

Jetzt kömt die Göttin der Laster und die Göttin der Tugend, hat ein Narrenhütlein auf.

Tugend. Allhie pflanze ich diesen Baum der Tugend.

Schande. Was wiltu doch viel pflanzen? Sih zu, diesen Baum pflanze ich dir dagegen; die Früchte darauf sollen von mächtigen Königen und Potentaten geliebet werden, derhalben rathe ich dir, haue deinen Baum zu Grunde, denn keiner deine Früchte lieben wird.

Tugend. Nein, mein Baum sol aufrichtig bestehen bleiben, ob du schon zehenmal mehr hast, die dich und deine Früchte lieben.

Schande. Wer wolt dich und deine Früchte lieben? Sih, welch ein gering Kleid du anträgest, und darzu hastu einen Narrenhut, muß derhalben etwas über dich lachen.

Tugend. Ja, lache nur immerhin, Schande und Laster; ich habe gleich unter tausenden noch einen, so meine Früchte liebet, und achte nicht, ob dir schon die Pracht und Hoffart der Welt anhanget und mir nur die Geringsten und Demüthigsten. Werde nunmehr geschätzt die Göttin mit der Narrenkapp, denn Tugend von den Deinen vor Narrenwerk gehalten wird.

Schande. Ich werde doch nimmer mit dir einig, denn du mir nicht wilt nachgeben, ich auch viel weniger dir. Aber ich thue dir schweren, mit Haß und Neid aufs äußerste dich zu verfolgen.

Tugend. Du magst immerhin hassen, aber sihe zu, wer Victoriam davon tragen wird.

Jetzt kömt Andalosia heraus.

Andalosia. Nun bin ich kommen in die Hauptstadt Lunden und komme gefahren von Venetia, da ich denn den vornehmesten Jubilirer drei Kleinodien entführet, dieselben wil ich der Prinzessin zu verkaufen geben. Wer weiß, das Glück möcht sich dadurch wieder zu mir fügen, daß ich den Seckel bei ihr sehe und also mit ihr davon fahre. Diese ungestalte Kleidung wil ich anthun, damit man mich nicht kenne. (Bindet eine Larven vor und thut sich einen Rock über.) Allhier ist der Ort, da die Prinzessin muß vorbeigahn, wann sie nach der Kirchen wil. O Gott, hilf nun zu Glück, denn ich sehe sie schon daher kommen.

Agrippina. Sag mir, Senior [1], was ist dein Begehren, daß du allhie stehest?

Andalosia (verstellet seine Rede). Schöneste Prinzeſſin, ich bin ein Jubilirer und gekommen aus fernen Landen, und nachdem ich in Erfahrung, daß eure Majeſtät die allerreicheſte Königin auf der Welt ſei und darneben die edelſten Kleinodien gerne kaufen ſol, bin ich ihr Majeſtät etliche hundert Meilen nachgezogen, ihr dieſelben ſchauen zu laſſen.

Agrippina. Folge mir nach, Jubilirer, und daferne ſie mir gefallen werden, wil ich ſie behalten.

(Gehen hinein, umb ein wenig kommen ſie wieder.)

Sie thun mir zwar wolgefallen, aber, Jubilirer, du wilſt gar zu theuer mit hinaus, laß was abe und ſag aufs geringſte.

Andalosia. Gnädige Königin, ihr als die Reichſte ſollet billich auch die reicheſten Kleinodien haben. Aber hiervor bietet ihr mir nur die Hälfte, was ich fordere, ſie koſten mich ſchier mehr; ich bitt, begehret meine übele Zeit [2] nicht, denn ich alſo ferne durch fremde Landen mit großen Sorgen und Gefahr gereiſet, daß ich meines Lebens darbei nicht ſicher geweſen. Ich wil euer Majeſtät jetzt den genaueſten Kauf ſagen: Viertauſend Kronen, und kein Heller ringer, denn ich weiß gewiß, ich muß ein tauſend Kronen Schaden daran leiden.

Agrippina. O ihr Betrieger oder Jubilirer, was, ihr ſagt, ein tauſend Kronen müſt ihr Schaden leiden? So gewinnet ihr ſie, daß alſo euren Worten nicht zu gläuben ſtehet. Nun, die viertauſend Kronen wil ich euch geben, aber ein tauſend, weiß ich gewiß, habt ihr Gewinn darauf.

Andalosia. Ja, ſchöne Prinzeſſin, denſelben Gewinn vor Schaden werde ich leider erfahren müſſen.

(Sie holet den Glückſeckel aus dem Sack, Andalosia machet ſich alsbald zu ihr, faſſet ſie umb die Armen gar feſte.)

Nun wünſche ich mich in einen wilden Wald, da keine Leute innen ſind.

(Fahren alsbald fort, und kommen wieder heraus, ſetzet ſie unter den Baum.)

Agrippina. Ach Gott, ſage mir, lieber Jubilirer, wor ſein wir durch die Luft kommen, ſein wir noch in der Welt oben, oder darunten? Gib mir doch einen Apfel, daß ich mich ein wenig erlaben mag.

_____

1 Senior, Signor; die Prinzeſſin hält Andalosia für einen Benetianer. —
2 meine übele Zeit, mein Unglück, meinen Schaden.

Andalosia. Ja, Prinzessin, ihr seid an einen guten Orte und müst' jetzo nicht wissen, wo ihr her kommen; da habet die Kleinodien und den Hut, ich wil auf den Baum steigen und euch und mir Äpfel holen.

(Siehet betrübt.)

(Andalosia setzt aus Unbedacht ihr den Wünschhut auf und gehet nach den Baum.)

Agrippina. O Gott, wo bin ich? Wäre nur ein lebendiger Mensch, den ich kennete, bei mir! Ach wolte Gott, daß ich wieder in meine Schlafkammer wäre!

(Alsbald führet sie weg.)

Andalosia. Sehet hier, Agrippina, wie gefallen — (Verschrickt gar heftig, schreiet:) Agrippina, o Agrippina, wo seid ihr? O Agrippina, hastu dich unwissend mit meinem Wünschhut auch weg gewünschet? O weh! O mordio! Verfluchet sei dieser Baum, verfluchet sei auch die Frucht darauf und der, welcher ihn gepflanzet, verfluchet sei die Stunde, darin ich geboren ward, der Tag und die Stunde, die ich je erlebet! O du bleicher Tod, warumb erwürgtestu mich nicht, ehe ich in diese Höllenangst und Noth gekommen bin? Verfluchet sei der Tag und die Stunde, worin ich Agrippinam zum erstenmal ansahe, verfluchet sei auch meine Hand, womit ich ihr den Wünschhut aufsetzte! Nun wolt ich nichts mehr wünschen, als daß mein Bruder in diesen Wald bei mir wäre, so wolt ich ihn erwürgen und mich darnach an diesem Baum henken. So wir denn todt und gestorben wären, hätte der Seckel keine Kraft noch Macht mehr; so möchte dann die verfluchte untreue Agrippina keine Freude mehr mit dem edelen Seckel haben. O weh, alle meine Freude hat nun ein Ende, in diesem Walde muß ich jetzt doch sterben, derhalben wil ich nur den wilden Thieren entgegen gehen, darmit sie mich nur zerreißen, und ihre Speise werde. Aber was sehe ich hier vor edle Äpfel, wahrlich, so schön habe ich sie noch niemalen gesehen, ich wil umb Versuchen halben einen probieren, wie die Säfte [1] ist. (Isset von einem ein wenig.) Wahrlich, schönere und anmuthigere Äpfel habe ich mein Tage nicht gessen. Aber was erhebet sich auf meinem Häupt? (Nimt den andern Hut, den er wieder aufgesetzt, abe und fühlet, u. s. w.) O weh! Was Unglück ist mir auf meinem Kopf gewachsen! Zwei lange Hörner. O, ich ärmster und allerunglückseligster Mensche

---

1 **Säfte, Saftigkeit.**

muß mich quälen und kan den Tod nicht finden. O wie viel
Menschen sein in der Welt, und niemand ist hier, der mir helfe,
daß ich zu Leuten wieder kommen möchte! O weh, o elendiglich
Wesen! Meinen Geist muß ich hie Hungers halben aufgeben,
oder die wilden Thiere werden mich zerreißen!

(Lieget an der Erden und seufzet, nicht lang darnach kömt die Göttin Fortuna.)

Fortuna. Du armer betrübter Mensche, verzage nicht in
diesen deinen großen Unglück, steh auf und sei getrost!

Andalosia. O schöne Jungfrau, was ist euer Begehren,
daß ihr in diesem meinem Betrübnüß zu mir kommet? Ich bitte,
saget mir, von wannen ihr kommet, und was vor Geschlecht
ihr seid.

Fortuna. Andalosia, du solt wissen, daß ich Fortuna
sei, so deinen Vater und dich mit Reichthum gesegnet; aber du
hast, leider, meine Gaben zum schändlichsten misgebraucht, deines
Vatern Lehre in den Wind geschlagen, und es einen betrieglichen
Menschen offenbaret, die dann dich umb all Heil und Wolfahrt
gebracht, und ist mir leid, daß ich dich damit begabet habe.

(Andalosia fällt für ihr nieder.)

Andalosia. O reichmilde Göttin, ich bitt umb Verzeihung.
O, ich muß bekennen, wie schändlich ich deine Gaben zur Ueppigkeit und weltlichen Wolluft misgebrauchet habe, und darumb daß
ich meines Vatern letzte Lehre nicht in Acht genommen, bin ich
umb all mein Heil und Wolfahrt gekommen. Aber dieses hat
eine schöne und verfluchte Jungfrau mit ihrer Verrätherei zuwege
gebracht. Es ist mir herzlich leid und bin betrübt biß in den Tod,
derhalben, reichmilde Göttin, erbarme dich über mich und schicke
den grimmigen Tod, daß er über mein Herz triumphir, damit ich
von dieser betrieglichen und verrätherischen Welt und von der
Angst und Qual meines Herzens erledigt werde.

Fortuna. Nein, den Tod, den du begehrest, kanstu noch
nicht bekommen. Ich bin aber jetzo kommen, dich wieder bei die
Leute zu bringen.

Andalosia. O reichmilde Göttin, was dein Will ist, das
muß auch mein Will sein, ich bitt aber, hilf und rathe mir, wie
ich diese ungestalte Geißeshörner [1] von meinem Häupt bekomme,
denn mich sonsten die Leute vor ein Meerwunder ansehen werden.

----

1 Geißeshörner, wörtlich übersetzt: goats horns, Ziegenhörner.

Fortuna. Ich wil dir jetzt aus allen deinen Nöthen helfen, folge mir, alsbald sollen sie dir abfallen.

(Gehen zum Baum, den die Tugend gepflanzet.)

Sih da, iß von diesen Apfeln, so wirst du genesen.

(Er isset ihn auf, alsobald zeucht er die Hörner abe.)

Andalosia. O reichmilde Göttin, welche große Gnade thue ich von dir empfangen! Aber wie gehet das zu, da sehe ich noch den Baum, von dem ich zuvor aß, worvon mir Hörner wuchsen; nun esse ich von diesem, so fallen sie mir abe. Ist mir auch vergönnet, daß ich von beiderlei Früchten etliche darf zu mir nehmen?

Fortuna. Wie das komme, muß dir unbewust sein; es ist dir vergönnet von beiderlei Früchten zu essen.

(Er holet Äpfel von beiden Bäumen.)

Andalosia. Reichmilde Göttin, ich bitte, bring mich nur durch den Wald, und zeige mir an einen Ort, da ich Essen bekommen kan.

Fortuna. Ich führe dich heraus; folge mir nach.

(Gehen zweimal herumb, darnach gehet die Göttin zurücke.)

Andalosia. Nun bin ich ja meiner Trübsal und Herzenleid ein wenig entlediget, weil ich aus dem großen unbekanten Walde und wieder zu Leuten kommen bin. Ich wil mich aber alsobald aufmachen, nach Lunden, und verhoffe mit diesen Apfeln meine beiden Kleinöder wiederumb zu überkommen; aber gar einen weiten Weg habe ich noch zu reisen, denn jetzt bin ich noch in Hibernia. Derhalben wil ich mich an den See machen und auf ein Schiff begeben. *(Gehet hinein.)*

Actus quintus.

Andalosia kömt beneben seinen Diener in verwandelten Kleidern
heraus.

Andalosia. Lieber getreuer Diener, ich bin sehr fröhlich, daß ich dich allhie zu Lunden funden und angetroffen. Nun must du dich im geringsten nichts merken lassen, wer ich bin oder du seist, und diese Apfel soltu mir ausrufen helfen und sagen, es sein Apfel von Damasco und machen den Menschen eine schöne Gestalt; wann dann nun die Prinzessin und die zweene Grafen gekaufft haben, müssen wir uns alsobald von hinnen machen und andere Kleider anthun. So folge mir nun und rufe also wie ich.

Diener. Gnädiger Herr, es sol von mir treulich ausge=
richtet werden. (Jetzt legt er die Apfel in einen Korb.)

Andalosia. Kinder schön, Kinder schön, kaufet Apfelchen,
Apfelchen von Damasco, gar schöne Apfelchen!

Diener. Da kömt schon ein Herr; Apfel schön von Da=
masco!

Grafe. Wie rufestu allhie mit deinen Apfeln? Wie, mei=
nestu, daß man allhier keine Apfel bekommen kan?

Andalosia. O mein Herr, dieses seind viel andere Apfel,
sie seind von Damasco.

Grafe. Von Damasco? Was haben sie dann mehr für
Tugend denn dieses Landes Apfel?

Andalosia. O mein Herr, es ist so groß Unterschied zwi=
schen diesen Apfeln gleich als zwischen Kupfer und Gold, denn
die Apfel von Damasco machen den Menschen eine gar liebliche
schöne Gestalt, das thun die andern nicht.

Grafe. Wie gibstu denn einen?

Andalosia. Drei Kronen gilt einer.

Grafe. Das ist sehr theuer; aber wenn ich wüste, daß es
also seine Wirkung hätte und einem Menschen Schönheit gäbe,
fürwahr, ich wolte mich nit weigern, sechs Kronen davor zu
geben.

Andalosia. Mein Herr, zweifelt dar nicht an. Damit ihr
aber sehen sollet, daß ich euch nicht betriegen wil, so sollet ihr
diesen einen mitnehmen, und so ihr nicht davon schön werdet,
sollet ihr mir keinen Pfenning geben.

Grafe. Du sagest recht; aber hör, wenn sol ich ge=
brauchen?

Andalosia. Auf den Abend, wenn ihr wollet schlafen
gehen, so esset ihn auf, und alsofort darauf geruhet.

Grafe. So gebet mir denn her, und so ich Schönheit dar=
von bekommen werde, wil ich zehen von euch kaufen und vor ein
jeglichen zehen Kronen geben.

Andalosia. Da habt ihr, mein Herr!

(Grafe gehet hinein.)

(Jetzt rufen sie wieder:) Apfel schön von Damasco! Kinder
schön, kaufet Apfelchen von Damasco, die euch schöne Angesichter
machen! Apfelchen von Damasco!

Diener. Jetzt kömt noch einer.

Ander. Bistu der Mann, der dieselben Apfel hat, worvon
der Mensch schön wird?

Andalosia. Ja, Herr, derselb bin ich.

Ander. Wolleſtu mir denn auch einen mitgeben, und dafern es mich ſchön machen wird, wil ich dir ſechs Kronen geben.

Andalosia. Ja, ich bin ſolches wol zufrieden und weiß
es gewiß, es wird ſeiner Wirkung genug thun; allhie habt ihr.

Ander. Ich bin ein greulicher Kerl, und fürwahr, wenn
ich ſchön würde, wolt ich dich rühmen, du wäreſt vom Himmel
meinetwegen geſandt, ich werde ſehen. (Gehet hinein.)

Andalosia. Äpfelchen, Kinder ſchön, Äpfelchen von Damasco, die ſchöne Geſtalt machen; kaufet, Kinder ſchön, ihr werdet ſchön werden, Äpfelchen von Damasco!

Diener. Da kömt die Prinzeſſin.

Prinzeſſin. Mir iſt zu Ohren kommen, daß du wunder-
ſeltzame Äpfel haben ſolleſt; aber ſage mir die Wahrheit, was
haben die Äpfel von Damasco vor Tugend?

Andalosia. Schöne Prinzeſſinne, dieſe Äpfel ſeind ein
ſonderlich Geſchöpf Gottes, alſo daß ſie einen Menſchen gar ſchön
machen, darzu ſcharfe Vernunft, und ſolches iſt in der That manch
hundert mal probiret worden; es haben auch ſchon ihrer zween
Herrn vom Hofe von mir genommen, die mir kein Geld geben,
ſondern wenn ſie ſie gebrauchet und Schöne dadurch überkommen
haben, wie ich denn gewiß weiß, daß es geſchehen wird, ſie mir
alsdenn noch ſo viel, als ich erſtlich gefordert, darvor geben
wollen.

Agrippina. Hab ich doch all mein Tage nicht wunder-
lichere Sachen gehöret. Wie theuer gibſtu einen?

Andalosia. Schöne Prinzeſſin, umb drei Kronen.

Agrippina. Allda haſtu, gib her einen und ſage mir dabei, wie ich ihn gebrauchen ſol.

Andalosia. Allhier haben ihr Gnaden den Apfel; wenn
ihr Gnaden wil zu Bette gehen, ſo eſſe ſie und werde darauf entſchlafen[1]; ich weiß gar gewiß, daß ihr Gnaden ſo wol andere
Herrn mir mehr ablaufen werden.

Agrippina. Dieſes thue ich dir befehlen, da die andern
kommen und dir Äpfel ablaufen wollen, ſo laß ihn keine, denn
ich wil ſie alle behalten und theuer genug bezahlen.

Andalosia. Ja, ſchöne Prinzeſſin, wer mir das meiſte
Geld gibet, der bekömt ſie.

(Agrippina gehet hinein.)

---

1 werde entſchlafen, vgl. Anmerkung S. 95, 1.

Nun ists Zeit, mein lieber Diener, daß wir uns von hinnen machen, denn die Hörner möchten uns sonst stoßen. Nim du den Korb und folge mir, wir wollen ander Kleider anthun.

(Gehen hinein.)

Jetzt kömt der Erste mit Hörnern auf dem Haupt.

Erster. Daß dich nimmer muß Gutes bestahn, du Betrieger, der du mich jetzt gemacht hast einen Abscheu für einen jeglichen Menschen mit diesen greulichen Hörnern! Pfui, wie schandlos[1] bin ich betrogen! Ich meinte, eine schöne Gestalt zu überkommen, nun hab ich mich gar verderbet; aber hätte ich dich, es solte dir sauer werden, Äpfel zu verkaufen!

Kömt der Ander auch mit Hörnern.

Ander. Wor zum Teufel kömt dieses, daß wir so schänd= lichen betrogen sein? Siheſtu doch eben aus wie ich und haſt auch Gemsenhörner bekommen. Fürwahr, diese Schande wollen wir nicht ungerochen laſſen, wir wollen nachfragen, wo er geblie= ben, und so wirs erfahren, muß er von unſern Händen ſterben. Pfui mich an, daß ich mich so schändlichen habe betriegen laſſen, ich war zuvor ein greulicher Kerls und vermeinte, schön zu wer= den, damit ich Gratiam bei schönen Jungfrauen haben möchte, aber jetzt bin ich noch zehenmal greulicher worden, denn ein jeg= lich Mensche ſihet mich an gleich ein Meerwunder und Teufel. Sage doch, mein getreuer Bruder, wie wir dieses wollen anfan= gen, damit wir von diesen greulichen Hörnern entlediget werden.

Erster. Solches weiß ich fürwahr nicht, lieber Bruder, wie wir es machen, daß man sie los werde. Ich bin schon bei zweien Doctorn geweſen, die mir übeln Troſt gegeben und ſagen, ich müſſe sie mein Lebtag behalten, und könten mir durch keine Mittel vertrieben werden, denn sie solch Gewächs ihr Tag nicht geſehen noch davon gehöret hätten.

Ander. So schlage der Teufel darzu, ſol ich denn nun immer mit den Hörnern gehen, gleich wie ein ander Narr! Für= wahr, ich darf keinen Menschen ins Geſichte kommen. Da kömt die Prinzeſſin, fürwahr, sie hat auch Hörner!

Jetzt kömt der König und die Prinzeſſin.

König. O herzliebe Tochter, woher kömt dir dieses Un= glück, also daß dir solche ungeſtalte Hörner aus den Kopf ge= wachſen?

---

1 schandlos, vgl. oben.

Agrippina. O ich verachtetster Mensch, worvon sie mir gekommen? Ich halte aber, es muß eine Strafe Gottes sein, oder aber ist mir von den Äpfeln von Damasco gekommen.

König. Sih, habt ihr beide doch auch Hörner gleich meiner Tochter! Wannenher und worvon habt ihr sie bekommen?

Erster. Groß und mächtigster König, es war allhier ein Kramer, der verkaufte Äpfel von Damasco, von denselben haben wir gessen und gläuben, sie sein darvon gewachsen.

König. O, verfluchet sei der Kramer mit seinen Äpfeln! Wann ich ihn nur möchte in meiner Gewalt haben, ich wolte ihn fürwahr mit wilden Pferden zerreißen lassen. Solche Schande mag doch niemaln wo erhöret sein, daß es einen Menschen gethan solte sein worden. Meine Tochter ward ausgerufen für die schönefte Jungfrau auf dieser Welt, nun ist sie die allergreulichste und abscheulichste. Ja, kein Mensch ist in der Welt vorhanden, der ihr darvon helfen kan, und kömt jederman dieses Gewächs zuvor unerhöret vor. Zweimaln habe ich ihr die ungestalten Hörner mit großen Schmerzen abschneiden lassen, aber sie wachsen also balde wieder. — Ihr beiden, lasset mit Fleiß forschen durch die ganze Welt, ob irgends wo ein Doctor vorhanden, der diese ungestalten Hörner vertreiben könte, so sol ihme solches reichlich belohnet und vergolten werden.

Erster. Großmächtigster König, wir wollen nicht aufhören mit Forschen, ob wir einen solchen Doctorem bekommen könten, damit wir auch unsere Hörner mögen abkommen. (*Gehet hinein.*)

Jetzt kömt Andalosia und hat sich gleich einen Medico angezogen.

Andalosia. Also muß man Gleich mit Gleichen bezahlen. Hätte ich aber nur meine beiden Kleinoder wiederumb, so wolte ich von Herzen fröhlich sein. — Der König und alles Hofgesind betrüben sich sehr, also daß ihnen auch bald möchten Hörner aus dem Kopfe wachsen, darumb daß die Tochter so ungestalt worden ist[1]. — Jetzt hab ich mich angethan gleich wie ein Doctor der Medicin und wil mich angeben, daß ich die Hörner vertreiben, und also mein Seckel und Wünschhut dardurch wieder bekommen kan.

---

1 In dieser Bemerkung liegt eine Erklärung eines auch in den Englischen Komödien vorkommenden Ausdrucks: **den Cornelium haben,** traurig sein. Bei Petronius (Sat. cap. 39) meint Trimalchio, die trübseligen Menschen würden im Zeichen des Steinbocks geboren: in capricorno aerumnosi, quibus prae mala sua (sic!) cornua nascuntur.

Jetzt kömt der Erste.

Erster. Mein guter Freund, haltets mir nicht vor übel, daß ich euch anrede. Seid ihr nicht ein Doctor medicinae?

Andalosia. Herzlich gern, mein guter Freund, ihr solt wissen, daß ich ein Doctor der Medicin bin, komme jetzt aus Barbarien, habe den König in Spanien sechs Jahr mit meiner Kunst gedienet, wie ich denn auch biß dato noch von ihm Bestallung hab.

Erster. Hochgelahrter Herr Doctor, ich kan euch nicht fürenthalten, wie daß allhier zu Hof der vornehmsten Person zwei Höcker aus dem Kopf geschossen, worvon sie denn kein Mensch noch Doctor entledigen kan; haben sie ihr auch schon zweimal mit großen Schmerzen abschneiden lassen, aber sie wachsen alsobald wieder; wüstet ihr aber Rath, sie darvon zu entledigen, ich weiß fürwahr, es würde euch doppelt bezahlet werden.

Andalosia. Ja, umb diese Sachen weiß ich Bescheid, und es ist kein Mensch in der ganzen weiten Welt, der sie vertreiben kan, als ich.

Erster. O mein herzlieber Doctor, könnet ihr sie vertreiben, so mag ich sagen, ihr seid mir ein Engel vom Himmel gesandt, denn sehet hier, solche Hörner habe ich auch bekommen. (Zeigt sie ihm, nimt den Hut abe.)

Andalosia. Ja, es ist wahrlich dasselbe Gewächs, welches ich gar wol kenne und dessen Ursach weiß, worvon sie wachsen.

Erster. Mein hochgelahrter Herr Doctor, ich bitte, saget mir unbeschwert, worvon sie wachsen.

Andalosia. Es kömt von dem, so ein Mensch den andern große Untreu thut und sich gröblich der Bosheit erfreuet, dieselbe Freude und Untreu aber nicht offenbarlich darf vollbringen; so muß es durch etliche Wege ausbrechen, und oft einen darvon ein Gewächse aus dem Kopfe wachsen; wo es aber nicht ausbrechen kan, ist es viel schlimmer und stößet den Menschen das Herz abe. Bedenket euch nun, ich weiß gewiß, daß es euch auch darvon kommen ist.

Erster. Fürwahr, ihr judiciret hiervon recht. Ich muß bekennen, daß ich einen Menschen oft beim Könige fälschlich angegeben, der mir alles Gutes thäte. Ich bitte nun, mein hochgelahrter Herr Doctor, komt jetzt mit mir zum Könige und Prinzessin, die denn über euer Ankunft höchlich erfreuet sein sollen, denn die Prinzessin selber ists, die auch Hörner über ihrem Häupte hat.

Andalosia. Ja, ich wil mitgehen, aber ihr müßt Ver-
schaffung thun, daß mir wol bezahlet werde.

Erster. Oho, mein lieber Herr Doctor, traget da keine
Sorge für, zehenduppelt wird sie euch bezahlen, denn die Prinzeffin die aller reicheste in der ganzen Welt ist. (Gehen hinein.)

Jetzt kömt Agrippina und der König heraus.

König. Herzliebe Tochter, stell dich zufrieden, denn mit
Grämen und Trübsal wirstu die Hörner nicht los werden, sondern
werden dir immer fester darnach[1]. Was kan man thun, und wer
kan darwider!

Tochter. O herzlieber Vater, habe ich nicht gnugsam Ursach, mich zu grämen und zu bekümmern? O herzlieber Vater,
laß mich doch kein Tag mehr leben, so mir diese Schande nicht
von meinem Häupt kömt. O weh! Was hilft michs nun, daß
ich die Schönefte gerühmet ward auf Erden? Was hilft michs,
daß ich eines Königes Tochter bin? Was hilft michs, daß ich die
Reichest bin? Ich muß gehen gleich wie ein unvernünftiges Thier
mit Hörnern. — Aber da kömt einer, mich dünket, es sol ein Me-
dicus sein.

Erster. Großmächtiger König und hochgeborne Prinzeffinne,
thut euch mit mir freuen, denn hier habe ich einen gelehrten
Doctorem angetroffen, der uns von den Hörnern entledigen wil.

König. Ja, wenn ers thun könte, so könte er wol sagen,
daß er seines Glückes halben hieher kommen wär. — Lieber Herr
Doctor, seid ihr euer Kunst gewiß, also daß ihr meine Tochter
von den Hörnern entledigen könnet?

Andalosia. Ja, großmächtigster König, dasselbe kan ich,
und sonst kein Mensch in der ganzen Welt, habe auch vor kurzen
Zeiten eines mächtigen Grafens Tochter aus Spanien von solchen Hörnern wie diese entlediget. Denn ich diese Kunst aus
fremden Landen mitgebracht, und auch die Ursache weiß, worvon
sie entstehen.

König. Wahrlich, ihr seid mir und meiner Tochter zum
Glück vom Himmel gesandt, so ihr die Hörner vertreiben werdet,
denn ich fast durch alle Länder Boten ausgesandt, aber keiner
hat mir einen solchen Doctorem antreffen können. Es war allhie ein betrieglicher Krämer, der da Äpfel von Damasco aus-
rufete, daß sie den Menschen schöne Gestalt geben solten. Da

---

1 Vgl. die Anmerkung S. 107.

aber meine Tochter nur von den Äpfeln aß, alsbald wuchsen ihr
diese zwei Hörner aus dem Haupt. Weil ihr aber sagt, daß euch
die Ursach bewust, worvon die Hörner wachsen, so möchte ich so=
wol meine Tochter solches gerne wissen.

Andalosia. Großmächtigster König, ihr Majestät sowol
die Prinzessin sein in der Meinung, als daß ihr die Hörner von
den Äpfeln gewachsen. Nein wahrlich, solches ist weit gefehlet.
Gleich wie ein Mensch sich oft einbildet, hätte er den Trank oder
die Arznei den Menschen nicht geben lassen, so würde er noch
leben, und wird oft dem Arzt die Schuld seines Todes zugerech=
net, wiewol der Arzt keine Schuld hat. Also halte ich den Arzt
und den Kranken gleich. Nun sol ihr Majestät wissen, was die
Ursache ist, und wil euer Majestät wahrlich die Wahrheit sagen.
Es kömt daher, wenn ein Mensche dem andern große Untreu be=
weiset und betrieglich mit den andern umbgehet, der ihn alles
Liebes und Gutes thut und erzeiget. Darzu auch, wenn sich ein
Mensch gröblich der Bosheit erfreuet, und ist dieses also ein Zu=
laß Gottes, daß die verborgene Betrieglichkeit aus dem Häupte
schosset [1]; wo aber nicht äußerlich, so wachsen sie einem Menschen
zum Herzen, und muß sterben. Also bitte ich nun, euer Maje=
stät wolle nicht zürnen, denn ich ihme die rechte Wahrheit nicht
habe verhalten wollen.

König. Nein gar nicht, warumb solte ich über euch zürnen,
weil ihr mir die Wahrheit gesagt habt? (Gehet zu der Tochter.)
Hörestu, Agrippina, wie dieser Mann die Wahrheit saget?
Ich muß bekennen, daß dieses nur eine Plage ist Andalosia wegen.
Aber, lieber Herr Doctor, bringet meine Tochter von den Hör=
nern, es sol euch alsdenn sechsduppelt belohnet werden.

Andalosia. Ich sehe nur an [2], großmächtigster König,
wie elende und betrübet die Prinzessin stehet und meinet, ich
werde ihr nicht davon helfen können, und daß es nur die Wort
mit mir wären als mit den Quacksalbern. Damit ihr aber ge=
wiß sehen sollet, wil ich vorerst diesen Menschen, so auch mit der
Schande beladen, darvon helfen. — Kom hieher, mein guter Freund.
(Er gehet vor ihn stehen. Nun hat er kleine Scheiblein von Äpfeln geschnit=
ten, die gibt er ihn nach einander zu essen.) Dieses seind seine harte,

---

1 schossen, Schüsse, Sprossen treiben, hervorschießen. — 2 ansehen,
betrachten.

wie Ochsenhörner. Nun, das war eins, wie schmeckt es, mein guter Freund?

Erster. Es schmecket gar bitter, und fühle ein wenig Linderung in meinem Häupte.

Andalosia. Das höre ich gerne. Nim da noch eins, nun weiß ich, daß sie schon ein wenig lose sein sollen. *(Fühlet daran, seind gar lose.)*

Erster. O mein lieber Herr Doctor, ich fühle auch, wie gar lose sie mir auf dem Häupte sein.

Andalosia *(nimt sie ihm von dem Häupte).* Nun sein sie gar herunter, danket ihr Gott und meiner Kunst!

Jetzt kömt Agrippina gelaufen, fällt dem Doctor umb den Hals.

Agrippina. O mein herzlieber Herr Doctor, machet mir doch nun meine Hörner auch hinweg!

Andalosia. Ja, Prinzessin, thut ihr doch meiner Kunst nicht gläuben, so wird es euch auch nicht helfen.

Agrippina. O ja, wahrlich ich thue daran gläuben, weil ich nun selber gesehen, daß euer Kunst probirt ist.

Andalosia. Nun, so kommet her vor mich, ich muß zusehen, ob die Hörner auch harte sein. O schämet euch nicht, schöne Prinzessin, es seind feine Gemsenhörner, und gläub, ihr soltet wol mit mir streiten. *(Er siehet das Wünschhütlein von ferne liegen.)* Ja, schöne Prinzessin, wenn ihr die Hörner nit hättet abschneiden lassen, wäre es viel besser gewesen, denn je mehr und öfter ihr sie habt abschneiden lassen, je härter seind sie euch eingewachsen, derhalben werde ich viel mehr Mühe mit euch haben müssen. — Gnädigster König und Herr, ich muß jetzt mit der Prinzessin gar alleine sein, denn sie ihr viel härter eingewachsen, weil sie dieselben hat abschneiden lassen, und derwegen viel mehr Mittel allein mit ihr brauchen muß.

König. Wo ichs nicht sehen sol, wil ich wol meine Augen davon kehren. *(König gehet umbstehen.)*

Andalosia. Nun, Prinzessin, ihr müst die Augen zuthun und nichts sehen, so sollen die Hörner alsobald hinwegkommen.

Agrippina. Das thue ich gerne, dann mir ist nichts Liebers, denn daß ich nur von den häßlichen Hörnern komme.

(Sie thut die Augen zu, Andalosia läuft unterdessen eilends hin, holet das Wünschhütlein, setzet es auf, kömt, fasset sie in den Armen.)

Andalosia. Nun wünsch ich mich in einen wilden Wald, da keine Leute sein.

(Fahren davon; der König stehet noch still und weiß nichts davon.)

König. Herr Doctor und Agrippina, warumb redet ihr nicht? (Schweigt ein wenig still.) Ist es bald gut, Herr Doctor? (Steht ein wenig, nun sieht er sich umb und umb.) Agrippina, liebe Tochter, wo bistu? Nirgends. Oweh, der verrätherische Doctor hat dich wiederumb weggeführet, und wahrlich, er kan mehr denn andere Doctores; mich dünket, er ist kein anderer gewesen als Andalosia, den meine Tochter betrogen und umb den Seckel gebracht. Ich kan wol erachten, daß der ihm solches Glück verliehen hat, verleihe ihme auch Weisheit, auf daß, wenn er umb den Seckel käme, er ihn wieder bekommen könte, in Summa, daß kein ander den Seckel haben sol denn er, dann sonst hätte ein ander auch solch einen Glücksseckel. Viel Menschen sein in Engelland, darunter muß nur ein König sein, welcher ich bin, und mir nur allein von dem Glück verliehen: also ist es auch mit Andalosia, daß keiner dann er den Seckel haben muß. O Agrippina, dir wird übel gelohnet werden deiner Untreu, hätte ich dich nur wieder, so wäre ich froh ohne den Seckel. (Gehet hinein.)

Jetzt kömt Andalosia, setzet Agrippinam gar zorniglich zur Erden, gehet gleich wie ein Bäre herumb, wirft den Rock abe, verkehret die Augen im Kopfe; sie zittert und bebet.

Andalosia. Du verfluchtes untreues Weibsbild auf Erden, thustu mich kennen? (Stehet still; sie kan vor Schrecken nicht reden.) Du Erzdiebin, wer hat dich stehlen lernen? (Schneidet ihr den Seckel abe.) Sih, nun sihestu, daß der Seckel an seine alte Stätte wieder kömt, wohin er gehöret, gedenke aber nun nicht anders, denn die letzte Stunde deines Todes sei jetzt vorhanden, aber erst wil ich meinen Willen mit dir genugsam pflegen. Alle Treue, die du mir von Anbegin bewiesen, wil ich mit dir theilen. Du Diebin, war- um trenntestu meinen glückhaften Seckel und nähetest mir einen falschen an dessen Statt? Jetzund helf dir dein Vater auch, wie er dir befahl, Schlaftrunk zu geben und mich berau- ben; und zwar, schüttelte dein Vater all seine Kunst in eins, so wäre ihm doch unmüglich, diesen Seckel wieder zu überkommen. O du betrieglich Agrippina, wie mochtestu so ein steinern Herze haben, mir solch groß Untreu zu beweisen, so ich dir doch so getreu war? Ich hätt mein Herz, Seel, Leib, Blut und Gut mit dir getheilet. Ist dieses nicht ein unbarmherziges Ding, einen so männlichen Ritter, der da alle Tage durch deinetwillen stach,

turnierte und männliche Ritterspiel gehalten hat, in solch Armuth
und Ellende zu bringen, ja ihme auch das Seine mit Betrug
und List abzustehlen, und keinerlei [1] die geringste Erbarmung mit
mir gehabt, sondern der König, du und alle deine falsche und
diebische Rathgeber haben nur mit mir Schimpf, Spott und ein
Faßtnachtspiel getrieben, also daß mir all mein Gutthat, Geschenk
und getreues Herz mit eitel Falschheit belohnet. Derhalben ich
auch durch die falsche Untreu, so du mir bewiesen, schier in Verzweifelung gerathen, da du alsdann ein Ursach gewesen, daß ich
umb Leib und Seel, Ehr und Gut kommen wäre, zudem da du
meinen tugendreichen Seckel in deiner Gewalt hättest, gar wol
wustest, in welch Armuth ich gedeihen [2], also daß all meine Diener von mir ziehen und ich allein ellendiglich davon reiten muste,
da du mir denn ungern ein Zehrgeld gesendet, daß ich ein wenig
ehrlicher zu meinen Freunden hätte kommen können. In Summa,
du hattest mich zu dem allerbetrübtsten Menschen auf Erden gemacht, und wil diese Untreu jetzt an dir rächen, derohalben sprich
dir selbsten ein Urtheil.

    Agrippina. O gestrenger Ritter Andalosia, ich thue von
Grund meines Herzens bekennen, wie untreulich und fälschlich ich
mit euch umbgangen, ja euer treues Herz sehr übel belohnet;
mir ist aber kein Friede gelassen worden, ehe ich dieses ins Werk
gesetzt und vollbracht habe; wie herzlich leid mir solches gewesen
ist, kan ich auf dißmal mit Wahrheit nicht genugsam sagen. Ich
bitte aber, gestrenger Ritter Andalosia, ihr wollet doch ansehen
die Unwissenheit, Blödigkeit und Wankelmuth der Weiber, und
mir nicht nach meinen Verbrechen vergelten und strafen, sondern
euren Zorn lindern, Gutes vor Böses und was sonsten ein ehrsamen und mannhaften Ritter geziemet und weiter Lob und Ruhm
bringet, an mir auch thuen.

    Andalosia. Ja, kanstu nun bitten? Nein, der Schaden
und Schande, so ich von dir gehabt, ist noch so groß in meinen
Herzen, daß ich dich unverletzet nicht kan lassen. Ich wäre schel-
tenswerth, wenn ich es nicht thäte, eine so schöne Jungfrau mit
Hörnern bei sich zu haben in einen so wilden und großen Walde,
da kein Mensch ist!

    Agrippina. O nein, gestrenger Ritter, ich bitte, bedenket,

────────────────

    1 keinerlei; der Bearbeiter will sagen: in keiner Weise, und fällt über-
dies aus der Construction. — 2 gedeihen, mittelhochdeutsch: gedîhen, in
einen Zustand gerathen.

was Unehre würde man von euch sagen, daß ihr ein arm Weibesbilde und eur Gefangne in einen so wilden Walde ihr Ehr mit
Gewalt berauben woltet, und wo man das von euch sagen würde,
wäre es eur strengen Ritterschaft ein groß Unehr und Schande.

Andalosia. Wolan, ich wil mich jetzt mit Gewalt zwingen und meinen Zorn dahin legen, und verheiß dir bei meiner
ritterlichen Treu, daß ich dich nicht letzen [1] wil an deiner Ehr,
noch schädigen an deinem Leibe. Dieses aber soltu nimmermehr
mir abbitten, sondern das Zeichen, so du noch von mir am Häupte
hast, das mustu biß in deine Grube meinetwegen behalten, damit
du allzeit mein eingedenk seist, und was du mir vor Untreu bewiesen.

Agrippina. O wolte Gott, daß ich in meines Vaters
Pallast und von diesen Hörnern entlediget wäre!

Andalosia (greift mit beiden Händen nach seinem Hut, den er aufn Häupt
hat). O nein, der Wunsch kan dir jetzt nicht helfen, wie zuvor,
denn ich hab dir solches entzogen.

Agrippina. Mein lieber Andalosia, erbarmet euch meiner,
daß ich der Hörner mag ledig werden, und führet mich wieder in
meines Vatern Pallast.

Andalosia. Kurtzumb nicht, Agrippina, denn wie ich zuvor gesagt, daß du die Hörner tragen müssest meinethalben biß in
die Gruben und darbei der Ungetreu eingedenk; so viel aber wil
ich thun und dich wiederumb zu deines Vatern Pallast führen, so
nahe daß du ihn sehen kanst, aber darinnen kom ich nimmermehr.

Agrippina. O weh, habt doch Erbarmen mit mir armen
Weibesbilde und machet mir die Hörner los!

Andalosia. Agrippina, dein Bitten ist vergebens, und
wann du mir ein Million Goldes geben woltest, wolt ich dir nicht
von den Hörnern helfen. Danke Gott, daß du dein Leben behalten hast, denn ich war also in dich verhaßt [2], daß ich dich bald
erwürget hätt; drumb bitte nicht mehr, denn du hast viel mehr
Gnade schon erlanget, alß dir gebühret und gehöret.

Agrippina. Aue [3] mir ellendesten Menschen, muß ich dann
nun ein Meerwunder und Ungeheuer der ganzen Welt sein und
kan nicht entlediget werden, so begehre ich nimmer wieder zu kommen in Engelland, auch daß mich kein Mensch allda nimmermehr

---

1 letzen, laedere, verletzen. — 2 in dich verhaßt, gebildet wie: ver-
liebt. — 3 aue, au, Ausruf des Schmerzes, vorzugsweise in Niedersachsen.

sehe. Derohalben führt mich an ein fremb Ort, da mich niemand
erkennt.

Andalosia. Nein, Agrippina, beim Vater ists am besten,
und kanst mit deinen Hörnern nicht bekanter werden in der Welt
denn in Engelland, drumb kan dieses nicht sein und muß dich
wieder in Engelland führen.

Agrippina. O weh, Andalosia, ist noch ein wenig Erbarmen in euch, so thut mich dieser Bitte gewähren: führet mich
in ein Kloster, daß ich allda mein Leben ende und die Welt
verlasse.

Andalosia. O Agrippina, ich weiß, daß dir das Nunnen-
fleisch nicht gewachsen sei, derhalben so sage jetzt erst aus Grund
deines Herzens, begehrestu in ein Kloster?

Agrippina. Ja, weil ich diese Hörner behalten muß, begehre ich nichts Liebers.

Andalosia. Nun, ich wil dich hinführen, aber zu guter
letzt gib mir drei Küßchen, denn du mir ehe mehr gegeben hast,
und verlaß damit die Welt.

(Sie stehen ein wenig still.)

Nun, Agrippina, mache fort, wo du ins Kloster wilst.

(Sie gehet zu ihm und wil ihn ein Kuß geben und wieder zurück.)

O Agrippina, woltestu mich mit deinen Hörnern stoßen, es ist
nichts daran gelegen, ob ich schon von dir gestoßen werde.

(Jetzt gehet sie wider zu ihm, küsset ihm dreimal, Andalosia fasset sie in
den Arm.)

Nun wünsche ich mich in Hiberniam ins Kloster.

(Fahren davon, nun kommen sie wieder heraus.)

Allhier ist das Kloster, bleib hier bestehen, so wil ich hinein gehen
und mit der Abtissin reden. (Gehet hinein.)

Agrippina. O ich ellendester Mensch, muß ich nun meine
Zeit im Ellende vertreiben? Solches wolle sich Gott erbarmen.
O möchte ich nun bei meinem Herrn Vatern sein, so begehrete ich
nicht mehr. Pfui mir selber, die ich die Kleinoder beide gehabt
und nicht gewust, daß der geringe Filz, den ich so lange unter
dem Bett liegend gehabt, solche edele Tugend an sich habe.
Gott, erbarme dich meiner und kehre mein Trübsal!

(Nicht lang darnach kömt Andalosia wieder.)

Andalosia. Nun, die Stelle habe ich dir gekauft und der
Priorinnen sechshundert Kronen gegeben, dich ehrlich zu halten,
wie dann dieses auch kein gering Kloster, sondern nur eitel hochgeborne edele Jungfrauen darinnen sein. So bewahr dich nun

8*

der liebe Gott, gebe, daß du lang bei guter Gesundheit bleibest
und allhier die ewige Freude erwerbest.

Agrippina. Amen. (Fängt bitterlich an zu weinen.)

Andalosia. Agrippina, betrübe dich nicht, denn dir sol=
ches wenig nutzen wird. Nun scheide ich von hinnen.

Agrippina (fället nieder auf die Erden). O tugendreicher An=
dalosia, erbarmet euch meiner und gedenkt meiner in kurzer Zeit
und entledigt mich, denn ich weder Gott noch der Welt dienen
mag, so unwillig bin ich über die Hörner.
(Andalosia kehret sich nichts an die Rede, geht hinein, sie auch, nicht lang
hernach kömt Andalosia wieder heraus.)

Andalosia. Was ich für Betrübnis und Jammer gehabt,
daß ich auch fast von Sinnen kommen war, ist Gott bewust; nun
aber bin ich, Gottlob, wieder ein fröhlicher Mensch worden, und
mein Unglück und Betrübnis hat sich wiederumb in Freuden ver=
wandelt. So habe ich mir jetzt vorgenommen, zu meinem from=
men Bruder wiederumb zu ziehen, der vielleicht meinetwegen sehr
betrübt sein wird. (Setzet sein Wünschhütlein auf.)
Nun wünsche ich mich gen Famagusta.
(Fähret hinweg, kömt bald wieder.)
Da sehe ich das Schloß Famagusta. Ich wil anklopfen, daß mein
Bruder herauskomme. Holla, holla, ich bitt, macht auf!
(Ampedo kömt heraus).

Ampedo. O herzlieber Bruder, was für Freude ich über
deiner Gegenwart und Gesundheit empfange, ist nicht zu gläuben.
Sei mir in Gott von Herzen willkommen!

Andalosia. Habe Dank, mein liebster Bruder, und daß
ich dich jetzt gesund und beim Leben wiederfinde, machet mir über=
aus große Freude.

Ampedo. Sag mir doch, liebster Bruder, wie ist es dir
gegangen, auch mit dem Seckel, der dir gestohlen war?

Andalosia. Gut und Böses ist mir widerfahren, und solt
wissen, daß ich umb den Wunschhut und Seckel kommen war.
(Ampedo verschrickt heftig, wil zur Erden sinken.)
O mein liebster Bruder, verschrick nicht und sei fröhlich, denn sih,
hier habe ich beide Kleinöder, den Wünschhut und Glückseckel;
recht bin ich darumb kommen, aber beide mit List wieder über=
kommen. Hier hastu sie beide und laß dir damit wol sein, habe
Freude nach deines Herzens Lust, das wil ich dir von Herzen
gönnen und dir nichts darwider reden.

Ampedo. Nein, ich begehre sie nicht, denn wer sie hat, muß jederzeit Angst und Gefahr seines Lebens mit auffsetzen, das ich wol aus meines Vatern, seligen Gedächtniß, Reisebuch und auch gnugsam von dir erfahren hab; kom, laß uns hinein gehen und die Zeit nunmehr in Concordia und Frieden zubringen.

(Jetzt kömt Andalosia wieder heraußer.)

Andalosia. Mein gutthätig Herz thut mich treiben, daß ich die Agrippinam wieder erfreue und wieder in ihren vorigen Stand bringe. Derohalben wil ich mich itzt aufmachen mit dem Wünschhut, den mir mein frommer Bruder schon gar nachgegeben[1], und wünsche mich nun in die Wildnis, wor ich vor[2] gewesen bin, nämlich in den Wald in Hibernia.

(Fähret davon, nicht lang hernach kömt er wieder.)

Allhie bin ich schon in den Wald, worin mir groß Herzeleid und Betrübnis widerfahren, da mir Agrippina den Wünschhut und Geldseckel davon führete und ich überdas die ungestalten Hörner überkame; und allhie sehe ich zwar die Bäume stehen, aber eigentlich weiß ich nicht, welches der Baum ist, wordon die Hörner wieder vergehen, ich muß von einem versuchen.

(Gehet zum Baum der Schande und versucht einen.)

Fürwahr, ich komme an den unrechten Baum, denn ich fühle etwas auf meinem Häupt u. s. w.

(Nimt den Hut abe.)

Nein, dein begehr ich nicht, ich wil weiter suchen.

(Gehet zum Baume der Tugend und nimt einen.)

Nun habe ich recht angetroffen, denn ich fühle, wie sich meine Hörner schon auf dem Häupte lösen.

(Ziehet den Hut abe und schmeißt die Hörner zur Erden.)

So wil ich nun von diesem Baum einen Apfel mitnehmen und Agrippinam damit erfreuen. Nun wünsche ich mich ins Kloster zu Agrippinen.

(Fähret hin und kömt bald wieder heraus.)

Allhier sehe ich das Kloster, worin ich Agrippinam gelassen, wil derowegen anklopfen und sie raus rufen, daß ich sie wieder möge erfreuen. Holla, holla, Agrippina, kom zu mir heraus!

(Sie kömt heraußer.)

Agrippina. O Andalosia, seid mir willkommen; ich weiß aber nicht, was vor ein Unglück mir euer Ankunft andeute.

Andalosia. Sei meinetwegen unerschrocken, Agrippina,

---

1 nachgeben, auf eine Bitte geben. — 2 vor, zuvor.

ich kom, dich jetzt zu fragen, ob du noch so unwillig über die Hörner bist, als du warest, da ich von dir schiede?

Agrippina. O Andalosia, solt ich nicht unwillig sein, je länger je ärger? Und wenn ihr mir nicht so gehässig, wolt ich ein fröhlicher Mensche sein.

Andalosia. Sag mir die Wahrheit, wenn du quit und ledig wärest der Hörner, worhin begehretstu denn am liebsten zu sein?

Agrippina. Wenn ich von meinen Hörnern entledigt wäre, so begehrte ich nichts Liebers, denn zu Lunden bei meinem herzlieben Herrn Vater und lieben Frau Mutter, der Königin, zu sein.

Andalosia. Nun, Agrippina, schlag all dein Betrübnis aus dem Herzen und faß ein fröhlichen Muth. Sih hie, iß diesen Apfel gar auf, so wirstu erst von Herzen fröhlich werden.

(Sie nimt ihn und isset ihn auf.)

Agrippina, du sihest gar sauer aus, aber laß dir solchen Unge= schmack [1] des Apfels nicht angehen, du solt sehen, was er wirken wird.

(Andalosia ziehet ihr die Hörner abe.)

Sih da, Agrippina!

(Sie fällt vor ihm nieder.)

Agrippina. O Andalosia, wormit sol ich euch dieses ver= gelten? Denn vor Untreu beweiset ihr mir Gutthat.

(Andalosia nimt sie bei der Hand.)

Andalosia. Stehe auf, Agrippina, Gott hat dein Gebet erhöret, daß du von den Hörnern entlediget, und alles, was dein Herz begehret, gewähret wirst. Nun wil ich dich zu deinem Vater führen.

(Setzet sein Hütlein auf, nimt sie in die Arm.)

Also wünsche ich mich gen Lunden.

(Fähret weg, nicht lang kömt er wieder.)

Sih da, Agrippina, sihestu den Pallast deines Vatern, worin mir so groß Untreu widerfahren, also auch, daß ich ein Ekel habe, hinein zu kommen? So nehm ich nun jetzt Abschied und gehe du allein dahin.

Agrippina. O tugendreicher Andalosia, von Herzen gerne wolte ich wünschen, daß ich euch euer Gutthat belohnen könte.

(Andalosia gehet hinein. Agrippina gehet auch hinein.)

---

1 Ungeschmack, mittelhochdeutsch: ungesmache, übler Geschmack.

Andalosia (kömt wieder und spricht): Jetzt wünsch ich mich gen Famagusta zu meinem Bruder.

(Fähret weg und kömt wieder.)

Holla, holla! Lieber Bruder, kom heraus.

(Ampedo kömt.)

Ampedo. Siß, herzlieber Bruder, sei mir in Gott will-kommen; wo bistu gewesen, und wie hat dirs gangen?

Andalosia. Habe Dank, lieber Bruder. Meine Reise ist in Hibernia gewesen, im Frauenkloster, allda ich die Agrippinam geholet und wieder gen Lunden gebracht, da denn eine solche große Freude von Jung und Alt worden, daß[1] nicht auszusagen. Diese Reise aber sol meine letzte gewest sein, und wil mir auch nunmehro ruhsame Tage schaffen. Allda hastu den Wünschhut und brauch ihm immer nach dein Gefallen.

Ampedo. Ich wil den Wünschhut in meine Kammer legen, denn ich ihn wol nicht viel brauchen werde.

(Gehen hinein.)

Jetzt kommen die zween Grafen heraus.

Ander. Wo zum Element wil dieses letzlich hinaus, weil ich so verrätherlich von Frauen und Jungfrauen gehalten bin umb dieser schandlosen Hörner willen, so mir von Andalosia an-gebracht und mir nimmermehr können vertrieben werden! Solte ich aber dieses an Andalosia ungerochen lassen, so wäre ich für-wahr ewig Schande werth. Derohalben thue ich schweren, er muß von meinen Händen sterben!

Erster. Fürwahr, dein Anschlag gefällt mir wol, aber höre dieses zuvor. Du weist, welch ein groß Reichthumb Andalosia hat, wie prächtig er stolzieret, also daß mich däucht, er muß einen heimlichen Schaß haben. Darzu weistu auch wol, wie oft er mich und dich in Turnieren zu schanden gemacht und Victoriam vor uns davon getragen. Derohalben wollen wir, weil er uns beiden Schande angehanget und zugefügt, ein Verbündnis zusammen machen, und wollen ihn fahen, da er denn uns bekennen sol, woher ihm solch groß Reichthumb komme, und so wirs erfahren, wollen wir ihn ums Leben bringen und solch Gut unter uns theilen.

Ander. Ja, Bruder, solches habe ich vorlängst bei mir

1 daß, daß es.

bedacht. Jetzt aber kömt er uns eben zu maßen [1], denn ich weiß
es vor gewiß, er wird diesen Weg ziehen, derohalben laß uns
fleißig Acht haben, wenn er kommen wird.

Erster. Seht, so geht uns dieses nach unsern Willen. Wir
wollen nicht ehe von hinnen gehen, biß er kömt. Sih da, er
kömt schon daher!

Andalosia kömt mit seinem Diener.

Diener. Gnädiger Herr, wen sehen wir da? Es seind die
beiden Herrn, den wir am nächsten [2] zu Lunden Äpfel verkauften,
und zwar der eine hat noch Hörner. Äpfelchen von Damasco,
Äpfelchen!

Andalosia. O du unbedachtsamer Mensch, kanstu dein
Unglück nicht verschweigen!

*(Die Grafen kommen und laufen sie mit bloßem Gewehr an, erstechen den
Diener.)*

Ander. Du erzverzweifelter Bösewicht, sihestu hier mein
Häupt? Nun gib dich gefangen, oder du must zur Stunden sterben.

(Sie binden ihn.)

Andalosia. Wie nun, ihr Herren? Thut mir kein Ge=
walt. Wolt ihr mich denn gar umbs Leben bringen?

Erster. Ja, solches haben wir im Sinn.

Ander. Hörstu, Andalosia, dein Leben soltu behalten, so
du bekennest, von wannen dir solch groß Gut komme, daß du
solch ein prächtig Leben führest.

Andalosia. O ihr Herren, nehmt ihr mich darumb ge=
fangen? Solches stehet sehr übel von rittermäßigen Leuten, wie
ihr seid. Habe ich aber jemand Unrecht gethan, so saget mirs,
ich wil duppelt büßen.

Ander. Wir fragen dich da nicht nach; sage uns nur, wo=
von dir solch groß Gut komme, wo nicht, wollen wir dich so lang
martern, biß du es bekennest.

Andalosia. Zwar hier gehet Gewalt über Recht; wisset,
daß in meines Vatern Hause zu Famagusta eine heimliche Schatz=
grube ist, die mir mein Vater seliger in seinem letzten Ende ge=
zeiget; je mehr ich daraus nehme, je mehr wieder darein kömt,
und wolt ihr mich also gefangen gen Famagusta führen, so wil
ich euch die Grube zeigen.

---

1 zu maßen kommen, mittelhochdeutsch: ze mâze komen, gerade
recht kommen. — 2 am nächsten, mittelhochdeutsch: nâhost, jüngst, neulich.

Ander. Nein, das ist nicht die Wahrheit. Kom; wir wollen dich also martern und plagen, daß du uns die Wahrheit bekennest.

(Gehen mit ihm hinein.)

Ampedo kömt.

Ampedo. O welch ein traurig Botschaft ist mir vor mein Ohren kommen, wie daß meines Bruders Diener all erschlagen; kan jetzt nicht wissen, ob er noch am Leben ist, oder wer ihn so mörderlich gefangen geführt. Nun weiß ich gewiß, daß ich des Seckels halber umb meinen Bruder gekommen, und werden ihn so lang gemartert haben, biß er hat müssen bekennen, daß ich noch das Wünschhütlein habe. Als werden sie nun auch darnach trachten, wie sie dieses Hütlein überkommen, dieses aber sol nimmermehr geschehen, und kein Mensch sol mehr Freude damit haben, sondern wil es jetzt zu Pulver verbrennen. Sih, da brenne nun!

(Schmeißet ins Feuer.)

Zwar meines Brudern halben bin ich betrübet biß in den Tod, und däucht mich auch, daß ich derhalben mein Leben enden muß. O, ich fühle, der Tod ist mir nahe und zielet mir nach meinem Herzen. O Tod, machs nicht lang mit mir und nim mich von dieser verrätherischen Welt. O weh! Aue! (Stirbet.)

Erster. Hätteftu mit Guten zuvor bekennet, so wäreftu so greulich nicht gemartert worden. Wir wollen nun zusehen, ob es sich auch also verhält, wie du gesaget, so oft man darein greifet, bekomme man zehen Stücke Goldes.

(Er greift, hat zehen Stück Goldes.

Ander. Ei, Bruder, ich bitte, laß mich auch hinein greifen.

(Er holet auch zehen Stück Goldes heraus.)

Erster. Nun, Andalosia, wir wollen dir von deiner Qual helfen, damit du nicht verfaulest. — Sih da, Bruder, halt an der andern Seiten und zihe fest zu.

(Er thut ihm einen Strick umb den Hals und erwürgen ihn. Der Todte wird hinein getragen.)

Also, Bruder, sein wir sicher genug, daß es nicht auskomme. Aber sage mir, wie wollen wir es mit dem Seckel machen?

Ander. Hörestu, gefällt dir dieses? Du weist, daß ich der älteste bin, so wil ich ihn zuerst ein halbes Jahr haben, darnach du eben also, und wil dir nun geben, worvon du unterdessen dich unterhalten kanst.

Erster. Ja, Bruder, solches gefällt mir wol, so habe du ihn dieses halbe Jahr, das andere halbe Jahr bekom ich ihn; zähle mir aber erst meinen Hut voll, worvon ich zehre.

Ander.   Das wil ich thun, halt her deinen Hut.

(Er wil ihn geben, der Seckel ist leer, kan nichts heraus bekommen, sehen
einander an.)

Erster.   Wie zum Unglück kömt dieses, kan ich doch nichts,
wie zuvor, herausbekommen.

Ander.   O untreuer Bruder, woltestu mich vexieren? Das
ist der Seckel nicht.

Erster.   Fürwahr, Bruder, thue mir gläuben, ich weiß sonst
von keinen Seckel, und wie es zugehe, daß er nicht geben wil,
wie zuvorhin, kan ich nicht wissen.

Ander.   Du must mich nicht betriegen, oder ich oder du
müssen auf diesen Platz beliegen bleiben. Thue mir den rechten
Seckel, oder ich stoße dich durchs Herz.

(Sie ziehen von Leder.)

Erster.   Ich weiß fürwahr von keinen andern Seckel nicht
und wil mit dir umb Leib und Leben streiten; schone mein nicht,
ich wil deiner auch nicht schonen.

(Hauen in einander, machen ein groß Rumor.)
Mittlerweile kömt der König und Agrippina, neben einen Diener.

König.   Haltet Friede, haltet Friede, ihr beiden Grafen.
Diener, nim diesen und gehe mit ihm hinaus.

(Der Diener gehet mit den ersten hinaus.)

Sag mir die Wahrheit, was ist die Ursache, daß ihr euch also
umbs Leben selber bringen wollet, da ihr doch zuvor die besten
Freunde gewesen? Sag die Wahrheit, oder ich dich so grausam
martern wil, als nie erhört ist.

Erster.   O großmächtigster König, die Wahrheit wil ich be=
kennen, denn mich mein Gewissen plaget; wir beide haben Anda=
losiam umbs Leben bracht; da er uns denn bekennen muste, wo=
her ihme solch groß Reichthum kommen, als zeiget er uns diesen
Seckel und sagt, so oft wir darein griffen, hätten wir zehen Stück
Goldes. Nun aber hat er die Tugend nicht mehr, darüber wir
uns denn verzürneten, weil er meinet, daß ich einen falschen
Seckel gemacht hätte.

König.   Nu, so seid ihr sein Mörder gewesen, gib her den
Seckel, ich wil ihn wol kennen.

(Gibt ihn.)

Agrippina.   Ja, herzlieber Vater, es ist der Seckel; ich
bitte, herzlieber Vater, laßt diese schreckliche Mordthat nicht un=
gestraft hingehen, denn es thut mir herzlich weh, daß der treu=
herzig Andalosia so jämmerlich umbkommen ist.

König. · Diener, überantworte diese beiden Mörder also=
bald den Henker, daß er sie morgendes Tages alsbald rädere.

Erster. O großmächtigster König, ich bitte, ihr Majestät be=
weise uns Gnad und Barmherzigkeit und laß uns doch nicht eines
so schändlichen Todes sterben!

König. Es hilft kein Bitten, noch nichts, gehe mit ihnen
von hinnen und laß ihnen ihr Recht werden, wie ich gesprochen.

(Diener gehet mit ihnen hinein.)
Jetzt kömt Fortuna.

Fortuna. Hörstu, König von Engelland, gib mir den
Seckel, so du jetzt empfangen, denn er gehört mir zu.

König. Wie solt er dir gehören? Sag mir vorerst, was
du vor einer seiest.

Fortuna. Ich bin Fortuna und habe den Seckel gegeben.

(König und Agrippina knien vor ihr nieder.)

König. O reichmilde Göttin, wir haben dich nicht gekant,
wir bitten aber unterthänigst umb. Verzeihung, wir thun sie auch
danken vor die Wolthaten, die du uns und unsern Königreich be=
wiesen und noch beweisest, und bitten, du wollest hinfüro dir
unser Königreich lassen befohlen sein und mit deinen milden
Gaben zieren, und uns Victoriam und Sieg wider alle unsere
mächtige Feinde, so dieses Königreich gar zu verzehren und ver=
heheren in Willens haben, geben!

Fortuna. Wie ich dich und dein Königreich vor mit meinen
Gaben zieret, so wil ich dich hinfüro auch begaben und sollet
zunehmen wie die Lorberbäume.

Finis.

IV.

Eine schöne lustige Comoedia von Jemand und Niemand.

Personae:

Marsianus, }
Carniel, } zween Grafen.
Arcial, König.
Arcials sein Gemahl.
Ellibor, König.
Elliboris, Königin.
Jemand.
Niemand.
Gar=nichts, Niemands Jung.
Zweene Bürger.
Alter Mann.
Junge Frau.
Wachtmeister.
Bauer.
Thorwächter.
Secretarius.
Periborus [1], König Ellibori Bruder.
Ebowart, König Ellibori Bruder.
Kellner.
Soldat.
Schmarotzer [2].

---

1 fehlt im Original. — 2 ebenso.

Actus primus.

Marsianus. Nun, Carniel, was sagt ihr hierzu, wie gefällt euch dieses?

Carniel. Wie es mir gefällt, kanstu wol erachten, laß uns nun gute Freunde sein und in guten Vertrauen leben.

Marsianus. Sih, da hastu meine Hand. All unser Misverstand[1] und Zwietracht sol von uns verbannet sein.

Carniel. Also mit mir auch. Gute Freunde seind wir nun und haben große Ursache, unser groß Unrecht zu rächen, und schmerzet mich so heftig, daß wenn ich mich nur rächen könte, mein Leben in die Schanze zu schlagen ich für gering achtete. Bruder Marsiane, wiltu treulich bei mir stehen, so wollen wir nach Müglichkeit sehen, wie wir den tyrannischen König von sein Thron stürzen, denn sechs Graffschaftthümer habe ich noch in Possession, dieselben wil ich all dran setzen und mich rächen.

Marsianus. Ja, Bruder, eben solch groß Ursach hab ich, mich zu rächen, als du, darum wil ich mit Macht darnach streben, daß ich mich an dem Könige räche wegen seines unerhörten tyrannischen Urtheils. Laß uns jetzt hinein gehen und bedenken, wie wir unsere vorhabende Sache recht anfahen wollen.

(Abeunt.)

Elliboris, Königin Arcial und der Schmarotzer kommen heraus.

Königin Arcial. In aller Pracht und Herrlichkeit steigen wir jetzt den Pallast auf. Ein jederman muß sich vor uns beugen, gleich wäre ich eine Göttin; solches gefällt meinem Herzen, solches erhebt meine Seele, wenn ich nur die Ehre, so mir angethan, mit meinen glückseligen Augen anschaue. Ungnade und Dis-

---

1 Misverstand, Misverständniß, Irrung.

gratiam ſein die von mir gewärtig, die ſich[1] vor mein Praesenz nicht unterthänig knieend kommen.

(Schmarotzer kniet.)

Du Unverſtändige, knieſtu nicht vor mir? Du haſt es nicht nöthig?

Königin Elliboris. Nein, durchaus nicht, denn du biſt nicht mehr als ich.

Königin Arcial. Was, ich nicht mehr denn du? Biſtu nicht mein Unterthanin? Wer iſt jetzt über mich? Bin ich nicht gekrönte Königin von Engelland?

Königin Elliboris. Dein Unterthan bin ich ganz und gar nicht; wer weiß, wie lang du dominireſt, eben ſo genah[2] ge= bühret mir, Königin zu ſein, wie dir, denn mein Gemahl iſt eben ſo wol eines Königes Sohn geboren von Engelland wie deiner.

Königin Arcial. Deine hochmüthige Wörter kan ich doch nicht dulden. — Schmarotzer, moleſtire ſie aufs ärgſte du kanſt, denn dadurch ſolſtu in Gnaden kommen.

Schmarotzer. Gnädige Königin, ich ſehe mit Verwunde= rung an den großen Hoffart und Übermuth dieſes nichtswürdigen Menſchen gegen ihr Majeſtät, denn dieſelbe iſt jo Königin, der= halben wir denn auch ihr Majeſtät Ehre erzeigen. Die ſich aber nicht credenzen wollen, und ihr Majeſtät in Unterthänigkeit Ehre erzeigen wollen, fürwahr, die ſeind wirdig, daß ſie mit Geißeln geſtrichen werden. Pfui euch unwirdigen Menſchen gegen der Königin, wollet ihr euch vor ihr Majeſtät nit neigen? Herfür, herfür, und alſo wie ich machet ein Reverenz gegen die Königin!

Königin Arcial (läßt den Handſchuch fallen). Höreſtu? Thu mir den Handſchuch, ſo mir entfallen, wieder herauf langen.

Königin Elliboris. Dir dein Handſchuch wieder zu langen? Nein, durchaus nicht; wiltu deinen Handſchuch wieder haben, ſo hebe ihn ſelber auf.

Königin Arcial. Dieſen Ungehorſam und ſchimpfliche Wörter wil ich an dir nicht ungerochen laſſen. Pfui, du biſt nicht wirdig, daß du in mein Praesenz kommen ſolſt. Was gilt es, ich wil dich zähmen und unterthänig machen. Schmarotzer, ſchlage ja ſie, denn ich mag ſie nicht mehr anſchauen.

(Schmarotzer ſchlägt ſie mit den Stecken. Gehen hinein.)

---

1 ſich knien, niederſächſiſch. — 2 genah: ich habe ein eben ſo nahes Recht.

Schmaroger. Hier herein, du Ungehorsame; wiltu nicht die Königin ehren?

Jetzt kommen die beiden Grafen.

Marsianus. Lieber getreuer Bruder, das groß Unrecht, so uns beiden der König gethan, liegt [1] mir hart an, und kan bald dafür nicht ruhen.

Carniel. Und ich auch nicht, wenn ich nur daran gedenke, darumb laß uns mit unsern Vorhaben fortfahren. Aber da sehe ich die Königin Elliboris gar betrübt stehen. Wollen wir nicht zu ihr gehen und ihr unsern Anschlag offenbaren, damit sie uns behülflich sei, und ihr Gemahl wieder die Krone von Engelland führe?

Marsianus. Fürwahr, das ist ein guter Anschlag, denn sie mit müglichen Fleiß darnach trachten wird, wie Arcial möge vertrieben werden, weil sie mit der Königin im tödtlichen Haß und Neid lebet. Wolan, ich hoffe, unsere Feind wollen wir gar vertreiben.

(Gehen zu ihr.)

Gnädigste Königin, ihr Majestät stehe nicht so betrübet und verschlage [2] alle Melancholei, denn den Hohn und Spott, so ihr Majestät von der hoffärtigen Königin dulden muß, wollen wir schwerlich [3] an ihr rächen, dafern ihr Majestät uns Hülf und Beistand zusagen und thun wil.

Königin Elliboris. O ihr meine lieben Herrn, welch einen schweren Stein wälzet ihr jetzt von meinem Herzen! Ich gehe in Betrübnüß und mein Herz wil mir zerspringen, dafern ich nicht Königin werde und die Hoffärtige herunterstürze und über ihr triumphire. Wie hoch erfreuet ihr mich durch euer Wörter. Ich gelobe und schwere euch bei den unsterblichen Göttern, Hülf und Beistand zu leisten, und dafern ihr mich zur Königin setzet, schwere ich, die größest Gewalt ihr nächst dem König haben sollet.

Marsianus. Gnädigste Königin, durch eur Majestät Hülf und Beistand wollen wir es nicht unterlassen; gefällt aber ihr Majestät dieser Anschlag? Auf den Abend, alsobald wenn der König zur Ruhe, wollen wir ein Geschrei und Tumult anfangen und den König gar vertreiben.

Elliboris. Euern Anschlag laß ich mir aus der Maßen wol gefallen, mein Herz legt sich nun nimmer zufrieden, biß wir

---

1 anliegen, Sorge machen. — 2 verschlage, entschlage sich. — 3 schwerlich, adverb., schwer.

das vollendet. Komt nun mit und ſeid unerſchrocken, denn der
Abend iſt vorhanden.

Marſianus. Wolan, laßt uns unerſchrocken ſein, weil wir
ſo ein tapfer Gemüthe in ihr Majeſtät ſehen. Bruder Carniel,
haue nieder, der dir widerſtehen wil!

(Ziehen die Schwert aus, gehen hinein.)

Elliborus (hat ein Buch in der Hand). Allhie in dieſem Buch
finde ich, wie der Menſch ſein ganzes Leben reguliren und richten
ſol, wie Könige und Potentaten ihre Unterthanen beſchirmen und
in Hut haben ſollen. Dieſes Buch leſe ich mit großen ſonderlichen Fleiß; hätte zuvor zwar[1] nimmer gegläubet, daß ſo viel
einen König oder Potentaten gebühre, wie ich jetzt geleſen. Ein
König ſein, es iſt ein Großes und hat ein ſehr groß Anſehen.
Aber ſo er ſeinen Stand und was ſein Anſehen erfordert zu
thuende, recht betrachtet, fürwahr, derſelb ſolte lieber ein gemeiner Bürger darfür ſein. Ja, eine Krone zu führen, wenn
mans recht bedächte, was ſie in ſich habe, fürwahr, ſie würde ſo
ſchwer ſein, daß ſie unter hundert Menſchen nicht einer würde
aufheben. (Lieſet ein wenig, nicht lang nach dieſen hört er trompeten.)
Wunder, wunder, was bedeutet uns dieſes Trompeten ſo gar ſpät?
Denn ich weiß, der König, mein Herr Bruder, iſt ſchon vorlängſt
zur Ruhe geweſen.

Kommen die beiden Grafen mit bloßen Gewehr; der König, gar flüchtig, in
der Schlafhauben.

Arcial, König. O Bruder, warumb laßt ihr mich ſamt
meinem Gemahl in der finſtern Nacht mit Kriegesmunition[2] ſo
ſchleunig überfallen? Sagt mir, was iſt die Urſache? Und worin
bin ich euch zuwider geweſen? So wil ichs duppelt poenitirn[3].

Elliborus. O, ihr könnet nie ſo verſchrocken werden, herzlieber Bruder, denn ich jetzt worden. Verzeihet mir, mein liebſter
Bruder, an dieſen nächtlichen Aufruhr bin ich kein Urſache, ich
weiß auch nicht, was es vor Gelegenheit hat, wer die Aufrührer
ſein, und was das Parlament[4] bedeuten ſol.

Marſianus. Dieſes Tumults Erreger ſeind wir, und
ſolchen nächtlichen Aufruhr zu erregen, hat uns des Arcials

---

1 zwar, ze wâre, fürwahr. — 2 Kriegesmunition, unbehülflicher
Ausdruck für bewaffnete Macht, feindlicher Angriff, force of arms. — 3 poenitirn, büßen. — 4 das Parlament, das Zuſammenlaufen des Volks und
der Lärm der Stimmen. Vgl. mittelhochdeutſch: parlament, Beſprechung.
Es könnte jedoch auch das Zuſammentreten des Parlaments gemeint ſein, von
dem in den folgenden Worten des Marſianus die Rede iſt.

Tyrannei bewogen, denn der ganze Senat dieses Reichs hat ein=
hellig entschlossen [1], ihn wegen seiner Tyrannei zu verbannen.
Das große Unrecht, so er uns bewiesen, ist männiglichen bewußt,
derwegen er nicht würdig, die Krone von Engelland zu führen.
(Geht zu Ellidor.) Drumb, gnädigster Herr, empfahet die Krone
von unsern unwirdigen Händen.

(Non vult habere.)

    Elliborus. O nein, ihr irret weit, die Kron begehre ich
nicht zu führen, denn sie mir gar zu schwer. Ihr Herrn, in diesen
Buch habe ich erst gesehen, was eine Krone auf sich habe.

(Ellidoris regina accipit coronam.)

    Elliboris. Herzliebstes Gemahl, acceptiret diese Krone,
weil ein jederman rufet, daß euer Liebden hinfüro sol gubernieren.

(Er wil sie nicht aufsetzen, gehet in schweren Gedanken.)

Gnädigster Herr, warumb wollet ihr nicht Hoheit vor Niedrigkeit
annehmen? O, ihr Majestät ist allein wirdig, sie zu führen.

(Wil sie ihn aufsetzen, wegert sich.)

    Elliborus. Liebes Gemahl, es kan doch nicht sein, daß
ich mir kein [2] Gewissen darüber machen solte, weil mein Bruder
noch am Leben.

    Elliboris. Gnädiger Herr, hierüber gar kein Gewissen!
(Wil sie ihn aufsetzen, wegert sich und lieset.) Ihr Herrn, ich bitte, lasset
nimmer abe zu bitten, dringet sie ihme mit Gewalt auf.

    Marsianus. Gnädigster Herr, ihr Gnaden bedenken den
Nutz und Heil von Engelland. Ihr Gnaden wissen, wie tyran=
nisch der gewesene König regieret, welch groß Unrecht er beides
mir und andern gethan, die ganze Gemeine [3] schreiet über das
Unrecht, und daß er auch deswegen sol verbannet [4] werden.
Darumb, gnädigster Herr, weil ihr Gnaden wirdig, König zu
sein, und solches von ein jederman gewünschet wird, so wegern
sich doch ihr Gnaden nicht länger und lasse sich jetzo krönen, denn
es ist gänzlich beschlossen, daß Arcial sol vertrieben werden.

    Arcial. Lieber Bruder, bedenk was du thust, o bedenk,
bin ich nicht der älteste Bruder? O Bruder, wilstu so tyran=

---

1 entschlossen, beschlossen. — 2 kein, ein, der Druck hat: ein. —
3 die ganze Gemeine, the commons, the house of commons. — 4 Der
Druck hat: verbrennet.

niſch mit mir handeln? Ich bitte, denk ein wenig zurück und laß
dich nicht ſo jämmerlich einnehmen.

(Elidorus iſt ſehr betrübt, wil herunter, ſie hält ihn mit Gewalt.)

Marſianus. Du Tyrann biſt nicht wirdig, den königlichen Pallaſt anzuſchauen, hie mach dich hinein, in kurzem dir
andere Wege ſollen gezeiget werden!

(Die Grafen leiten ihn und ſein Gemahl hinaus, kommen wieder und ſetzen
Elidorus die Kron auf.)

Marſianus. Ruft alle mit lauter Stimm aus, alle:
langes Leben, Victori, Glück und Heil wünſche ich den groß-
mächtigſten König von Engelland, Frankreich, Schottland, Irland.

Elidorus. Wie ungerne ich die Krone führe, könnet ihr
nimmer glauben; es iſt mir leid um meinen Bruder, daß er ſo
tyranniſch gehandelt, mein Sinn, Muth und Gedanken werden
doch immer derwegen beſchweret ſein, mein Wunſch iſt, daß ich
möge ſanft regieren. Darumb, ihr Grafen und Herren, allen, ſo
Unrecht widerfahren, ſol nach Anhörung mein ſelbſt, nach Gelegenheit der Sachen Recht und Gerechtigkeit adminiſtriret und
mitgetheilt werden.

(Gehen hinein.)

Jetzt kömt Jemand.

Jemand. Jemand, Jemand bin ich geheißen, in der Welt
durch und durch wol bekant, und ziehe durch alle Königreich und
Fürſtenthümer, die ärgeſten Schelmſtücken bringe ich zuwegen
und auf die Bahn, ich bin ein heimlicher Mörder, Brenner, ein
Rauber, viel Jungfrauen thu ich ſchänden, doch geſchicht es alles
heimlich. In Summa, alle Schelmerei, ſo auf Erden heimlich
geſchicht, darin bin ich der Autor. Es iſt aber ein ander Schelm,
der heißt Niemand, auf den ich alle meine Schuld werfe, der
muß alles, was ich thue, entgelten, derſelb Schelm machet mir
viel Unruh, denn er wil kein Schuld haben, ſondern thut ſich
verantworten. Derhalben gehe ich jetzt allenthalben und ſuche
den ehrvergeſſenen Schelm, den Niemand, und wo ich ihn an-
treffe, wil ich ihn anklagen und an den höchſten Galgen henken
laſſen. Ich hoffe, ich hoffe, ich wil ihn übertäuben[1], und alles,
was ich thue, ſol er verbüßen. Mein Wort muß gelten, weil ich
ſchöne Kleider anhabe und in prächtigen Anſehen bin. Der arme
Schelm Niemand iſt ein armer, elender Sünder, hat nicht ſo viel

---

1 übertäuben, beſſer zu reden wiſſen als er. Oder vielleicht Druckfehler
für überteufeln; vgl. unten.

Macht, daß er einen Biſſen Brod kan aufeſſen. Der Schelm hat
gar kein Geld, er kan ſich kein Wambs machen laſſen, ſondern
muß nur allein in den Hoſen gehen. Wanne, wanne, hätte ich
den Schelm jetzunder, wie wolte ich ihn zuſchlagen[1]. Geſtern
habe ich ein groß Diebſtück in des Königes Schatzkammer begangen, der meiſte, der gefragt ward, ſagte, er hätte es nicht gethan,
Niemand hat es gethan, und der Schelm dürft ſich wol verantworten und ſagen, ich, Jemand, hätte es gethan. Nun, nun,
du Schelm, wilſtu die Wahrheit? Ich wil dir das nimmer ſchen-
ten, du biſt doch nur ein armer, elender Schelm und nichtswür-
dig; laß mich erſt reden für den Herrn Senatorn, ich werde dich
doch alſobald überteufeln[2] und alles auf dich werfen, was ich
thue, und gänzlich darfür an den Galgen bringen, denn es iſt
nur ein armer Schelm. Nirgend, nirgend kann ich den Schelm
finden, es macht, daß er vor mir fleucht; er läuft wie all der
Teufel, denn der Schelm hat eine wunderliche Naſe, damit er
drei Meil Wegs riechen kan, aber was gilts, ich finde dich dennoch, und überfall dich mit Gewalt. Nun muß ich weiter ſuchen,
ich habe keine Ruhe, ehe ich den Schelm finde. (Gehet hinein.)

Kömt der Schmarotzer mit den Königinnen; Ellidoris gehet auf den Pallaſt,
die ander ſitzet und ſpinnet.

Ellidoris. Dieſes iſt mir eine Himmelfreud, wann ich
über meine Feinde ſo triumphire, darnach iſt auch mein Tichten
und Trachten geweſen; wann ſolches nicht, würde ich in Hoheit
nicht gerathen, ſondern in Verachtung und Niedrigkeit. Mein
Gemahl iſt gar zu from, und hätte ich ihn die Krone nicht erworben und gänzlich aufgedrungen, ſo wäre er nimmer ſo glückſelig worden. Sieheſtu nun, geweſene Königin, wer triumphiret?
Ich kan doch nicht vergeſſen und muß darüber lachen: du biſt
mein Unterthan. Sih da, mein Handſchuch iſt mir entfallen, hole
mir ihn wieder! Weiſtu wol, geweſene Königin?

Königin Arcial. Ich weiß wol, du hoffärtiger Wurm,
der Teufel hole dich mit den Handſchuchen.

Ellidoris. Geweſene Königin, ihr Majeſtät iſt gewaltig
ungedültig, ich glaube, ihr Majeſtät habe nicht ausgeſchlafen.
Schmarotzer, muntere ſie auf, denn ſie hat nicht ausgeſchlafen.

Königin Arcial (ſteht auf). Dein aufgeblaſene hoffärtig
Wörter thu ich nit (ſchlägt ein Schnippchen) ſo viel achten.

---

1 zuſchlagen, zerſchlagen. — 2 überteufeln, auch ſonſt in den Engliſchen Komödien: an Bosheit und Liſt übertreffen. In Niederſachſen noch
heute gebräuchlich.

Schmarotzer (ſchlägt ſie mit ein Stecken). Wie zum Teufel, geweſene Königin, ſeid ihr ſo ungedültig, ehret euer Königin nicht beſſer? Pfui, Schandſchläge ſeid ihr wirdig.

Königin Arcial. Du unwirdiger[1] Hund und toller Lecker[2], halt dein Haſenmaul zu, auf daß du kein kalt Fleiſch eſſeſt[3]. Iſt dir wol vergönnet, mich alſo anzureden?

Ellidoris. Dieſes muß ich ja lachen, Schmarotzer, daß ſie dich nit achten und dein Autorität nicht anſehen wollen; ich merke aber wol, daß ſie derhalben nicht mehr ſpinnen kan, weil ſie der Hunger ſo heftig ſehr plaget, denn ſie heut noch nichts zu eſſen noch zu trinken bekommen, derowegen, Schmarotzer, gehe alsbald hin und hole ihr Waſſer und Brot;

(Schmarotzer gehet hin.)

denn ich nicht gerne ſehe, daß ſie ſterben ſolte, weil ich mich noch beſſer an ihr rächen muß und ſie alſo plagen, daß ſie unter meinen Füßen muß liegen.

Königin Arcial. Du ſtinkender Menſch[4], ſolt ich unter deinen Füßen liegen? Nein, nimmermehr, ehe wolt ich dich in zwei Stück zerreißen.

Ellidoris. Du reißen? Ja, deine Naſe magſtu vielleicht meinen. Was wiltu, Weib, noch reißen, biſtu eine Löwin?

Königin Arcial. Ja, gläub mir, ein Löwensherz wolt ich gegen dir ſchöpfen[5].

Schmarotzer (bringt Waſſer und Brot). Geweſene Königin, hie bring ich ihr Majeſtät königliche Speiſe. Ich hoffe, ihr Majeſtät werde nicht in Hochmuth gerathen und es verſchmähen. Ich bitte, ihre Majeſtät nehme und eſſe.

Königin Arcial. Du loſer Tellerlecker, friß ſelbſt und laß mich unmoleſtiret.

Schmarotzer. O nein, ich darf nicht, ihr müßt eſſen.

Königin Arcial. Muß ich? Wer wil mich darzu zwingen?

Schmarotzer. Derſelb bin ich, der euch zwingen kan.

Königin Arcial. Du armer Narr, woltſtu mich zwingen? (Gibt ihm ein Ohrfeig.) Sih da, nim damit verlieb.

Schmarotzer. Auf meiner Ritterſchaft, das heißt geſchlagen!

---

1 unwirdiger, im Original: wirdiger; es könnte auch windiger oder widriger zu leſen ſein. — 2 toller Lecker, ſo im Druck; vielleicht ſollte es heißen: Teller-Lecker. — 3 daß du kein kalt Fleiſch eſſeſt, daß du keine Maulſchelle bekommſt. — 4 Menſch, obgleich von einer Frau geſagt, doch männlich gebraucht. In den Engliſchen Komödien immer ſo. — 5 ſchöpfen, unbehülflich ausgedrückt: faſſen.

Ellidoris. Mein Schmaroher, ich wünsch dir Glück zu
deiner Ritterschaft. Schmaroher, denk nun, wie du sie wieder zur
Königin krönest, und laß uns jehund hinein gehen und weiter mit
Hunger und Durst tormentiren. Schlag und jage sie, räche an
ihr dein Leid.

        (Schlägt sie; gehen darnach hinein.)

      Jetzt kömt Riemand und Ganz-und-gar-nichts.

Riemand. Ich bin ein gewaltig prav Kerl, Riemand,
Riemand ist mein Ram; und dieser ist mein Jung, heißt Ganz-
und-gar-nichts. Der Schelm dienet mir gewaltig treulich, alle Tag
schlägt er sich vor mich, ja oft ein hundert Mann macht er gar
todt. Ein jederman weiß, daß ich from bin, ehrlich, redlich und
aufrichtig, und der Schelm Jemand machet allen Tumult nunmehr in der ganzen Welt, er stiehlt, er raubet, er mordet, er
treibet Unzucht mit andern Mannes Frauen und schändet Jungfrauen. In Summa, alle Schelmerei thut er, daß auch nun
endlichen die Könige, Fürsten und Gubernatores in allen Landen
dieses nit mehr dulden und leiden können, sondern forschen nach
dem, der die Schelmstücken anfähet, und wollen ihn vom Leben
zum Tode bringen. Nun wil der ehrvergessen Schelm es alles
auf mich bringen und mich überteufeln; ich muß mich vor den
Schelm fürchten, denn er hat ein großen Anhang. Die Flucht
habe ich schon vor ihn genommen, aus den Dörfern hat er mich
schon verjagt. Nun muß ich mich nothhalben in die Stadt verfügen zu den praven Stadtjunkern und reichen Kaufherren, die
sich über mein Ankunft höchlich erfreuen werden, denn sie halten
viel von mir und haben mich lange citiren lassen. Nun werde
ich kommen, aber ich weiß, daß ich keinen Friede haben werde,
denn ein jeder wird gute Conversation mit mir halten wollen, ein
jeder wird mich wollen zu Gaste laden; ich weiß, sie werden sich
umb meinetwillen schlagen. O, Riemand, Riemand wird hoch in
Ehren gehalten; Riemand, weiß ich, werden die Kaufjunkern in
gülden Stücken kleiden, wenn er nur ankömt. Wagen und
Pferde, weiß ich, werden sie mir aus freien Willen verehren.

Gar-nichts. Herr, Herr, da kommen zween gangen, die
werden vielleicht mit euch reden.

Riemand. Laß sie ankommen, Riemand sol ihn guten
Bescheid geben.

      Zweene Bürger kommen.

Erster. Höre, mein lieber Nachbar, was Dieberei mir widerfahren.

Ander. Das ist nicht müglich, mein lieber Freund, ich bitte, sagt, was ist es, so euch gestohlen?

Erster. Gestriges Tages seind mir zwölf silberne Löffel aus der Stuben gestohlen worden; ich hab all mein Gesinde vor mir gehabt und von ihnen erfahren wollen, wer mir die Löffel gestohlen; da ist keiner unter, der es gethan, die sagen: ich habe es nicht gethan, der ander: ich auch nicht; zuletzt habe ich sie mit der Daumenschrauben bedräuet, da schweren sie alle: Niemand ist in meinem Hause, der sie gestohlen.

(Niemand höret mit Fleiß zu.)

Der ehrvergessene Schelm und Dieb Niemand thut alle Schelmerei, so je geschicht, und in dieser Stadt in vielen Häusern, wo großer Diebstahl begangen wird. Aber ich schwere, es den schelmischen Dieb nimmer zu verzeihen. Denn zur Stunde wil ich ihn anklagen und fahen lassen, ja, den Schelm, der so großen Zwiespalt, Schelmenstück, Dieberei, Mord in der Welt anrichtet, wil ich an den liechten Galgen henken lassen.

Ander. Mein guter Nachbar, laßt euch sagen, ich weiß und wil drauf schweren, daß Niemand euer silberne Löffel nicht gestohlen, denn ich habe es probiret, nit einmal, sondern wol hundertmal, und Geld hingelegt, darbei Niemand gekommen; fürwahr, wie ich es hingelegt, so habe ich es auch funden. In Summa, Niemand ist mir allzeit getreu, und hab ihn auch also befunden, ich laß ihn zu all meinen heimlichen Sachen, Silber, Gold und Briefen gehen, fürwahr, ich spür bei Niemand eine reine Hand. Ich muß euch aber erst fragen, habt ihr nicht lassen fordern Jemand?

Erster. O ja, allererst ließ ich den Jemand fordern, den befand ich unschuldig, denn er schwur bei seiner Seelen Seligkeit, daß ers nicht gestohlen, sondern wüste gewiß, daß es Niemand gethan, auf den er mir zeugete, daß ers gethan hätte.

Ander. O nein, mein guter Nachbar, ihr lasset euch bereden; der Jemand ist ein Schelm, ein Dieb, ein Hurenjäger, in Summa ein Tausendschelm, und wil den armen Niemand gar zu Grunde haben, alle Schelmstücke und Dieberei, so er anfähet, wirft er auf den armen Niemand.

Erster. Mein Herr Nachbar, ihr werdet, wie ich verstehe, den Jemand nicht kennen, denn er ist prächtig, der da ja alle Laster nimmer an sich haben kan, die ihr all erzählet.

Ander. Oho, wie solt ich den Schelm nicht kennen! Er gehet gar prächtig, seine Kleider seind mit güldenen Borten be=

zogen. Wollet ihr es nicht gläuben, daß er ein solcher Schelm ist, so wil ichs euch darthun und beweisen: zu Rom ist er öffentlich zu einem Schelm gemacht worden, zu Prag hat er des Königes Schatzkammer bestohlen und ist darvon gelaufen, zu Venedig hat er mit eines vornehmen Mannes Frauen gebuhlet; da er auf den Hals gesessen, daß ihn der Henker solte das Häupt abschlagen, eben in dem bricht er sich aus dem Gefängnis. Der Schelm brauchet Teufelskünste mit, sonsten wäre es ihm unmüglich, daß er sich so oft vom Galgen stehlen solte. Zu Paris hat er den König[1] erstochen und ist darvon gekommen, zu Lunden hat er falsche Münze geschlagen, zu Leipzig hat er Bankerott gespielt; dieses alles, gläubt mir, ist gewiß und wahrhaftig, und seind wol über etliche hundert Bürger in dieser Stadt, die solches wissen; wil euch auch noch heute etliche vorstellen, die es bezeugen sollen, ich hätte es zuvor auch nicht gläubet; der Schelm ist nicht hoffärtig, er stiehlt auch schlechte[2] Sachen, denn vergangene Wochen wurden mir meine alten ledern Hosen vor dem Bette weggestohlen, da kam auch der Schelm Jemand und schwur, daß ihm die Augen möchten ausgefallen sein,

(Niemand gefält es wol, lachet.)

Niemand hätte sie mir in meinem Hause gestohlen; zuletzt finde ich dieselben Hosen bei einem alten Weibe, die trägt sie umb und wil sie verkäufen; die sagt mir, da ich sie fragte, Jemand hätte sie ihr zu verkäufen gegeben, da fand ich ja den Schelm in einen Geringen, daß er ein Dieb war. Was solt ich mit den Schelm machen, ich durst ihn nicht anklagen, weil es meine alten Sommerhosen, womit mich die Herren ausgelachet hätten. Fürwahr, mit euern Löffeln ist es eben so, forschet nur, so werdet ihr es nicht anders befinden.

Erster. Das ist ein Schelm, der Jemand! Nun, nun, ich muß mit Liste forschen; wenn er es gethan, wil ich wol gläuben, daß er sie auch verlaufen läßt.

Ander. Das thut, ihr werdet es nicht anders befinden, und daß euch Niemand getreu und nichts gestohlen hat.

(Gehen hinein.)

Niemand. Daß dich Potz Schläpperment, so werde ich armer Niemand auch beschuldigt vor ein Dieb. Ja, ja, der Schelm und Dieb Jemand thut mich so mit Haß und Reid verfolgen,

---

1 den König, Heinrich III., durch den Dominicaner Jacques Clément ermordet, 2. August 1589. — 2 schlecht, gering, werthlos.

flaget mich allenthalben an, ich habe es gethan, wie dieser Kerl
Jemand hätte hoch und theuer darauf geschworen, daß ich ihn die
Löffel gestohlen. O du ehrvergessener Schelm, du Jemand, machst
mir viel Mühe und Sorge.   Der ander aber war ein aufrichtig,
from und ehrlich Mann, der verthädigt[1] mich, wie einen ehrlichen Mann zustehet. O, ein prav Mann war es, er sagte fürwahr die rechte Wahrheit. Ist es nicht wahr, was er von den
Schelm erzählete? Und solches wil der Schelm auf mich bringen!

Gar=nichts.   Herr, Herr, da kömt ein alter Mann und
junge Frau.

Alter.   Frau, dich sol bald der Teufel holen, sag, wo bistu
diese ganze Nacht über gewesen?

Frau.   Wie nun? Sachte, ich mag ja gehen, wo ich hin
wil. Ich bin bei Niemand gewesen.

Alter.   Ja, ja, bei Niemand; so oft du Hure aus dem
Hause bleibest, sagstu, du seist bei Niemand gewesen; solches wolt
ich dir wol vergönnen, denn Niemand ist ein ausbündiger ehrlicher Mann, den ich meine Fraue wol hundert Nacht aus guter
Freundschaft lehnen wolte. Aber ich erfahre andere Possen, daß
du bei Jemand des Nachts sein sollest und bei ihn schlafen; dieses
ist mir vor eine Wahrheit gesagt worden. Höre, du weist, daß
derselbe Jemand mein ärgester Feind ist, und daß ich dir niemalen gestatten wollen, mit ihm zu reden. Ich schwer, es dir zu
bezahlen, denn ich dich mit samt den Hurenjäger Jemand wil an
den Kak[2] ausstreichen lassen.

Frau.   Thut was ihr wollet, ihr habt es nicht gesehen, daß
ich bei Jemand! Ich kan drauf schweren, daß ich bei Niemand
gewesen.

Alter.   Nein, nein, dein Schweren thue ich nicht gläuben.

(Gehen hinein.)

Niemand.   Ja, das ist eine Hure, sagt, sie ist bei mir die
Nacht über gewesen! Fürwahr, sie ist nicht zu mir kommen, hab
sie auch zuvor mein Tage nicht gesehen. Die ehrlose Hure, darauf schweren! O welch leichtfertige Weiber, sie ist fürwahr bei
den Schelm Jemand gewesen. Das ist doch ein Tausendschelm,
der Jemand, daß er sie auf mich alle weiset, alles sol ich gethan
haben; aber da höret ihr, daß der ehrliche, fromme Mann sie
mir wol hundert Nacht lehnen wolt, denn er weiß, daß ich nie-

---

1 verthädigen, alte Form für vertheidigen, von mittelhochdeutsch:
tagedinc, tädinc, teidinc. — 2 Kak, Pranger, Schandpfahl.

mand in der ganzen Welt, nur allein den Frauen und Jungfrauen, nichts thue. Es ist wahr, ich habe groß Gratiam bei
allen Männern, bei Fürsten und Herrn, derhalben daß sie mir ihr
Gemahl lehnen wol hundert Nächte. Diese künftige Nacht muß
ich bedacht sein, bei welcher Frauen ich schlafen wil. (Bedenkt sich.)
Bei der Königin aus Frankreich; wenn ich sie vom Könige begehre, so hab ich sie gewisse. Niemand, Niemand werden alle
Frauen vertrauet, denn sie wissen, daß Niemand ihnen nichts
thue.

Gar-nichts. Herr, Herr, da kommen noch zwei.

Niemand. Laß sie ankommen, laß sie ankommen.

Erster. Herzlieber Nachbar, warumb seid ihr so betrübt? Ich
bitte, sagt mir die Ursachen.

Ander. O lieber Freund, genugsame Ursache habe ich zu
trauren, denn jetzt habe ich ein traurige und betrübte Botschaft
bekommen, wie mein Meierhof aufm Lande angestecket und gar
verbrennet sein sol, das ein überaus groß Jammer, denn er
mitten in der Nacht an vier verschiedenen Orten angestecket worden, und eben ein großer Sturmwind sich erhoben, das Feuer so
geschwinde aufgangen, daß keine Rettung hat sein können, ja,
überdas auch alles Gesinde und Vieh, so in seiner Ruhe gewesen
und geschlafen, jämmerlich verbrant und umbs Leben bracht
sein sol.

Erster. Weh diesen großen Schaden und Unglück! Aber
sagt mir, habet ihr nicht erforschet, wer der Schelm gewesen, der
es in Brand gestecket?

Ander. Ich forsche genug, ein jeder sagt: Niemand hat es
gethan, der Hurensohn, der Mörder und Brenner machet viel
Unglück in der Stadt, und füget mir jährlich viel Schaden zu.
Heimliche Boten habe ich ausgesandt nach dem Niemand, bekomme ich ihn in meine Kluppen[1], den Teufel wil ich ihn aus-
bannen, Rad und Galgen sol er bescheißen.

Erster. Mein lieber Nachbar, hat es euch nicht Jemand gesagt, daß es Niemand gethan?

Ander. Ja, Jemand hat es gesaget.

Erster. O, mein guter Freund, gläubet doch den Schelm nicht,
ich weiß und wils darthun, daß Jemand schon eine Stadt ange-
steckt. Niemand, den kenne ich und weiß fürwahr, daß er viel zu

---

1 **Kluppe**, Klaue, Kralle.

from und ehrlich darzu ſei, daß er dieſes ſolte gethan haben. Nein, nein, Niemand hat es auch nicht angeſtecket, ſondern Jemand, bei dem bleibet, der hat es fürwahr gethan. Von Niemand kan ich ſolches nicht gläuben, denn ich habe Niemand allezeit gerecht befunden, ja, was noch mehr, bei meiner großen Tochter habe ich ihn ſchlafen laſſen, und ſie iſt von ihm aufgeſtanden wie eine Jungfrau.

Ander. So verzeih mir Gott, daß ich den gerechten Niemand in Verdacht gehabt, nun bedenke ichs erſt recht. Der Hurenſohn Jemand, wie ichs ihn vorſtellete, war er erſchrocken und gar furchtſam und ſo bleich wie ein Todter. Darnach umb ein wenig ließ ich den Jemand noch einmal fordern, da war der Schelm ſchon hinweg. Pfui mir albern Narren, daß ich ſolches nicht merken kunte, daß ers, der Schelm, angezündet.

Erſter. Solches wolt ich euch wol geſagt haben, wär ich dabei geweſen; forſchet nun mit allen Fleiß, daß ihr ihn wieder in euer Gewalt bekommet, und laßt ihn ſeine Strafe geben.

Ander. Ja, mit allen Fleiß wil ich nach ihn forſchen, bekomme ich ihn, mit glühenden Zangen ſol er zerriſſen werden.

(Gehen hinein.)

Niemand. Das iſt ein tauſend Hurenſohn, der Jemand, er bringet immer mehr auf mich, da hat der Schelm wieder einen Meierhof in Brand geſteckt und geſagt, ich hätte es gethan. O der ehrliche, fromme Mann, der vertrat mich und verthädigte meine Unſchuld. Ja, ja, ja, du Hurenſohn, gienge es nach deinen Willen, ich wäre längſt an den Galgen gehenket.

Gar-nichts. Mein Herr, ihr wiſſet, wie ich euch nun eine lange Zeit gedienet habe, und nun wolte ich gerne meine Bezahlung haben.

Niemand. Wie lange haſtu mir gedienet?

Gar-nichts. Ich weiß nicht.

Niemand. Und ich auch nicht. Mein lieber Jung, trag keinen Zweifel, ich wil dich alſo bezahlen, daß du mir danken ſolſt. Du wirſt ohne Zweifel gehört haben, wie ich all mein vorige Diener duppelt bezahlt, hilf mir nur morgen bran gebenken, ſo wird dir Niemand, den du lang gedienet, von gülden Stücken, mit Perlen und Diamanten gezieret, ein Kleid machen laſſen, Niemand ſol dich auch duppelt bezahlen.

Kömt Jemand mit dem Wachtmeiſter; Niemand erſchrickt, gehet beiſeit.

Jemand. Mein Herr Wachtmeiſter, ſeid fröhlich und friſch,

helfet fleißig suchen; können wir den Schelm antreffen, fürwahr, ein Beche geb ich euch zum besten in lauter spanischen Wein.

Wachtmeister. Gestrenger Herr, mit allem Fleiß wil ich suchen, denn ich bin insonderheit den Schelm Niemand von Herzen feind, weil er mir großen Schaden in meinem Hause thut. Aber wo hat ihn ihr Gestrengigkeiten zum letzten verjaget?

Jemand. Wie ich schon gesagt, aus allen Dörfern, aus allen Flecken ist er vor mir geflohen, wie all der Teufel. O, der Schelm fürchtet sich heftig, wenn er mich nur höret reden, er ist ein armer, elender Schelm, von ganzem Herzen thue ich den Schelm mit Haß und Neid verfolgen und habe keine Ruhe, ehe denn ich ihn an den Galgen gebracht, denn mein ehrlich Gemüth zwinget mich, und kan solche Unrecht und Schelmstücken, die er in der Welt treibet, nicht dulden und vertragen. Suchet, suchet! Ist da keiner, der Niemand, den Hurensohn, gesehen?

(Kömt ihn bald auf den Hals; er, Niemand, gehet hinein.)

Herr Wachtmeister, laßt uns forder gehen, denn mich däucht, wir werden ihn hier nicht finden.

Wachtmeister. Dasselb däucht mich auch; wir wollen ihn in der Stadt besser suchen.

Actus secundus.

Jetzt kömt Arcial, König.

König Arcial. Wie das Glück so unbeständig, lesen wir in vielen Historien; solch Unbeständigkeit mag von mir betrübten Menschen wol gesagt werden. Ich war ein reicher und prächtiger König von Engelland, mein eigen Unterthanen verbannten mich aus dem Lande und thäten mich gänzlich vertreiben, da ich nun ein geraume Zeit in Elend und Armuth mein Leben hab spendiren müssen. O Armuth, welch ein saure Last bistu zu tragen, mit was Kummer, Herzeleide und Elende muß ich mein Brot suchen!

(Wird zur Jagd geblasen, nicht lang darnach kömt Ellidorus.)

König Ellidorus. Du unsterbliche Göttin Diana, mit Glück und Segen thustu uns jetzt beiwohnen; fürwahr, die Tage meines Lebens bin ich bei solch einer lustigen Jagd nicht gewesen. — Sih da, ein Armer, siht gar melancholisch auf die Erden, was

mag der in diesem weiten Walde machen? Hörestu, armer
Mann, wie bistu so betrübet und sihest so elendiglich zur Erden?

Arcial. Mein Elend und Betrübnis ist schwer und groß,
denn eine Krone[1] habe ich verloren, die suche ich.

Elliborus. Ists nicht mehr, sei derhalben nicht so betrübet,
armer Mensch, sei fröhlich, hie hastu zwo wieder. (Wil ihn geben;
er wil nicht annehmen.)

Arcial. O nein, ihr irret weit, diese Krone war theuer,
edel und unschätzlich; sie war mit Diamanten besetzet und leuchtete
wie die Sonn und Sterne, es war solch eine Krone, dem Könige
von Engelland gebührete, sie zu tragen.

Elliborus (verwundert sich). Was bistu denn vor einer?

Arcial. O, wiltu mich nicht kennen? Ich bin dein armer
Bruder Arcial, den du wider all Barmherzigkeit von seiner Kron
und Scepter gestoßen.

Elliborus (weint, fällt ihn um den Hals). O verzeih mir, herztrauter Bruder, vergib mir das Unrecht, so ich an dir gethan.
O herzlieber Bruder, gläub mir in der Wahrheit, daß ich wider
all meinen Willen die Kron führen müssen, denn sie mir mit
Gewalt aufgedrungen worden. O, mein Herz wil mir zerspringen, daß ich dich, herzlieber Bruder, in solch Armuth sehe. O,
betrübe dich nicht mehr, denn dein Kron und Scepter wil ich dir
wieder übergeben, und ist mir von Herzen leid, daß ich dich so
gekränkt habe.

Arcial. Herzlieber Bruder, dein frommes, getreues und
mildreiches Herz erquickt mich jetzt über alle Maßen, von Herzen
thue ich mich bedanken, daß du mich in mein königliche Ehre gerne
wieder setzen wollest. Aber Marsianus und Carniel werden sich
mit aller Macht darwider legen und es nimmer zugeben wollen.

Elliborus. Fürchte nicht, ich hoff, es sol alles gut werden, denn ich sie bitten wil; ich weiß, sie werden drein con-
sentiren.

Kommen die beide Grafen.

Marsianus. Gnädigster König und Herr, es nimt uns
gar sehr Wunder, daß ihr Majestät so lang außen bleibet, jetzt ist
die beste Freud und Lust anzuschauen, denn das Wild ist kurz
vor den Netze.

Elliborus. O nein, die Lust ist mir jetzt gar vergangen.
Sehet ihr, wer dieser ist, der so arm bekleidet?

---

1 Krone, Wortspiel mit der Krone als Münze.

Marfianus. Ich sehe, ich sehe, und so mich meine Augen nicht falliren, däucht mich, es sei Arcial.

Carniel. Fürwahr, es ist der Tyrann, der uns wider alle Billichkeit die Grafschaften genommen; sein Leben muß er verlieren, drumb weil er sich allhie finden läßt und doch verbannet ist. (Ziehen ihr Gewehr aus, wollen ihn erstechen; Elliborus springet vor Arcial.)

Elliborus. Nicht, nicht, haltet an euch! O ihr Unbarmherzigen, was Übels habt ihr in Sinn? Wollet ihr mein lieben Bruder ermorden, so nehmet mir vorerst das Leben.

Marfianus. Gnädigster Herr, ihr Majestät seind wir willig zu gehorsamen, und umb das willen behält er jetzt sein Leben. Denn es ist euer Majestät bewust, was groß Schmerzen er uns zugefüget, da er uns die Grafschaften, die uns gehöret, so unbarmherzig und wider alle Recht und Billigkeit zu sich gerissen. Ich bitte unterthänig, ihr Majestät perponderire solches bei sich selbst, ob wir nicht Ursache genug, es zu vindiciren, hätten.

Elliborus. O mein liebe Getreuen, gedenket doch, daß der Mensch kein Gott ist, sondern solch einer, der täglich fehlen kan; ich bitte, verzeiht es ihm und gedenket es nicht mehr, denn es ist ihme von Herzen leid, daß er so unrecht an euch gehandelt hat. O vergesset solches, sehet an sein Armuth und Ellende und gedenket gleichwol, daß er ein König in Engelland geboren. Ich bitte, lasset zu, daß er möge zum Könige wieder gekrönet werden; denn mein Herz ist voll Unmuths und kan nicht nachgeben, daß ich die Krone länger führe, weil ich meinen Bruder, den sie gebühret, und der älter denn ich, also vor mir elendiglich stehen sehe. Ihr wisset zum Theil wol, wie ungern ich mich habe krönen lassen, wie ich bald [1] nimmer fröhlich derhalben gewesen bin.

Marfianus. Gnädigster Herr, unmüglich ist solches, er ist ewig verbannet und muß verbannet bleiben.

Carniel. Großmächtigster König, wir seind gesetzet, auf der Gemein Lasten zu sehen. Nun wissen wir ja des vielerwähnten gewesenen Königes Gemüthe, wie er tyrannisiret, wie ein jederman, arm und reich, sich zum heftigsten über ihn beschwert; solten wir nun nachgeben, daß er wieder gekrönet, so hätten wirs immer zu verantworten. Wenn Tyrannei und Injustitia solte wieder eingeführet werden, fürwahr, solch ein Tumulte und blu-

---

1 balb, faft.

tiger Krieg würde ſich im Königreich erheben, wie niemaln erhöret, und darumb, wenn wir es nachgeben, wären wir unſers
Lebens nicht ſicher. Derohalben, gnädigſter König und Herr,
dieſes kan ganz und gar nicht ſein, denn wir müſſen betrachten
den Nuz und Friede des Königreichs; und damit aller Zwieſpalt,
Krieg und Blutvergießen unter ihr Majeſtät Unterthanen ver-
hütet werde, und entgegen [1] Friede [2] dahin komme, muß Arcial
verbannet bleiben.

Arcial. O, ihr Herrn, verzeiht mir das Unrecht, ſo ich an
euch aus Unbedachtſamkeit begangen. O legt ab den Groll und
Haß, weil es mir von Herzen leid. Gedenkt doch, daß ich der
älteſte Bruder bin, und mir allein gebühret, die Krone zu führen.
Laſſet zu, daß ich zur Regierung gelangen und wieder König ſein
möge. Mein tyranniſch Herz ſol ausgerottet, und die Affectus
verſtorben und gleich den Waſſer vergangen ſein. Mit duppelter
Affection werde ich euch gewogen ſein, und die Graffchaften, ſo ich
euch genommen, wil ich duppelt wieder geben.

(Die Grafen gehen allein beſonders.)

Marſianus. Getreuer Bruder, was däucht dich von den
geweſenen König?

Carniel. Fürwahr, er iſt gar umbgeſchmolzen und anders
worden; wie er verheißen hat an uns, möchten wir fürwahr
einen beſſern König nicht begehren. Was däucht dich, lieber
Bruder, ob wir ihn wieder glückſelig machen?

(Stehn ein wenig in tiefen Gedanken.)

Elliborus. Laßt es alſo ſein, mein lieben Getreuen, denn
was wollet ihr mehr begehren, weil er ſein alt Tyrannei wil ab-
legen und alles dasjenige, was er euch genommen, zweifältig
wieder geben und ſtets in groß Gnaden bei ihn leben ſollet? So
ihr euch liebet, werdet ihrs concediren. Die Krone begehre ich
nicht länger zu führen, weil ſie mir nicht gebühret.

(Gehen wieder zuſammen.)

Marſianus. Getreuer Bruder, ich zweifele gänzlich nit,
der geweſene König Arcial werde ſeiner Zuſage nicht vergeſſen.
Was wollen mir mehr und beſſers begehren? Drumb gebe ich
meinen Rath, man nehme Arcial wiederumb auf vor den König.

Carniel. Herzlieber, getreuer Bruder, ſo laß ich es auch
gerne geſchehen, weil er ſich ſolches verſprochen [3].

---

1 entgegen, dagegen. — 2 Friede fehlt im Druck. — 3 ſich ver-
ſprechen, mit Genetiv: ſich zu etwas verpflichten.

Marsianus. Gnädigster König und Herr, ihr Majestät Willen sol gefolgt werden, denn wir beschlossen, Arcial, den gewesenen König, wieder vor unsern gnädigsten König auf- und anzunehmen.

Elliborus. Es ist mir lieb von Herzen. (Gibt ihnen die Krone.) Da nehmt die Krone und übergebet sie ihn in Unterthänigkeit.

Marsianus. Solches seind wir resolviret zu thun, gnädigster Herr. — Wünschet nun alle mit lauter Stimme Glück und Heil den gewesenen König Arcial. — Gnädigster Herr, diese Krone von Engelland wolle ihr Majestät jetzt in Unterthänigkeit [1] von uns empfangen.

(Setzet sie ihn aufs Haupt.)

Alle zusammen. Langes Leben, Glück und Heil wünschen wir den großmächtigsten König von Engelland, Frankreich, Irland, Schottland.

Arcial. Es sei diese Stund glückselig, in welcher sich mein Trübnüs verwandelt. Liebe Getreue, acceptiret wieder von mir Liebe und duppelt Gratiam. — Herzlieber Bruder, dein große Treu und Liebe ist nimmer zu vergelten. In Ruhe und guten Friede wollen wir nun unter einander uns beiwohnen [2]; all Unrecht, so ich zuvor meinen Unterthanen bewiesen, wil ich mit Justitia recompensiren. Herzlieber Bruder, lebet ihr zu meiner Rechten in großer Liebe, und ihr Herrn Grafen zu meiner Linken. — Graf Marsiane, werdet ihr ein angenehmer Bote und bringet meinem Gemahl die Zeitung, daß sie in kurzen mich wieder in meiner vorigen Gewalt und Macht sehen werde. Ein groß Verlangen trag ich nach ihr, möchte ich sie nur in guter Gesundheit wissen, wäre ich sehr erfreuet.

Marsianus. Gnädigster Herr und König, die angenehme Botschaft wil ich mit Fleiß verrichten.

Arcial. Nun wolan, so laßt uns jetzt fürder nach unsern Pallast kehren. Ihr Grafen und Herrn, geht bei mir zur linken, und ihr, herzlieber Bruder, zur rechten Hand.

Elliborus. Gerne, gnädigster Herr und herzlieber Herr Bruder.

Marsianus. Großmächtiger König, wir bitten umb Verzeihung, es wil uns nicht gebühren, an ihr Majestät Seiten zu

---

1 sic! — 2 sich beiwohnen, zusammen wohnen, mit einander umgehen.

gehen, ſintemal wir darzu zu gering, und ihr Majeſtät in Unter=
thänigkeit aufzuwarten wir ſchuldig ſeind.

Arcial.   Ihr ſeid es wol wirdig, es iſt unſer Wille, wegert
euch nicht.

Carniel.   Fürwahr, ein frommer König!

Marſianus.   Iſt es denn ihr königlicher Majeſtät gänzlicher
Wille, ſo ſeind wir zu gehorſamen ſchuldig.

(Gehen hinein.)

Jetzt kömt Niemand und ſein Diener.

Niemand.   Das mag ein große Ehr heißen, nun kom ich
von den Bürgern in der Stadt, da haben ſie mir bald die Hoſen
entzwei geriſſen, denn wie ich, Herr Niemand, kam, wanne,
wanne, welch ein groß Anſehen wår da! Ein jeder treckete [1] mich
bei den Hoſen und ſolt ihr Gaſt ſein. Mein Jung Ganz=und=
gar=nichts iſt ein reicher Kerl darinnen worden, denn meinethalben
ward er in großen Ehren gehalten. Jung, ſag unſer Ehrnveſte,
wie dich die Bürger tractiret haben.

Gar=nichts.   O Herr, aus der Maßen wol, meine Hoſen
hätten ſie mir auch bald entzwei geriſſen, denn ein jeder wolt
mich haben.

Niemand.   O, hoho, das iſt eine Ehre meinetwegen. Sag
weiter, was hatteſtu vor Tractament?

Gar=nichts.   Mein Herr, da waren unzählich viel Braten,
gleich einer königlichen Tafel, da waren ſo mancherlei Gerichte,
Paſteten, Schaueſſen, daß ich mir auch bald die Augen ausge=
ſehen. In Summa, es iſt nit auszuzählen und auszuſprechen,
wie mancherlei da war.

Niemand.   O, hohoho, ſo wird Niemands Jung geehrt.
Mein Jung hatte eine königliche Tafel, und weil ich der Herr
war, ward mir ein kaiſerliche Tafel zubereitet. Die Stube, darin
ich die kaiſerliche Tafel hielt, war mit Scharlach umbher bezogen,
ich ſaß gar allein bei der Tafel, als ein großer Thomas, die
Bürgermeiſter und Rathmänner ſtunden vorn Tiſche und bieneten
mir; wann ich ihnen aus meinen großen Ochſenkopf [2] zutrank,
auch den oberſten Bürgermeiſter, ſo waren ſie ſo ehrerbietig und
wolten aus den Ochſenkopf nicht trinken, ſondern ließen ihnen in
ein ſonderlichen Pocal einſchenken und thaten mir daraus Be=

---

1 trecken, niederſächſiſch: ziehen; trecken iſt ſonſt ein verb. def., das
Präteritum: tôg. — 2 Ochſenkopf, großer Krug, wie Oxhoft, großes Faß.

scheib; es war zu viel, daß sie mich so stattlich respectirten. Aber hör, mein Jung, was gaben sie dir vor Geschenke?

Gar=nichts. Mein Herr, ein gewaltig Schatz baar Goldes haben sie mir geben, dann ein eiserne Lade voll geeln [1] Ducaten biß oben an, worvon ich ein königlich Leben kan geführen.

Niemand. O, hoho, das ist eine Gabe, meinen Jungen haben sie eine ganze Lade voll ungerische Gülden geben, mir aber, weil ich sein Herr war, wolten sie so kein Gold nicht geben, dann sie wissen, daß ich dessen ohnedas mehr denn zu viel habe, sondern sie schenkten mir ein Pferd, das hat Flügel, das ist mit keinem Gelde zu bezahlen, denn es hat diese Tugend an sich, es kan mit einem in die Luft fliegen, weil es Flügel hat. Es kan bald riechen, da keiner vorhanden ist, und kan weissagen. Denn wann ich wohin sol, daß ich da Glück haben und Preis erlangen sol, so schreiet es: hin, hin, hin, hin; wo aber nicht, daß es weiß, daß sie mich werden todtschlagen, so brummet es: hum, hum, hum, hum; ja, solch ein Pferd hat allein Niemand und desgleichen ist in der ganzen Welt nicht. Aber, Jung, sag weiter, wer beleitet [2] dich, da du weg reisest, und was geschahe da vor Pracht?

Gar=nichts. Mein Herr, das gieng aus der Maßen prächtig zu; alle Handwerksleute von allen Gilden stunden mit Fahnen, Pfeifen, Trummeln, in voller Rüstung, und beleiteten mich also hinaus in voller Pracht, und in allen Gassen, wordurch ich ritt, biß ans Thor war eitel Freude, und vor Freuden hatten sie Feuerwerke gemacht und ein Haufen von Pechpfannen in die Höhe gesetzt, die musten so brennen. In Summa, es gieng alles prächtig zu.

Niemand. O, hoho, das mag ein Ehre heißen, meinen Jungen musten alle Handwerker beleiten aus der Stadt, da eitel Pechpfannen vor Freuden angezündet worden. Ich aber, weil ich der Herr war, ward begleitet von den Bürgermeistern und Rathsherren mit gewaltigen großen Prangen, da war eitel Freude, ein Haufen Feuerwerk, und etzlich hundert große Geschütz mir zu Ehren wurden abgeschossen. Dieses mag ein Pracht heißen, so Niemand widerfahren.

Kömt ein alter Baur.

Gar=nichts. Herr, Herr, da kömt ein alter Kerl.

Baur. O wir armen Bauren, o wir armen Bauren, wie sollen wirs machen, die Soldaten, die Soldaten haben uns unsere

---

1 geel, niedersächsisch: gelb — 2 beleiten, begeleiten, begleiten.

Kirchen zu Grunde verſtöret, und iſt kein Geld vorhanden,
worvon wir ſie wieder bauen laſſen! O wir armen elenden
Bauren, wie ſollen wirs machen, wann ſie uns Jemand möchte
wieder bauen laſſen, wir wolten alle Tage vor ihn bitten, hun=
dert tauſend Gotteslohn! O wir armen Bauren, o wir armen
Bauren!

Niemand. Was begehreſtu? Sag an, unſer Ehrenveſte
ſol dir helfen.

Baur. O ehrenveſteſter Herr, ich klage und weine darumb,
daß unſere Kirche ganz und gar von den Soldaten iſt zerſtöret
worden, und iſt nun da kein Geld vorhanden, worvon man ſie
wieder bauen kan. Und daß wir armen Leute nicht mehr Gottes
Wort hören können, darum bin ich ſo betrübet und wünſche, daß
uns ſie Jemand doch wieder möchte bauen laſſen, ſo wolten wir
täglich hunderttauſend Gotteslohn vor ihn beten.

Niemand. Du alter Baur, worvor ſiheſtu mich an? Sih,
da haſtu Geld, darvon laß euer Kirch wieder bauen.

Baur. O, wie gut, mein allerliebſter Herr! Alle Tage
wollen wir hundert Gotteslohn vor euch beten; aber wie iſt doch
des Herren Name, denn denſelben wollen wir mit güldenen Buch=
ſtaben zum Gedächtnüs an die Kirchthür ſchreiben laſſen.

Niemand. Unſer Ehrnveſte Name iſt Niemand.

Baur. O allmächtiger, ehrnveſter Herr Niemand, ſeid ihr
der große, reiche Herr? Unſer Prieſter, merke ich nun erſt, iſt
ein rechter Prophet, denn wenn er uns unter den freien Himmel
ein Sermon zu machen pflegt, prophezeiet er allezeit: Niemand,
ja Niemand wird uns die Kirche bauen laſſen. O ehrnveſter, all=
mächtiger Herr Niemand, für Niemand wollen wir immer beten,
der uns unſere Kirche hat bauen laſſen. O Herr Niemand, großen
Dank, o Herr Niemand, großen Dank! (Gehet hinein.)

Niemand. Ja, welch ein Tauſendſchelm der Jemand iſt,
nun hat er den armen Bauren die Kirch verſtöret; wann ichs nicht
gethan, hätten ſie ihr Tage kein ander bekommen. Ja, der
Schelm thut Schaden gnug, wenn ich ihnen nicht wieder hülfe,
die Leute müſten verzagen.

Jetzt wird drinnen geſchreiet [1]:

O, iſt denn noch Niemand kommen, der uns erlöſe aus dem

---

1 geſchreiet, ſchwach conjugirt wie oben: treckte.

Gefängnüs? O, wir müssen gar umbkommen! O, ist denn Niemand noch nicht kommen, daß er uns erlöse?

Niemand. Jung, Jung, wie rufen die Kerls, was müssen sie wollen?

Gar-nichts. Sie müssen ja Gefangne sein, denn sie schreien, ob der Herr Niemand noch nicht läme und sie auslösete, sie müsten sonsten gar umbs Leben kommen.

Niemand. Harre, harre, das muß ich erfahren, was es vor welche seind.

Schreien wieder:

· Propter charitatem!

(Er klopfet an der Thür, kömt der Thorwächter heraus.)

Thorwächter. Mein Herr, was ist euer Begehr?

Niemand. Seid ihr der Hüter über das Gefängnüs?

Thorwächter. Ja, derselb bin ich.

Niemand. Was seind das vor welche, so da umb Hülf schreien?

Thorwächter. Mein Herr, es seind etliche Soldaten und Vornehme von Adel, die in Kriege so viel verzehret, daß sie nicht bezahlen können. Derhalben sitzen sie in diesen schweren Gefängnüs, und die nicht ausgelöset werden, müssen darin sterben.

Niemand. Hört, ihr Thorwächter, laßt sie allzumal frei, ledig und los, denn es ist unser Will.

· Thorwächter (lachet). Ja, ja wol, auslassen! Ich muß erst wissen, wer bezahlen wil.

Niemand. Was? Ich wil bezahlen.

Thorwächter. Ja, bezahlen! Ich sehe euch nicht darfür an, daß ihr das hundert Theil bezahlen sollet, denn es ist eine gute Summe.

Niemand. Wisset ihr, wer ich bin?

Thorwächter. Nein, Herr, das weiß ich nicht.

Niemand. Jung, sag es ihn, was Niemands Herrlichkeit vor einer ist.

Gar-nichts. Mein Herr ist der Niemand, der in der ganzen Welt wol bekannt; habt ihr nicht von ihm gehöret?

Thorwächter. O ja, gewaltig viel hab ich von ihm gehöret. Allmächtiger und gestrenger Herr Niemand, ich bitte umb Verzeihung.

Niemand. Wie viel ist die Schuld?

Thorwächter. Allmächtiger, gestrenger Herr Niemand, es ist in einer Summa ein Tonnen Goldes.

(Gibt ihn ein Seckel.)

Niemand. Da iſt ein Tonnen Goldes, und ſag ihnen, daß ich ſie erlöſet, darfür ſie mir danken ſollen.

Thorwächter. O allmächtiger, geſtrenger Herr Niemand, Gott woll euch ihrenthalben bezahlen. —Nun ſehe ich, daß der Oberſte, der ſie hat ſeßen laſſen, wahr geſagt, denn er ſie allzeit getröſtet, Niemand werde ſie erlöſen. (Gehet von ihme, ruft:) Freuet euch, ihr Soldaten, ihr Soldaten, denn Niemand hat euch erlöſet, und die Schulden vor euch bezahlet.

Soldaten rufen alle:

O Gott bezahle es den allmächtigen geſtrengen Herrn Nie= mand, der gütige Herr Niemand, o Gott bezahl es ihn!

Niemand. Ja, Jemand würde es ſchon nicht gethan haben, was ich jeßt gethan.

Kömt Jemand.

Jemand. Den Schelm Niemand habe ich nun aus den Städten und Dörfern gar vertrieben; er läuft vor mir wie all der Teufel, ich wil ehe kein Friede haben, ehe ich ihn gar aus dem Lande habe, den Galgen, den Galgen ſol er beſcheißen. Sih, ſih, du Schelm, ſteheſtu da, den Galgen, ſage ich, ſoltu beſcheißen.

Niemand. Du, du Schelm, ſolt den Galgen beſcheißen.

Jemand. Nun, nun, wir wollens verſuchen, jeßund wolt ich dich Schelm wol gar todt ſchlagen, aber den Galgen gönne ich dir gerne, mit Recht wil ich dich dran henken laſſen. Nun, nun, Gerechtigkeit wil ich kaufen vom Secretario, und wenn ich ſolches habe, ſo hab ich dich auch an den Galgen. (Klopfet an.)

Kömt heraus Secretarius.

Edler, geſtrenger Herr Secretarius, ich bitte, ihr Geſtrengigkeit wollen mir nicht vor übel halten, daß ich ihn ſo überlaufen.

Secretarius. O nein, mein Herr, gar nicht. Sagt an, was euer Begehren.

Jemand. Ich bitte, ihr Geſtrengigkeiten wollen mir vor Geld und gute Wort Gerechtigkeit zukommen laſſen, ich wil gerne darfür geben, wie viel ihr Geſtrengigkeiten darvor begehren.

Secretarius. Mein Herr, Gerechtigkeit, wie euch ſelbſt bewuſt, iſt in den jeßigen Jahren gar theuer worden, alſo daß auch für den armen und geringen Mann gar nichts zu bekom= men, wegen Theurung deſſen, daß ſie es nicht können bezahlen. Wie theuer jeßo die Gerechtigkeit iſt, wil ich meinen Herrn ſagen,

ein halb Pfund wird nicht ringer [1] geben als umb drei tausend
Gülden. Ein Viertheil aber sol mein Herr haben umb achthun=
dert Gülden, weil ich sehe, daß er einer vom Adel, ein ander
aber solte es nicht drumb bekommen.

Jemand. Darfür thue ich mich sonderlich gegen ihr Ge=
strengigkeit bedanken, wolte gern sechzehnhundert Gülden geben,
wenn ich ein halb Pfund könnte bekommen.

Secretarius. Nein, mein Herr, das kan nicht sein, denn
ich muß mich nicht zu sehr entblößen, auf ein ander Zeit sprech
mich der Herr wieder an, so wollen wir sehen, ob man mehr
geben kan. Da hat der Herr ein Viertheil des Pfundes Gerech=
tigkeit vor achthundert Gülden. (Gibt ihn ein Bettelein.)

Jemand. Da hat ihr Gestrengen die achthundert Gülden,
voll bezahlet.

Secretarius. Es ist gut, mein Herr, legt es wol an,
und sprechet mir auf ein ander Zeit wieder zu. (Gehet hinein.)

(Jemand zeigt den Niemand Gerechtigkeit.)

Jemand. O Schelm, sihestu dieses? Nun kanstu auch nicht
länger leben, sondern morgen in der Frühe mustu hangen.

Niemand. Mein Kerl, poche nicht, ich wil auch wol Ge=
rechtigkeit bekommen; morgen, morgen soltu dein letzten Gang thun.

(Gehet hinein.)

Der Schelm Jemand hat nun schon Gerechtigkeit, und ich nichts,
nein, das wil vor mir nicht gut werden. Den Secretarium muß
ich auch drumb ansprechen. (Klopfet an.)

Secretarius. Was wiltu haben, und was ist dein Be=
gehren?

Niemand. Mein Herr Secretari, ich bitte, ihr wollet mir
Gerechtigkeit zukommen lassen.

Secretarius. Ja, ja, Gerechtigkeit ein armen Kerl?
Nein, das wird dir nicht werden, denn es ist gar zu theuer für
dich zu käufen; mein Mann, gehe wieder zurück, denn du kansts
nicht bezahlen.

(Wil hinein gehen, Niemand hält ihn.)

Was wiltu haben?

Niemand. Kennet ihr mich nicht?

Secretarius. Nein, ich nicht. Sag, was bistu vor einer?

Niemand. Ich bin Niemand.

Secretarius. Niemand? Allmächtiger, ehrbarer Herr

---

1 ringer, geringer, billiger.

Niemand, ein Pfund koſtet euch ſechstauſend Gülden, aber der Niemand hat es umbſonſt und darf [1] kein Heller geben.

Niemand. Niemand thut ſich auch höchlich bedanken.

Secretarius. Der Herr Niemand iſt doch lang nicht bei uns geweſen. Ich bitte, er woll unſer Gaſt ſein.

Niemand. Mein Herr, jetzt kan es nicht ſein, morgen aber wil ich den Herrn viſitirn, denn ich habe jetzt viel zu thun und muß bedacht ſein, wie ich mich morgen verantworte, denn der Schelm Jemand wil mich morgen aufhenken laſſen.

Secretarius. O nein, Herr, das geht ihm nicht an [2], ihr habt eine gute Sache, und Gerechtigkeit die Fülle, mich däucht, ihr ſollet ihn dran bringen.

Niemand. Das hoffe ich auch ja, nun, Niemand thut ſich höchlich bedanken. (Machet Reverenz gegen den Secretarium.)

Secretarius. Der Herr darf nicht danken. (Gehet hinein.)

Niemand. O, hoho, kom nun, du Schelm, dieſes ſol dich noch an den höchſten Galgen bringen! Dieſe Gerechtigkeit habe ich gar umbſonſt; Jemand aber, der Schelm, hat nur den dritten Theil ſoviel und muſt achthundert Gulden geben. Nun, nun, kom nur morgen an, ich wil dich redlich bezahlen!

     Kömt ein alter Mann, hat ein klein Kind.

Alter. Den Niemand ſol ich ſuchen und ihn dieſes kleines Kind bringen, ſo mein Frau bekommen, denn Niemand iſt der Vater. Mein iſt es nicht, denn ich nun ein alter Mann und zu den Siebenſachen nicht mehr tüchtig. Mich däucht, das ſol der Niemand ſein, ich muß ihn anreden. Ich bitte, der Herr verzeih mir, iſt er nicht Niemand?

Niemand. Ja, derſelbige bin ich, was wolt ihr von Niemand haben?

Alter. O mein Herr, ich gläub, ihr ſollet es wol merken, was mein Wille und Begehren; ſehet ihr dieſes wol? Meine Frau läßt euch freundlich grüßen und ſendet euch hier einen Sohn, worzu ihr der Vater, denſelben wollet ihr jetzo annehmen und auferziehen in aller Tugend.

Niemand. Niemand iſt barmherzig, thue es her, das Kind ſol auferzogen werden, gleich wäre es ein ehrlich Kind, in Gottes=

---

1 dürfen, brauchen. — 2 das wird ihm nicht gelingen.

furcht und aller Tugend, daß es mir, wanns groß wird, darfür
danken sol.

Alter. Das ist doch gut, mein Herr, aber meiner Frauen
Schwester kennet ihr auch gar wol, ihr wißt, wie ihr Mann nun
ein Jahr und sechs Wochen todt gewesen, die wird auch bald
täufen lassen und euch das Kind schicken.

Niemand. So laß es nur ankommen, einen jeglichen wil
ich eine Säugamme halten. In Summa, sie sollen gar keine
Noth haben.

Alter. Das ist doch gut, mein Herr, daß ihr solches thut;
sie hat mich schon darumb gebeten, daß, wenns ankäme, daß ichs
euch bringen solte.

Niemand. Das thut, und wisset ihr mehr, so bringet sie
mir, einen jeglichen sonderlich sol eine Amme gehalten werden.

Alter. Das ist ein guter Niemand, daß er mit keinem
Gelde zu bezahlen, denn ich ihn nur so viel bringen sol, wie ich
nur selber wil, einen jeglichen wil er ein Ammen halten! (Gehet
hinein.)

Niemand. Ja immer Mehr und Mehr kömt. Nun hat
der Schelm Jemand bei einer andern Mannes Frauen geschlafen
und bringet zuwegen, die Frau muß auf mich bekennen, und
schicket mir hier das Kind, worzu der Schelm Jemand Vater.
Aber was sol ich ihn thun, meine Barmherzigkeit kan es nicht zulassen, daß gleich die Kinder solten umblommen; wiewol der
Schelm Jemand mein Feind und mich aufs äußerste verfolget,
dennoch wil ich, Niemand, Vater heißen und ihn seine Kinder in
aller Zucht und Tugend auferziehen. (Gehet hinein)

Actus tertius.

**Jetzt kommen die beiden Königin und Schmaroßer heraus; Königin Elliboris
steigt auf den Pallast, die andere bleibet unten sißen.**

Elliboris. Gewesene Königin, ich kan noch nicht ver-
geßen: mein Handschuch ist mir entfallen, hole mir ihn wieder.
Ich muß dich tormentiren, ich muß dich beängstigen, daß ich dich
mir unterthänig und dein troßig Gemüth weich mache. — Schmaroßer, sag an, hastu sie wol geplaget?

Schmaroßer. Gnädige Königin, wann ich ihr Majestät
an den Augen merken könte, was ihr geliebte, habe ich keine

Ruhe, es muß vollendet werden. Nun weiß ich vollkömmlich und genugsam, was ihr Majestät Will und Begehren, nämlich dise nichtswirdige gewesene Königin wol zu plagen. Gnädigste Königin, wann ich solches nicht mit allem Fleiß verrichtete, würde ich mir ein groß Gewissen machen; ja, ich müste mich befürchten, daß ich in ihr Majestät Ungnade geriethe. O, ich wolte nicht das Leben begehren, wenn mir iht Majestät solte ungnädig sein; ich wolte nicht der Welt Gut begehren und von ihr Majestät Ungnade haben. Denn weil ich nun in Gnaden, fürchte ich mich vor den Teufel nicht und schätze mich vor den Glückseligsten. Gnädigst Königin, so es mag plagen heißen, habe ich damit meine Kunst meisterlich bewiesen; begehret ihr Majestät mehr von mir, so gebe sie mir nur ein Zeichen, ich wils verrichten, ehe es ihr Majestät gedenken und vermeinen sol.

Ellidoris. Mein getreuer Diener, deine Reden gefallen mir wol, laß uns bedenken, was wir weiter mit ihr wollen an= fahen. Aber da kömt Marsianus, welchen ich herzlich gerne sehe, denn ich hoffe, er wird mir gute Zeitung bringen, daß mein gnädiger Herr König in Gesundheit von der Jagd wird wieder angelangen.

Marsianus (geht zur Königin Arcial). Große Freude, Königin von Engelland, Frankreich, Irland und Schottland! (Sie verwundert sich, stehet auf.) Viel Glück sol ich ihr Majestät wünschen wegen des Königs Arcial, ihr Majestät vielgeliebtes Gemahl und König, darneben offen= baren und vermelden, wie er wieder zum Könige angenommen und jetzo die Krone von Engelland führe.
(Ellidoris verschrickt.)

Königin Arcial. O glückselige Stunde! Willkommen zu tausendmal. (Küsset den Grafen.) O sagt an, wo ist mein Gemahl?

Marsianus. Gnädigst Königin, ihr Majestät sol wissen, daß wir den König Arcial gar arm und elende im Walde funden, da er dann wieder gekrönet, und verhoff, in diesen Orten werden ihn ihr Majestät wieder anschauen, denn sein Majestät mit den gewesenen König Ellidoro auf dem Weg sein und von der Jagd reitend kommen wird.
(Schmarotzer credenzet sich. Sie läuft dem Pallast auf, reißet ihr die Krone vom Haupt, reißet sie herunter.)

Königin Arcial. Herunter, zum tausend Teufel, wie du mich, wil ich dich wieder tormentiren!
(Läuft zum Grafen, wil ihn das Rappier ausziehen, er wil nicht.)

Marsianus. Wanne, wolt ihr mich selbst erstechen? Nun, harret, euer Gemahl wird bald kommen, laß sie doch stehen. (Schmarotzer hat ein Kleiderbürsten, feget die Kleider der Königin aus, läßt sich gar ämsiglich angelegen sein.)

Königin Arcial. O du Schmarotzer und Fuchsschwänzer, dein Bosheit, so du an mir begangen, wolt ich dir jetzt duppelt bezahlen; so du nun aber die gewesene Königin wol tormentirest, wil ich dich zu Gnaden auf und annehmen.

Schmarotzer. Gnädigst Königin, mein müglichen Fleiß wil ich anwenden, die gewesene Königin wil ich also tormentiren und plagen, daß sie zu ihr Majestät Füßen fallen sol.

Königin Arcial. Das thu.

(Wird getrommet[1], kommen die Könige; Königin Arcial läuft ihren Gemahl entgegen.)

O herzliebster Gemahl, zu tausendmalen seid uns willkommen. (Küsset ihn.) Glückselig sei dieser Tag gepreiset!

König Arcial. Glückselig sei die Stunde, in der ich euch, geliebte Gemahlin, in Gesundheit funden. (Nimt sie bei der Hand und führet sie aufn Pallast.) Ihr Grafen und Herrn, die groß Affection und Lieb, so ich zu euch trage, könnet ihr nicht gläuben; begehrt ihr etwas, so sagt nur an, ihr solt es alsobald acceptiren. Es ist mein Will, daß ihr mir euer Söhne übergebet, daß ich sie euerthalben zu Ehren erheben, und ihr Leben im königlichen Pallast zubringen mögen.

Marsianus. Großmächtigster König und gnädigster Herr, vor die große Lieb und Gratia, so ihr Majestät zu uns trägt, thun wir uns höchlich bedanken; mit unterthänigen und getreuen Diensten solches zu recompensiren, wir uns meistens wollen angelegen sein lassen. Auch danken wir ihr Majestät zum höchsten, daß ihr Majestät unsere Söhne in königlichen Pallast haben wolle, welches uns dann sehr erfreuet, wir sie auch ihr Majestät Begehren nach übergeben wollen.

König. Solches thut, sie sollen also gehalten werden, als ihr jetzt wol nicht meinet. Zu dem ist mein Wille, daß ein Landtag möge ausgeschrieben werden, damit in Königreiche alle verwirrete Sachen mögen zurechte gebracht werden.

Alle. Es sol geschehen, gnädigster König.

---

1 trommet, trommetet.

König. Nun wolan, weil ich jezo in mein vorig Poſſeſſion
bin, wil ich mich befleißigen, daß Recht und Gerechtigkeit möge
floriren, damit ſich keiner zu beſchweren. All Unfriede und Un=
ruh ſol jetzt gar verbannet ſein, Betrübniß und Melancholei,
wormit ich mich meiner verbannten Zeit über geſchlagen, ſei gar
verjaget. Gelobet ſein die himliſchen, unſterblichen Götter all in
gemein, daß mein Corneliſiren [1] ein Ende, und mich an deſſen
Statt voller Freuden gemacht.

Elliborus (redet mit ſein Gemahl freundlich). Herzliebſtes Ge=
mahl, was iſt doch die Urſach eures Betrübnis? Schauet mich
doch mit ein freundlichen Auge an.

(Sihet vor ſich auf die Erden.)

Solches bin ich von euch ungewohnet, ich kann aber leichtlich
merken, warumb es zu thun. Nämlichen daß ich die Kron von mir
gegeben. Herzliebes Gemahl, bedenkt doch, ob mich mein Ge=
wiſſen nicht geplagt hätte, wenn ich vor meinen Bruder, der da
älter, die Kron und Scepter geführet und ihn in Armuth und
Elende gehen laſſen. O ſchlaget ſolches aus euren Herzen.

(Wil ſie bei der Hand nehmen, ſie wil nicht, gehet von ihm.)

Was ſol ich nun thun, weil ich in ſo groß Ungnad bei meinem
Gemahl kommen?

König Arcial. Weil wir denn dieſe glückſelige Zeit er=
langet, wollen wir ſämtlich dieſen Tag panketiren und fröhlich
ſein. Lieber Graf Marſiane, verſchaffet, daß ein groß Mahl
werde zubereitet, denn ein jederman ſol heute mit mir fröhlich
ſein. Verſchafft auch, daß allerlei Kurzweil mögen gehalten wer=
den mit Turnieren, Kränzlein=Laufen und am Abend die Komö=
dianten eine ſchöne Komödia agiren, verſchaffet ja alles mit
Fleiß, daß nichts mangele.

Marſianus. Gnädigſter König, es ſol alles wol ausge=
richtet und mit Fleiß präpariret werden.

König. Alſo wollen wir dieſen ganzen Tag in aller Freude
zubringen. (Stehet ein wenig ſtille, verkehrt die Augen.) Aber was für
ein Unglück kömt mich jetzt an? Mein ganzes Geblüt verwandelt
ſich, ein Zittern und Beben fanget an in allen Gliedern, ein
grauſam Fieber überlauft mir jetzt mein Herz.

(Sie verſchrecken alle.)

Elliborus. O, wie kan müglich ſein, daß die unſterblichen

---

1 Corneliſiren, betrübt ſein; vgl. die Anmerkung S. 49, 2.

Götter uns so misgünstig, und ihr Majestät in dieser Freude ein Krankheit sollen zuhanden senden!

König. Ja, je mehr und mehr nimt es mir mein ganzen Leib ein, mein Häupt kan ich nit mehr aufheben, bringt mich nur zu Bette.

Elliborus. Weh diesen Unglück! Graf Carniel, lauft alsobald voraus zum Medico, daß er zur Stunde zu ihr Majestät komme.

Carniel. Sol er alsobald kommen?

König. Mich däucht, es ist eitel grün vor meinen Augen worden, ich kan nit länger auf sein, drumb führt mich zu Bette.

(Elliborus, Marsianus gehen hinauf und nehmen ihn bei den Armen.)

König. Herzliebes Gemahl, betrübet euch nicht, ich hoffe es sol bald besser werden.

Marsianus. Gnädigster König, sol gleich alles verschaffet werden, das ihr Majestät befohlen?

König. O nein, laß alles bleiben, mich däucht, alle Freude mit mir auf Erden werde ein Ende nehmen.

(Leiten ihn hinein.)

Königin Arcial. Schmarozer, wie vorgesagt, wirstu die gewesene Königin wol tormentiren, so soltu groß Gnad von mir erlangen.

Schmarozer. Gnädigste Königin, in ihr Majestät Gnad zu gerathen, wolt ich wol hundertmal mehr thun; denn wenn ich in ihr Majestät Gnad bin, so darf mich kein Mensch in der Welt saur ansehen. Durchläuchtigste, hochgeborne und gnädigste Königin, ihr Majestät wolle nur commandiren, auf was Maß und Weis ich die gewesene Königin plagen sol.

Königin. Zwinge sie, daß sie vor mein Füßen fallen und mich unterthänigst umb Gnad bitten muß.

Schmarozer. Gnädigste Königin, solches wil ich thun. Allergnädigst Königin von Engelland, doch gewesene (ist auch ein Trost!), es ist mein Will, die allergnädigste Königin wolle vor mein und ihre gnädigste Königin niederfallen und umb Gnade bitten.

(Siht ihn saur an, er schlägt sie.)

Nun, fort, fort; wie, steht ihr noch, gewesene Königin?

Elliboris. Weh mir und meinem Leben! Göttin Fortuna, auf dich bin ich so verbittert, daß, wann es müglich wäre, dich von deinen Thron zu reißen, ichs nicht unterlassen wolte. Warumb misgönnestu mir die Krone von Engelland? — Hoffärtige und

nichtswürdige Königin, ich bin noch bei Verſtande, wär ich aber
toll und unſinnig, ſo würde ich vor dir in der Teufel Namen
niederfallen und umb Gnade bitten.

(Siht ihn ſaur an, er ſchlägt ſie.)

Wär es müglich, daß ich dich ſamt deinen Schmaroßer von deinen
Pallaſt ins Feuer werfen könte, wolte ich nicht eine Minute ſäumen.
O weh mir, daß ich die Zeit erlebet, ich wolte lieber tauſend
Klaftern tief in die Erde verſcharret ſein, als daß mir die Krone
genommen worden. Nun nun, muß ich nicht die Krone führen,
ſo muß ich auch nicht länger leben, denn mir Sterben zehen mal
lieber denn Leben.

Königin Arcial. Dieſen ihren Unglück vorzukommen,
müſſen wir gedenken, es zu verhindern, die geweſene Königin
wil gar verzweifeln, weil ſie der Kron nit kan habhaftig ſein;
zwar weil ſie keine Krone führet, ſo begehret ſie auch nicht mehr
zu leben.

(Elidoris ſtehet in großer Melancholei.)

Drumb, dieſen Unglück vorzukommen, habe ich hie eine Krone[1].
Schmaroßer, nim dieſelbe und kröne ſie, damit wir ſie gleich beim
Leben erhalten.

Schmaroßer (nimt, credenzet ſich). In aller Ehrbarkeit, gnädigſt Königin, wil ich ſie krönen. (Setzet ſie ihr auf.) Nun wolan, ich muß euch darzu Glück wünſchen. In aller Pracht und
Elende, ein kurzes, lang verdrießliches Leben, Unglück und
Unheil wünſche ich der Königin, der unüberwindlichſten von
Niemandshauſen.

(Sie reißens ab in Stücken.)

Elidoris. Ich wolt, daß das Papier mit Schwefel dir
ſowol als der unwirdigen Königin auf den Herzen brennte, hätte
ich ein Meſſer, ſo wolt ich dir die Krönung bezahlen und damit
vergelten. Du unwirdigſte Königin, jetzt bin ich raſend und toll
worden, nun bitte ich umb Gnade, doch ſo viel, daß mir ein
Inſtrument möge in die Hand gegeben werden, damit ich mein
Leben möge verkürzen.

Königin Arcial. Ja, ſolche Gnade ſol dir widerfahren.
— Schmaroßer, gib ihr ein Schwert, damit ſie ſich erſteche.

(Schmaroßer gibts der Königin.)

Da haſtu nun den Tod in deinen Händen, empfang ihn freundlich.

Elidoris (beſihet das Schwert, ſetzet es aufs Herz, ſchmeißet es an

---

1 eine Krone, von Papier.

die Erden). Nein, ich habe mich bedacht, dir wil ich zu Troz leben.

Königin Arcial. O nein, du bist so ein Närrin nicht, sagen können wir wol. (Gehet wieder hinauf.) Aber ich schwere, dich dennoch zu zähmen und unterthänig zu machen; und hättestu auch ein stein= oder eisern Herze, so wil ich dich doch zuletzt weich machen; gedenk deines Jammers immer ein, ehe du zu meinen Füßen liegen gehest und unterthänig umb Gnade bittest. Hastu mir zuvor den Handschuch nicht wieder holen wollen, so gedenk nun, daß ich dich so schmiedig [1] machen wil, daß du mir Steine gleich wie ein Hund wiederholen sollest.

Jezt kömt der Graf Marsianus, ist sehr betrübt.

Marsianus. O unglückselige Stunde, gnädigst Königin, in der Mitte [2] Freude kömt schwer Betrübnis. O, traurige Zeitung muß ich ihr Majestät, wie ungern ichs thäte, bringen. Zuvor habe ich ihr Majestät zum höchsten dardurch erfreuet, aber nun leider aufs äußerste betrüben muß.

Königin Arcial. Ist uns dann Fortuna so gar misgünstig? Sagt nur an, Marsiane, was es sei.

Marsianus. Der Tod hat jetzt über den König Arcial triumphiret.

(Sie verschrickt.)
Wie daß ich die Botschaft bringen muß!

Königin Ellidoris. O mein angenehmer Bote! (Küsset ihn.) Willkommen zu tausend malen, denn Fortuna ist mir günstig und geneigt; nun [3] wil ich haben, daß meine Feinde mir zu Boden liegen sollen. (Läuft hinauf, reißet sie herunter, und die Kron vom Häupt.) Wieder herunter, zum Element! Also, also werde ich nun wieder erfreuet, über meine Feinde muß ich nun wieder triumphiren!

Schmarotzer (fuchsschwänzet). Durchläuchtigste, hochgeborne, gnädigste Königin von Engelland, Frankreich, Irland, Schott-land. Diese Nacht hat mirs geträumet, daß ihr Majestät solt wieder mit der Krone gezieret werden; fürwahr, mein Traum ist glückselig vor sich gangen und wahr worden, derhalben nöthig, daß man die Träum observire und nicht ganz und gar verachte.

Königin Ellidoris. O du schmarotzerischer Schelm, hät-

---

1 schmiedig, schmeidig, geschmeidig, gefügig, gehorsam; von schmieden (was sich schmieden läßt). — 2 in der Mitte (amidst) Freude, mitten in der Freude. — 3 nun, fehlt im alten Druck.

teſt wol verdienet, daß ich dir dein Häupt auf einer Stangen er=
höhen ließ. Aber dafern du [1] nun die geweſene Königin viel mehr
und beſſer plageſt, ſol dieſes alles vergeſſen ſein.

    Schmarotzer. Gnädigſt Königin, ihr Majeſtät glaub mir
bei meiner Treu und Aufrichtigteit, daß ich tauſendmal lieber ihr
Majeſtät vor mein gnädig Königin ſehen und haben wil als die
geweſene, ja, ihr Majeſtät viel lieber dienen, ob ich gleich von
der geweſenen hätte tauſend Kronen. O, ihr Majeſtät wird mein
Treu doch nimmermehr gläuben∙ können, denn gerne wolt ich vor
ihr Majeſtät ſterben.

    Königin Elliboris. Dein Treu, Schmarotzer, weiß ich
gar wol und am beſten. In Pracht und Herrlichteit wollen wir
in den Pallaſt gehen, da wollen wir denn bedenten, was für
Plage die geweſene Königin tragen ſol. So wahr ich Königin
bin, ſol ſie∙mir unter den Füßen liegen.

                  (Gehen hinein.)

    Schmarotzer (ſchlägt ſie). Hinein, hinein, du unwirdig
Menſche gegen der höchſtgebornen Königin!

Actus quartus.

Jetzt kömt Elliborus, zween Brüder[2], Carniel.

Carniel. Durchläuchtigſte, hochgeborne Fürſten und Herrn,
wegen unſers gnädigſten Königes, weiland Arcial, haben wir
billig Urſache, Leide zu tragen. Es wil ſich aber gebühren, daß
wir wieder einen gekrönten König erwählen. So haben nun jetzo
die ganzen Stände beſchloſſen, fürſtliche Durchlaucht Elliborum
zu ihren König zu krönen; darumb, gnädigſter Herr, ihr fürſt=
liche Durchlaucht empfahe jetzo die Krone von meinen unwirdigen
Händen, vor jedermänniglich, und wünſchet all mit lauter Stimm
Glück und Heil!

            (Wil ſie ihn auffetzen, ſie reitzen zurück.)

    Peridorus. Was, ihr Herren, ſol unſer Bruder wieder
gekrönter König ſein? Nein, nimmermehr laſſet ſolches zu, oder
ein gefährlichen blutigen Krieg werdet ihr verurſachen. Worfür
bin ich? Sei ich nicht eben ſo wol ein Erbe des Königreichs,

---

    1 du, fehlt im alten Druck. — 2 zween Brüder, nämlich des Königs
Elliborus.

denn mein Bruder? Drumb, weil er allbereit gekrönter König
gewesen, so nehmet mich auf vor euern König.

Edwart. Ihr Herrn, bedenket euch wol, damit kein blutiger
Krieg verursachet werde, denn ich bin eben so wol ein Erbe des König-
reichs wie meine Brüder, darumb krönet mich, oder ein schweres
Blutbad werdet ihr verursachen.

Peridorus. Bruder, was sagt ihr? Begehret ihr vor
mir König zu werden, der ihr doch jünger seid als ich?

Edwart. Daran ist mir nichts gelegen, jung oder alt!
Wann solches jetzo gelten solt, so müste unser Bruder Ellidorus,
welcher der älteste unter uns ist, die Krone führen. Aber ich wils
sein, und zu Trotz euch allen, die mirs nicht gönnen, steig ich den
Pallast auf. (Gehet hinauf.) Darfür ich mein Leben adventuriren [1] wil.

Ellidorus. Herzliebe Brüder, ich bitte, so eine Bitte
helfen mag, seid zufrieden und lebet einträchtig, strebet doch nit
also nach einer Hand voll Ehre, bedenket doch erst recht, was es
auf sich habe, ein Kron und Scepter zu führen; fürwahr, wüstet
ihr es, betrübet würdet ihr sein, wann ihr die Kron nur anschauet. Wie ungern ich sie führe, werdet ihr nimmer gläuben
können, auch wie gerne ich sie dem gönnen wolte, der des Reichs
Bestes zu suchen wüste, und dem darmit gedienet wäre.

Peridorus. Ist dieses nit ein unverschämte Sache, daß
unser jüngster Bruder sich mit Gewalt vor ein König aufwerfen
wil? Fürwahr, Bruder, ich rathe dir, gehe herunter, oder der
Teufel sol dich herunter führen!

Edwart. Vor dir werde ich nimmermehr herunter gehen;
der an meine Statt wil König sein, muß mit mir umb mein
Leben streiten! Ich stehe hier, ich wil per fas et nefas gekrönt
sein, der Teufel, und keiner nicht, sol mich herunter holen!
(Peridorus läuft mit großen Ungestüm hinauf, reißet ihn herunter; ziehen beide
von Leder, hauen unverzagt gegen einander ein, wird jeglichen eingehalten.)

Peridorus. Ich schwere, so wahr mich die unsterblichen
Götter erschaffen, dir nicht zu verzeihen; umb Leib und Leben
wollen wir derhalben streiten.
(Wollen wieder zusammen, lassen sie nicht.)

Edwart. Der Teufel hole dich, dafern du kommen kanst

---

1 adventuriren; der Druck hat adventiren, engl.: to adventure,
wagen, aufs Spiel setzen.

und thuft es nicht! Achteftu dich ehrlich, fo ftreite mit mir umb
Leib und Leben und höre nimmer auf, ehe du mich zu Boden haft.

Elliborus. Ach herzliebe Brüder, ift es müglich, vertragt
euch, und feid doch nicht fo gehäffig auf einander.

Periborus. Rein, herzlieber Bruder, es ift unmüglich.
Den Kampf umb Leib und Leben zu ftreiten und nimmer aufzu=
hören, hat er mir angeboten; fo wäre ich nit ehrenwirdig, folt
ichs ihm verfagen. — Darumb laß ich nicht abe, du haft mich zu
Grunde, oder ich dich. — Ihr Herrn, habt Achtung drauf, damit
diefer unfer Streit ehrlich gehalten werde.

Elliborus (gehet traurig fiten; die Trommel wird gefchlagen, die
Schwerter klingen, wird ein ziemlich Weil trompetet). Weh diefen betrübten
Zuftande! Was thut der fchändlich Hoffart nicht? Was bringet
nit Ehrgeiz zuwege? Diefe fein meine leibliche Brüder, die des
Ehrgeizes wegen leider nit aufhören, biß einer davon zu Boden
liegt.

Sie kommen wieder, fein voll Bluts.

Edwart. Du blöder[1], verzagter Hund, dreimal bin ich dir
nahe den Herzen gerant und nicht haften können; nun foltu gleich
oder ich das Leben aufgeben!

Periborus. Daß ich ein verzagter Hund bin, foltu er=
fahren; des Tages Licht und die Sonne fol mich nimmer beleuch=
ten, wann ich, ehe dann ich mit mein Schwert durch dein Herz,
oder du durch meines gedrungen, ablaffen wil!

(Saufen wieder zufammen, fein beide verwundet, wollen niederfallen, er=
fchießen[2] fich beide mit den Schwerten.)

Elliborus. O du fchändliche Hoffart, was Mord und
Ellend bringeftu zu wegen! Ift nicht zu beklagen, daß meine
beide Brüder fich felbften fo jämmerlich umbs Leben gebracht?
Was ift die Urfache? Hoffart, o Hoffart, o Hoffart, wie man=
ches junges Blut bringeftu umbs Leben! Was haben fie nun
vor Ehre beide eingeleget? O weh diefen jämmerlichen Zuftande!

Carniel. Gnädigfter Herr, über diefen Zuftand ift ihr
Gnaden billich betrübet. Dennoch, ihr Majeftät kan nichts dar=
wider und ift daran ganz und gar unfchuldig, dann fie, leider,
felber ihr Leben umb Ehre willen verloren; darumb, gnädigfter
Herr, ihr Gnaden feind nun ein einiger Erbe des Königreichs,
derhalben er diefe Königliche Krone von meinen unwirdigen Hän=
den in Gnaden annehmen und empfangen und unfer gnädigfter
König und Herr fein wolle.

---

1 blöde, feig. — 2 sic!

Ellidorus. Wie ich die Krone zu führen Luft hatte, ift euch ohn Zweifel fämtlich wol bewuft; weil es aber die Götter alfo ordiniret, daß ich jetzt zum andern mal gekrönter König werde, laß ichs gefchehen.

(Sett ihm auf.)

Carniel. So wünfchen wir den großmächtigften König von Engelland, unfern gnädigften Herrn, hierzu langes Leben, groß Glück und Heil!

König. Wolan, meine lieben Getreuen, feid nun mit mir drauf bedacht, wie wir des Reichs Beftes fuchen mögen, verfchafft nunmehr auch, daß meine beiden Brüder zur Erden beftattet werden. Melancholei, Betrübnüs und Trauren thut in mir fehr anhalten, und werde nimmer vergeffen meiner beiden Brüder jämmerlichen Untergang.

Carniel. Gnädigfter Herr, die todten Körper follen zu Recht zur Erden beftattet werden.

(Gehen hinein, die Todten werden hineingetragen.)

Jett kömt Niemand und fein Jung.

Niemand. Nun, nun bin ich mit meinem Jungen wieder hie, der ehrvergeffen Schelm und Dieb Jemand ift gar toll über mich worden, denn er mich nun ohn Teufels Dank an den Galgen haben wil. Ich, ich, ich bin ein folcher Kerl, der nicht gerne han-gen mag, ja, ungern mag ich hangen, weil ichs nicht verdienet hab. Heut wird es angehen, daß ich mein Ehr und Redlichkeit verantworten fol, denn ich heut in eigener Perfon bei dem Könige mich verantworten wil, weil der Schelm Jemand mich anklagen wird. An den Galgen, an den Galgen wil mich der Schelm haben. O, es ift ein Taufendfchelm, er fagt, wenn ich an den Galgen hieng, wolt er mir alle Tag zu Ehrn vor den Galgen mit Trommeten vorüber gehn; mir zu Ehrn wil er zwei Galgen über einander bauen laffen; ja, das ift ein Taufendfchelm. Jetzt wil ich mich verfügen zum königlichen Gefinde, da ich nun etliche Wochen nicht gewefen. Ein große Freude wird ohne Zweifel vor-handen fein, wann ich komme. Jung, Jung, hie gehe oben an bei mir, denn mir folches ein große Ehre.

(Jung gehet oben an, klopfet an, kömt einer heraus.)

Einer. Was ift das vor einer, der fo fchleunig anfchlägt? Was ift euer Begehren?

Niemand. Mein Begehren ift, daß du den Kellermeifter alfobald anfageft, daß er mir von den allerbeften Wein, den er im Keller hat, heraus zu trinken bringe.

Thorwächter. Warumb nicht von beſten? Du biſt ja ein unverſtändiger Narr, daß du den beſten Wein foderſt; nein, mein Kerl, gehe weiter, ich bin ja Pförtner und kan kein Trunk Wein bekommen, viel weniger du.

Niemand. Das muß der Teufel ſein! Sie haben mir wol ehe gebracht.

Thorwächter. Ja, das kan wol ſein, vor eßlichen Jahren war es hie viel anders, wenn nur Jemand käm, es wär auch wer es wolte, und Eſſen und Trinken forderte, kont mans bekommen, in Summa, es gieng damals alles wol zu; aber nun wird der Brotkorb hoch gehenket, und der Wein iſt übel zu bekommen, Niemand kan ſolches bekommen.

Niemand. Du grober Eſel, ich bin der Niemand.

Thorwächter. O allmächtiger, ehrfeſter Herr Niemand, ich bitte den Herrn umb Verzeihung. Der Herr ſol zur Stunden bekommen, was er begehret. Es iſt bei höchſter Strafe auferleget, keinen Menſchen auf Erden vom Schloß etwas herunter zu bringen, ausgenommen den allmächtigen, ehrbarn Herrn Niemand. Ich bitte, der Herr wolle ein wenig verziehen, alsbald ſol der Kellermeiſter bringen.

Niemand. Holla, Thorwächter!

Thorwächter. Was befiehlt der Herr?

Niemand. Sag den Kellermeiſter inſonderheit, daß er vom allerbeſten bringe, von dem, worvon der König über ſeiner Tafel trinket. Von ſchlechten und geringen Wein ſol er mir nicht bringen.

Thorwächter. Das ſol geſchehen, ich gläub ja ohne das, daß er dem Herrn vom allerbeſten bringen werde, weil er viel vom Herrn hält und ſeiner oft erwähnen thut.

Niemand. Ja, es gehet nun zu Hofe gar ſchlimmer zu wie vor etlichen Jahren, da es umb Eſſen und Trinken ſo genau nicht war; ich aber hab Gratiam behalten; wenn ich nur komme, müſſen ſie mir bringen, was ich begehre.

Kömt der Kellermeiſter und bringt ein Flaſche Wein.

Kellermeiſter. O mein Herr, freundlich willkommen! (Machet ſeine braven Experes[1].) Den Herrn hab ich doch lang nicht geſehen.

---

1 Experes, hier in der Bedeutung von wunderlich übertriebenen Höflichkeitsbezeigungen.

Niemand. Ich danke euch freundlich wieder. Ich hoffe ja nicht, daß ihrs dem Könige angesaget, daß ich kommen bin.

Kellermeister. Nein, sein Majestät weiß es noch nicht, aber ich werde es ihr alsbald sagen; so werde ich ihr ein angenehme Botschaft bringen, dann jetzund der König sehr betrübet umb seines Brudern Abschied, daß ihr ihr Majestät wieder ergetzet.

Niemand. Ich bitte, daß ihrs dem Könige nun nicht ansaget, daß ich ankommen bin, denn ich jetzund viel zu verrichten; am Abend, wo es die Zeit leiden wil, kan ich zum Könige kommen.

Kellermeister. Was euch geliebet, mein allmächtiger, ehrbarer Herr Niemand. Hie habe ich von dem besten Wein, da der König jetzt selbst von trinkt. (Schenkt ins Glas, gibt ihn.) Der Herr wolle trinken.

Niemand (nimt, trinket). Er ist fürwahr gut! (Trinket noch eins.)

Kellermeister. Mein Herr Niemand, saget mir doch, was hat der Herr heut vor nöthig Sachen zu verrichten, daß ihr nicht zum Könige könnet kommen, welcher ein groß Verlangen jetzo nach Niemand, weil er so voller Melancholei.

Niemand. Das wil ich euch sagen. Ihr sollet wissen, daß mich Jemand mit Haß und Neid so sehr verfolget, daß er mich auch aus einer Stadt in die ander vertreibet; nun ist er aber gar toll auf mich worden, und ohn Teufels Dank wil er mich an den Galgen henken lassen. Derhalben muß ich gottfürchtig sein, und wil diesen ganzen Tag in der Kirchen auf mein Angesicht an der Erden liegen und heftig[1] fleißig und andächtig beten; ich wil fasten zwei ganzer Tage und keinen Bissen Brod in mein Maul nehmen, alsdenn hoffe ich, den Schelm noch für mich an den Galgen zu bringen.

Kellermeister. Stehen so die Sachen, ich bitte gleich, daß der Herr ehest zum Könige komme, denn ihr Majestät oft nach den Herrn gefraget.

Niemand. Das wil ich thun; gebt meinen Jungen auch Wein zu trinken.

Kellermeister (schenkt ein). Gerne; wie heißt des Herren Jung?

Niemand. Ganz-und-gar-nichts.

Kellermeister. Sih da, sauf aus, Ganz-und-gar-nichts. (Trinkt.)

---

1 heftig, adv.: sehr, äußerst.

Niemand. Nun, ich muß gehen, sagt dem Könige und der Königin meinethalben ein guten Tag und excusiret mich, daß ich sie jetzo nicht visitiren kan.

Kellermeister. Ich hätte gerne gesehen, daß der Herr Niemand hinauf zum Könige gangen wäre.

Niemand. Es kan jetzt nicht sein.

Kellermeister. Nun, allmächtiger, günstiger Herr Niemand, ich trage zum Herrn die Zuversicht, er werde meiner im besten beim Könige gedenken.

Niemand. Das wil ich thun, tragt das Vertrauen zu mir, ich wil beim Könige zuwegen bringen, ihr sollet Kammerjunker werden.

Kellermeister. O den Herrn Niemand thue ich höchlich dafür danken, ich hoffe, er werde mich erhöhen.

(Kellermeister gehet hinein.)

Gar=nichts. Allmächtiger, ehrnvester Herr, da kömt ein verdorbener Soldat.

Niemand. Laß ihn ankommen; wil er mein, so sol er Gegenpart haben.

Soldat. Von Jugend auf bin ich dem Krieg nachgezogen, in zwanzig Kriegsschlachtordnung hab ich mich ritterlich durch= schlagen, acht Schlachtordnung in Ungarn und sieben auf der Insel Malta; im Kriege war ich wie der Teufel, gleich einen Löwen thät ich streiten, wo ich war, flohen die Feinde, wann ich ein Schlachtschwert in mein Hand hatte, kunt ich ein halb Schock mit eins todtschlagen und weghauen; oft habe ich biß am Halse in Menschenblut gestanden, daß ich auch schier ersoffen, wenn ich kein Pferd bekommen. Dreimal ist mir mein Kopf mitten entzwei gespalten und wieder zusammen geheilet worden, ich bin harter Natur, kan es aushalten; die andern, wenn ihnen nur ein Fin= ger abgehauen wird, kommen sie nicht wieder im Krieg, aber ich acht solches nicht; oft bin ich gehauen worden, daß mir das Ein= geweide umb die Füße gehänget, aber ich achtete solches gering, steckt die Därmer wieder hin, da sie hingehörten, band ein großes Tuch herumb und stritte gleich tolle fort, oft noch Nacht und Tag; wann ich verwundet war, so war ich zehenmal töller denn zuvor. Sehr oft bin ich in äußerster Gefahr gewesen, daß etliche tausend Feinde mich gar umbringet (denn sie mir am meisten nachtrachteten, weil sie wusten, daß ich ihnen den meisten Scha= den thäte); aber ich machte gleichwol Raum, so flohen sie vor mir wie all der Teufel. Darnach sahe ich, wie sie den König in Hun=

gern gefangen und schon hart gebunden hatten, da macht ich mich auf unter sie, derer etliche Tausend ihn verwahren musten, machte da ein solch Blutvergießen, daß eine Lust anzusehen war, ja viel Tausend bracht ich damaln umbs Leben, ja es gieng mir alles glücklich von statten. Den gefangenen König hatten sie in ein Gezelt hart an Ketten gelegt, ich riß und schlug und kam zu ihm hinein, und war diß das Ärgeste: den König hatten sie mit eisern Ketten angeschmiedet, ich fassete ein Löwenmuth, riß ihm die eiserne Ketten am Leib entzwei, setzte ihn vorn aufs Pferd; ihr müget wol gedenken, in was Gefahr ich da mein Leben setzte, denn zehenmal mehr beringeten [1] mich gar. Da gieng es wieder an ein Streiten. Wie zum Teufel schlug ich so ritterlich drauf! Durch tausend Heiden must ich mich allein durchschlagen. Das mag ein Streit heißen! In Summa, meinesgleichen war nirgends zu finden, alle musten sie sich vor mir fürchten. Beim Könige kam ich in solche Gnade dadurch, daß er mir ein königlich Schloß verehret, welches ich nun verkauft; er wolt mir auch seine Tochter geben, aber sie gefiel mir nicht, ich wolte sie nicht haben. Alle Türken wissen von mir zu sagen und sagen, ich muß kein Mensch sein, sondern der Teufel selbst. Immer hab ich Lust zu streiten und schlagen; wenn kein Unfriede oder Krieg vorhanden, so ist mir angst und bang. Ich hab nun lang keinen geschlagen, ich bin so toll als ein Bull; der erste, so mir ankömt, sol sein Leben von meinen Händen verlassen. Nein, ich hab mich bedacht und wil ihn leben lassen, aber ein Schlag wil ich ihm geben, worvon er sol hinkend werden.

Niemand. Das ist ein Schelm aller Soldaten, Meister in der Lügen; ich merke, der Schelm wird mir ein Schelmerei beweisen, ich wil mich so lang tapfer gegen ihn wehren, wie ich immer kan.

Soldat. Holla, du Kerl, mit dir muß ich streiten, probir [2] dich nun, denn du solt mir nicht entgehen, mache dich fertig, du must mit mir streiten auf Leib und Leben.

Niemand. Wie kom ich armer Teufel zu diesem Unglück? Was sol ich thun, ich muß mich ritterlich wehren, so lang ich immer kan; mein Herz ist mir gar in die Hosen gefallen. Nun wolan, wir wollen uns ritterlich schlagen.

(Machen Aufhebens.)

Soldat. Aber höre erst, mein Kerl, nestel dich auf, ziehe das Wammes aus, denn ich wil meines auch auszziehen.

---

1 beringen, umringen. — 2 sich probiren, sich zeigen, sich bewähren.

Niemand. Das kan ich nicht thun, denn ich habe nur einen Neſtel hie beim Halſe, wann ich den aufmache, ſo ſtehe ich gar nacket, nein, das thue ich nicht, denn die Frauen und Jungfrauen werden mich gar auslachen.

Soldat. Nun, ſo behalte ich meines auch an; aber dieſes obſervire erſt wol, ehe wir den tödtlichen Kampf thun und an- fahen. Es ſol in unſerm Streit bei Schelmſchelten verboten ſein Stoßen und Schlagen.

Niemand. Das iſt mir deſto lieber. Nun, ich bin bereit, verſchone mein nicht, ich wil dein auch nicht verſchonen.

(Machen ein Aufheben gegen einander, und gehen hinein.)
(Kömt wieder über ein wenig.) Wir haben uns beide ritterlich ge- halten, es kunte keiner an den andern etwas gewinnen. Es war ein gefährlicher Streit, unſer beider Leben hieng nur an ein Seidenfaden; in der Wahrheit, es war ein gefährlicher Streit, wenn wir auf beiden Theilen die Fechterſtreiche nicht gewuſt, wäre es unmüglich, es hätte einer ſterben müſſen.

Kömt Jemand mit dem Wachtmeiſter.

Jemand. Friſch auf, Wachtmeiſter, ſuchet mit allem Fleiß, denn hie muß er ſein, der Schelm Niemand, weil ich Poſt der- wegen bekommen. Da ſehe ich den Schelm. — Sih, ſteheſtu da? Du muſt mit uns gehen, denn ich dich nun nicht länger dulden, ſondern vor dem König verklagen und aufhenken laſſen wil.

Niemand. Wolan, thue was du nicht laſſen kanſt, ich wil mich wol verantworten; es wäre unnöthig, daß du mich holeſt, denn ich ohne das erſcheinen wolte.

Jemand. O du biſt ein Schelm, du entläufft mir. Nein, ſolches iſt mir nicht gelegen. — Hie, thue dieſen Strick ihn umb den Hals, dieſem Niemand, gleich einen Gefangenen.

(Thut ihn umb den Hals.)
Wachtmeiſter, ſeid luſtig, aufn Abend, wenn der Schelm ge- hangen, wil ich euch zehen Stof [1] Weins zum beſten geben; folget mir, ich kan mich nicht länger enthalten, der Schelm muß ſterben.

---

1 Stof, Stauf; mhd. stouf, großer Becher.

Actus quintus.

Jetzt kömt der König, beide Königinnen und beide Grafen heraus.

König. Daß die Hoffart die größeſt Unzier des Menſchen
ſei, leſen wir genugſamlich, und was ſie vor Wirkung hat, habe
ich leider an meinen leiblichen Brüdern ſehen müſſen, wie jämmerlich ſie ſich einer den andern umbs Leben gebracht. Nun ſehe
ich leider noch weiter an euch, meine liebe Gemahlin, ſo wol auch
an euch, meine liebe Schwägerin, wie ſehr die ſchändliche Hoffart
bei euch eingeriſſen und eingewurzelt, daß ihr auch eine der
andern ſo ſehr häſſig[1] und einander entgegen ſeid, daß ihrs nimmer ärger machen könnet. O herzliebes Gemahl, ſo ihr mich
liebet und einen angenehmen Dienſt thun wollet, ſo laſſet die
Hoffart fahren; ſo wol, Frau Schwägerin, thut ihr mir einen angenehmen Dienſt, ſo verbannet das ſchändliche Laſter aus eurem
Gemüthe, und iſt mein fleißig Bitten an euch beide, liebet euch
unter einander wie zwo Schweſtern, und wohnet bei einander in
Sanftmuth, Friede und Freundſchaft.

Königin Arcial. Gnädigſter König und Herr, ich muß
bekennen, daß das Laſter der Hoffart mein Herz hat ſehr eingenommen, nun aber durch vielerlei Unglück und Widerwärtigkeit
gänzlich vertrieben. Wäre nun mein einiger Wunſch und Begehren, wann ihr Majeſtät Gemahlin mit mir armen, verlaſſenen
Witwen in Fried und Eintracht leben wolte.

Königin Elliboris. Nicht mehr ich auch begehren thu.
Vergeben und vergeſſen ſei alles, geliebte Schwägerin. (Küſſet ſie.)
In großer Lieb wollen wir nun unſer Zeit ſpendiren, gleich
meiner leiblichen Schweſter ich euch halten wil, lebet nun mit mir
im Pallaſt in ſteten Friede, das mir zum angenehmſten ſein ſol.

König Elliborus. Wie hoch ihr mich hierdurch erhebet
in Freuden, könnet ihr nicht glauben. (Wird angeklopft.) Holla,
was iſt das vor einer, der ſo ſteif anklopft?

Marſianus. Gnädigſter König und Herr, es iſt vorhanden Jemand und Niemand, bitten unterthänig von ihr Majeſtät
Audienz.

König. Jemand und Niemand, weiß ich zuvor, wollen ſich
einer den andern an Galgen haben, denn ſie eine lange Zeit
großen Streit unter einander gehabt haben. Wolan, laßt ſie

---

[1] häſſig ſein, haſſen.

hereinkommen, denn wir fonderlich[1] ihre Rathſchläge anzuhören haben.

Jemand. Groß und mächtigſter König, gnädigſter Herr, ich kan nicht länger dulden das groß Unglück, ſo mir widerfähret, komme derohalben vor ihr Majeſtät und bitte in aller Unter-thänigkeit umb Recht und Gerechtigkeit.

König. Solches ſol dir werden, bring an dein Klage.

Jemand. Großmächtigſter König, dieſer Schelm —

Niemand. Das biſtu.

König. Ich commandire und befehle euch, daß keiner den andern im geringſten injurire, ſondern bringt nur ſchlecht[2] die Klage an.

Jemand. Gnädigſter Herr und König, dieſes nichtswürdi-gen Menſchen Criminalia thue ich offenbaren; ein jederman in der ganzen Welt hat ſich zu beſchweren über ihn, und thut allent-halben große Schande und Schaden. Erſtlich klage ich ihn an vor ein Mörder. Denn alle Menſchen, ſo heimlich ermordet wer-den, bringt er ſchelmiſch umbs Leben, denn man frage alsdenn ein jederman, wer es gethan, ſie ſagen alle, ſie habens nicht ge-than. Ergo ſo hats Niemand gethan. Zum andern treibet er große Unzucht mit andern Mannes Frauen, er ſchändet die Jung-frauen, ſolches kan ich probiren[3], denn wenn man fraget: haſtu es gethan? da ſagt jederman: nein. Ergo ſo hat es Niemand gethan. Zum dritten, großmächtigſter König, kan ich probiren, daß er die Schmähbrief und Pasquillen macht und ſchreibet. Denn wenn man fraget einen jeden in der ganzen Welt in Be-ſonderheit: haſtu es gethan? ſo ſagt ein jeder: ich habs nit ge-ſchrieben, der ander: ich auch nicht. Ergo derſelbe Niemand hat es gethan und geſchrieben. Zum vierten kan ich darthun und probiren, daß er die falſche Münze ſchlägt, denn wenn man fragt: haſtu es gethan? ſo ſagen ſie: ich hab es nicht gethan, ich auch nit. Ergo der Niemand hats gethan, wie er ſteht; noch mehr hat er gethan. An den Galgen!

Niemand. Da ſoltu dran hangen.

Jemand. Weiter und zum fünften, großmächtigſter König und gnädigſter Herr, klag ich ihn an, daß er ein ehrvergeſſener Dieb iſt, der vorlängſt den Galgen verdient hätte, denn was ge-raubet und geſtohlen wird, das thut er; gleich wie auch ihr Ma-

---

1 ſonderlich, indem jeder beſonders verhört wird. — 2 ſchlecht, ein-fach. — 3 probiren, beweiſen.

jeſtät Schaßkammer beraubet ward, da ließ ihr Majeſtät forſchen, aber die ihr Majeſtät in Verdacht hatte, ſchwuren darauf, der eine: ich habe die Schaßkammer nicht erbrochen und beſtohlen, der ander: ich auch nicht (und dergleichen fort[1]). Ergo hat es Niemand gethan, und ſind alſo ihr Majeſtät den Dieb, ſo ihr königliche Majeſtät Schaßkammer beraubet. (Zum ſechſten, ſieben=ten, achten und dergleichen.)

Niemand. Halt, halt, halt, mein Kerl, laß mich auch meinen allmächtigen Mund aufthun und mich[2] verantworten. Ehrnfeſter Herr König, in allen dieſen Puncten wil ich probiren, daß mich Jemand fälſchlich angeklaget. Zum erſten hat er mich angeklaget, daß ich ſolt ein Mörder ſein, nun kan ichs probiren, daß ich es nicht bin, denn jederman iſt bewuſt, daß Niemand keine Händ, keine Arm noch Finger hat und in Manglung deſſen keinen entleiben kan. Aber Jemand hat Hände, Arme, damit er einen umbbringen und ermorden kan. Ergo Jemand, Jemand hat es mit ſeiner Hand gethan. Zum zweiten beſchuldigt er mich, ich ſchlaf bei andern Männern Frauen und ſchände Jung=frauen; nun weiß ein jederman wol, daß Niemand kein Fleiſch, kein Bein oder männlich Glieder habe, wormit ſol er denn Zeichen thun können? (u. ſ. w.) Ergo Jemand, Jemand, der Hurenſchelm, ſchläfet bei andern Frauen und ſchändet die Jungfrauen.

Jemand. Holla, holla, wie kömſt du zu ſolcher Rede? Schweig ſtille!

Niemand. O du Hurenſohn, wird dir ſchon bange? Höre weiter! Zum dritten beklagt er mich, ich ſchrieb die Pasquillen; wie ich dann zuvor geſagt, daß Niemand kein Händ noch Finger hat, wormit ſolt denn der arme Teufel Pasquillen ſchreiben können? Jemand aber iſt ein Tauſendſchelm, hat Hände und Finger, damit er ſchreiben kan. Ergo Jemand, Jemand ſchrei=bet die Pasquillen. Zum vierten klagt er mich fälſchlich an, ich ſchlage falſche Münze, welches ich auch nicht thun kan, weil ich keine Hände. Ergo thut es Jemand. Zum fünften klaget er mich fälſchlich an, als wenn ich der ärgeſte Dieb wäre und des Königes Schaßkammer beraubet; der König wolle es nur recht bedenken, Niemand kan nichts ſtehlen, denn er hat kein Glied und nichts, wormit er ſtehlen könt; Jemand aber hat Hände, wormit er ſtehlen kan. Ergo Jemand iſt ein Dieb und

---

1 Ermächtigung zum Extemporiren, wenn es dem Schauſpieler gefällt. —
2 mich fehlt.

ist derjenige, der des Königs Schatzkammer beraubet und be=
stohlen hat. Ich weiß auch wol, daß Jemand ein falschen Eid
geschworen und doch gleichwol gestohlen hat. Nun bitte ich den
König, er wolle mich und Jemand besuchen [1] laßen, was sie bei
uns finden.

König. Wolan, besuchet sie zur Stunde, was ein jeder bei
sich hat.

(Jemand erschrickt, da sie ihn besuchen.)

Marsianus. Groß und mächtigster König, Niemand ge=
schicht jetzt groß Unrecht; hie habe ich bei Jemand funden das
kleine Lädichen voll Edelgesteinen, so ihr Majestät Schatzkammer
gestohlen. Da seind wider ihr Majestät Pasquillen, und hie
ist falsche Münze, auch seind Buhlerbriefe an eine vornehme
Frau, darin stehet: Mein Herzallerliebste, euern alten Hanrei
wollet ihr nach den Fischmarkt veriren, daß er einkaufe, so wil
ich mich denn alsobald bei euch finden und in Veneris Garten
spielen. Auch find ich einen Brief bei ihn, darin stehet: Getreuer
Bruder, ich thu dir zu wissen, daß ich gestern ein geringe Beut
bekommen von sechstausend Gülden, die ich einen Kaufmann in
Ducaten genommen, darnach erschlagen. Weiter soltu wissen, daß
ich allbereit avisa bekommen, daß morgenden Tages durch das
Holz N., ein reicher Jubilirer [2], ziehen wird, der da zwar wol ge=
rüstet; derhalben mustu morgen in aller Frühe mit allen deinen
Knechten auf unsern bestimmten Ort kommen und die Straßen so
lang verlaßen; unsern Verbündnis nach alles, was wir bei den
Jubilirer finden, wollen wir in zwei Theil theilen, wie denn auch
sechstausend Gülden. Was du bekommen, wirstu auch mit=
bringen. Wornach du dich zu richten (u. s. w.), damit uns dieser
fette Brate nicht entgehe.

König. Wunder über Wunder, ja tausendmal hat er den
Galgen verdienet. Was aber habt ihr bei Niemand funden?

Marsianus. Gar nichts, großmächtigster König, ausge=
nommen die Paternoster und ein zerrißen Betbüchlein.

König. Allmächtiger, ehrvester Herr Niemand, ich thue dich
absolviren, und daß du gerecht und from bist, muß ich vor
jederman bekennen. Hingegen aber ist der Schelm Jemand, der
dich gedacht an Galgen zu bringen, in aller Mörderei und
Schelmstücken befunden worden. Pfui, du Ekel und Schande vor
jedermänniglichen! Gott hat dich geschaffen, den Menschen zu

---

dienen, du aber bist willens gewesen, deinen Nächsten zu ver=
letzen, du bist derhalben nit wirdig, daß du den Erdboden, den
Gott aus nichts erschaffen, mit Füßen mehr treten solst, derwegen
du wegen deiner Mord= und Schelmstücken den schmählichsten
Tod verdienet hast. — Derohalben nehmt ihn alsobald von hinnen
und übergebt ihn dem Henker, daß er ihn [1] an den höchsten Baum
henke.

Jemand. O gnädigster Herr, ihr Majestät schenk mir das
Leben, denn ich bin ein Edelmann.

Niemand. Du Schelm läugst, bist kein Edelmann, son=
dern der ärgeste Schelm auf Erden. Sag doch an, woher bistu
ein Edelmann?

Jemand. Ja, ich bin ein Edelmann, siheftu es nicht an
meinen Kleidern? Hosen und Wammes seind rund umbher mit
gülden Borten besetzet.

Niemand. Du bist ein Narr. Stattliche hoffärtige Kleider
machen keinen Edelmann, sondern Tugend und ritterliche Thaten.
Gefällt es nit dem Könige, daß man diesen Schelm, den Jemand,
die Oberkleider abziehe? Denn ich weiß, darunter ist ein Pracher[2]
vorhanden.

(Bringen ihn hinein.)

König. Nun, willkommen zu hunderttausend malen, mein
gerechter Herr Niemand, wegen eur Gerechtigkeit seid ihr in solch
Gratiam gerathen, daß ihr immer in Pallast bei uns leben
sollet.

Niemand (macht Basis manus). Höchlich thue ich mich be=
danken.

König. Liebes Gemahl, auch Frau Schwägerin, heißt
diesen Niemand freundlich willkommen, denn er gerecht, und
lauter Gottesfurcht in ihn ist, und so bekant bei jederman wegen
seiner Gottesfurcht worden, daß auch die Männer ihre Frauen
bei ihm schlafen legen, denn sie wissen sein Gottsfürchtigkeit, daß
er sie derwegen nit berühret.

Königin. Solch einer ist billich in Ehren zu halten. Will=
kommen, willkommen, gerechter Herr Niemand, lebe bei uns.

Niemand. Höchlich, höchlich thue ich mich bedanken, ich
gehe immer mit.

---

1 ihn fehlt. — 2 Pracher, Bettler.

Arcial. Willkommen, gerechter, frömſter Herr Niemand,
der du den Frauen ſo ingetreu [1] und hold biſt.

Niemand. Höchlich thue ich mich bedanken.

König. Ich bin voller Freude, daß ich Niemand bei mir
haben ſol, der mir nun die Zeit vertreiben wird. Seinethalben
ſol heute Freude und Triumph gehalten werden. In Summa, ſo
viel Gold und Silber wil ich ſeinetwegen vor Geſchenk ausgeben,
ich weiß nicht wie viel. Alle mein heimliche Sachen, die ich
keinen Menſchen offenbaret, werde ich Niemand zeigen. Nun
laſſet uns hineingehen und den Tag in Freuden zubringen.

---

1 ingetreu, ſehr getreu, wie z. B. mhd. inswarz, ingrüne.

Finis.

V.

Comoedia
Von Julio und Hippolyta.

Personae:

Fürst.

Hippolyta, fürstliches Fräulein.

Romulus, }
Julius, } zweene Römer.

Grobianus, Pickelhäring oder Julii Diener.

Romuli Diener.

Actus primus.

Jetzt kömt der Fürst, Romulus, Julius und Hippolyta heraus. Der Fürst steigt hinauf[1]; Julius stehet gar melancholisch auf der Seiten.

Fürst. Edeler Römer, ein Monat habt ihr nun gewartet, nachdem ihr mich angesprochen, daß ich euch meine Tochter zum Gemahl geben solt. Sagt mir nun, liebt ihr sie von Herzen?

Romulus. Von Grund meines Herzens thue ich sie lieben.

Fürst. Liebe Tochter, sag an, hastu Romulum lieb?

Hippolyta. Ja, herzlieber Vater, und dafern es euer Will, hab ich ihn vor mein Gemahl auserkoren.

Fürst. So habe ich genug, als[2] wünsche ich euch hierzu ein langes Leben, und gebe euch meine junge Tochter, mein einige Hoffnung und Trost auf Erden.

Romulus. Gnädiger Herr, dieses schöne Fräulein, euer geliebte Tochter, thue ich höher achten denn Silber und alles Gold, und thu mich vor dieses Kleinod höchlich bedanken. (Hat sie bei der Hand.)

Fürst. Wann gefällt euch dann Hochzeit zu halten?

Romulus. O gnädiger Herr, lieber heut denn morgen; aber es wil mir erstlich gebühren, daß ich nach Rom ziehe und es meinen Aeltern ansage, dann wann sie gar nichts von meiner Heirath wissen solten, würde es ihnen übel gefallen; hoffe in kurzer Zeit wieder allhier zu sein. Derhalben begehre ich von euer Gnaden und von meiner Herzallerliebsten Urlaub.

Fürst. Edeler Römer, kan diese Reise keinen Anstand[3] haben biß nach Vollendung der Hochzeit? Ich bitte, bedenket euch, sehet zu, daß ihr, ehe ihr verreist, Hochzeit haltet.

----

1 auf den Balkon im Hintergrunde der Bühne, zu dem Treppen hinaufführen. Vgl. Schauspiele des 16. Jahrhunderts II, S. XIX. — 2 als, also. — 3 Anstand, Aufschub.

Romulus. Gnädiger Herr, solches hab ich zuvor bei mir bedacht, aber es kan nicht sein, denn sein Stern muß man hierin nicht ganz und gar hindan setzen. Bitte derwegen umb Urlaub.

Fürst. Muß es denn sein, so gebe ich meinen Willen drein, hoff, ihr werdet euch nicht lassen aufhalten.

Hippolyta. Ach mein Herzallerliebster, kans müglich sein, so verharret, warumb wollet ihr doch so unbarmherzig sein und von mir ziehen?

Romulus. Mein getreues Lieb, wie ungern ich von euch scheide, könt ihr nicht gläuben, aber es kan nicht anders sein; dennoch habt dieses zum Troste: meinen getreuen Freund und Bruder Julium wil ich euch befehlen, daß er euch in meiner Absenz mit lieblichen Discursen ergetze und also die Zeit verkürzere. Da steht er, wir wollen zu ihm gehen. — Getreuester Freund und Bruder Juli, wie so melancholisch?

Julius. Getreuer und liebster Bruder, ich bin nicht melancholisch.

Romulus. O Bruder, sag mir die Ursach deiner Betrübnüs; du woltest dich hart halten, aber kontest nicht; kan ichs mit meinem Blut wenden, wil ichs nicht lassen.

Julius. Die Wahrheit zu sagen, liebster Bruder, so machet mich deine Reise betrübt, denn du weist, wie sehr ich dich liebe, ja, mein Leben vor dich hinzugeben, ich gering achtete. O, unmüglich, solt ich nicht traurig sein!

Romulus. Es ist wahr. Von Jugend auf sein wir uns getreu gewesen. Aber, liebster Bruder, wormit sol ich solches recompensiren? Sage hierin abe den weiblichen[1] Herzen und betrübe dich nicht meines Hinwegreisens, denn es kan nicht anders sein. Darumb, mein getreuer Freund und Bruder, befehle ich dir mein schön Hippolytam, mein Allerliebste; ich bitte, tractire sie mir freundlich in meiner Absentia. — Und, schöne Hippolyta, betrübet euch nicht, denn ich hoffe in gar kurzen euer hell KryStallaugen wieder anzuschauen, mit Mercurii Flügeln wil ich eilen wieder zu euch zu kommen, darzu, sobald ich zu Rom angelange, wil ich euch mit Schriften visitiren[2].

Fürst. Laßt uns jetzt hinein gehen, und, Juli, komt mit uns, daß wir Romulo das Geleit geben.

(Sie gehen hinein.)

---

1 weiblich, weibisch. — 2 visitiren, nach dem Englischen to visit with, mit etwas beschicken, jemandem etwas zusenden.

Julius (betrübt). Wie ungern sehe ich dich von hinnen ziehen! (Fällt auf die Knie.) O, ich wolte, daß du nimmer wiederkämest! Alsdenn wäre ich der glückseligste Mensch, und mach. mir schon — — —[1].

Romulus. Warum folgestu nicht, lieber Bruder? Was bedeutet, daß du auf den Knien sitzest?

Julius. Herzlieber Bruder, ich ruf die Götter an, daß sie dir wollen favorabiles[2] sein und in kurzen wieder anhero verfügen.

Romulus. O, du bist mir ein getreuer Freund, deinesgleichen an Treuheit hab ich noch nie in der Welt funden. Derhalben befehle ich dir noch eines: ergetze mein Allerliebste in meiner Absentia mit lieblichen Discursen, und tractire sie mir wol, denn ich weiß, du bist mir der Getreueste, darumb ich sie auch nur dir allein befehle.

Julius. O mich getreu[3]! (Fället auf die Knie.) Ich schwere bei der Sonnen, Monden und Sternen — — —[4].

Romulus. Stehe auf, getreuester Freund und Bruder, kein Eid begehre ich von dir zu haben; meinestu, daß ich dir ohne das nicht gläuben thue? Nun ade, ade, mein getreuer Freund, wie ungern ich von dir scheide, kanstu nicht gläuben. Ade, ade, je länger hie, je länger dort[5]. (Gehet hinein.)

Julius. Ziehe, daß du mögst den Hals brechen und nicht wieder kommen. Jetzt muß ich auf Praktiken denken. Romule, Romule, getreuer Freund bistu wol, aber jetzt muß ich dir untreue Brüderschaft beweisen. O schön Hippolyta, was kan dein schön Gestalt nicht zuwegen bringen! O, was solte Liebesbrunst nicht ausrichten? O Hippolyta, du Wunder unter allen Weibespersonen, du must mein sein, oder ich muß nicht leben! Nun muß ich gedenken, wie ichs wolle anfahen; man sagt: practica est multiplex; nun, ich muß auch eins davon versuchen.

(Gehet abe.)

---

1 Hier wird Weiteres dem Schauspieler überlassen, wie häufiger. — 2 Wie die meisten Fremdwörter aus dem Englischen stehen geblieben. Der Satz ist trotz seiner Kürze in der Construction verwirrt, wie das öfter der Fall ist. — 3 O mich, die Interjection mit dem Accusativ des Pronomens gebraucht: engl.: oh me, ah me. — 4 Wie oben. — 5 je länger ich hier verweile, desto länger dauert meine Abwesenheit.

Actus secundus.

Julius. Juli, bedenke dich nun wol, was du bei Romulo thust. Hie habe ich Briefe von Rom bekommen, die sol ich der schön Hippolyta, seiner Allerliebsten, übergeben; aber es kan nicht sein, dieselbigen muß ich unterschlagen, und an seiner Statt habe ich andere geschrieben. Bedenke dich nun wol, Juli, es ist ein Römer, den du betreugst; sie suchen Rache über ihre Feinde und triumphiren stets über alle ander in der ganzen Welt. Aber wenn du auch der streitbarste Römer wärest, wolte und könte ich nicht unterlassen, dir jetzo untreu zu werden; mein Vorhaben muß ich nun fortsetzen, denn was thut Liebe nicht, umb dero- willen ich jetzt mein Leben in die äußerste Gefahr setze. Wolan, es muß so sein. — Holla, mein Diener Grobiane, kom heraus.

Grobianus kömt heraus; der Herr pfeifet; stehet still.

Grobianus. Mein Herr muß ja meinen, daß er einen Hund vor sich habe.

(Julius pfeifet noch einmal.)

Grobianus. Pfeif du immerhin, ich bin dein Hund nicht.

Julius. Jung, hastu nicht gehöret, daß ich dich gerufen, wornach[1] stehest du dann?

Grobianus. Nein, gnädiger Herr, ich hab kein Rufen gehört, sondern Pfeifen, und gemeinet, ihr Gnaden hätten den Hund zu sich gepfiffen.

Julius. Kom hier, Grobiane, und observire meine Wörter wol; diese Briefe soltu tragen zu der schönen Hippolyta, dich anthun gleich einen Postboten und zu ihr sagen, daß dich Romulus von Rom zu ihr gesandt mit diesen Briefen. Sih, hie hastu Geld, verrichte es treulich, hernach soltu mehr von meinen Händen empfangen.

Grobianus. Gnädiger Herr, was solte ich umbs Geld nicht ausrichten? Wenn ich könte Geld darfür bekommen, so wolte ich meine Mutter eine Hur, und meinen Vater einen Schelm heißen; euern Befehl wil ich treulich ausrichten.

Julius. So mache dich bald fertig und übergib ihr die Briefe.

Grobianus. Es sol geschehen. *(Gehet weg.)*

---

1 wornach, wozu, warum.

Julius. Also hoffe ich, die schöne Hippolytam vor mein eigen Gemahl zu bekommen. Juli, faß ein Herz, ja, ein eisern Herz, denn ein Hohes hastu angefangen, daßelbe mustu ausführen. (Stehet allein in tiefen Gedanken.)

Kömt heraus der Fürst. Hippolyta ist betrübet, geht sitzen.

Fürst. Es ist umb das Weibesvolk ein seltzam Manier, vornehmlich gar wunderlich, wenn sie verliebet sein, denn Schreien, Heulen und Weinen ist ihr täglich Speise, so ihr Liebster nicht bei ihnen ist. Wie zur Krankheit[1], bistu so närrisch? Wird doch dein Romulus wieder kommen, warumb betrübstu dich dann?

Hippolyta. O Vater, ich habe Ursache zu weinen, weil ich nicht weiß, ob mein Liebster ist gesund nach Rom kommen, denn die Zeit ist nun verfloßen, in der er gelobet, von dort zu schreiben. Da sehe ich Julium in tiefen Gedanken stehen; lieber Vater, wollen wir nicht zu ihm gehen und fragen, ob er nichts von Rom bekommen? (Gehen zu ihm.)

Fürst. Tochter. Einen guten Morgen, Juli.

Julius. Ich sage ihr Gnaden, auch schönen Fräulein höchlich Dank.

Fürst. Juli, wisset ihr nicht, was ihm zu thun sei? Denn meine Tochter gar verzweifeln wil, weil ihr Liebster ein wenig von ihr gewesen.

Julius. O gnädiger Herr, darfür wird man bei keinen Doctore einig Mittel finden, denn es uns Menschen von Natur angeboren, und wirket solches die inbrünstige Liebe.

Hippolyta. Guter Freund, habt ihr nicht Schreiben von Rom bekommen?

Julius. Nein, schönes Fräulein, gar keine.

Hippolyta. O, die Zeit ist gleich schon verfloßen, in der er mir bei seiner getreuen Lieb geschworen, zu schreiben.

Julius. Schönes Fräulein, traget gar keinen Zweifel, daß was er zusaget gewißlich hält, und kan sein, daß der Bote, welchen er gesandt, nicht eile.

Kömt Grobian.

Grobianus. Glück und all Heil, schönes Fräulein!

Hippolyta. Ich danke dir, Bote, von Herzen. O sage mir bald, kömst du nicht von Rom?

---

1 zur Krankheit, wie zum Henker, zum Teufel. Krankheit hier gebraucht für: Pest.

Grobianus. Ihr habt es errathen, von Rom kom ich und bin von Romulo zu euch gesandt.

Hippolyta. O glückselige Stunde, o glückseliger Bote, zeig mir bald den Brief von Romulo, meinen Herzallerliebsten!

Grobianus. Verziehet ein wenig, ihr müsset erstlich dem Boten sein Penunse [1] geben.

Hippolyta. Sih, da hastu, thu bald den Brief her, wornach ich ein groß Verlangen gehabt.

Grobianus. Da sein die Briefe, so mir mein Herr Romulus gegeben.

Hippolyta (küsset den Brief). O sei mir willkommen! Hier sein noch zwei Briefe, einer an Julium, der ander an euch, herzlieber Vater.

Fürst. An uns auch, Tochter? Das ist gut. Weine nun auch nicht mehr, ich weiß wol, daß der gute Romulus zu schreiben nicht unterlassen würde.

(Lesen, sie verwundern sich sämtlich, kratzen sich bei den Haaren.).

Hippolyta. O weh, o weh, Eva im Paradiese, wie schändlich wurdestu betrogen!

Fürst. O Stadt Troja, durch List wurdestu gewonnen!

(Sie lesen noch besser.)

Julius. O du betrieglichster Mensch unter allen Mannspersonen, du Ekel und Schandfleck unter allen, wie hastu dieses können über dein Herz bringen!

Hippolyta. O Angst, o Todesangst! Größer Schmerzen hab ich niemaln auf Erden empfunden. O verflucht seistu, Romule, verflucht sei die Stunde, worin ich dich zum ersten ansichtig worden! O, warumb haben die Götter euch Mannsbilder ordiniret und erschaffen, daß ihr unsere arme jungfräuliche Herzen so peinigen und ängstigen müsset! O ihr Poeten, warumb schreibet ihr, die Weibspersonen seien wankelmüthig? O nein, ihr thut uns unrecht, ihr Mannspersonen seid voller Wankelmüthigkeit, die ungetreuesten, unbarmherzigsten Creaturen auf Erden. Ihr seid, gleich wie der Wind wehet. O verfluchter, untreuer Romule, ist das die treue Liebe, so du mir zugesagt und geschworen? Hei, ihr unsterblichen Götter, verkürzet mir doch mein Leben, auf daß mein Herzeleid ein Ende nehme!

Fürst. Liebe Tochter, stell dich zufrieden, denn dein Weh-

---

1 Penunse, Trinkgeld, Lohn, Botenlohn; vielleicht Druckfehler für das englische pence, pl. von penny?

klagen dir nichts nutzen wird. Pfui, du verfluchter Romule, wie
bistu so voller Untreu worden!

Julius. Ja wol, voller Untreu und Schande. Schad
ists, daß er ein Römer geboren. Pfui, du verfluchter, untreuer
Mensche, nun sol dir all dein Freundschaft abgesaget sein, dar-
gegen aber wil ich dich mit Haß und Feindschaft verfolgen thun,
weil du so untreu und unbarmherzig an derjenigen thust, welche
ihr Leben vor dir hätte geben; dir sol alle Freundschaft aufgesagt
sein, und glaub gewiß, daß ich solches rächen wil. — Darumb,
schöne Prinzeffin, seid nicht betrübet, denn ich alles solches rächen
wil. Erfreuet euch unterdeffen, daß ihr solch ein ungetreuen
Menschen nicht seid theilhaftig worden.

Fürst. Lieber Juli, sagt uns, was euch doch der verrätherische Bösewicht geschrieben.

Julius. Gnädiger Herr, es ist einerlei Meinung[1], ausgenommen hier hat er unter geschrieben: „Grüße mir den alten
Narren, Hippolytae Vater, den alten Scheißer, mit dem ich ja
wol den Narren getrieben. Sie meinen, laßt es was sachte angehen[2]; hem, hem, hem, meinen sachte."

Fürst. Hem, was der Teufel schilt er mich vor einen alten
Narren und Scheißer; der Teufel dank dirs! Aber was schreibt
der lose Kerl mehr?

Julius. Da, lese es ihr Gnaden selber.

Fürst (liest. schüttelt den Kopf). Aber wie zum Element sol ich
dieses verstehen: Sie meinen, laß es was sachte — — —

Julius. Ich kans nicht errathen, ich wil aber wol gläuben, daß ihr Gnaden solches wird vor ein gewöhnliche Rede gehabt haben.

Fürst. Ja, es ist recht, nun befinde[3] ich mich. Wenn der
lose Kerl bei meiner Tochter zu sitzen und sie zu herzen pflegte,
hatte ich vor eine Gewohnheit, also zu reden. Nun spottet er
unser noch zu unsern Schaden. Ist diß das Deo gratias vor alle
Wolthat? Der Teufel muß mir ja den losen Kerl zuerst zugeführt
haben. Nun sehe ich, wenn er sich so freundlich und demüthig
gegen mir gestellet, hat er den Geck mit mir getrieben; hole der
Teufel solche Gäste, ich begehre dein nicht.

---

1 es ist einerlei Meinung, er hat in demselben Sinne geschrieben. —
2 es sacht angesehen lassen, es nicht zu arg machen. — 3 sich befinden, sich zurecht finden: nun weiß ich, was es bedeuten soll.

Grobianus. Schönes Fräulein, was vor Antwort sol ich Romulo bringen?

Hippolyta (reißet den Brief entzwei und wirft ihn auf die Erden). Also, also bring ich dieses zur Antwort.

Fürst (reißet seinen auch entzwei). Und also bringe ich von mir Antwort.

Grobianus. Gnädiger Herr, was vor Antwort sol ich von ihr Gnaden haben?

Julius. Bescheid haben? O sag den Greuel und Unzier unter allen Mannspersonen, den verfluchten untreuen Romulo, daß ich sein ärgster Feind sein wil, zu unser beider Tagen[1] ihn solches nimmer zu vergessen, und so, und so (reißt entzwei) wil ich ihn antworten.

Grobianus. Ich wils wol gläuben, daß ihr Gnaden sein ärgster Feind ist und bleiben wird. Also ade, von hinnen ich mich mache. (Geht weg.)

Julius. Schönes Fräulein, achtet ihr wol wirdig, umb des verfluchten untreuen Romuli wegen betrübt zu sein?

Hippolyta. Ja, ich bin betrübet und das betrübtste Weibesbild auf der Welt.

Julius. Ich bitte, verbannet ihn aus euern Sinn und Gedanken, so seid ihr mit Fröhlichkeit wieder erneuert.

Fürst. Solches ist auch mein Rath, liebe Tochter, daß du ihn gar aus deinen Herzen verbannest und nimmer an ihn gedenkest, sonsten wird das Winseln und Wehklagen kein Ende haben. Lasset uns hineinkehren und nicht mehr an ihn gedenken, denn ich habe Ursache; solche Schmach aber werde ich mein Tage nicht vergessen.

Actus tertius.

Julius. Holla, holla, Diener Grobiane, kom heraus.

Grobianus. Hie bin ich, gnädiger Herr.

Julius. Hör, Diener, dir ich am meisten vertraue, wie du auch selbst weist, daß ich dir vertraut, welches ich sonst leichtlich keinen gethan hätte; fahr also fort, es sol dein Schade nimmer sein.

Grobianus. Gnädiger Herr, ich bin bereit, ihr Gnaden

---

1 zu unser beider Tagen, so lange wir beide leben.

in allen zu folgen und zu gehorsamen, auch die Sachen also zu
verrichten, daß es ihr Gnaden nicht besser begehren sol.

Julius. Du bist mein getreuester Diener, darumb ich dich
auch allein zu meinen geheimen Sachen brauch. Nim hin diesen
Brief, trag ihn alsobald zur Schönen, vermelde ihr darneben
mein freundlichen Gruß und Dienste, sag und machs ihr groß
vor, wie heftig ich in ihr verliebet, wie jämmerlich ich mich ge-
berde, daß ich weder esse noch trinke, auch keine Ruhe haben kan,
sondern stets seufze, in Summa, mache den Teufel groß und
zehenmal mehr, denn es ist. Fürwahr, Diener, wirstu etwas mit
deinen Procuriren erhalten, Gold, Silber und groß Gnad sol
dein Recompension sein; mache dich nun auf zur Stunde und
brauch ja wol deine Zunge.

Grobianus. Gnädiger Herr, ihr Gnaden gläuben mir,
daß ich mit höchstem Fleiß die Sache wil anbringen. (Nimt den
Brief, gehen hinein.)

Hippolyta. Weil Treu und Glaube ist worden klein, werd
ich nun bleiben gar allein. In Betrübnüß, Jammer und Ellend
wil ich nun mein ganzes Leben zubringen, stets Seufzen und
Thränen müssen meine Speise sein. Sobald des Tages Liecht
anbricht, werde ich eingedenk sein, wie ein Mensch voller Untreu
stetigs pflag zu mir zu kommen. All getreu Lieb thu ich verfluchen. Mit Standhaftigkeit hab ich getreue Lieb zu halten mir
angelegen sein lassen, aber es ist mir übel belohnet worden. Was
mag von mir haben wollen, der so eilends zu mir kömt?

Kömt Grobianus.

Mich däucht, ich nie ein greulichern Kerl gesehen hab.

Grobianus. Schönes Fräulein, meines jetzigen Hand-
werks ich ein Briefträger bin; hie hab ich einen an ihr Gnaden
mit demüthiger Bitte, denselben zu überlesen. Mein Herr Julius
läßt ihr Gnaden tausendmalen grüßen, von welchen ich auch
diesen Brief habe.

Hippolyta. O, das tausendmal Grüßen tönet noch stets
vor meinen Ohren. Es kömt mir aber dieses gar seltzam vor vom
Julio, sintemal ich zuvor nimmer eins von ihm zu empfahen
pflag. Hie steht: „Schönest auf Erden! Die inbrünstig große
Liebe, so ich zu euch trage, zwinget mich nunmehro mit aller
Macht, euch solches zu offenbaren. Weil ich aber also in euren
Stricken gefangen liege, habe ich nimmer keine Ruhe, all Witz
und Verstand thut mir schier vergehen. Ich kan mit Wahrheit
wol klagen, daß ich der unglückseligste Mensch auf Erden sei;

werde ich aber von diesen Banden aufgelöset, schätz ich mich vor
den glückseligsten. Darumb, schönest Hippolyta, die ihr mein
Leben in euren Händen und gefangen habt, beweist mir Liebe,
weil ich gegen euch mit solcher inbrünstigen Liebe umbgeben, weil
es Venus und Cupido in ihren Choro also beschlossen. O, reißt
abe die Bande, thut mich nicht länger kränken, sondern glückselig
machen." — Dieser Brief ist vergeblich geschrieben. Liebe, Liebe,
ich bin deiner satt, genug habe ich geliebet, und darbei sol es
gänzlich beschlossen[1] sein.   Solt ich nun wiederumb lieben?
Nimmermehr! Ihr betrieglichen Mannspersonen seid nur geboren, mit kläglichen Worten die Jungfrauen ins Narrenseil zu
führen. — Höre, Diener, sage deinem Herrn, daß ich den Brief
empfangen, Antwort darauf acht ich unnöthig.

Grobianus. Schönes Fräulein, dafern ich kein andere
Antwort von ihr Gnaden erlange, so hängt er sich vor allen
Element auf, dann, schönes Fräulein, ihr könnet nicht gläuben,
wie voller Pfeilen er geschossen. Fürwahr, er klaget sehr umb
euer Gnaden, sie sei dessen allein ein Ursache; ich verleih ein gut
Wort vor meinen Herrn, denn er mich sehr darumb gebeten. Ich
sol es höher vor ihr Gnaden anbringen, als es immer ist, er
isset und trinket nicht, er hat auch keine Ruhe, so heftig ist er
gegen ihr Gnaden verliebet, und wenn er noch schläft, seufzet er,
redet im Schlafe: Hippolyta, Hippolyta! Darumb, gnädiges
Fräulein, ihr Gnaden machen ein groß Unruh, dafern sie dieses
nicht wenden.

Hippolyta. Meinethalben kan er wol zufrieden sein; mache
dich nur von hinnen und bringe deinen Herrn zur Antwort, daß
ich den Brief empfangen.

Grobianus. So werde ich meinem Herrn ein unange-
nehmer Bote sein; Botenlohn, Gold, Silber und groß Gnade,
welches mir mein Herr zugesagt, werde ich nun müßig gehen.
Damit ich dennoch etwas darvon habe, bitte ich ihr Gnaden, mir
ein Zehrpfennig mitzutheilen.

Hippolyta. Begehrestu nur das? Sih, da hastu einen
Ducaten, damit mache dich von hinnen.

Grobianus (nimt). Höchlich ihr Gnaden ich danken thu, aller-
schönest, allertugendreichstes Fräulein, dessen lobwirdig Name er-
schallet in alle Welt. Die Wahrheit auch zu sagen, ihr Gnaden

---

1 beschlossen, abgeschlossen, zu Ende.

ift die Allerſchöneſt auf Erden, ich hätte es nie gläuben wollen,
wenn ichs nicht geſehn. An Schönheit thu ich ihr Gnaden vergleichen der Göttin Veneri, an Tugenden der Göttin Dianae.
Ich kan nicht Wörter finden zu preiſen, wie wol billich.

Hippolyta. Nach ſolchen Lob ich auch wenig fragen thu;
hätte ich dir keinen Ducaten geben, ſo wäre ich auch nicht in dein
Lob gerathen. Mach dich alſobald aus meiner Praesenz, weil
ich deiner nicht länger allhie begehre.

(Gehen hinein.)

Kömt der Fürſt und Julius.

Fürſt. Juli, ſonder [1] guter Freund, wol hab ich euch ob-
ſerviret und angehöret bitten umb meiner Tochter Hippolytam.
Es iſt euch nun bewuſt, wie Romulus ſich mit ihr verbunden
und verlobet, und wie der untreue Menſch ſie verlaſſen, was
Schimpf und Spott mir ſo wol meiner Tochter dardurch kommen.
Derhalben ich nicht liebers ſehe, als daß ſie nur in dieſem Gewäſch [2] möge vermählet werden. Ich euch zu ihr wol tüchtig [3] er-
kenne, darumb gebe ich meinen Willen darein, daß ſie euch
möge vermählet werden; dennoch in meinen Willen es nicht allein,
ſondern auch in ihren ſtehet, darumb iſt mein Rath, daß ihr ſie
ſelber anredet und euer Liebe ihr anpraesentiret [4].

Julius. Wie hoch ich erfreuet, kan ihr Gnaden nicht
gläuben; ich bitte ihr Gnaden unterthänig, daß er ſie zu ſich
wolle kommen laſſen, auch ihr Gnaden wolle helfen ſie darzu
bereden.

Fürſt. Gar wol, ich hoff, es ſol alles gut werden. — Holla,
Hippolyta, kom eilends zu mir.

Hippolyta (kömt). Gnädiger Herr Vater.

Fürſt. Liebe Tochter, dieſer junge Cavalier Julius mit dir
etwas zu reden hat, hör ihn wol zu und thue ihn guten Beſcheid
geben.

Hippolyta. Gnädiger Herr Vater, guten Beſcheid ihr
ihn wol geben könnet; mich däucht, ich ſein Anbringen zuvor
wiſſen ſol.

Fürſt. Zuvor wiſſen? So muſtu ein Prophetin ſein.

Julius. Schöneſt Creatur, ſo du jemaln den Erdboden

---

1 ſonder, beſonders. — 2 in dieſem Gewäſch, in Beziehung auf das
vorhergehende: Schimpf und Spott, in dem Geſchwätz der Leute. — 3 zu ihr
wol tüchtig, für ſie wohl paſſend. — 4 Die ganze Rede des Fürſten verräth wieder die Roheit und Flüchtigkeit der Bearbeitung. Anpräſentiren für:
antragen.

betreten, die inbrünstig Lieb, so ich zu euch trage, zwinget mich
mit Macht, es euch zu offenbaren. Seint[1] mich der blinde
Cupido geschossen, bin ich ein ander Mensch worden, da ich war
zuvor fröhlich, bin ich nun traurig, und nachdem ich noch nicht
Occasion habe gehabt, mit euch allein Gespräch zu halten und
mein Anliegen zu offenbaren, bin ich stets in Betrübnis gewesen.
Weil ich denn jetzt so gar in euer Macht und Gewalt, so komme
ich bemüthig bittend. O, Ursache habe ich zu bitten. Ihr Lieb
woll mir dieses wenden und von der Last erledigen. O schönes
Fräulein meiner Hoffnung, nicht mehr ich wünschen wolt, denn
daß ihr Lieb in mein Herz gleich durch ein Fenster sehen könte,
wie es jetzt beschaffen, wie es im Feur lieget und brennet. O
könte ich wünschen, daß zugleich auf mein Herz geschrieben stünde,
wie es mit ihn beschaffen, getreuen Liebhaber würde man mich
nennen. Darumb, schönest, mein tausend und auserwählter
Schatz, nehmet dieses zu Herzen, machet mich glücklich, erzeiget
mir Recompension und beweiset mir Liebe!

Hippolyta. Lieben und Liebhaben ist leicht zu reden; solt
ich noch lieben? O nein, denn Lieben ist gewiß Betrüben; es liebe
mich einer getreulich oder nicht, so thue ichs doch alles in den
Wind schlagen. Freund Juli, warumb bittet ihr umb solches,
welches ihr zuvor wisset, daß es nicht sein kan? Es ist euch bewust, wie ich geliebet und wie ich bezahlet, derhalben schwere ich,
im Tempel vor der Göttin Diana allein zu dienen, darbei auch
ein keusches, reines und jungfräuliches Leben zu führen. Zwar,
Juli, euch ich nicht verachten thue, denn ihr meiner wol wirdig,
aber dieses kan nicht sein, und all euer Lieb, die ihr bei euch
traget, wäre mein Rath, daß ihr es gar in der Luft vertreibet;
laßt ab, laßt abe von Lieben, ihr liebet umbsonst und vergebens
und machet euch nur zum Narren.

Julius. Zum Narren, zum Narren! Ich wils fürwahr
wol gläuben, schönst Hippolyta, euer Lieb beweiset mir jetzund
die größte Unbarmherzigkeit. Jetzt wird eines verrätherlichen
Mannes Uebelthat allen Mannspersonen zugerechnet. Aller-
schönest Hippolyta, ihr Lieben bedenke dieses, daß bei Romulo
Ungetreu[2] und falsche Liebe war, in mir aber ist getreue, stand-
haftige und inbrünstige Liebe. (Ad spectatores.) O nicht inbrünstige Liebe, warumb ward ich meinem Getreuesten auf Erden

---

1 Seint, mhd. sint = alt, sintemal, seitdem. — 2 Ungetreu, subst.

ungetreu? — O ſchönes Fräulein, ſeid nicht ſo gar unbarm⸗
herzig, laßt erweichen eur hart und kalt ſtählern Herz. O löſet
auf [1] den, der ſo ſchwer in euer Gewalt gefangen lieget, beweiſet
mir Liebe, ſonſt komme ich in höchſte Noth und Jammer!

Hippolyta. Fürwahr, Juli, ich bedenke ſolches, wie
Romulus eine ungetreue Liebe, und ihr ein getreue Liebe führet.
Ich weiß mich noch zu entſinnen, daß Romulus eben wie ihr ſein
Getreu mir vorzuſagen wußte. Nein, nein, ich begehre mit keinen
getreuen Herzen umbzugehen; laßt abe, laßt abe, füget euch zu
einer andern Madon [2] mit euern getreuen Herzen, es iſt ver⸗
gebens, ja, gar vergebens.

Julius. O Unbarmherzigkeit, biſtu doch eben ſo mächtig
wie der Donner unter dem Himmel! Gleich einen Donnerkeil
ſchlägſtu jetzt durch mein junges Herz und thuſt es noch heftiger
verſehren und verderben. O, warumb lieb ich? Du grimmiger
Tod, warumb wilſtu meiner nicht begehren? Ich unglückſeligſter
Menſch! Mein Vorhaben gehet den Krebsgang. (Ad spectatores.)
Was iſt mir nun gebüßet mein Untreu, ſo ich an meinen getreue⸗
ſten Freunde auf Erden, der ſein Leben vor mich gelaſſen, volln⸗
bracht! Juli, Juli, worein haſtu dich geführet! (Steht betrübt.)

Fürſt. Juli, warumb ſo betrübt? Sagt mirs, und was
ihr Guts erhalten bei meiner Tochter.

Julius. Gnädiger Herr, die Urſach meines Betrübnüs iſt
dieſe, daß ich nichts erhalten mag. Ihr Gnaden Tochter wil gar
nichts hören von der treuen Lieb, die ich zu ihr trage, ſie ge⸗
denkt [3], daß die Untreu Romuli ſo tief in ihren Herzen ſtecke [4],
auf daß auch jemaln ein Mann ſo glückſelig ſein ſol, ihrer theil⸗
haftig zu werden; denn ſie auch bei der Göttin Diana ge⸗
ſchworen, ihre Tag in jungfräulichen Leben zu vollnbringen. O,
wann nun ihr Gnaden mein Procurator [5] ſein wolten, ſo gäbe
ich mich ein wenig zufrieden.

Fürſt. Wolan, gebt euch zufrieden, ich wil mein Fleiß
thun, daß ſie euch liebe. — Hippolyta, liebſte und einige Tochter,
du weißt, wie ich dich von Jugend auf heftig geliebet, gleich [6]
einem Vater mag gebühren. Nun biſtu zu deinen Jahren kom⸗
men, derowegen mir dich zu verſehen [7] gebühren wil, als habe

---

1 auflöſen, erlöſen, losbinden; vgl. S. 186, Z. 1 v. o. — 2 Madon
(madonna), für das engliſche madam. — 3 ſie gebenk, bedenke, ſoll ſich auf
Ihr Gnaden beziehen. — 4 ſo tief ... auf daß, zu tief ... als daß. —
5 Procurator, Fürſprecher. — 6 gleich, ſo wie. — 7 verſehen, ver⸗
ſorgen.

ich diesen jungen Prinz Julio dich ihm zu eigen zugesaget, drumb
laß dirs gefallen, weil er dein an Geburt, Tugenden und Reich=
thum wol wirdig ist.

Hippolyta. Liebster Herr und Vater mein, Julius, der
junge Prinz, ist meiner Liebe wol wirdig, aber ihr Liebden be=
denk zuvor die große Untreu, so Romulus an mir bewiesen, wel=
ches mir so sehr eingetrieben[1], daß ich mirs gänzlich vorgenom=
men, mich nimmermehr zu verheirathen.

Fürst. Liebe und einige Tochter, du thust gar weit irren,
die überflüssigen Gedanken thun dir deinen Verstand gar beneh=
men; bedenke dieses hinwieder: Romulus ist mit falscher und un=
treuer Liebe dir gewogen gewesen, dieser Julius aber liebet dich
von Herzen, wie ich von allen Umbständen merken kan, also daß
ich fast mein Tage keinen Menschen gehöret, der höher wäre ver=
liebet gewesen. Fürwahr, Tochter, du machst gar kein Unter=
schied zwischen Guten und Bösen; du bist mein einig Erbe des
Fürstenthums, und soltestu nicht vermählet werden, so würden
wir die fröhlichsten Tage erlebet haben, und das Land würde dar=
durch in fremde Possession gerathen. Nicht also, liebe Tochter,
thue demselben, der falsch und untreu mit dir gehandelt, nicht
die Liebe an, daß du soltest sitzen bleiben. Wirstu mich lieben, so
wirstu mir auch folgen.

Julius. O schöne Hippolyta, was ist auf der Welt, da
man wahre Liebe kan an den Tag geben und mehr in Wahrheit
bekräftigen denn durch einen Eid, welchen ich denn jetzt auf
meinen Knien ablege vor ihr Liebden. So thue ich nun schweren
vor allen unsterblichen Göttern, daß die Liebe, so ich, schönes
Fräulein, zu euch trage, unverfälschet sei, sondern[2] getreu, stand=
haftig, ja daß sich mein Herz nimmer zur Ruhe geben wird, ich
bin denn zuvor euer Liebe theilhaftig worden. Die brennend
und treue Liebe läßt nimmer nach, sie macht oft den traurigsten
Menschen, auch oft den fröhlichsten, von derer beiden eins ich
werde ersättigt werden. O schönest Fräulein, wenn ich nicht mit
Recompensiren bezahlet werde[3], so muß ich ohn Zweifel sterben;
wenn denn ein solches geschehe, man sprechen möchte, daß ihr an
meinem Tode ein Ursach, und dessen hernach kleine Ehre hättet.

---

1 welches mir so sehr eingetrieben, was auf mich einen solchen
Eindruck gemacht. — 2 sondern, wegen der Negation in unverfälschet,
nicht verfälscht, sondern getreu u. f. w. — 3 Soll heißen: durch Erwiderung
meiner Liebe belohnt werde.

Und fürwahr, ich gläub, wenn euer Liebden ein solches bedächten, das Gewissen sich betrüben würde, daß sie ein solch Unbarmherzigkeit an mir gethan hätte, und zu sich selbst sprechen werde: O weh, o weh, was großes Übel ich begangen, daß ich mich nicht über Julium, den getreuesten Liebhaber, erbarmet habe. O weh mir immer, daß ich ihn so jämmerlich mit meiner Unbarmherzigkeit getödt habe! Solch Wehklagen und Gedanken wären doch alle verloren, und wären nur Ursache, die Unruhe zu vermehren. Und damit euer Liebden nicht zu solchen komme, laß sie doch ihr steinern Herz erweichen und mich Gnade empfangen, ehe denn ich den Tod leide!

Fürst. Liebste Tochter, du hast ja nun genugsam angehöret, mit was inbrünstiger Liebe dieser junge Prinz Julius gegen dir umbgeben; drumb laß doch abe von deinen Vorsatz, und dafern du mich jemaln geehret, so laß dir Julium gefallen, und gib ihn dein Herz, gleich wie er dir gethan hat.

Hippolyta. Herzliebster Vater, weil es dann euer herzlicher Wille, daß ich mit Julio sol vermählet werden, und er mir getreue Liebe zugeschworen, ich auch nichts mehr von ihn fordern kan, so laß ich es mir alles wol gefallen, und nach euern Willen zu leben bin ich pflichtschuldig.

Fürst. Herzliebe Tochter, du thust mich jetzt höchlich erfreuen.

Julius. Aber mich tausendmal mehr; glückselig sei die Stunde, in welcher mir die lieblichen Wörter zu Ohren kommen!

Fürst. Wolan, Juli, hie empfanget meine Tochter; lebet lang mit ihr in Friede und Freude.

Julius. Die Götter all in gemein seind jetzt gepreiset, daß sie mich diesen Tag erleben lassen. Und, gnädiger Fürst, demüthig thue ich mich bedanken, daß mir ihr Gnaden gewirdiget und seine einig Tochter geben; was in menschlichen Kräften stehet zu wiedergelten[1] mit Liebe, Freude und was es immer sein möge, davon ihr Gnaden Freude und Trost an uns haben möge, sol nur mein stetes Nachtrachten sein.

Fürst. Ich zweifel nicht, ihr werdet mir ein Trost in meinem Alter sein, aber hiervon darnach weiter; jetzt laßt uns hineinkehren und bedenken, wie eheft das Beilager in allen Freuden möge gehalten werden.

---

1 wiedergelten, vergelten.

Actus quartus.

Romulus. O lieber Gott, was habe ich gehöret, daß mein ungetreuer Gesell Julius mir meine herzallerliebste Braut entfreiet [1]! Nun ich komme und gedenke, mit ihr meine Freude zu haben, so ist es durch Falschheit und Betrug alles vorgebauet. O, kein Wort kan ich bald vor Schrecken mehr reden! O du ungetreuer, verrätherlicher Bösewicht, verflucht seistu, und deiner Seele müsse nimmer Rath werden! (Zum Diener.) Aber du, mein getreuer Freund, ich bitte, sag niemand ein Wort darvon, daß du mich hie gesehen hast.

Diener. Gnädiger Herr, ich wil es also machen und keinen Menschen ein einiges Wort von euer Wiederkunft sagen.

(Der Diener gehet weg, aber Romulus gehet in großer Betrübniß, und findet mitler Weile den falschen Brief, welchen des Fürsten Tochter vor Unwillen in zwei Stück gerissen.)

Romulus. Allhie finde ich einen Brief. Mich dünkt, ich sol die Hand kennen. Wunder! Sihe, das ist meines ungetreuen Bruders Julii Handschrift. Hier stehet also geschrieben (liest den Brief): „Schönes Fräulein, ihr sollet wissen, daß ihr mir nicht zu Theil werdet werden, denn ich mich schon allhier zu Rom mit einer vermählen lassen, die da viel schöner und reicher ist, denn ihr seid." (Läßt den Brief fallen und spricht): O weh der verrätherlichen That! Was ist diese Welt? Nichts anders denn eine Grundsuppe [2] der Betriegerei. O, mag doch niemals solch betrügliche That geschehen sein! O, länger nun mehr zu leben wäre eine Höllenqual [3]. O daß doch nun der bleiche Tod möchte über mein Herz triumphiren! Aber laßt mich vor [4] recht bedenken. Wer wolt sich alsdenn an meinen Feind rächen? Nein, nein, meine Hand sol noch heute in deinem Blute baden. Rache und Resors [5] muß ich über dich schreien; ja, nimmermehr soltu ihres stolzen Leibes theilhaftig werden, denn wenn du auf den Abend am allerfröhlichsten sein wirst, wil ich dir im Tanze jämmerlich dein Leben nehmen, damit du hinfüro niemand mehr betrüben mügest, wie du eben jetzo mir gethan hast. Aber sih, da kömt der unglückselig, ungetreu Mensch in großer Pracht und Herrlichkeit

---

1 entfreien, durch Heirath rauben. — 2 Grundsuppe, Bodensatz. — 3 Der Druck hat Helles Qual (hell's torment). — 4 vor, zuvor. — 5 Resors, vielleicht resource, Hülfe (Revenge and resource).

triumphirend[1] aus der Kirchen; ich weiß was ich thun wil, ich wil mich bald beiseits machen, mich in einen Diener verwandeln, dir helfen den Brauttanz tanzen. Aber solch ein Tragoedien wil ich mit dir agiren, daß du dein Tag dein Mensch mehr betriegen und betrüben sollest.

Julius kömt mit der Braut aus der Kirchen; Romulus stehet von ferne und sihet zu, gehet darnach weg und vermummet sich; man fänget an zu tanzen.

Julius (spricht zu Hippolyta): Saget mir doch, mein Tausendschatz, wie gefallen euch die Musicanten und Comoedianten, so gestriges Tages die Tragoediam agirten?

Hippolyta. Schönes Lieb, die Musicanten gefallen mir nicht übel, die Comoedianten aber gefielen mir aussermaßen wol, denn ein jeglicher agirte seine Person wol und prächtig.

Fürst. Sih da, sih da, was macht ihr beide? Lieber[2], laßt uns nun lustig und fröhlich diese Hochzeit verbringen. Junger Prinz, wie stehet ihr so stille, wollet ihr mit eurer Braut nicht zu Tanze?

Julius. Gnädiger Herr und Vater, jetzt wollen wir zu tanzen anfahen. — Holla, ihr Musicanten, seid lustig und laßt euch hören.

(Jetzt fänget man an zu tanzen; da der Tanz vollnbracht, kömt Romulus samtander[3] vermummt und praesentiret sich vor einen Mittänzer; wie ihn Julius sihet, spricht er:)

Julius. Sih, sih, wer ist der? Es mag wol keine geringe Person und uns zu Ehren anhero kommen sein. (Gehet zu ihm.) Willkommen, willkommen, mein Freund, wollet ihr uns zu Ehren ein Tänzlein mit vollnbringen?

(Romulus schweiget still, wil nicht reden, machet tiefe Reverenz.)

Diener. Gnädigster Prinz, ich vernehme, es wird ein Student von Padua sein, so also vermummt euer fürstlichen Gnaden Beilager hat wollen condecoriren[4] helfen, denn dieselben solches wol in Gebrauch zu haben pflegen.

Julius. Nun, so thue ich mich gegen euch, ihr seid wer ihr wollet, gnädig bedanken, und thue euch meine Allerliebste hiemit, ein französisch Tänzlein zu vollnbringen, übergeben.

(Romulus acceptiret sie, machet hohe Reverenz sowol gegen dem Bräutigam als Braut; wie er ausgetanzet, praesentiret er sie den Bräutigam wieder und spricht zu Julio)

---

1 triumphirend, im festlichen Aufzuge. — 2 Lieber, interj., bitte. — 3 samtander, selbander: Er und sein Diener. — 4 condecoriren, zieren, schmücken, beehren.

Romulus. Gnädigster Prinz, euer fürstliche Gnaden wolle nun mit seiner liebsten Prinzessin auch ein Tänzlein verrichten. Euer fürstliche Gnaden lasse ihr doch, wenn es dero nicht zuwider, den Tragoedientanz aufmachen[1].

Julius. Warumb das, mein Freund? Warumb nicht ein andern lustigen Tanz?

Diener. O gnädiger Fürst und Herr, es ist ein braver Tanz, gehet sehr schön und lieblich, und geziemet wol solchen Personen als euer fürstlichen Gnaden zu tanzen.

Julius. So machet auf, ihr Musicanten, machet auf den Tragoedientanz.

(Die Musicanten machen auf, Julius tanzet mit der Braut, unterdessen gibt sich Romulus zu erkennen, zeucht die Kappen ab, und mit bloßen Dolch spricht er zu Julio:)

Romulus. Sih, du untreuer, verrätherlicher Mensch, kennestu mich noch wol? Sihe hie, diese Tragoediam hastu getanzet.

(Ersticht ihm mit den Dolchen und wirft ihn hernach auf die Erden; der Fürst und seine Tochter erzittern für Schrecken; Romulus spricht zu ihr:)

Romulus. Und du, untreueste Creatur, warumb bistu mir so untreu worden? Ist dies der Recompens meiner getreuen, beständigen Liebe? O Hippolyta, Hippolyta, ist deine Liebe so gering gegen mir gewesen, und hast dich von mir, deinen getreuen Liebhaber, zu dem Schandfleck aller Mannspersonen, den ungetreuen Julio gewandt?

Hippolyta (ist noch in der Meinung, daß Romulus die Briefe geschrieben). O weh, o weh, wie angst ist meinen jungen betrübten Herzen! O weh, o weh, sol dann nun umb meinetwillen ungestraft ein solcher Mord geschehen? Nein, nein, das muß nicht sein, sondern hiemit wil ichs büßen. (Nimt den Dolch von der Erden auf und ersticht sich.)

Fürst. O du Mörder, eines schrecklichen Todes mustu sterben!

Romulus. Ja freilich, ja, ja, das wil ich auch thun, aber daß ich den Schaum[2] und Unflat aller bösen Menschen, den ungetreuen Verräther erstochen, habe ich große Ursache, und wenn ichs nicht gethan, wolt ich es noch thun. Von großer Qual und Höllenangst meines Herzens kan mein Mund kein Wort mehr reden. Dennoch solt ihr wissen, daß ich die Briefe nicht geschrieben, sondern dieser verfluchte untreue Mensch hat es aus lauter Falschheit, Untreu und Abgunst in meinen Namen verfertiget,

---

1 aufmachen, aufspielen. — 2 Schaum, wie Abschaum.

und diese jämmerliche Tragoediam angerichtet. Aber diese Prinzessin, die arme Creatur, hat sich erbärmlich und unschuldig umb
ihr Leben gebracht. Nun, nun wil ich ihr in der Unschuld und
Tode gleiche Gesellschaft leisten. O Fortuna, Fortuna, dieweil
du uns deine Gaben so sehr entzogen, wil ich dir und der ganzen
Welt zu Trotz mein Leben dahin opfern. Hui, nehmt ein Exempel, ihr betrieglichen Herzen; hui, nehmt ein Exempel, ihr getreuen Herzen; nehmt ein Exempel, ihr Liebhaber, nehmt ein
Exempel, ihr Liebhaberinn, vertrauet keinem als euern eigen
Herzen. Ade, ade! (Ersticht sich.)

Fürst. Ach weh und aber weh, daß ich solch elend und er-
bärmliche Tragoedien habe mit meinen betrübten Augen ansehen
müssen! Nun, nun schwere ich bei allen Göttern, daß ich die
Tage meines Lebens in keines Menschen Angesicht hinfüro mehr
kommen wil, sondern wil alsbald in einen finstern und wilden
Wald gehen und ein Einsiedels-Leben führen. Mit meinen
Fingern wil ich eine Höhle in die Erden graben und darin mein
stetiges Lager haben. Neun Stunden lang wil ich mein Antlitz
täglich zur Erden legen und umb meiner Tochter Tod schreien
und weinen; die Wurzeln sollen meine Speise und das Brunn-
wasser mein Getränk sein; ich wil nicht aufhören mit Schreien
und jämmerlichen Wehklagen, biß der grimmig Tod sein giftig
Pfeil durch mein zermalmtes und betrübtes Herz schießen wird.
Ade, du böse Welt, ein einsam Leben mir jetzt gefällt. Ich gehe
jetzt hin mein Straßen, thue dich gänzlich verlassen. Ade, ade!

Finis.

VI.

**Eine schöne lustig trium-
phirende Comoedia von eines
Königes Sohne aus Engelland
und des Königes Tochter aus
Schottland.**

Personae:

König von Engelland.
König von Schottland.
Königs von Engelland Sohn Serule.
Königs von Schottland Tochter Astrea.
Ein Schwarzkünstler, Runcifar, Doctor.
Ein Diener.

———

Actus primus.

König Engelland. Herzlieber Sohn, alles, woran wir
gekommen, haben wir mit Gewalt zerschleifet und verbrant, und
habe vornehmlich an dir eine große Freude, daß wir dich so
ritterlich streiten sehen; ich vermahne und bitte dich noch eins:
laß dein streitbar Hand nicht müde werden und höre nicht auf,
Blut zu vergießen, ehe denn wir[1] den hochmüthigen König aus
Schottland vertrieben und das Königreich in unser Gewalt ge=
bracht haben.

Sohn. Gnädiger Herr König und herzlieber Vater, dasselbe
bin ich pflichtschuldig zu thun, und wil so lange streiten, weil ein
lebendiger Athem in mir ist, und nimmer aufhören, ehe denn mit
meiner Hand ich den stolzen, spöttischen König erleget habe.

König Engelland. Du hast wol geredet, mein herzlieber
Sohn, für dein Eigen wirstu streiten. Aber sih, da sehen wir den
Schotten herauskommen.

König aus Schottland. Du blutdurstig und tyranni=
scher König von Engelland, warumb überfällestu mein Königreich
also mit Gewalt und verheerest es so jämmerlich ohne Ursach?
Gedenke, ob ich wol keine große Festungen habe, so soltu dennoch
gar zu gering sein, mich aus mein Königreich zu vertreiben, ich
wil dir Feindes genug sein und dich also willkommen heißen, daß
du nimmer wieder in Engelland kommen solst.

König Engelland. Du hoffärtiger König von Schottland,
wisse, daß du diesen blutigen Krieg mit deiner Hoffärtigkeit hast
zuwegen gebracht, und wie die Welt nur eine Sonne kan leiden,
also auch kan jetzt Engelland und Schottland einen König leiden.
Ob du mich aber wol jetzt mit deinen hoffärtigen Worten zu ver=
schrecken meinest, achte ich doch solches kein Haar. Derhalben

---

1 wie er.

thue ich dich jetzt noch eins und treulich vermahnen, gib dich nur
vor ein Gefangenen und offerir und übergibe mir die königliche
Krone in Unterthänigkeit; wo nicht, so wirstu sehen, wie grausamlich ich mit Schottland umbgehen werde, also daß man auch
von keinen Schotten mehr zu sagen wissen wird.   Derhalben bedenk dich bald weißlich, damit ein groß Blutvergießen möge nachbleiben [1].

   Kön ig Schottland. Solte ich dir die königliche Krone
übergeben? Nein, nimmermehr. Viellieber wil ich mein Gut,
Blut und alles in die Schanze schlagen, und du blutdurstig Hund
solt in kurzen erfahren, wie jämmerlich dein Heer sol zerstreuet
werden. — Derhalben, ihr Trommeter, blaset auf zur Schlacht mit
hellen Schall, denn den Feind muß man willkommen heißen.

   (Die Tochter gehet zum Vater. Jetzt gehet der schottisch König hinein.)

   Kön ig Engelland. So wahr die Götter leben, ziehe ich
nimmer von hinnen, ehe denn ich mein Muth gnugsam an dir ge-
kühlet und dir deine hoffärtige Rede bezahlet. — Derhalben, lieber
Sohn, laß alsbald das Volk in voller Schlachtordnung stehen,
denn der Feind ist uns nahe. Nun blaset auf, ihr Trommeter,
und macht uns ein Löwenmuth.

   (Gehen hinein.)

Wird Lärm geblasen, scharmuzieren. Hernach kömt der König von Engelland
und sein Sohn heraus.

   Kön ig Engelland. O weh, herzlieber Sohn, wer hätte
gedacht, daß der gering Schotte so grausam und mächtig streiten
solte! O Glück, wie bistu uns so widerspenstig! O Gott Mars,
wodurch habe ich dich erzürnet, daß du uns deinen Segen so
gänzlich entziehest? Ists nicht zu erbarmen, welch eine grausam
Menge Bluts der schnöde Schotte vergossen hat!

   Sohn. Gnädiger Herr König und herzlieber Vater, es ist
wahrlich wol zu erbarmen, daß so viel große und Principals-
Herren heut so elendiglich umb ihr Leben kommen seind, und
wenn ich dieses nicht rächen könte, wolte ich mich selber verfluchen.
Es dünket mich besser zu sein, einen sein Leben verlieren, denn
eine solche Schlachtbank zu halten. Derhalben, mein herzlieber
Herr Vater, thut mir vergönnen, daß ich alleine mit den schottischen Könige streite und kämpfe, und so er mich nicht überwindet,
daß wir über ihn zu herrschen und triumphiren haben.

   Kön ig Engelland. O herzlieber Sohn, mir ist unmüg-

---

1 nachbleiben, unterbleiben.

lich, dir solches zuzulaffen, denn du mein einiger Troſt·und Erbe
des Königreiches biſt, und wenn du aus dem Wege geräumet
wirſt, wer wolt mein Königreich beſchützen helfen? Gedenke, wie
bald würde der hoffärtige und ſchnöde Schotte mich aus dem
Königreich vertreiben. Weil denn das Glück ſo unbeſtändig und
kugelrund iſt, könte ich vielleicht das unbeſtändige Glück auch
treffen. So du aber einen andern Ritter an deine Statt bekom·
men könteſt, der Luſt mit dem Schotten zu kämpfen hätte, bin ich
ſolches wol zufrieden.

Sohn. Herzlieber Herr Vater, ihr wiſſet ja, mit welchen
manchen und ſtarken Rittern ich mein Tage geſtritten und noch
niemaln untergelegen, ſondern allezeit geſieget und den Preis er=
worben. Derhalben, herzlieber Vater, thue ich euch jetzt ein Fuß·
fall und bitte abermaln, ihr wollet mir vergönnen und zulaſſen,
daß ich mit dem Schotten ſtreiten möge, ich hoffe, das Glück ſol
mir nicht zuwider ſein.

König Engelland. Es iſt wahr, mein herzlieber Sohn,
daß du immerdar vor den Streitbarſten biſt geachtet worden und
dir keiner obgeſieget. Weil du denn ganz und gar Luſt mit ihme
zu ſtreiten haſt, muß ich dir bald wider meinen Willen ſolches
nachgeben. Praeparir und halt dich nun wie vor. Der erſte, der
mir Zeitung bringet, daß der Schotte überwunden, ſol Gold und
Silber genug die Zeit ſeines Lebens zum Botenlohn haben.

Sohn. Ich zweifele daran gänzlich nicht und hoffe, herz·
lieber Vater, daß in kurzen dieſelbe Botſchaft für eure Ohren ſol
gebracht werden. So nehme ich nun hiermit mein Urlaub und
Abſchied. (Gehet hinein.)

König Engelland. Die Götter wollen dich ſegenen und
dir favorabiles ſein, alſo daß du mit großen Triumph wieder
kommeſt. (König gehet hinein.)

Der Sohn kömt heraus, hat ein bloß Schwert in der Hand.

Sohn. Hier iſt es, wo ich meinen Feind ſuchen ſol, und
dieſe Stelle wil ich erwählen, worauf wir ritterlich umb unſer
beider Leben kämpfen wollen. Du hoffärtiger und ſchnöder
Schottenkönig, wiſſe, daß ich allhier kommen bin, mit dir zu
ſtreiten, und ſo du mich überwindeſt, daß du bei deiner königs
lichen Dignität ſolſt gelaſſen werden, und dafern ich dich über·
winde, daß du dich alsbald vor ein Gefangen und[1] die Kron
und Scepter übergeben ſolleſt. So mache jetzt nicht lange und

---

1 und fehlt.

kom zu mir herunter. (Stehet ein wenig still, redet nicht.) Ich sehe
noch keinen, der da kömt, oder mir antwortet. Hörstu, geringer
und schnöder Schotte, übergib mir dein königliche Krone, so bistu
dieses Streitens überhoben; wo nicht, so schwere ich bei allen
Göttern, nicht ehe von hinnen zu ziehen, auch mich nimmer zu
Ruh zu legen, biß ich mit dir ritterlich gestritten, und du mein
Häupt, oder ich deines mit Triumph davon führe. (Stehet wieder
ein wenig still, redet nicht.) Ich sehe noch keinen! Du Schotte, wie,
bistu nun weibisch worden und darfest nicht kommen? Gedenke,
ich gehe nimmer von hinnen, du must kommen. Heraus, du ver=
zagter König!

Kömt des Königs Tochter.

Tochter. Du blutburstig und tyrannisch Teufel, dein groß,
frech und hochmüthige Wörter, hoffe ich, sollen in kurzen ge=
dämpfet werden; wisse, daß mein gnädiger Herr König und herz=
lieber Vater sich alsobald selbst zur Gegenwehr stellen wird; da=
fern aber das Unglück meinen herzlieben Vater treffen würde,
und du ihn überwindest, soltu dennoch das Königreich nicht ge=
wunnen haben, und obwol mein Herr Vater keine männliche
Erben hat, so gedenke, daß ich das Leid rächen wil und den Krieg
ritterlich führen, Harnisch anziehen und gegen dir streiten wie ein
grimmig Tigerthier.

(Er siehet sie heftig an, läßt das Schwert fallen.)

Tochter. Wie kömts, daß du das Schwert niederfallen lässest,
so betrübt still stehest und kein Wort machest? Ich bitte, sag mir es.

Sohn. O, o, kein Wort kan ich mehr reden; wer hätte ge=
gläubet, daß Göttin Venus mächtiger sein solte denn Gott Mars!
O ihr schön Creatur, wie macht ihr mich jetzt so kraftlos! Ja
wahrlich, mit manchen braven Ritter habe ich gestritten und
Marti treulich gedienet und allezeit gesieget, jetzt aber seind mir
meine Kräfte also benommen, daß ich mich auch mit den gering=
sten Ritter zu streiten nicht unterstehen dörfte. Derhalben, schöne
Prinzessin, verschaffet, daß eur Herr König und Vater zurück
bleibe und nicht mit mir streite, auch bitte ich darneben in Unter=
thänigkeit, nehmet mich an vor euren Diener, so ihr jemaln ge=
habt, solt ihr an mir erfinden, und hie nehmet dieses zum Wahr=
zeichen von meinen Händen.

Tochter. Muß ich nun nicht lachen, daß seine hoffärtige
und freche Wörter so gar bald gedämpfet sein? Es dünket mich
aber unmüglich zu sein, daß ein Mensch seine Kräfte so gar bald
solt verlieren, wenn er ein Jungfrau anschauete, und kömt mir

wunderlich vor, junger Prinz von Lunden, daß ihr euch so demü=
thigen und mir dienen wollet.

Sohn. O schöneste Prinzessinne, erbarmet euch meiner und
erweiset mir Liebe, dann Göttin Venus hat mein Herz heftig
gegen euch verwundet, daß, da ich euer schöne Gestalt erst an=
sichtig ward, ein groß unerlöschendes Feur und Liebesbrunst ist
in mir aufgangen, das mir denn fast Witz, Verstand und alle
Kräfte benommen, und solches haben eure hell kryftalleuchtende
Augen zu Wege gebracht. Derhalben bitte ich noch einmal, seid
mir treu und hold und beweiset mir Gunst und Liebe; eur ge=
treuer Liebhaber wil ich allezeit sein und bleiben.

Tochter. O, wo ist doch jemaln erhöret worden, daß einer
gegen seines Feindes Tochter also mit Liebe umbfangen! Aber,
junger Prinz, wollet ihr mir schweren, getreue Liebe zu beweisen,
daß ich mich für keiner Verrätherei von euch und euren Herrn
Vatern, dem Könige, zu befürchten hätte, so sollet ihr mein eini=
ger Schatz, mein Trost und Lieb immer sein und bleiben, ja,
meinen Herrn Vatern wil ich verlassen und bei euch sein, ja,
leben und sterben.

Sohn. O schöneste Creatur auf den Erdenkreis, wie könte
doch immer müglich sein, daß ich euch untreue Liebe solte an=
muthen! Ich thue jetzt schweren bei allen himmlischen Göttern,
daß getreue Lieb immer und allzeit beständhaftig bleiben soll, ja
daß ich mein Leben wil darvor geben und gegen meinen leiblichen
Vater streiten, ehe denn euch Leid von ihme solte widerfahren.
So bitte ich euch jetzt, schönst Creatur, laßt euch an diesem Eide
genügen und gläubet mir, beweiset auch mir eur Lieb und Gunst,
sonst muß ich vor Leid sterben.

Tochter. Nun, euer Eid habt ihr gethan, woran ich denn
genüget bin. (Redets auf eine Seiten.) O Göttin Venus, wie eilend
hastu mein Herz gegen diesem schönen Prinz verwundet! — So bin
ich schuldig, euch wiederumb zu lieben und getreulich zu meinen.
So wahr mich die Götter erschaffen haben, liebe ich keinen Men=
schen auf Erden denn euch. Aber, schönes Lieb, laßt uns be=
denken, was wir weiter anfahen wollen, damit dieser gefährlich
Krieg möge ein Ende gewinnen, und also unser beider Herrn
Väter mügen zu Fried und Eintracht gerathen.

Sohn. Schönes Lieb, ich bin erfüllet mit Freuden, daß
mich auch dünket, ich sei im Paradiese, weil ich eur schöne Ge=
stalt anschaue, und die güldene Wörter, mich zu lieben, von euern
Lippen habt fallen lassen. Daß ich aber bei mir bedenken sol, wie

aufs füglichste dieser blutige Krieg sich müge enden, weiß ich
wahrlich zur Stunde nicht, was in solchem zu thuende sei.   O
möchten unser beiden Herrn Väter einig sein, heute solt unser
Vermählung noch geschehen.   O, wo werde ich mich vor Leid
lassen, so nicht bald Friede gemacht wird?   Gedenkt ihr nur,
schönes und getreues Lieb, ob nicht Mittel und Wege zum Frieden man erfinden könne.   Wo dann ganz und gar nicht, muß ich
meinen leiblichen Vater treulos werden, dann lang von euch zu
sein, ist mir zum unmüglichsten, weil das Feur der Liebe so
heftig brennen thut.

Tochter.   Ich muß bekennen, feines Lieb, daß ich niemaln
die Tage meines Lebens so voll Freude gewesen bin wie jetzt;
dennoch betrübet und kränket mich dieses zum meisten, daß unser
beiden Herrn Väter sich so grausamlich gehasset, und Friede zu
machen mir unmüglich däucht, weil eur Herr Vater sich vermale-
deiet und geschworen, nimmer mit gefährlichen und blutigen Kriegen zu Waſſer und Lande, biß er die schottische königliche Krone
auf seinem Häupt führe, aufzuhören.   Dagegen hat mein Herr
Vater und König bei seinem Schwert und Marte geschworen,
nimmer die Krone von sich zu geben, so lang ein lebendiger
Odem in ihm ist.   Derohalben, feines Lieb, habe ich dieses gedacht, wann ihr euern Herrn Vater bereden köntet, ein ganzes
Jahr Trebis[1] zu schließen, als wolte ich auch mit meinen Herrn
Vater reden, daß er auch ein ganzes Jahr wolte Friede halten;
so könten wir unterdessen noch oft in geheim zusammenkommen,
welches uns sonsten unmüglich, und alsdann weiter bedenken, wie
man zum Frieden käme.

Sohn.   Schönes Lieb, dieser euer Anschlag gefällt mir aus
der Maßen wol; ich hoffe, daß ich von meinem Herrn Vater solches mit Bitte erhalten wil.   Derhalben, schönes Lieb, muß ich
jetzo meinen Abschied nehmen, wil eilends hingehen und dieses
antragen; können wir dieses erhalten, so sein wir glückselig, und
ein jederman wird hernach sagen, zween geheime Liebhaber haben
so einen greulichen Krieg zerstöret.   Nun abe, abe, mein Tausendschatz, die Tage, Stunden, ja Minuten werde ich zählen, wie
lang ich euer schönen Gestalt muß entbehren. (Gibt ihr einen Kuß und
geht von ihr.)

Tochter.   O Göttin Fortuna, sei du uns günstig und be-

---

1 Trebis, Waffenstillstand.

weise an uns deine Gnade, sonst ist es alles verloren. (Geht auch hinein.)

Actus secundus.

König Engelland. Herzlieber Sohn, durch deinen Rath und inständiges Bitten bin ich bewogen worden, daß ich mit dem schottischen Könige ein ganzes Jahr Frieden gemacht, ja, einer dem andern geschworen, daß Concordia und Friede dieses Jahr bei uns seine Wohnung haben sol. So aber der schottische König unterdessen sich nicht eines andern besinnet und mir seine könig= liche Krone und Scepter nicht in Unterthänigkeit offeriret, thue ich abermals schweren bei Sonn, Mond und all Firmament des Himmels, daß ich ihn alsdenn wiederumb zum feindlichsten be= suchen [1] wil und nimmer von hinnen ziehen, ehe denn ich ihn von Land und Leuten vertrieben. Derohalben, herzlieber Sohn, laß verschaffen, daß zur Stunden das ganze Kriegesheer aufbreche; denn länger hier zu sein, achte ich unnöthig, und wollen den näheſten Weg auf Lunden zu ziehen und uns von hinnen machen.

Sohn. Herzlieber Vater, dieser Friedstand ist mir von Herzen lieb, verhoffe ja, daß er sich unterdessen bedenken wird, viel lieber sich zu ergeben, ehe denn er sich zum andernmal wider ihr Majestät setzen wird. Wil alsbald auftrommeten lassen, daß ein jeder sich praeparire und wegfertig mache. — Blaset auf, blaset auf, ihr Trommeter, damit sich ein jeder aufmache, denn ihr Majestät hat in willens, alsbald nach Lunden zu ziehen.

(Gehen hinein; die Trommeter blasen.)
Kömt des Königes Tochter heraus.

Tochter. Mit List und Practiken haben wir zwei heimliche Liebhaber zuwegen bracht, daß ein ganzes Jahr Friede auf beiden Seiten sein sol; mein getreuer Buhle, der Prinz von Engelland, ist nun von hinnen gezogen. O wenn ich wünschen könte, daß du jetzt und allwege möchtest bei mir sein! O wenn ich wünschen könte, daß ein ewig Friede zwischen den beiden Königen gemacht würde, alsdenn wolte ich mich vor das glückseligste Weibesbild achten, so jemaln auf Erden gewesen. Nun bin ich die aller= mühseligste und betrübtste Creatur, weil mein Herz stetes in Veneris Feuer kräftiglich brinnet. O Prinz von Engelland, die treue Liebe, so ich dir geschworen und gelobet, wil ich dir halten,

---

1 besuchen, heimsuchen, angreifen.

wenn auch mein Herr Vater und König noch zehenmal mehr dein ärgster Feind wäre. O Vater, wenn du wüßtest, daß ich deinen Feind liebete, jämmerlich würdestu mir mein Leben nehmen! Es ist wahr, daß es zum unbillichsten ist, seines Vatern Feind heimlich gewogen sein, und ist solches Kind höchlich strafwirdig. Dennoch, was kan Liebesbrunst nicht zuwegen bringen! Denn viel lieber wolte ich eines schmählichen Todes sterben, denn den jungen Prinzen aus meinem Herzen kommen lassen. Derhalben, du schöne Göttin Venus, erbarm dich unser und hilf dieses dein Werk zum guten Ende führen! (Gehet hinein.)

Kömt der junge Prinz.

Prinz. Jetzt seind wir mit Freuden und Herrlichkeit wiederumb zu Lunden ankommen. Ich aber bin voller Betrübnis und Elendes, weil ich abwesend von meinem schönen Lieb sein muß; immer und allzeit liegt sie mir in Gedanken, das Feuer der Liebesbrunst ist so groß und hoch in mir aufgangen, also daß es mir fast allen Witz und Verstand benommen, und nicht weiß, was ich thun oder anfangen sol. O, mein schönster Schatz, möchte ich nur dein Angesichte jetzt anschauen, paradiesische Freude würde ich empfangen. O, ich muß vor Leid sterben, mein Herz würde mir zerbrechen, wenn ich lang solte von dir sein. O, wie werde ich es machen, daß ich zu dir komme? O, es ist doch unmüglich, weil dein Herr Vater unser Feind ist. O, ich muß zu dir, solt ich mich auch durch etliche Tausend müssen hindurchschlagen und zur Stunden mein Leben verlieren. (Stehet ein wenig gar still in betrübten Gedanken.) Aber jetzt habe ich einen praktici-schen [1] Rath gedacht, zu ihr zu kommen. Ich wil alsobald von meinen Herrn Vater Urlaub bitten, daß er mir vergönne, von hinnen zu ziehen, damit ich mich in fremden Landen versuche, alsdenn wil ich mich aufmachen und sehen, daß ich vermummter Weise kan zu ihr kommen, sonsten ist nimmer müglich, daß ich ihre schöne Gestalt kan ansichtig werden. O, wann dieses nicht könte angehen, so wäre ich verdorben [2] und müste vor großen Betrübnis meines Herzen eines jämmerlichen Todes sterben. Aber wer ist da? Der König.

König Engelland. Herzlieber Sohn, es werden mir Zeitungen von denen, so bei dir gelitten [3] und Acht gehabt, daß

---

1 prakticisch, praktisch, schlau, wie unten S. 238, Anmerkung 1, aber direct von Prattik abgeleitet. — 2 verdorben, für verloren. — 3 gelitten sein, in Gunst sein.

du so viel und ängstiglich gar oft geseufzet, daß ich auch selber jetzt an deinen Geberden merken kan, daß du nicht so fröhlichs Gemüths bist wie vorhin. Derhalben begehre ich jetzt, daß du mir bekennest, was vor Ursache deines Betrübnis ist.

Sohn. O herzlieber Herr Vater und König, mir ist ja nichts Böses widerfahren; warumb solt ich denn traurig sein? Es wird ihnen vielleicht also gedäucht haben, denn wo ist es müglich, daß ein Mensch allezeit gleich fröhlich sein kann; der Himmel verwandelt sich öfternmaln, zur einen Zeit ist er hell und klar, zur andern finster und dunkel. Also ist es auch an einem Menschen, zur einen Zeit ist er lustig und fröhlich, zur andern Zeit betrübet und melancholisch.

König Engelland. Es ist wahr, herzlieber Sohn, daß ein Mensch nicht allezeit gleich fröhlich sein kan, aber dir ist jetzt was Sonderliches, das weiß ich gewiß, denn an deinen Geberden kan ichs zu sehr merken. Ich bitte, herzlieber Sohn, bekenne mir, hastu wo Mangel, etwa an deiner Gesundheit, so wil ich den berühmtesten Arzt in der ganzen Welt fordern lassen, dich zu curiren, oder ist dir sonsten etwas Böses von Menschen widerfahren?

Sohn. Herzlieber Vater, ich bitte, thut mir gläuben, daß mir nichts schade an meinem Leibe, mir auch nichts Böses von Menschen widerfahren; daß ich aber ein wenig betrübet bin, sol der Herr Vater wissen, daß ich eine Bitte habe, die mir heftig schwer auf dem Herzen lieget, weil ich mich besürchte, daß ihr sie mir nicht gewähren werdet.

König Engelland. Wie so, mein lieber Sohn, solte ich dir deine Bitte nicht gewähren? Sage an, begehrestu mein halbes Königreich, so wil ich dirs nicht absagen.

Sohn. Mein herzlieber Vater, kein Land noch Leute, Geld noch Gut thue ich im geringsten begehren, sondern dieses ist meine Bitte, herzlieber Herr Vater und König, daß ihr mir vergönnen und zulassen wollet, daß ich ein wenig in die Welt ziehen und mich versuchen müge, damit ich vielerlei Länder Art, Sitten und Sprachen sehen und lernen möge, denn mein streitbare Hand, wie sehr und hoch sie auch von jedermänniglichen berühmet, würde ein geringes Lob einlegen, wenn ich mich nicht solte dabei versuchen.

König Engelland. Ist dieses deine Bitte? Zwar solches hättestu mir ohne Besürchtung vorlängst dürfen ansagen, aber jetzt weistu, daß ich einen mächtigen Krieg wider den Schotten

führe und über ein Jahr viel einen gefährlichern und blutigern
Krieg anfahen werde, welchen du denn ganz und gar führen
mußt; du kanst aber nach Vollendung deſſen dich alſobald auf=
machen und aller Orten, wo dir nur geliebet, dich gnugſam ver=
ſuchen.

Sohn.   O herzlieber Vater, es iſt mir unmüglich, die Zeit
über hier zu ſein, ich begehre nur dieſe einige Reiſe in Frankreich
zu thun und wil mich gewißlich übers Jahr, wenn der Krieg mit
den Schotten wird vorgenommen werden, wieder einſtellen.

König Engelland.   Weil du dich denn, herzlieber Sohn,
ſo gar vorgenommen, von hinnen zu ziehen, ſo thue ich's[1] dir ver=
lauben, aber mit dieſer Condition, daß du gewiß umbs Jahr
und gegen die Zeit, wenn ich mit meinem Kriegesheer wieder
werde fortziehen, dich einſtelleſt, auch nicht weiter als in Italiam
verreiſt, dich aber gar wol vorſeheſt, daß kein Schotte mit dir zu
reden komme, viel weniger mit ihm eſſeſt und trinkeſt, denn mit
Verrätherei wird dir nachgeſtellet werden, wenn ſie nur erfahren,
daß du aus Engelland ſeiſt.

Sohn.   Daß ihr mir, herzlieber Vater, ſo gnädiglich ver=
gönnet, von hinnen zu ziehen, thue ich mich kindlich bedanken und
wil dieſem gewiß nachkommen, erſtlich, daß ich nicht weiter ziehen
wil als in Italiam, zum andern, daß ich gewiß umb Jahres=
zeit wieder allhier erſcheinen wil, auch darneben vor den Schotti=
ſchen wil ich mich wol zu hüten wiſſen.

König Engelland.   So ziehe mit Frieden von hinnen,
gehe hin in die Schatzkammer und nim ſo viel Gold und Silber,
und auch dein Diener, als dir gut dünket zu ſein.

(Gehen hinein. umb ein wenig kömt der Sohn heraus.)

Sohn.   Nun bin ich voller Freude, weil ich Urlaub von
meinem Herrn Vater von hinnen zu ziehen bekommen habe.
Aber, Herr Vater, wie unbillich betrüg ich euch, weil ich auch ge=
lobet, in Frankreich zu ziehen, und daß ich mich vor den Schotten
hüten wolle, da ich allezeit mit den Schotten werde umbgehen!
O es ſteht gar übel, daß ein Sohn ſeinen Vater alſo betreugt,
dennoch, was kan Liebe nicht zuwegen bringen? Es wäre mir
unmüglich, und wolte viel lieber alſobald ſterben, als daß ich
aus Schottland bleiben ſolte; jetzt aber muß ich mich auf=
machen. — Holla, holla, Diener, kom eilends heraus!

Diener.   Hie bin ich, gnädiger Herr.

Sohn.   Hörſtu, getreuer Diener, du ſolt wiſſen, daß ich zur

Stunde werde weit weg verreisen, und ob wol ihr Majestät, mein
Herr Vater, Befehl gegeben, zweihundert Mann mit auf die Reise
zu nehmen, hab ich mir doch vorgenommen, sie alle hier zu lassen
und keinen mitzunehmen denn dich; sei mir getreu, laß dich nicht
ausfragen, wo wir hinziehen wollen; kom nun und folge mir, daß
wir uns auf die Reise machen.

(Gehen hinein; über ein wenig kommen sie wieder.)

Sohn. Jetzt haben wir noch vierzig englische Meilen biß
zum Schlosse, worin meine schöne Prinzessin, mein getreues Lieb,
ist. Aber, Diener, observir meine Rede wol, was ich dir sage:
Allhie in diesem Walde wohnet ein alter Mann, der da in der
negromantischen Kunst so wol erfahren, daß auch seines gleichen
nirgends zu finden ist. So ist nun mein Wille, daß du dich zu
ihm machest und ihn bittest, er wolle dich als einen armen Gesellen, der nichts zu verzehren hat, vor seinen Diener auf und
annehmen, und solches umb dieser Ursachen, wenn etwa der
König seiner Gewohnheit nach den Zäuberer fragen, und ers dem
Könige offenbaren würde, daß ich bei der Prinzessin zu Hofe
wäre, du solches alsobald der Prinzessinnen offenbarest und zu
wissen thätest. — Nun werde ich mich mit Mummen=Kleider[1]
auszieren, damit ich mit List, daß sie mich nicht kennen, hinein
komme.

Diener. Gnädiger Herr, solches bin ich schüldig und be-
reitwillig zu thun. Ich wil jetzt hin zu ihm gehen und umb
Dienst anhalten, und wie mir ihr Gnaden befohlen, fleißig in
Acht haben. Ich wil mich zunächst hin zu ihn machen.

Sohn. Das thue, mein treuer Diener, und habe dieses
wol in Acht.

Diener. Ja wol, gnädiger Herr.

(Gehen von einander und hinein.)

Actus tertius.

Jetzt kömt der Schwarzkünstler herein, hat ein Buch in der Hand.

Barrabas. Ich werde genennet aller Zäuberer Vater,
darumb daß ich meine Kunst so wol studiret, also daß keiner über
mich kömmet. Bei Königen und großen Herren bin ich in gewaltigen Ansehen, daß ich ihnen ihr Glück und Unglück anmelden

---

1 Mummen=Kleider, Maskenanzug.
Die Engl. Komödianten.   14

kan, und sie solches allezeit in der Wahrheit also befinden. Denn
zwölf Geister habe ich, dieselben müssen mir alles kund thun, und
kan sie in einen Augenblick schicken in Italien, Germanien, Spa=
nien, Indien, und was mein Herz lüstet, sie mir bringen müssen
und können. Jetzo hat mich der König von Spanien bitten lassen,
daß ich ihme etwas erfahren sol. (Er macht mit den Stecken einen Cirkul
umb sich, schlägt das Buch auf, machet viel Kreuze hin und her.)
Nicht lang kömt des Prinzen Diener heraus.

Diener.   Den ich suche, finde ich da, aber der Kerls macht
wunderliche Aufzüge. Sih, wie andächtig er list; ich gläube, daß
er jetzunder zaubert. Ich muß zu ihn gehen. — Glück zu, Glück
zu, mein Herr. (Wil zu ihn gehen; Barrabas schläget ihn zurück.)

Barrabas.   Wie nun, du unverschamter Kerl, bleib aus
diesem Cirkul, oder alsbald wil ich befehlen, daß du in den Böhmer
Wald solt gesetzt werden.

Diener.   Ach nein, mein Herr, ich bitt umb Verzeihung,
laßt mich nicht in den Böhmer Wald setzen, sondern hie bleiben.

Barrabas.   Du hast mich jetzt in meinen hohen und
schweren Gedanken perturbiret; ich rathe dir, kom nicht noch
einmal also. Aber sag an, was ist dein Begehren?

Diener.   Mein vielgeliebter Herr, ich habe von Kindesbein
auf ein groß Begierde zu der nigromantischen Kunst gehabt, also
daß ich jetzt in der Welt umbziehe und solch einen Meister suche.
So hab ich aber erfahren, daß ihr ein Meister über alle Meister
in derselben Kunst seid, derhalben ich euch über hundert Meilen
Wegs nachgezogen und endlichen angetroffen habe; bitt nun
höchst und dienstfleißig, ihr wollet mich vor euern Diener auf und
annehmen und mich derselben Kunst mit lassen theilhaftig wer=
den; bin solchs allzeit mit getreuen und unterthänigen Diensten
hinwiederumb zu verschulden [1] stets geflissen.

Barrabas.   Ja, daß ich viel Diener habe, ist mir desto
lieber, und bin meinen Geistern viel angenehmer, wenn ich sie
nur viel lerne [2]. Aber höre erst dieses: Keinen Diener lerne ich
diese Kunst, er muß mir denn zuvor ein Jahr vorher treulich
dienen und aufwarten, und wiltu dieses auch thun, so wil ich dir
darnach meine Kunst mittheilen.

Diener.   O mein Herr, ein Jahr ist eine kurze Zeit, und
solten mir drei Jahr nicht lang werden, wenn nur die Kunst so viel
Kraft hätte, daß, wo man hinbegehret, man [3] alsobald kommen könte.

---

1 verschulden, dankbar vergelten. — 2 lernen, niedersächsisch: für
lehren. — 3 fehlt im Druck.

Barrabas. Wie, du Narr, meinstu, daß ich meiner Kunst nicht gewisser sei? Zur Stunde kan ich haben, was mein Herz begehret, und weil du noch Zweifel daran trägest, wil ich machen, daß du jetzt in Westindien solt geführet werden, damit du in der That erfahrest, ob meine Kunst auch probata ist. Jetzund soltu hingeführet werden. (Barrabas macht ein Haufen Experfez [1].)

Diener (fällt vor ihm nieder). Ach, mein herzlieber Herr, erbarmet euch meiner und laßt mich nicht von hinnen führen, denn die Geister möchten mich also niederschmeißen, daß ich nimmer wieder aufstünde, ich wil ohne das gläuben, daß euer Kunst probiret [2] sei.

Barrabas. Es stehet dir auch zu rathen, daß du es gläubest, und wärestu nit niedergefallen und mir es abgebeten, itzo wärest du schon in Indien gewesen. Ich habe jetzt eine Sache für, die muß ich vollenden, und damit du mir nicht hinderlichen [3] seist, so gehe in mein Haus. Alsbald werde ich dir nachfolgen.

Diener. Gar wol, mein Herr, ich wil an die Seite gehen.
(Der Diener gehet hinweg; Barrabas macht viel krumme Züge auf das Buch und liset gar ernsthaftig.)

Barrabas. Nun habe ich schon durch meine Kunst erforschet: Es hatte der König in Spanien eine schöne Tochter, deren in der ganzen Welt wegen Schönheit keines gleichen und in der ganzen Welt rüchtbar wegen ihrer Schöne worden, und ein einiges Erbe [4] des ganzen Reichs Spanien war, woran denn der König seine höheste Freud hatte, wenn sie ihn kindlich empfangen that mit der Lauten und Harfen, auf welche zwei Instrumenten sie ein Ausbund damit zu spielen war. Diese seine schöne und einige Tochter aber ist ihme heimlich in der Nacht weggestohlen worden, worüber denn der König ein solch groß Wehklagen und Herzleid treibet, daß es zu erbarmen ist, hat viel Posten durchs Land hin und her geschickt, und wer ihm seine Tochter ausfragen könte, deme wolte er zum Fürsten in seinem Königreich machen; sie kommen aber alle leer wieder, und ist ihme unmüglich, das Geringste von ihr zu erfahren, derohalben denn nun der König jetzt zu mir gesandt, daß ich ihn sage, wor sie geblieben, und habe nun jetzt solches erforschet. Es ist den mächti-

---

1 **Experfez,** hier in der eigentlichen Bedeutung des Wortes: wunderliche Bewegungen bei Beschwörungen. — 2 **probiret,** bewährt. — 3 **hinderlichen,** das Adverbium für das Adjectivum gebraucht. — 4 **das Erbe,** neutr.: Verwechselung der Sache mit der Person.

gen Soldan auch zu Ohren kommen, daß der König aus Spania
eine Tochter habe, die da an Schönheit alle Weibesbilder über=
treffe, über welches Geschrei denn der Soldan abwesend in sie so
heftig verliebet, daß er auch alsobalden Legaten zum Könige in
Spanien gesendet und ihr Majestät vermelden lassen, wie heftig
sehr er gegen seiner Tochter verliebet; weil er das Geschrei der
Schönesten in der Welt, welche seine Tochter wäre, erfahren, be=
gehrte derohalben ihr Majestät schöne Tochter zu sein Gemahlin;
auf welches Antragen nun die Legaten abschlägige Antwort be=
kommen. Worüber dann der Soldan so heftig verbittert, schweret
bei Gott Marte, er müsse ihr theilhaftig werden, oder müß und
woll den König mit Kriegesmacht überfallen und ihme seine
schöne Tochter mit Wehr und Waffen abgewinnen. Unter dessen
kömt einer, der die nigromantische Kunst auch wol erfahren und
von mir gelernet, gibt sich an beim Soldan, daß er ihme des
Königes Tochter einliefern wolle, wünschet sich alsobalden dahin,
bringet sie den Soldan bei Nacht und leget sie bei ihm in sein
Bette; sie aber ist jetzo noch in ihren jungfräulichen Stande und
wird königlich tractiret und gehalten. Aber ich gelobe dir, Schüler,
heute wil ich dich und sie wiederumb in des Königs von Spanien
Bette setzen. Alsdenn wirstu viel zu lange gelebet haben. Ich
habe dir nicht befohlen, daß du Königestöchter soltest wegstehlen;
die Kraft, so ich dir gegeben, wormit du dieses hast zuwege brin=
gen können, kan ich dir alsobald wieder nehmen. Nun freue dich,
König von Spanien, und ich mag mich auch wol freuen, sinte=
mal ich zum Fürsten in Spania sol gesetzt werden. Aber ich thue
es fürwahr nicht begehren, denn ich viel lieber allein in diesem
lustigen und gemein [1] Wäldlein wohnen wil, dann ein Fürst sein.
Nun fahre ich von hinnen und bring das Verlorne wieder zurcckt.
(Gehet hinein.)

Jetzt kömt des Königes Sohn heraus und hat Narrenkleider unter dem Arm.

Sohn. Wie lustig und freudig bin ich jetzunder, weil ich
nun die Zinnen ansichtig bin, worin mein schönes und getreues
Lieb wohnen thut. Aber ich werde gar zu kennhaftig [2] sein, und
ist unmüglich, daß ich hierauf zu ihr komme; derhalben habe ich
mich wol bedacht und diese Narrenkapp zu mir genommen. Die=
selb wil ich anziehen und darnach hin auf den Palast laufen und
den Jeck agiren. (Ziehet es an, unterdessen redet er:) Dieses Kleid

---

1 gemein, gewöhnlich, im Gegensatz gegen die Wohnung eines Fürsten.
— 2 kennhaftig, erkennbar, kenntlich.

fihet gewaltig ehrbar, und ift billich darüber zu lachen. In den
jetzigen Jahren geht es fo zu: wenn man nicht anders zu fchönen
Jungfrauen kommen kan, fo muß man durch Narrenwerk hin zu
ihnen dringen. Aber, König von Schottland, würdeftu meiner
kennhaftig werden, du würdeft mich gar übel willkommen heißen.
Dennoch, was achte ich das, wenn ich nur an die treue Liebe
gedenke, und was die vor Wirkung hat! Ich wils darauf wagen,
denn Wagen thut gewinnen und thut auch verlieren. (Gehet hinein.)

     Kömt der König von Schottland mit feiner Tochter heraus.

Tochter. Gnädiger König und herzlieber Herr Vater, ich
bitt, faget mir, was die Urfach fei, daß ihr alle eure Soldaten
und Kriegsvolk wiederumb aufs Neu gemuftert und alle behaltet,
da ich doch gemeinet, es wäre nunmehr Friede zwifchen euch und
dem Könige von Engelland, alfo daß unnöthig, mehr und länger
ein folch groß Kriegesvolk in folcher Rüftung zu halten, als wann
der Feind noch vorhanden wäre.

    König Schottland. Herzliebe Tochter, du folt wiffen,
was das bedeute, daß ich meine Soldaten behalte und fie aufs
Neue gemuftert: auf dein innerlich [1] und ftetes Bitten bin ich bewogen worden, mit den König von Engelland einen Friede zu
fchaffen, und nachdem ich meine Legaten zu ihm gefchickt, haben
fie mir alfobalden zur Antwort bracht, daß der König auf ein
ganzes Jahr mit mir Friede halten wolle, und unter diefer Zeit
folte ich mich keiner feindlichen That vor ihme zu fürchten haben,
dafern ich aber ihn mein Scepter und Kron unterdeffen nit über-
fchicken würde, wolte er fich wiederumb mit Feindeskraft fehen
laffen, und ift alfobald aufgebrochen und mit feinen ganzen
Kriegsheer von hinnen gezogen. Es wundert mich fehr, daß er
fo leichtlich auf ein Jahr ift eingegangen. Derohalben behalt ich
jetzt meine Soldaten und alle Kriegsleute und habe fie alfo aufs
Neue gemuftert, damit wir den Feind können willkommen heißen,
und weiß gewiß, daß er alsdenn, wann das Jahr umb ift, feindlich wieder anhero kommen wird. Aber ich habe gefchworen bei
Gott Marte, daß ich ehe Gut und Blut verftreiten wil, als mich
ihm fo höhnifch [2] übergeben. — Sih da, fih, herzliebe Tochter,
was kömt uns da vor ein Abenteur her?

     Jetzt kömt der Sohn und reitet auf einen Stecken.

    Sohn. Hier, hier ift gut Wefen, das vernehme ich an Ge-

---

1 innerlich, innig, inftändig. — 2 höhnifch, zum Hohn, zu meiner
Schande.

ruch wol und gläub, ich käm ins Königes Palast, und sih da, ich
sehe den König leibhaftig. Ich muß hin zu ihm gehen; nein,
nein, zum Könige gehen wär gar zu grob, man muß zu ihm
reiten, das stehet lustig ins Feld. Mein Herr König, mein Herr
König, ich, ich kom herein geritten wie ein braver Caballirer,
und sag mir, Herr König, ist es nicht wol geritten, so wil ichs
besser machen.

König. Du kömmest mir gar seltzam vor, dein Reiten aber
gefällt mir in Sonderheit, und dein Pferd wird wahrlich nicht
bei dir müde werden. Aber sage mir, von wannen kömstu, und
was ist dein Begehren?

Sohn. O mein Herr König, ich kom jetzund von Haus geritten, und was mein Begehren anlanget, ist eine wichtige Sache
und auch nichts Besonders. (Prinzeſſin und König werden lachen.)
Herr König, sih, wie die klein Schnauzen, so bei dir stehet, lachet,
und ich muß auch mit lachen, damit ich eur beider Freund bleibe.

König. Ja, dieses ist billich zu lachen, weil du so wunderliche Sachen anbringest; ich habe dich gefragt, von wannen du
kömst, und auf diese deine Antwort bin ich gleich weis[1]. Derhalben muß ich dich nicht zu viel fragen. Aber sage mir nur,
was sol ich dir thun, und was wiltu von mir haben?

Sohn. Ja, ja, Herr König, nun hab ich erst recht durch
meinen hohen und witzigen Verstand vernommen. Ich kom derhalben herauf, daß du was Essen geben solst, denn mein Herr
hat mich aus meinem Hause verjaget und gesagt, ich solte zu dir
laufen, denn du hättest viel mehr Essen als er. Ich wil auch alle
mein Tage nicht wieder in mein Haus, sondern meinen Herrn
alleine lassen, wenn du mir nur allzeit woltest Essen geben.

König Schottland. So vermeine ich, daß du große Lust
zu essen hast und bei mir bleiben und sein wollst. Gar wol, du
solt allhier bleiben. — Herzliebe Tochter, dieser Narr gefällt mir
aus der Maßen wol, derhalben wil ich ihn dir verehren, daß du
derweilen deine Kurzweil an ihn sihest.

Tochter. Herzlieber Herr Vater, ich thue mich kindlichen bedanken vor dieses Geschenk, welches mir dann sonderlich angenehm.

König. Kom her, Narr.

Narr. Ja, ja, ich selber kom und komme auch, und kein ander.

König. Allhier habe ich dich meiner Tochter zugesagt, daß
du solt ihr Diener sein, und sag, wie dir solches gefällt.

---

1 bin ich gleich weis, bin ich so klug wie zuvor.

Narr. Dem kleinen Ding als ein¹ Diener aufzuwarten?
Ich halt es gleich². Aber, Herr König, sagt mir, was es vor einer
ist, und ob sie auch wol so viel Essen hat denn du?

König. Es ist meine Tochter, die Prinzeſſin, und hat eben
so viel Essen denn ich.

Narr. Ich weiß jetzunder nicht, was ich thun sol, ob ich
ihr oder dir diene, weil sie kein König ist wie du. Denn der Herr
in meinem Hause sagte, du hätteſt das meiste Essen.

König. Dieſen Sachen wollen wir bald Rath schaffen. Hör,
Narr, weil du ja einen Könige Luſt zu dienen haſt, derhalben
weil er das meiste Essen hat, so wil ich deinethalben nicht mehr
König sein, und weil ich dich meiner Tochter verehret, so sol sie
König sein, und ich wil Prinzeſſin werden, auf daß sie also das
meiste Essen bekomme und du nicht verhungerſt. So kom nun
und laß uns hineingehen.

Sohn Narr. O das ist recht, das ist das Allerbeſt; nun
werde ich essen, nun werde ich trinken, so viel wie ich mein Tage
nit genossen habe. Aber ihr wollet weggehen, so muß ich ja
meinem Könige, meinem neuen Könige, der das viele Essen hat,
nachreiten; ja, ich bin ein glückselig Mensche. Aber du, gewesener
König und Prinzeſſin, wann dich hungert, so sag mir es nur, ich
wil dir allzeit auch was geben. O, meinen König muß ich nicht
verlassen und dem nachreiten. Prinzeſſin, ihr müſſet hinter gehen.

(Gehen hinein Duglas, Tinax³).

Der König sagt, sie sollen kurzweilen mit den Narren, dann
er verreisen werde.

Actus quartus.

Jetzt kömt die Prinzeſſin.

Tochter. Wo ist nun mein Narr geblieben? Ich sehe ihn
ja nicht. Hätte ich ehe nach ihn gefraget, so wäre er auch ehe
kommen. Narr, wo wareſtu?

Narr. Wo, du mein lieber König? Ich hatte dich verloren, aber ich wuſte wol, wo du wareſt, und gefället mir solches,
sehe schon, daß ich den König vexieren kan.

---

1 als ein fehlt. — 2 Ich halt es gleich, meiner Meinung nach ist es
einerlei. — 3 Duglas, Tinax. Vgl. die Einleitung und die Bühnenanweisung S. 218. Bewerber um die Hand der Prinzeſſin, in der Bearbeitung des englischen Originals weggelassen.

Tochter. So kanstu deinen König verieren, so muß ich dich loben, daß du so ein weiser Mensche bist. Aber sage mir doch jetzt, bei wem bistu zuvor gewesen, und von wann kömstu?

Narr. Wo ich gewesen, das wil ich euch in einer Summa sagen: Meinen Herrn, den ich zuvor hatte in meinem Hause, das war der Prinz Serule aus Engelland, derselb hat mir befohlen, allhier zu dienen und der Prinzessin viel Glück von ihm zu vermelden mir befohlen.

Tochter. Viel Glück der Prinzessinne vermelden? (Läuft zu ihm; thut ihr die Hand.) Ach mein lieber Narr, du bist sehr angenehme; ich bitte, sag hiervon weiter. Der Prinz Serule von Engelland hat es dir ausdrücklich befohlen, der Prinzessin viel Glück zu vermelden?

Narr. Ja, Herr König, er hat es mir wol dreimal befohlen, darzu weiß ich auch gar wol, daß er der Prinzessin heimlicher Buhle ist, denn er gar oft darüber seufzet, daß er nicht mit ihr spielen und reden könte; darzu befürchtet er sich, sie würde ihm die treue Liebe, so er zu ihr trägt, nicht lassen theilhaftig werden. Und jetzo hab ichs schändlichen vergessen, daß ich solches der Prinzessin nicht hab angesagt; derhalben wil ich jetzt zu ihr reiten und Glück von dem Prinzen vermelden.

(Er wil wegreiten, sie läuft ihm eilends nach und hält ihn.)

Tochter. O du unglückseliger Mensch, was woltestu mir vor ein groß Unglück anrichten! Ehe du dieses, daß ich und der Prinz zwei Liebhaber, dem Könige durch dein Unverstand offenbaren würdest, ehe wolt ich dich viel lieber an den höhesten Baume henken lassen. Siehestu, Narr, aber nicht, daß ich die Prinzessin bin und nicht König? O Prinz, wie hastu so unbedachtsam gethan und es den Narren gesagt,

(Reitet unterdessen umb.)

durch welchen alles kan an den Tag gebracht werden! O wie angst ist meinem Herzen gewesen, seint ich dich nicht gesehen! Die theure Liebe, so ich dir verheißen, wil ich in Ewigkeit halten, ehe wil ich Vater und alles verlassen und dir nachziehen, wo du seist. O möchte ich dich jetzt ansichtig werden, welch unaussprechliche Freude würde ich empfangen!

(Der Prinz gehet hart vor sie, schmeißet die Narrenkapp weg und ziehet die Kappe von dem Gesicht.)

Prinz. Nun habe ich genug angehöret, wie mein getreues Lieb noch standhaftig sei. Sehet mich recht an, was bin ich?

Tochter. Der Prinz von Engelland selber, mein getreues

Lieb. (fällt ihn umb den Hals und küsset ihn.) Ach, der Allerwillkom=
menste auf Erden solt ihr mir sein. O, wie voller Freud ist mein
betrübtes Herz jetzt worden! Nun, ihr habet den Narren wol
agiret, und habt ein kühne That gethan; wenn es aber auskäme,
des euch Leid solte widerfahren.

Sohn. O schönes Lieb, das große Feuer meines Herzens
wolte mich allda nicht länger lassen, und bate meinen Herrn
Vater umb Urlaub, als daß ich mich in Italien versuchen wolte,
und bin also durch mein Narrenkleidung hierauf kommen, welches
mir sonsten unmüglich gewesen.

Tochter. Ihr habet gar wol gethan, mein schönes Lieb,
aber in dieser euer Narrenkleidung müsset ihr beharren, so könnet
ihr sicher bei mir sein. Geschwind, geschwind die Kappen über
die Ohren, denn ich höre jemands eines [1] kommen.

(Er ziehet wieder über und reitet herumb. Alsbald kömt der König.)

König aus Schottland. Herzliebe Tochter, ich vermerke,
du hast deine Kurzweil mit diesen Narren. Wie gefällt er dir?

Tochter. Herzlieber Vater, ich kan es mit Wahrheit sagen,
daß ich mein Tage noch keinen gehabt, der mir lieber gewesen
denn dieser; solche werkliche [2] Aufzüge kan er fürbringen, daß auch
ein kranker Mensche darüber lachen müste.

(Der Narr reitet herumb, macht seltzame Sachen.)

König. Solches gefällt mir wol, liebe Tochter, daß er dir
die Zeit vertreiben kan. Aber du solt wissen, daß ich mich schon
praepariret, Barrabam einmal zu besuchen; derowegen gehabt
euch wol, aufn Abend kom ich wieder.

Narr. Mein Prinzessin, nim mich auch mit, denn mich jetzt
eine große Lust zu reisen ankömt.

König. Ich wolt dich gerne mitnehmen, Narr, aber du
bist nicht mein Diener, sondern des Königes, der dann sehr un=
willig auf mich werden würde, wenn ich dich mitnähme; aber
kanstu Urlaub vom Könige erlangen, bin ich solches wol zu=
frieden.

Narr. Ist da nicht mehr an gelegen, so wil ich den König
bitten. — Mein allerbester, mein kleiner und neuer Herr König,
du hast nun selber angehöret, daß mich die Prinzessinne wil mit=
nehmen, so gib du mir Urlaub oder nicht.

Tochter. Ja, ich gebe dir Urlaub, daß du mit der Prin=

---

1 jemands eines, nach dem Englischen: some one, somebody. —
2 werklich, lustig, spaßhaft.

zessinne wegziehest, aber ich trage gleichwol ein wenig Sorge für
dich, daß allda nicht würde viel Essen sein und mein lieber Narr
solte wol sterben. Wie wolt ichs denn machen?

Narr. Nein, nein, Prinzessinne, ziehe du allein, ich begehre nimmer nicht mit dir zu ziehen, ich solt allda viel hungern
müssen, und in meinen Kopf [1] sterben. Dasselbe würde mich auf
die Prinzessinne verdrießen [2], daß ich es auch nimmer vergessen
könte. Nein, nein, ich begehre nicht zu sterben. Was würden die
Leut sagen? Sie würden mich noch darzu auslachen.

König. So bleib hier, Narr, ich begehre dich auch nicht
eins mit zu nehmen. Nun, so ziehe ich alsobalden fort.

(König nimt die Tochter bei der Hand und führet sie hinein.)

Kömt der König heraus, sagt, wie er komme an den Ort, da Runcifax [3]
wohne, den er fragen wolle, welcher von den beiden seine Tochter bekommen
werde.

König. Allhier kom ich in den Wald, da ich meinen Barrabam wohnend habe; derselb ist in der nigromantischen Kunst gewaltig wol erfahren und pflegt mir allezeit mein zukünftiges
Glück und Unglück zu offenbaren, welches ich dann allezeit in der
Wahrheit also befinde. Nun aber muß ich ihn doch fragen, was
meine Tochter vor ein Gemahl bekommen werde. (Gehet hinein.
kömt auf der andern Seiten wieder.) Holla, holla, mein getreuer Diener Barrabas, kom alsbald zu mir heraus, denn ich etwas Noth-
wendiges mit dir zu reden habe. So ich nicht irre, ists dieser.

Barrabas. Hie bin ich, großmächtigster König, euer
Majestät Willen zu vollnbringen und getreulichen zu dienen, bin
ich pflichtschuldig und bereitwillig.

König. Lieber Barrabas, ich komme derhalben zu dir, daß
ich gerne begehrete zu wissen, was meine Tochter vor einen Gemahl bekommen werde. Derowegen wil ich, daß du durch deine
nigromantische Kunst solches mir kund und zu wissen machest.

Barrabas. Ja, gar gerne, großmächtigster König. Geliebet euer Majestät solches alsbald zu wissen, oder sol ichs derselben umb ein Tag zwei [4] durch Schriften berichten?

König. Mein Barrabas, gehe hinein ins Hüttlein und er-
forsche es alsobald, daß ichs nun alsofort wisse, ich wil hie unterdessen allein sitzen. Gehe hinein und mache es nicht lange.

Barrabas. Gar wol, was euer Majestät geliebet, solches

---

1 in meinem Kopf, nach meiner Meinung. — 2 verdrießen, v. act.
verdrießlich machen, erzürnen. — 3 Runcifax. Vgl. die Einleitung. —
4 umb ein Tag zwei, niedersächsisch: in ein paar Tagen.

bin ich bereit zu thun. Ich wil nun hineingehen und es durch
meine Spiegel erfahren. (Geht weg.)

König. Ich muß bekennen, daß du mich oft vom Tode
errettet hast; ja, wenn ich oft in der äußersten Noth gewesen,
hastu mich durch deine Kunst errettet, also daß ich dich billich
lieben sol für andere, und ob dich der König von Spanien hat
wollen zum Fürsten machen, hastu es dennoch nicht begehret,
sondern viel lieber bei mir in meinen Lande sein wollen. Der
König von Spanien hat in allen Landen die Schwarzkünstler
verschreiben lassen und hat ihn keiner sagen können, wo seine
Tochter hinkommen, denn mein Barrabas, der sie ihn denn von
den Soldan [1] geholet hat, mit samt denselben, welcher sie den
Soldan geholet, und es von Barraba gelernet, ist auch alsobald
des Barrabae Schüler in vier Theil zertheilet worden. — Allda
kömt er schon wieder.

Barrabas. Allhie wil ich euer Majestät selber den Spie=
gel geben, allda einzusehen, und in was Statur und Habit er
gehet, welcher euer Tochter, meine gnädige Prinzessinne, be=
kommen wird, und nimt mich dasselbe Wunder über Wunder, daß
ich auch nicht erfahren kan, wie das solte zugehen, denn der zu=
letzt mit davontanzet, wird sie bekommen.

(Der König siht in Spiegel; wird gezeiget: der Narr tanzet mit der Prin=
zessin darvon.)

König. Wie zum Teufel solte das zugehen? Ich sehe ja
allhie einen Narren tanzen mit meiner Tochter; saget mir, sol ein
Narr meine Tochter haben?

Barrabas. Ja, großmächtigster König, denselben, so euer
Majestät tanzen sihet in Narrenkleidern, wird sie gewiß be=
kommen.

König. O, wie kan doch dieses müglich sein, daß meine
Tochter einen Narren bekommen solte? Ich habe meiner Tochter
einen Narren geschenket, der sihet diesen gar ähnlich.

Barrabas. Ihr Majestät wird es auch erfahren, daß den=
selben sie wird theilhaftig werden.

König. O, das kan ich nimmer gläuben, und kan auch
nicht sein; derhalben, Barrabas, in diesem irrestu weit, denn wie
solte das müglich sein, daß ich solte zulassen meiner Tochter, den=
selben albern Narren zu nehmen.

Barrabas. Groß und mächtigster König, ich sage jetzt
nicht mehr als das ihr Majestät in der That und mit Wahrheit

---

1 Soldan, vgl. die Erzählung des Zauberers S. 212.

in kurzen erfahren wird, und so sie denselben Narren nicht theilhaftig wird, wil ich meinen Hals verloren haben.

König. Solte denn nun meine Tochter einen Narren haben,
so wolte ich sie verfluchen, ja, die Stunde, worinnen sie geboren.
Nein, ehe sol der Narr, so meine Tochter bei sich hat, sterben, sobald ich heim komme, und alle Narren, so da sein und die sich
noch hinfüro umb Dienst anpraesentiren, müssen alle weggeräumet werden. (Geht weg.)

Kömt die Prinzessin und der Narr heraus.

Tochter. Ach, mein getreues und schönes Lieb, was
Schrecken und Angst habe ich itzt empfangen, denn ich jetzt auf
geschwinder Post Zeitung empfangen, wie daß der König, mein
Herr Vater, von Barraba durch seine Kunst erfahren, daß mein
Leib euch sol theilhaftig werden, worüber er denn so voll Zorns
und Unmuths worden und gesagt, daß so bald er heim käme,
müstet ihr zur Stunde von seinen Händen sterben. Derohalben,
mein schönes Lieb, machet euch geschwinde von hinnen, auf daß
dieses große Unglück möge verhindert werden, alsobald sollet ihr
andere Kleider anziehen, damit ihr unkennhaftig von hinnen
kommet.

Sohn. Kan es denn nicht anders sein, so nehme ich von
euch, mein getreues Herz, meinen Abschied und muß meine Zeit
mit Elende und Jammer so lang zubringen, biß ich euch, mein
einiger Aufenthalt[1] meines Lebens, wieder ansichtig werde.
(Umbfängt und küsset sie.)

Tochter. Ach weh, ach weh, ich höre schon den König
kommen. Schmeißt eilends die Narrenkappe abe und ziehet hier
diese Kleider an und eilet weit von hinnen. Ach, wie voller Betrübnis ist mein Herz!

(Gehen hinein.)

Nicht lang darnach kömt der König.

König. Holla, holla, herzliebe Tochter, wo bistu? Kom
eilends zu mir.

Tochter. Hie bin ich, herzlieber Herr Vater; was ist doch
euer Will und Begehren?

König. Mein Begehren ist, liebe Tochter, daß du eilends
den Narren, so ich dir gegeben, für mich bringen solt, denn hiemit wil ich ihn sein Leben enden. (Ziehet das Schwert aus.)

Tochter. O herzlieber Vater, was hat er gethan, daß ihr

---

1 Aufenthalt, Zuflucht, Trost.

ihn selber wollet ermorden? Und der Narr, den ihr mir gegeben, ist schon vor drei Stunden von hier weggewest, denn er mich so hart erzürnet, daß ich ihn weggejaget.

König. Was er mir gethan, das achte ich unnöthig, einen Menschen zu offenbaren. Aber, Tochter, ich vermahne dich bei deiner Pflicht, thue die Wahrheit bekennen, wo du den Narren gelassen, und so ichs anders erfahren werde, soltu wünschen, daß du nie geboren wärest.

Tochter. O mein herztrauter Vater, so wahr mich die Göttin erschaffen, ist er nicht mehr hie, sondern drei Stunden schon weg gewesen; solches sollen mir bezeugen alle meine Jung- frauen. Solt ich nun meinen leiblichen Herrn Vatern umb eines Narren willen mit Lügen vorkommen? Nein, viel lieber wolte ich, daß alle Narren an einen Baum gehenket würden. Derhalben, herzlieber Vater, bitte ich, thut meinen Worten gläuben, und dafern ihrs anders erfahret, so wil ich mir meine Zunge frei aus- reißen lassen. Ich hoffe, er wird nicht sehr weit von hinnen sein, und so euch geliebet, könnet ihr ihn nachschicken und noch fahen lassen.

König. Nun, so thue ich dir gläuben, herzliebe Tochter, wil aber zur Stunde hinter ihn her schicken, und der ihn mir überantwortet, sol hundert Kronen haben. Unterdessen sollen alle andern Narren, so hie noch vorhanden, umbgebracht werden.

(Gehen hinein.)

Actus quintus.

Sohn. Nun ist mein Herz betrübet, daß ich auch nicht weiß, was ich thun oder lassen sol, weil ich von meinem getreuen Lieb bin weg gerissen worden. O, nimmer hätte ich gläubet, daß die Liebe einen Menschen so heftig kränken solte, wie ich selber jetzt zu sehr erfahren muß; nimmer hätte ich gläubet, daß es solte. so ein schneidends Schwert des Herzen sein, wenn man eine liebet und ihr doch nicht kan theilhaftig werden. Diese aber mein getreues Lieb könte mir theilhaftig werden, wenn uns nur ein Pfost[1] nicht verhinderte, nämlich ihr Herr Vater, der da in

---

1 ein Pfost, was das Wort bedeuten soll, ist schwer zu errathen; viel- leicht stand im Original stop, Anstoß, Hinderniß, oder point, Punkt, Um- stand. Vgl. unten die Worte der Prinzessin: diese beiden Punkter.

Feindseligkeit und Zwietracht lebet gegen meinem Herrn Vatern, daß ich jetzo ein betrübt Mensche bin. Dennoch meine tragende Liebe ist so groß, daß ich nimmermehr von ihr lassen kan; es ist gar unmüglich, daß ich länger kan von ihr sein, und solt ich auch alsobald mein Leben darüber verlieren. (Stehet ein wenig still und seufzet.) Ich hab ein List erfunden, wie ich zum andernmal kan zu ihr kommen. Ich wil mich auskleiden gleich ein Morian, und habe die edeln Kleinodien, so mir mein Herr Vater mit auf die Reise geben, die wil ich dem Könige anbieten zu verkaufen, daß ich also gleich mit in den Pallast komme. Ich muß eilen, denn mein Feuer brinnet gewaltig. (Gehet hinein, zeucht ein schwarzen Rock an und bindet einen Flor vors Angesichte.)

Der König und die Prinzessin kommen heraus.

König Schottland. Liebe Tochter, gar oft hastu mich gebeten, daß ich dir sagen möchte, aus was Ursachen ich die Narren habe umbbringen lassen. So soltu wissen, daß mir mein Diener Barrabas, da ichs ihm sagte, er solt mir durch seine Kunst zu wissen thun, was du dermaleins vor ein Gemahl bekommen soltest, da ich dann in seinem Spiegel sahe, wie daß ein Narr mit dir davontanzete, mir auch dabei saget, daß gewiß derselbe dein Gemahl werden würde, worüber ich denn durch Zorn bewogen worden und sie umbs Leben bringen lassen, und wenn derselbe, den ich dir verehret, nicht wäre weg gewesen, hätte er von meinen Händen sterben müssen.

Tochter. Ach, herzlieber Vater, wie wolt ihr denn das gläuben? Wie würde das immer können müglich sein, daß mir ein Narr theilhaftig werde. Nein, wahrlich, Barrabas, ob du wol ein ausbündiger Meister in der nigromantischen Kunst bist, dennoch so fehlestu hierinnen gar weit, und dünket mich, daß dir vielleicht deine Geister nicht mehr die Wahrheit sagen, sondern nur vexieren.

König. So dünket mich auch, als daß ihn seine Geister betrügen. — Aber was kömt da vor ein schwarzer Kerl? Solche kommen hier selten.

Morian kömt heraus.

Morian. Allergnädigster Herr und König, ich wünsche ihr Majestät von unsern Göttern viel Glück und Heil.

König. Habe Dank, mein lieber Morian, sag mir, von wannen kömstu jetzt her, und was wiltu allhie haben?

Morian. Allergnädigster Herr und König, ihr Majestät sol wissen, daß ich ein geborner Aethiops sei und jetzo zu Schiff

aus Aethiopia komme und mit mir drei edle Kleinodien anhero
gebracht; dieselben wil ich ihr Majestät auflegen und weisen,
ob sie derselben gefielen, und Lust zu kaufen hätte.

König. Ja, ich muß vorerst sehen, wie sie gestalt sein;
hastu sie bei dir?

Morian. Rein, großmächtigster König, ich habe sie jetzt
nicht bei mir, sondern, so es ihr Majestät Wille ist, sol ich sie
alsbald aus dem Schiffe holen.

König. Ja, gar wol; gehe hin und hole sie. Aber ich
hätte schier vergessen, daß ich Gericht sitzen sol, denn meine Räthe
schon beisammen sein; derowegen, Morian, wenn du sie gebracht,
so übergib sie dieser meiner Tochter, die sie besehen sol, wie sie
ihr gefallen. (Gehet hinein.)

Tochter. Nun, Morian, wiltu nicht hingehen? Wornach
sihestu?

Morian. Gnädige Prinzessin, ich sehe mein Wunder, daß
euer Gnaden so betrübet stehet und so oft seufzet. Mich aber
däucht, wie ich eur schweres Seufzen bald in Fröhlichkeit ver=
wandeln wolte.

Tochter. O nein, nimmermehr wirstu ändern meine Trau=
rigkeit, auch dein Tage nicht errathen, was die Ursach meines
Betrübnis sei. Du meinest mich mit deinen edelen Kleinodien zu
erfreuen? Warumb ich betrübet bin, halte ich höher und theurer
denn zehn Königreich.

Morian. Nun, schöne und gnädige Prinzessin, ihr sehet
mich so albern an; dennoch wil ich mich unterstehen, zweitausend
Kronen mit euch zu verwetten, daß ich die Ursache euers Betrüb=
nis wissen wil, darzu auch alsobald von euer Traurigkeit zu er=
ledigen.

Tochter. Ja, das thue ich von Herzen gerne, und sol die
Wette also sein, dafern du die Ursache meines Betrübnis wissen
wirst und mich alsobald davon erledigen, so wil ich dir zur Stunde
zweitausend Kronen geben, wofern aber nicht, soltu mir sie als=
bald zahlen.

Morian. Ja, schöne Prinzessin, dieses sol gehalten sein.

Tochter. So ist es, mein lieber Morian, zahle mir nur
die zweitausend Kronen, denn ich weiß, diese beide Punkten
wirstu mir wol stehen lassen, sintemal es kein Mensch in der
Welt weiß.

Morian. Rein, mein Tausendschatz, mein getreues Lieb,

ich habe gewonnen. (Ziehet den Flor vom Gesicht; die Prinzessin fällt ihm um den Hals und küsset ihn.)

Tochter. O getreues Lieb, vor Freuden kan ich fast kein Wort reden. Mein betrübtes Herz, wie hoch ist es durch euer Gegenwart erfreuet! Wahrlich, hält mir jemand ein Königreich geben, so wäre ich so hoch nicht erfreuet worden.

Sohn. Ja, mein schönes Lieb, gläub mir in der Wahrheit, daß mein Herz so voll Angstes gesessen, sindhero ich nicht bei euch gewesen, daß ich auch selber nicht gewust vor großer Angst, was ich solte anfahen. Mich däucht, es solt mir solch ein groß Schmerz in Tod zu gehen nicht sein, als von euch, Herzeslieb, zu sein, bin derowegen bewogen, daß ich diese fremde Kleidung angezogen, und bin also unerkentlich zum andernmal wieder heraufkommen.

Tochter. Und solches thut mir mit Wahrheit auch gläuben, daß ich so voll Angstes, daß ich mir auch vorgenommen, von hinnen zu ziehen und euch zu suchen.

Sohn. Nun wolan, mein getreues Lieb, es gehe uns auch so wunderlich und seltzam, als es immer kan und wolle, so sollen dennoch unser beider getreue Herzen nicht können von einander getrennet werden.

(Nehmen sich bei den Händen und gehen hinein.)

Kömt der König heraus.

König. Holla, holla, Barrabas, kom eilends zu mir heraus!

Barrabas. Großmächtigster König, hie bin ich; hat euer Majestät was, das ich verrichten sol?

(König gehet sitzen.)

König. Ja, mein lieber Barrabas, nimmer gläubstu, wie wir uns bekümmern umb unser Tochter, was sie vor ein Gemahl bekommen werde. Und weil du uns zuvor auf einen Narren gezeiget, so haben wir sie alle lassen umbbringen, derohalben sihe jetzt und brauche deine Kunst zum andermal, und weise uns, wie er gestalt ist.

Barrabas. Mit allem Fleiß gar gerne sol dieses geschehen, gnädigster König, alsbald wil ich euer Majestät den Spiegel selbsten herausbringen. (Gehet hinein; der König sitzet unterdessen betrübet, hat den Kopf in die Hand geleget; nicht lang kömt Barrabas mit dem Spiegel.) Mit all meinen Fleiß habe ich erforschet, und

kömt mir dieses selber gar seltzam und wunderlich vor, weiß nicht
was ich davon sagen sol.

(Der König nimt den Spiegel, alsobald wird aufgezeiget: der Morian und
die Prinzessin kommen heraus, tanzen. Sobald der König den Spiegel nieder=
leget, gehen sie hinein.)

König. Wie zum Teufel solte das zugehen? Wie ich vor=
erst sahe, war es ein Narr, und nun ists ein schwarzer Teufel
und Morian. Solte ich nun solche Schande an meiner Tochter
erleben? Solte sie einen Moren (oder Morian) bekommen? Nein,
zehenmal lieber wolte ich sie im Feuer verbrennen lassen. Aber,
Barrabas, in diesem irrestu gar weit, denn erstlich war es ein
Narr, und nun ist es ein Morian, wie kan das sein, wie solte
das zugehen? Du bist wol ehe gut gewesen, aber nunmehro be=
triegen dich deine Geister.

Barrabas. Groß und mächtiger König, das weiß ich ge=
wiß, daß sie mich nicht betriegen, und hat auch euer Majestät
allezeit erfahren, daß ich nimmer gefehlet, und dieses ist gar ge=
wiß, denselben, so euer Majestät hie gesehen, wird meine gnä=
dige Prinzessin zu theil werden. Ich könte ihr Majestät wol einen
andern zeigen, wenn ich falsch und untreu sein wolte; aber solches
sol euer Majestät nimmer von mir erfahren, sondern wil ihr viel
lieber die Wahrheit sagen und auch zeigen.

König. Ich muß den schwarzen Raben noch einmal an=
schauen.

(Nimt den Spiegel wieder; alsbald wird aufgezeiget: Morian und die Prin=
zessin tanzen wieder.)

Ja, der schwarze Teufel tanzet wieder mit meiner Tochter. Es
muß ja ein Unglück sein sollen, weil ich die Narren weggeräumet,
daß der schwarze Teufel wieder kömt.

(Legt den Spiegel nieder; sie tanzen hinein.)

Ja sih, sih, was mir nun einfället, gestriges Tages kam dersel=
bige schwarze Rabe, so ich in den Spiegel gesehen, in den Palast
und bote Kleinodien aus mir oder meiner Tochter zu verkaufen.
— Aber in Eil wil ich mich wieder heim machen, und wenn der
schwarze Teufel auch tausend Hälse hätte, muß er doch zur Stun=
den von meinen Händen sterben, daß er ebenso wie die Narren
weggeräumet werde, damit man dem Unglück also entgehen könte.
(Gehet hinein.)

Kömt die Prinzessin und Morian heraus.

Tochter. Ach weh und immer weh, mein getreues Lieb
und einiger Schatz, wir müssen uns jetzt wiederumb scheiden,
denn mein Herr Vater ist bei Barraba gewesen, der ihn denn

offenbaret, daß ihr gleich ein Morian mein Gemahl soltet werden,
worüber er denn so heftig erzürnet und gesagt, ihr müsset viel
lieber von seinen Händen sterben, und soltet ihr auch tausend
Hälse haben. Er ist jetzt schon auf dem Wege und wird bald
kommen; derhalben, mein getreues Lieb, machet euch bald auf
von hinnen und gehet aus der Pforten, daß euch die Wächter
sehen mit diesen schwarzen Habit, und wartet an den Ufer des
Flusses, allda wil ich euch andere Kleider senden, so ihr anziehet
und nicht kennhaftig werdet. Es ist mir unmüglich, zu dulden,
daß ich sol von euch sein. Ich wil viel lieber meinen Herrn
Vater verlassen und euch in kurzen nachziehen.

Sohn. Nun ist meines Bleibens länger nicht hier, wofern
ich das Leben behalten wil. Derowegen nehme ich jetzt mit betrübten Gemüthe meinen Abschied und bitte, machet es also, wie
ihr verheißen; die treue Liebe sol nimmermehr zertrennet werden.
Also ade, ade, mein Tausendschatz, was euch widerfähret, sol mir
auch widerfahren.

(Gibt ihr einen Kuß, thut ihr die Hand; gehen hinein.)

Kömt der König.

König. Wo bistu, meine liebe Tochter? Kom eilends zu
mir heraus.

Tochter. Hie bin ich, herzlieber Vater; was geliebet euch?

König. Ich thue fragen, ob du die Kleinodien von den
schwarzen Morian gekauft habest?

Tochter. Nein, herzlieber Vater, weil sie gar schlecht
waren, und er sie dreimal theurer geben wolte, als sie werth
waren, habe ich ihn damit ziehen lassen.

König. Gar wol hastu gethan, liebe Tochter, ich habe es
auch schon von dem Wächter der Vorpforten erfahren, daß er
hindurch gangen sei. Wäre er aber noch hier gewesen, hätte er
müssen von meinen Händen sterben. Alle Morian, so nach diesem
nachkommen werden, sollen nicht lebendig von hinnen kommen.
Denn, meine liebe Tochter, höre, was mir Barrabas aufs Neue
zeigete. Ich sahe in seinen Spiegel und sahe allda innen, wie
ein Morian mit dir davon tanzete, welcher gewißlich würde dein
Gemahl werden, wie er mir sagte. Was dünket dir aber hiervon, könte das wol müglich sein?

Tochter. Herzlieber Vater, muß ich doch bald hierüber
lachen, daß Barrabas so vexieret wird von seinen Geistern; denn
erstlich war es ein Narr, nun ist es ein Morian worden; und

gelüstet mir, lieber Herr Vater, wenn ihr ihn zum dritten mal fragen würdet, was er alsdann zeigen würde.

König. Ja, ich weiß selber nicht, was ich davon halten sol; die Zeit wird es geben. Jezo habe ich doch genug zu thuende und kan ihn nicht weiter fragen, denn ich schon Botschaft habe, daß der König von Engelland sich gewaltig rüstet, mich feindlich wiederumb zu besuchen. So kom mit mir hinein, herzliebe Tochter, und laß uns dem Gott Marti Opfer thun, damit er uns Sieg und Triumph gegen unser Feinde geben wolle.

Kömt der König von Engelland.

König Engelland. Ist dieses nicht ein erbärmlich Ding, daß ich nicht das Geringste von meinem Sohne erfahren kan, wo er geblieben? In Frankreich zu verreisen, hat er mich nur gebeten, wohin ich denn geschickt und erfahren, daß er da nicht gewesen. O Sohn, o Sohn, wie machstu soviel Schmerzen meinem alten Herzen! Gebühret dir solches, daß du deinen leiblichen Vater also vexieren solt? Wie hoch gelobtestu mir an, in Frankreich zu ziehen, damit du köntest wieder hier sein, wenn ich mit meinem Kriegsheer würde wieder in Schottland ziehen? Aber du bleibest gar aus, und der Monats sein schon vierzehen verflossen. Dennoch kan ichs deinethalben nicht unterlassen, sintemal ich mich zu sehr verschworen und alles schon bereit gemacht. Je länger hier, je länger dort [1]. — Blaset auf, blaset auf, Trommeter, mit hellen Schall, auf daß sich ein jederman aufmache, denn heute vermeine ich noch zehn Meil Wegs von hier zu sein.

(Wird geblasen.)

Actus sextus.

Jezt kömt des Königs Tochter heraus, hat ein schlecht Gewand bei ihr, welches sie anziehet.

Tochter. Allhie in diesen geringen und schlechten Gewand wil ich mich jezo anziehen, damit mich niemand kennen möge, und wil meinen getreuen Lieb nachfolgen. Vater, erführestu dieses, du würdest mich greulich darumb strafen und sehen, daß ich den Narren und Morian nachziehen wolle, und hat dich wahr-

---

1 Das soll wohl heißen: je länger wir hier verweilen, desto länger dauert es bis zur Entscheidung durch die Schlacht.

lich Barrabas nicht betrogen. Aber was kan brünstige Liebe nicht
zuwegen bringen! Ehe ich länger von meinem getreuen Lieb sein
wolte, solte mir lieber mein Häupt vor die Füße geleget werden.
Nun so mache ich mich spat bei Abend von hinnen und habe
schon Post bestellet, die mich in dieser Nacht vierzig Meilen von
hinnen bringen wird. (Gehet hinein.)

Der Sohn kömt, sitzet nieder zur Erden.

Sohn. Allhie liege ich in meinen schweren Gedanken und
weiß nicht, wo ich ein oder aus sol, denn die brennende Liebe
mich so kraftlos machet, daß ich auch nicht weiter kommen kan.
O weh, was wird mein Herr Vater gedenken! Wie sehr wird er
über mich erzürnet sein, denn ich ihm gewißlich verheißen, über
ein Jahr wiederzukommen und den Krieg zu führen. Nun ist
das Jahr umb und ist die Zeit da, daß er wird wieder anhero
kommen. Aber ich liege hier und kan nicht von hinnen kommen,
weil ich die Zinne des Palasts noch sehe, worauf mein schönes
Lieb ist. Ich erwarte ihrer allhie und meine, sie sol mir folgen.
Ach weh, schöne Göttin Venus, erbarme dich unser und laß uns
doch so in Betrübnüß und Elende nicht verderben, verleihe uns
deine Gnade! Nun dünket mich, daß mein getreues Lieb nicht
kommen wird, keine Gelegenheit darzu haben wird, derhalben
muß ich mich nur weiter von hinnen machen, daß ich noch ein
Meil oder sieben von hier kommen möchte. (Gehet hinein.)

Jetzt kömt die Prinzeßin in den unbekannten Rock.

Tochter. Diese Nacht habe ich kein Augenblick geschlafen,
sondern immer fortgereiset und die vierzig Meilen erreichet, und
hab mir vorgenommen, immer fortzuziehen, biß ich nach Lunden
zu mein getreuen Lieb komme, der nun schon vielleicht da sein
wird. Aber hier in dieser großen und unbekannten Wildnüß befürchte ich mich vor den vielen Thieren. Wann ich nur daraus
wäre, wolt ich fröhlich sein. (Wird getrompetet und auf der Trummel geschlagen.) Aber ach leider, ach weh, immer weh, was höre ich da
vor ein Kriegsrüstung kommen; ach wenn ich mich nun könte
hinter einen Baum verbergen, daß sie meiner nicht gewahr
würden. (Gehet an die Seiten stehen.) O, wo ist mein getreues Lieb
geblieben? Was ist das vor ein Kriegsrüstung? Ach weh mir!

Kömt der König von Engelland.

König Engelland. Ihr frischen Soldaten, ein jeglich
halte sich unter seinen Fähnlein in der Ordnung, denn wir müssen
uns befürchten, daß uns der Feind entgegen komme. Alles hauet

zu Grund und Boden und habt gar kein Erbarmen. Aber sih,
was stehet da so verkrochen? Ein Weibsbild; wahrlich, mich
däucht, ich sol sie kennen. Diener, nim sie alsbald gefangen.

(Diener nimt sie bei sich.)

Dieses mag wol ein Glück heißen. Seid ihr nicht des Königes
Tochter von Schottland? Fürchtet euch nicht und sagt nur die
Wahrheit, denn kein Leid sol euch widerfahren.

Tochter. Groß und mächtigster König, ich wil die Wahrheit bekennen: ich bin des Königes Tochter von Schottland, und
ich bin jetzt euer königlich Majestät Gefangene; ich bitte aber in
Unterthänigkeit, ihr wollet euch meiner erbarmen, daß mir nichts
Böses möge widerfahren.

König. Nein wahrlich, Böses sol euch nicht widerfahren
und thue solches schweren bei meiner königlichen Krone und sollet
gleich gehalten werden, als wäret ihr bei euern Herrn Vater. —
Höre, Diener, verschaffe, daß ihr alsbald ein Pferd mit einem
Zwergsattel [1] zugerichtet werde, und zehen Männer ihr dienen
und auf sie warten [2], und daß sie mir auf den Fuß nachreite.

Tochter. Allergnädigster Herr und König, vor solch groß
Gnad thue ich mich unterthänig bedanken.

(Gehen hinein.)
Jetzt kömt der König von Schottland herauser.

König aus Schottland. Frisch auf, frisch auf, ihr
Kriegsleut, lasset uns eilen mit aller Macht und Gewalt, denn
ich vermerke, daß der Feind in diesen Wald ist, worin wir ihn
dann überfallen wollen.

Kömt ein Diener und bringt des Königs Engellands Sohn gefangen.

Diener. Allergnädigster Herr und König, allhie bring ich
einen Gefangenen, bei welchen ich gar wunderlich kommen bin,
da er bei einen Baum in groß Betrübnüs lage, und dünket mich,
daß er muß von hohen Stammen entsprossen sein.

König Schottland. Ja, mein lieber und getreuer Diener,
die Tage deines Lebens hastu mir keinen angenehmern Gefangenen bracht denn diesen; er ist meines Feindes Sohn, laß uns
nun jubiliren, denn ein verzagtes Herz wil ich dem Könige
machen, wenn ich ihn ihm zeige.

(Jetzt rufet einer, der drinnen ist):

Ihr Soldaten, ein jeder in seiner Ordnung, denn der Feind
ist uns nahe.

---

1 Zwergsattel, Quersattel, Damensattel. — 2 auf sie warten, ihr
aufwarten.

König aus Schottland.   Laß ihn eilends mit starken
Ketten gefänglich binden.   Blaset auf, blaset auf mit den silbern
Trommeten, mit lauten und hellen Schall, und machet dem Volk
ein Herz, dann wir schon an den Feind kommen.

(Gehen hinein.)

(Alsbald wird an zweien Orten geblasen, und kommen immer zween und
zween heraus, die da fechten mit Schild und kurzen Schwerten, worvon dann
einer liegend bleibet.   Nach diesem allen kömt der König von Engelland mit
bloßem Gewehr heraus; auf der ander Seiten der König Schottland und ein
jegliches Volk bei sich.)

König Engelland.   Hochmüthiger König, darfestu dich
noch einmal unterstehen, mit uns zu streiten und scharmutzieren?
Wahrlich, ich rathe dir, daß du mir dein Kron und Scepter über-
gebest, denn ich schweren thu bei allen himmlischen Göttern, nimmer von hinnen zu ziehen, ehe denn ich alles in Grund verderbet
und über dir zu triumphiren habe.

König Schottland.   Und wahrlich, König von Engelland, ich schwere dir, daß du nimmermehr dasselbe sollest theilhaftig werden, so lang mir mein Augen offen stehen.   Solt ich
dir nun unterthänig sein, so wolt ich mich gänzlich verfluchen.
Nein, wahrlich, vor deine Macht und Schrecken thu ich mich im
geringsten nicht fürchten.   Ja, wann ich nur einen Fuß und eine
Hand hätte, wollte ich mich unterstehen, gegen dir zu streiten,
und so du Lust hast, wollen wir beide allein umb unser beider
Leben kämpfen, damit so viel Blutvergießens möge verhindert und
aufgehoben werden.

König Engelland.   Solt ich nun mit dir persönlich
streiten?   Nein, solches thue ich dir versagen, denn ich ein alt
betagter Mann, und du noch jung und stark bist.   Wäre aber
mein Sohn vorhanden, der würde es dir fürwahr nicht versagen,
und solte er auch mit e i n e r Hand gegen deine beiden streiten.
Aber laß doch deine frechen Wörter ein wenig sinken, denn sihestu
hie diese, kennestu sie auch?   Mit der hab ich Macht, zu thun was
ich wil.

König Schottland.   Meine Tochter, sih, Wunder über
Wunder!   Wo hastu die bekommen?   Meinstu, daß ein Schrecken
dardurch in mein Herz kommen sol?   Nein, fürwahr im geringsten
nicht, denn ich halte sie nicht mehr vor meine Tochter.

(Jetzt wird der junge Prinz auch gefangen hergeführet.)

König Engelland.   O herzlieber Sohn, wie bistu den
hoffärtigen Teufel in die Hände kommen?

König Schottland.   Ja sihestu nun?   Eins umbs ander.
Da du mich aber also mit Gewalt aus dem Königreich verjagen

wolteſt, ſo ſoltu jetzt mit den Augen ſehen, was ich an deinen Sohn vollnbringen wil. (Jetzt wird dem Könige ein Gläslein bracht.) Denn dieſen vergiften Tranl, der da mit den allerſchrecklichſten Veneno zugerichtet, ſol er jetzt vor deinen Augen austrinlen und damit zur Stunden ſein Leben enden.

König Engelland. O wie lömt dieſes, daß mein Sohn in meines Feindes Händen gerathen iſt? Aber ich wil ja nicht gläuben, daß du ſo teuflich und wider alle Kriegsgebrauch ihn mit Gifte werdeſt tödten, und ſo du wilt, wil ich dir deine Tochter wiedergeben, und gib mir meinen Sohn wieder.

König Schottland. Ja, ich habe ihn, und du belömſt ihn nimmer lebendig wieder. Sih hie, nim dieſen vergiftigen Tranl und trinl ihn geſchwind gar aus.

Sohn. Dieſen vergiftigen Tranl austrinlen? O, womit habe ich dieſes verwirlet? Ich bin nur ein Gefangener, dieſes wäre wider alle Kriegesgebrauch.

König Engelland. Wirſtu denn meinen Sohn ſo erbärm= lich umbs Leben bringen, da er doch in geringſten nichts ver= wirlet, ſo gedenle, wie du ſo nahe deinem Unglück ſteheſt, denn bei Himmel und Erden thu ich ſchweren, daß ich weder eſſen noch trinlen wil, auch leinen Schlaf in meine Augen lommen laſſen, ehe denn ich dich wiederumb in meiner Gewalt habe und dir ſo einen grauſamlichen und ſchrecklichen Tod, ſo lein Menſch jemaln erfahren hat, anthue.

König Schottland. Dein Sohn hab etwas verwirlet oder nicht, ſo gilt es gleich viel, per fas et nefas gehe ich allzeit durch mit denen, die mich gedenlen zu vertreiben. Dein Sohn muß ſterben, und hilft nichts darwider. — Sih, da nim zu dir und trinl mir es als gar aus.

Sohn (nimts zu ſich). Nun, lan es denn nicht anders ſein, ſo mag ich wol der betrübtſte Menſch, ſo auf Erden geweſen, ge= nennet werden. Die himmliſchen Götter, weiß ich, werden ſolch groß Unrecht und Tyrannei, ſo wider alle Billiglkeit und nimmer erhöret, nicht ungerochen laſſen. — Herzlieber Herr Vater, ich bitte euch, belümmert euch meinethalben nit, daß ich ſezo von dieſer Welt ſcheiden ſol. — Nun, Tod, der du in dieſen Gläslein biſt, gar unerſchrocken bin ich vor dir. Nun ade, ade, Tod trinl ich jetzt in mir. (Trinlt es aus: der Vater ſtehet gar beſtürzet.) Nun, Tod, du biſt nahe den Herzen, mach nit lang mit mir. O, wie mächtig= lich wirlet er, ich muß jetzt meinen Geiſt aufgeben. Awe, awe! (Fällt todt darnieder.)

König Engelland. Nun soltu Teufel und grausamer Tyranne die Tyrannei auch erfahren, was ich thun wil, denn mein Sohn, welchen du wider alle Kriegesgebrauch so jämmerlich hast das Leben genommen, muß hundertfältig gebüßet werden, als wil ich jetzt deine Tochter vor deinen Augen erstechen.

König Schottland. Meine Tochter? Nein, sie ist nicht mehr meine Tochter, sintemal sie von mir gelaufen und untreu worden ist, derohalben mir nichts umb sie zu thun. Erstich sie nur, es ist mir wenig daran gelegen.

(König ziehet sein Schwert.)

Tochter (fället vor ihm nieder). Gnädigster Herr König, es ist mein herzlicher Wille, daß ich von dieser Welt komme, derhalben bitte ich euch noch darzu, stoße mir nur eilends das Schwert durch mein Herz, damit ich mein Leben ende.

(Setzet ihr das Rappier auf die Brust, ziehet wieder zurück.)

König Engelland. O nein, es ist mir unmüglich, daß ich diese unschuldig Creatur so jämmerlich umbs Leben bringen solt und gleich ein Tyranne wie du sein. (Nimt die Tochter bei der Hand.) Sih, da hastu deine Tochter wieder.

(Tochter läuft alsobald zu ihren Lieb, der zur Erden liegt, gehet vor ihn auf die Knie sitzen.)

Tochter. O weh, mein Herz wird mir im Leibe vor Angst zerspringen. O du mein Lieb, wie elendiglich muß ich dich hie liegen sehen, und bist so elendiglich umbs Leben gebracht. O wie ist das Glück zwischen uns so widerspenstig gewesen! O, unmüglich ist mir, länger zu leben! O weh, weh diesen großen Schmerzen und Unglück!

(Küsset ihn; ihr Lieb fähret auf, sie erschrickt.)

Sohn. O, aus welch einen süßen Schlaf thue ich jetzt erwachen; wo bin ich gewesen? Mein getreues Lieb, stehet ihr doch vor mir.

König Schottland. Sihe, sihe, König von Engelland, ich verwunder mich so sehr, daß dein Sohn von Todten aufstehet. Meinstu, daß ich ihn wider alle Kriegsgebrauch solte sein Leben nehmen? Nein, es war kein Gift, sondern nur ein Schlaftrank.

König Engelland. Nun bin ich freudig und fröhlich, die große Betrübnüs verwandelt sich in große Freude. — König von Schottland, wir wollen nun hinfüro Freunde bleiben und allen Krieg und Haß darnieder legen.

König Schottland. Gar wol, Krieg bin ich gerne überhoben, und seind mir solche Friedenswörter eine große Freude anzuhören; ich vermerke aber, König von Engelland, daß meine Tochter und euer Sohn sich getreuer Liebe verschworen, derhalben, gefällt es euch, so wollen wir sie beilegen [1].

König Engelland. Ja, es gefällt mir sehr wol, denn Freundschaft wird dadurch gemehret; derhalben ist nu mein Wille, daß morgendes Tages die Heirath mit Pracht und Herrlichkeit sol gehalten werden. So laßt uns nun hinein gehen und vernehmen, wie sie getreue Liebhaber worden sein.

----

1 beilegen, Beilager halten lassen.

Finis.

VII.

Ein luſtig Pickelhä-
rings-Spiel, darinnen er mit einen Stein gar luſtige Poſſen
machet.

Personae:

Hans, der Baur.
Frau, die Bäurin.
Wilhelm, der Müller.

Actus primus.

Hans kömt mit der Frauen heraus.

Hans. Frau, haſtu da die Milchſuppen?

Frau. Ja, hie habe ich eine, aber du ſolt ſie nicht alleine auffreſſen.

Hans. Awe, ja, du muſt mit mir eſſen, aber gehe hin und mache erſtlich die Thür zu, auf daß uns keiner verhindere an unſer Mahlzeit.

Frau. Das laß ich wol ſtehen [1]; gehe ſelber hin und mache ſie zu; kanſtu ſie doch eben ſo wol zu machen wie ich.

Hans. Potz Schlapperment, du muſt zumachen, oder ich werde dir gewaltige greuliche Pumpes auf dein gebenedeiten Kopf geben.

Frau. Gib her, biſtu ſo keck; ſolt fürwahr zehen vor einen bekommen. Du weiſt, wer Oberherr unter uns zu ſein pfleget.

Hans (ad spectatores). Es iſt wahr, ſo oft ich ſie nur hab ſchlagen wollen, iſt ſie mein Oberherr worden. — Hör, Frau, wiltu dieſes eingehen? Der erſte, ſo ein Wort redet, ſol die Thür zumachen.

Frau. Ich bin ſolches wol zufrieden.

(Eſſen; Hans iſſet mit der Hand.)

Jetzt kömt der Müller Wilhelm.

Wilhelm. Wie mag dieſes kommen, daß die Thür ſo weit offen ſtehet, und keiner iſt im Hauſe? Sih, da ſeind ſie. Wanne, wie kan mein Nachbaur Hans freſſen! Guten Tag, guten Tag, mein guten Nachbarn. (Antworten ihm nicht, zeiget auf ihr, ſol antworten.) Wie zum Teufel ſol ich diß verſtehen, ſeind ſie nun beide ſtum

---

1 ſtehen, anſtehen, bleiben.

worden? — Mein getreuer Hans, antwortet mir, denn für ein
Stunde hab ich ja noch mit euch geredt. (Zeiget auf ihr, ſie auf ihn.)
Mein gute Nachbaurin, was bedeutet dieſes, daß ihr nicht redet?
Wie zum Element kömt dieſes, ſind ihnen die Zungen ausgeſchnit=
ten oder narren ſie ſich? Ein wunderlich Ding iſt es. Mein Nach=
baurin, dieſes muß ich erfahren, komt mit mir in mein Haus.

　　　　　　　　　(Sie gehet mit ihm.)

　　Hans.　　Hier laß mir mein Frau!

　　Frau.　　O, du haſt verloren und muſt die Thür zumachen.

　　Wilhelm.　　Mein lieber Nachbaur, ſagt mir, was bedeut
dieſes?

　　Frau.　　Mein lieber Wilhelm ihr, wir zanketen uns darumb,
wer die Thür ſolte zumachen, da ſatzten wir dieſes: wer erſt an=
fieng ein Wort zu reden, ſolt die Thür zumachen; nun muß er
ſie zumachen.

　　Hans.　　Ich muß ſie nun zumachen, aber, Nachbaur Wil=
helm, ihr habet alle Schuld.

　　Wilhelm.　　Oho, was habe ich dieſes gewuſt? Ich ſahe euch
und konte mich nicht genugſam verwundern, warumb die Thür ſo
ſperrweit offen ſtund, und war kein Menſch im Hauſe.

　　　　　　　　　(Gehen hinein.)

　　　　　　　Hans kömt heraus.

　　Hans.　　Daß dich potz Schlapperment, mich dünket, daß mir
mein Frau ein paar Hörner aufſetzet! Der Schelm mein Nach=
baur Wilhelm weiß ſich ſo bald bei ihr zu finden, wann ich aus
dem Hauſe gehe; ja, ja, es iſt nicht anders, der Schelm hilfet
mir, denn hierdurch kan ichs gnug abmerken: mein Frau, die
ehrloſe Hure, redete dieſe Nacht im Schlaf von ihm. Sie ſagte:
mein herzlieber Nachbaur Wilhelm, mein herzlieber Nachbaur
Wilhelm! Aber einen gewaltigen luſtigen praktiſchen[1] Rath
habe ich bei mir bedacht. Es wohnet in der Stadt ein greulicher
häßlicher Kerls, der des Teufels Meiſter iſt und die ſchwarze
Kunſt kan, zu dem wil ich jetzunder gehen, daß er mich mache in
die Geſtalt des Schelms Nachbaurs Wilhelms. Dann wil ichs
recht und gewiß erfahren und in der Geſtalt zu meiner Frauen
gehen; ich werde es bald ſehen; befinde ich es alſo, daß der
Schelm Nachbaur Wilhelm bei ihr ſchläfet, ſo ſol ich ihr potz
Element auf den Kopf geben. O, ich bin liſtig, Frau, du ſolt

---

1 praktiſch, ſchlau.

mich nicht vexieren! Nun, ich kan nicht länger hier verharren,
sondern ich muß mich zu des Teufels Meister machen, denn das
lieget mir zu sehr im Kopfe: mein herzlieber Nachbaur Wilhelm,
mein herzlieber — — — (Gehet hinein.)

Kömt die Frau und Wilhelm.

Frau. Mein herzlieber Nachbaur Wilhelm, eins muß ich
euch erzählen.

Wilhelm. Sagt her, sagt her.

Frau. Hie habe ich gestanden und also angehöret, was
mein Hans beschlossen und zugesaget. Ihm däuchte, er wäre gar
allein und sagte, er hielte dafür, ihr müstet bei mir schlafen, denn
er von mir in Schlafe gehöret, daß ich gesaget hätte: mein lieber
Nachbaur Wilhelm; ich habe mich über den Narren bald den
Bauch in vier Stücken gelacht.

Wilhelm. Nun, wie es wahr ist, sagt fürder.

Frau. Darnach sagt er, er müste erst recht erfahren und
zwar also: es wohnete ein Schwarzkünstler in der Stadt, zu dem
wolt er gehen, der solt ihm euer Gestalt geben, und damit wolt
er zu mir kommen und so erfahren, ob ich euch auch lieb hätte.
Darumb ist mein Rath, daß ihr euch alsbald dahin verfüget und
euch ankleidet, als wäret ihr der Schwarzkünstler, und gebt ihm
solch einen Rath, daß er euer Gestalt an sich bekomme, daß wir
genug den Narren mit ihm treiben können.

Wilhelm. Oho! Dieses sol recht angehen[1]. Hans, Hans,
du must gleich ein Paar Hörner tragen! Sagt mir, ist er schon
auf dem Wege, daß er hingehe?

Frau. Ja, er ist schon hingegangen, darumb müst ihr euch
nicht säumen.

Wilhelm. So ist mein Wesen[2] nicht länger hie, ich weiß,
daß ich eher komme denn er.

(Gehen hinein.)

Hans. Nun bin ich kommen an den Ort, da der Teufels=
meister sein sol, aber ich kan ihn nicht ausfragen. Wenn ich nur
zu dem Kerl kommen solt, so wolte ich fröhlich sein, denn ich kans
nicht vergessen, es ist mir unmüglich, daß mein Frau sagte: mein
herzlieber Nachbaur Wilhelm! Den Teufelsmeister muß ich wissen,
oder gebe mich nimmer zu Frieden. (Gehet hinein.)

Wilhelm kömt in schwarzen Rock.

Wilhelm. Nun bin ich der Schwarzkünstler worden; meinen

---

1 angehen, gelingen. — 2 Wesen, Bleiben.

Nachbaur Hans muß ich Rath geben, wie er Wilhelms Geſtalt an ſich nehme. Da kömt der alber Narr hergegangen.

<small>Hans kömt; Wilhelm macht einen Cirkul, kreuzet, ſchlägt das Buch auf.</small>

Hans. Oho, ich glaub, daß derſelb des Teufels Meiſter ſein ſol, ich muß zu ihm gehen. — Guten Tag!

<small>(Wil in den Cirkul gehen, ſchlägt ihn zurück.)</small>

Wilhelm. Ich rathe dir, komme nicht in dieſen Circulum, oder der Teufel nimt dich weg.

Hans. Mein Herr, ſeid ihr nicht des Teufels Meiſter?

Wilhelm. Ja, der bin ich. Ich habe hier etwas zu thun, laß mich unmoleſtiret.

<small>(Fantaſiret[1]. Hans ſchmeißt ſein Hut in den Circul.)</small>

Hans. Oho, Herr Teufelsmeiſter, es iſt nicht wahr, was ihr von Cirkel ſaget.

Wilhelm. Warumb ſolt das nicht wahr ſein, wie weiſtu das?

Hans. Ja ſeht ihr wol, mein Hut habe ich in den Cirkul geſchmiſſen, und der Teufel wil ihn nicht wegnehmen.

Wilhelm. Ja der Teufel frägt viel nach deinen alten beſchißnen Hut, du aber ſolteſt da nit halb ſo lang inne ſein. Sage nun an, was iſt dein Begehren, und was wiltu haben?

Hans. Mein lieber Herr Teufelsmeiſter, ich bin derhalben zu euch kommen: ich hab ein Frau zu Hauſe, die iſt ein wenig ſchön, und allda wohnet ein Müller, der heißt Wilhelm, derſelbe Schelm gehet immer zu meiner Frauen, daß mich däucht, der Schelm muß bei meiner Frauen ſchlafen; auch habe ich dadurch ſolches abnehmen können, denn dieſe vergangene Nacht ſagte meine Frau im Schlafe: mein herzlieber Wilhelm, mein herzlieber Wilhelm! Hierüber ich mich nicht kan zufrieden geben, ich muß es recht erfahren. Derhalben, könt ihr mir die Geſtalt des Wilhelm geben, ſo wil ich euch einen Ducaten dafür ſchenken, auf daß ich denn recht ſehen möge, ob der Schelm Wilhelm bei meiner Frauen ſchlafe.

Wilhelm. Oho, wenn ich euch nicht Wilhelms Geſtalt könte geben, ſo wäre ich ein armer Teufelsmeiſter, ich weiß alle Statur und Geſtalt der Menſchen, wenn ſie auch tauſend Meilwegs von hier wären, und kan dieſe Geſtalt einen andern geben, der ſie begehrt. Zwar[2] keinen beſſern Rath könte ich euch geben,

---

1 Fantaſiret, macht phantaſtiſche Bewegungen und redet wunderlich. —
2 Zwar, fürwahr.

daß ihr zum füglichsten erfahren köntet, ob euer Nachbar Wilhelm
auch bei euer Frauen schlafe; ihr seid wol simpel anzusehen, aber
gar weislich dieses bedacht.

Hans. Ja, es ist wahr, ein gewaltig praktischer Kopf
bin ich.

Wilhelm. Wollet ihr mir ein Ducaten geben, so wil ichs
machen, wie ihr Wilhelms Gestalt sollet bekommen.

Hans. Hie ist ein Ducat, so lernet mir es auch.

Wilhelm. Das wil ich thun; höret mir fleißig zu. Diese
zukünftige Nacht umb zwölf Uhr gehet auf euren Kirchhof und
gehet umb die Kirche dreimal herumb und allemal betet ein Vater=
unser, zuletzt gehet recht vor die Kirchthür, da kreuziget [1] euch
oft hin und her; denn werdet ihr finden ein großen Stein für der
Thür liegen, derselbe Stein ist seiner Kunst und Tugend wegen
hundert Ducaten werth, denn wenn ihr denselben auf eure Achseln
leget, so habt ihr die Gestalt eures Nachbars Wilhelms und
jederman sihet euch dafür an; sobald ihr aber denselben wieder
von euch leget, seid ihr in euer eigen Gestalt wie jetzunder.
Diese Kunst hab ich viel Tausenden mitgetheilet, die auch auf diese
Weise ihre Weiber probiret, ob sie auch andere lieben; sie ist gar
gewiß, und verhält es sich nicht also, so kommet wieder und holet
euren Ducaten.

Hans. Ah, ah, Herr Teufelsmeister, ihr seid mir gleich
ein Engel vom Himmel gesandt. Nun bin ich ein brav Kerl,
wenn ich solch eine Kunst weiß; gewaltig werde ich meine Frau
versuchen, und wo sie den Schelm meinen Nachbar Wilhelm
liebet, so sol ich ihr potz Schlapperment auf den Kopf geben.
Herr Teufelsmeister, die Nacht umb zwölf Uhr sol ich auf den
Kirchhof gehen?

Wilhelm. Ja, mitten in der Nacht, und, wie gesagt, für
der Kirchthür werdet ihr einen Stein finden, der solche Kunst in
sich hat.

Hans. Nun, Herr Teufelsmeister, so habt ihr Dank für
diese herrliche Kunst, ich wil nun hingehen und es also machen,
wie ihr mir befohlen. (Gehet hinein.)

Wilhelm. Das mag wol vexieret heißen! Wenn ich so
viel Ducaten verdienen könte, beim Element, ich würde mein
Tage nicht mehr Müller. Nun muß ich mich aufmachen, daß ich
ehe komme als er und ihm einen Stein vor die Kirchthür lege,

---

1 kreuzigen, bekreuzen.
Die Engl. Komödianten.   16

damit er darnach die Frau probire und wir den Gecken weiter an ihn scheren.

Actus secundus.

Jetzt kömt Hans heraus.

Hans. Ahah, ahah, nun bin ich voller Künste, ja, ein kunstreich Kerl! (Legt den Stein bei sich.) Hier habe ich ein Kleinod, und dieser Stein ist seiner Tugend wegen tausend Thaler werth. Den Stein habe ich in der Nacht umb zwölf Uhr für der Kirchthür funden, der Teufelsmeister sagets, ich würde einen finden, und ich fand ihn auch. Aber voll Künste, voll Künste ist der Stein. (Leget ihn auf die Achsel.) Ahah, ahah, ich bin nun ganz verwandelt und sehe leibhaftig aus als Nachbar Wilhelm. Wanne, wanne, ich bin ein kunstreich Kerl, voll eitel Kunst, voll eitel Kunst! Sobald ich diesen Stein niederlege, so bin ich wieder der listige, praktische Hans.

Wilhelm kömt eilends heraus.

Wilhelm. Ich habe so gar eilends etwas zu verschaffen[1]. (Kömt für ihn zu stehen, verwundert sich.) Wie zum Element sihet dieser Kerl aus? Potz Schlapperment, eben als ich. Dieses kömt mir wünderlich vor, denn ich gar keinen Bruder habe. Hörstu, was bistu vor einer? Gib dich kund.

Hans. Kennestu mich nicht, ich bin der Müller hie in diesem Dorfe.

Wilhelm. Du der Müller? Das leugstu wie ein Schelm; der Müller bin ich und heiß Wilhelm.

Hans. Das wollen wir wol treffen, ich heiße Wilhelm und bin der Müller, und du solt sehen, auf den Abend wil ich in der Mühle bei deiner Frauen schlafen.

Wilhelm. Darfür sol dir potz Element auf deinen Kopf fahren. (Läuft hinein.)

(Hans legt den Stein nieder, Wilhelm kömt und hat ein Prügel.)

Wilhelm. Du Schelm, wiltu mir bei meiner Frauen schlafen? Aber wo zum Teufel ist der Schelm geblieben? Sih,

---

1 verschaffen, besorgen.

nirgends ist er. Mein guter Nachbar Hans, was ich doch sagen wil, habt ihr keinen Kerl gesehen, der eben so aussiht wie ich?

Hans. Nein, mein guter Nachbar Wilhelm, ich hab keinen gesehen; aber sagt mir, warumb ihr fragt?

Wilhelm. Jezund war ein Schelm hier, der hatte eben solche Kleider an wie ich, sahe auch gleichsam[1] eben so aus wie ich, also daß ein jederman ihn vor mich ansahe. Derselb Schelm sagt, er hieß Wilhelm, er wäre Müller allhie und wolte auf den Abend auch in die Mühle kommen und bei meiner Frauen schlafen, wodurch ich denn zu Zorn bewogen und holete einen Prügel, wolt ihn abschlagen[2]; wie ich wieder herauſſer komme, ist der Schelm weg.

Hans. Ja, ich wil euch rathen, mein guter Nachbar, daß ihr euer Frau in Acht habet, auch nimmer von Hause ziehet, denn alsdenn solte der Schelm kommen, geben sich vor euch aus und schlafen die ganze Nacht bei der Frauen.

Wilhelm. Ja gewiß, ich befürchte mich vor den Schelm gewaltig; nun darf ich keine Nacht, ja keine Stunde mehr aus dem Hause bleiben.

Hans. Mein guter Nachbar, sagt mir doch mehr von dem Schelm, wo stand er denn?

Wilhelm. Alsbald wil ichs euch sagen, wil nur zuvor den Prügel ins Haus tragen. (Gehet hinein.)

Hans (legt den Stein auf die Achſel). Dieſer Edelgeſtein iſt mit keinem Gelde zu bezahlen.

Wilhelm kömt wieder.

Wilhelm. Mein guter Nachbar. — Sih, sih, du Schelm, biſtu da wieder? Dich ſollen poz Schlapperment holen.

(Läuft hinein; Hans legt den Stein abe.)

Wilhelm. Wo iſt der Schelm? Wo blieb er, mein guter Nachbar Hans? Ihr habt ihn ja geſehen. Wo lief er hin?

Hans. Ja, ich hab ihn geſehen und hätte geſchworen, ihr wäret's ſelbſt. Hie lief er hin.

(Er läuft hin.)

Hans. Nun, Teufelsmeiſter, ich werde dir mehr Geld geben, denn du haſt mich eine ſolche Kunſt gelehret, davon ich mehr halte als von meiner Frauen.

Wilhelm. Nein, nein, der Schelm iſt nirgend.

Hans. Er muß da ſein, denn jetzt lief er da hinein.

---

1 gleichſam, genau ſo. — 2 abſchlagen, durchprügeln.

Wilhelm. Er iſt da nicht, denn es iſt kein Ort, ich habe ihn geſucht [1]; derhalben däucht mich, er kan kein Menſch ſein, ſondern der Teufel ſelbſt.

Hans. Und ich gläub es auch, denn jetzt war er hie, und nun iſt er verſchwunden.

Wilhelm. Wann der Schelm nur möcht ſtehen, ich wolt ihn zerſchlagen, und wäre er auch des Teufels Vater. Potz Schlapperment, ich muß nach Hauſe laufen, denn der Schelm möchte wol bei meiner Frauen ſein. (Gehet hinein.)

Hans. Lauf hin, du einfältiger Narr, jetzt wirſtu mich bei deiner Frauen nicht finden, aber auf ein ander Zeit werde ich wünderlich mit deiner Frauen ſpielen. Dieſe gewiſſe Kunſt iſt beſſer denn Gold, denn ſehen kan man, ob ſeine Frau auch getreu iſt; ja nun, weil ich dieſes weiß, bin ich ſechsmal beſſer und weiſer dann zuvor. Nun, nun ſol es erſt recht angehen mit meiner Frauen, ich wil alsbald ſehen, ob ſie bei meinem Nachbar Wilhelm ſchlafe. Nun wil ich ſie herausfordern und mit meiner Kunſt probiren. (Klopft an.) Holla, holla, mein gute Nachbarin, komt ein wenig heraus.

Frau. Wer iſt da? (Kömt heraus.) Seht, Nachbar Wilhelm, ſeid ihrs? Seid mir willkommen!

Hans. Ich danke euch. Sagt mir, wo iſt euer Mann?

Frau. Mein Mann iſt in zweien Tagen nicht zu Hauſe geweſen; ich verwundere und betrübe mich ſehr, wo er ſo lange bleibet.

Hans. So? Nun hab ichs recht und wol getroffen. Mein herzliebe Nachbarin, ſo laßt uns nun mit einander fröhlich ſein, weil er nicht zu Hauſe iſt.

Frau. Aber wie? Fröhlich? Das verſtehe ich nicht.

Hans. Wo nu? Wo nu? Wolt ihrs nicht verſtehen, gebt mir einen Kuß, denn ſolches hab ich wol öfter von euch empfangen.

Frau. Pfui dich an, pfui, du Hurenſchelm, denkeſtu mich zu unehren? Wenn habe ich dir Schelmen einen Kuß gegeben? Nimmer. Hab ich nicht meinen herzlieben Mann Hanſen, wofür iſt der? Dich ſollen hiervor potz Element holen, denn ich wil dich ſo von der Thür jagen, daß du nit wiſſeſt, wie du darvon kömſt. (Läuft hinein.)

Hans (legt den Stein abe). Das iſt mir eine ehrliche Frau, ein fromme, aufrichtige, ehrliche Frau.

---

1 ich habe ihn geſucht, wo ich ihn nicht geſucht habe.

Frau (bringt einen Prügel in der Hand). Dich sollen potz — —
Der Schelm ist schon weg! Sih da, mein herzlieber Mann Hans;
willkommen! •

Hans. Mein herzliebe Frau, ich danke dir; sag mir, wen
woltestu schlagen mit deinem Prügel?

Frau. O mein herzlieber Mann, solches muß ich euch
klagen. Hier kömt der ehrvergessene Schelm, der Müller Wilhelm, her und wolte mich zu Unzucht nöthigen, sagte, ich hätte
ihm ja wol ehe einen Kuß gegeben, da ich doch meine Tage dem
Schelm mit meinen keuschen Mund an sein unkeusches Maul
nicht gekommen; denselben Schelm wolte ich dafür schlagen, und
er ist mir entlaufen.

Hans. Wanne, welch ein Schelm! Woltestu bei meiner
Frauen schlafen? Nun, nun, das sol dir redlich bezahlet werden. Frau, wiltu es gläuben, ich kan zaubern und wils machen,
daß der Schelm Wilhelm sol alsbald vor dich zu stehen kommen.

Frau. O, wenn ihr das köntet thun, beim Element, ich
wolte den Schelm greulich zerschlagen.

Hans. Nein, dißmal schlage ihn nicht, so sol er alsbald
kommen.

Frau. Nun, so wil ich ihn nicht schlagen, machet, daß er
kömt.

Hans. Das sol alsbald geschehen; stehe nur umb¹ und
sih mich nicht an.

Frau. Ich kan es noch nicht gläuben, ich sehe es denn.

(Gehet umbstehen; er legt den Stein auf.)

Frau. Sih, Wunder, Wunder, wie geht doch dieses zu? Da,
da steht der ehrlose Schelm, der mein jetzo nach seinen Willen
begehrete. Mein lieber Hans, wo seid ihr geblieben?

Hans. Kehret euch umb, Nachbarin, so wird euer herzlieber Mann Hans wieder bei euch sein.

(Frau kehret sich umb; er legt den Stein abe.)

Hans. Sih nun her, wer bin ich nun?

Frau. O mein herzlieber Mann Hans. Ei mein lieber
Hans, saget mir doch, wie gehet diß zu?

Hans. Das wil ich dir sagen: ich habe alle Zeit gemeinet,
daß unser ehrlicher Nachbar Wilhelm bei dir schlafen solte, derhalben ging ich in die Stadt zum Teufelsmeister und gab ihm
einen Ducaten, der muste mich lernen, daß ich des Nachbar

---

1 umstehn, sich umbrehen.

Wilhelms Geſtalt könte an mich nehmen, als ich denn nun kan; wormit ich dich verſuchte und ehrlich, from und reblich funden.

Frau. O mein lieber Mann, das vergelte euch Gott, ich wils euch allwege gerne vergeben. Ich wuſte auch nicht, wie das kam; fürwahr, ihr habt dem Teufelsmeiſter das Geld nicht vergebens geben.

Wilhelm kömt.

Wilhelm. Ei, ei, ich armer Kerl, höret doch, mein guter Nachbar und Nachbarin, was ich euch klagen muß: Es kam ein ehrvergeſſener Schelm zu mir, der ſahe leibhaftig aus wie ich und ſagte, er hieß Wilhelm, er wäre Müller und wolte auch in der Mühle die Nacht bei meiner Frauen ſchlafen. Es war kein Menſch, ſondern der Teufel muß es ſein, denn wenn ich ihn ſchlagen wolte, ſo verſchwand er, wie euch, mein lieber Nachbar, bewuſt, weil ihrs ſelbſt mit Augen angeſehen.

Frau. Hoho!

Hans. Halt das Maul, Frau, und ſage kein Wort bei unſer höchſten Ungnade! — Ja, mein lieber Nachbar, ich ſahe ihn wol, es war der Teufel ſelbſten; ihr müſſet euer Frau wol verwahren und nicht weit von ihr ſein, denn der Schelm ſchwur, er wolte bei ihr ſchlafen.

Wilhelm. Es gibt mir wol groß Verhindernis, daß ich alle Zeit, wenn ich weggehe, meine Frau ſol verwahren. Jetzund da ich von ihr gangen bin, hab ich ſie in der Kammer verſchloſſen, drei große Schlöſſer darfür gehangen und ein Haufen Kreuzchen an die Thür geſchrieben.

Hans. Ja, mein guter Nachbar Wilhelm, der Teufel iſt ſo ein Schelm, er brühet[1] euch gleichwol, er fraget den Teufel nach den Kreuzchen, der Schelm kan durch eiſerne verſchloſſene Thüren kommen, und ich weiß, jetzund iſt er bei euer Frauen.

Wilhelm. Hei, ich armer Kerl, wie bin ich zu dem Kerl kommen? Nun muß ich wiederumb nach Hauſe laufen, und wo ich den Schelm bei ihr finde, ſo wil ich ihme die Augen aus dem Kopfe ſchlagen. (Will hin laufen.)

Hans. Halt, halt, mein guter Nachbar, laß dir erſtlich was ſagen: hie, hie iſt der Mann voll Künſte, ich bin der Mann,

---

1 brühen, anführen, foppen.

der sich in Wilhelms Gestalt machen kan; ich wil euch sagen, ich
kan zaubern.

Wilhelm. Ei, mein guter Hans, das möcht ich wol gerne
sehen.

Hans. Kehret euch beide umb und sehet mich nicht an,
alsdenn solt ihr sehen, wie ich euer Gestalt habe.

Wilhelm. Wir haben uns nun umbgekehret.

(Hans legt den Stein auf.)

Hans. Sehet nun her.

Wilhelm. Wanne, wanne, beim Element, das ist derselbe
Kerl, der da sagt, ihm gehöre die Mühle zu. Sehet, meine gute
Nachbarin, sihet er nicht eben so aus wie ich?

Frau. Ja, leibhaftig sihet er so aus wie ihr. Wanne,
wanne, Hans, könt ihr solches und sitzet hier?

Hans. Ich bin nun nicht Hans, sondern Nachbar Wilhelm. Stehet ein wenig umb, so sol Nachbar Hans wieder
kommen.

Wilhelm. Ja, wir wollen umbstehen.

(Stehen umb; legt den Stein abe.)

Hans. Hie bin ich nun leibhaftig wieder. Hahaha, habt
ihr wol euer Tage so ein kunstreich Kerl gesehen, wie ich bin?

Wilhelm. Nein, all mein Tage nicht.

Frau. Und ich auch nicht.

Hans. Derhalben müst ihr mich nun fürder in größern
Ehren halten als zuvorhin.

Wilhelm. O Hans, das verstehet sich, viel in größern
Ehren, denn ihr seid nun ein Doctor wegen euer Kunst. Aber
mein lieber Hans, ich befürchte mich gleichwol für euch, denn ich
kans nicht vergessen, daß ihr saget, ihr wäret der Müller Wilhelm und wollet auch in die Mühle bei der Frau. Es ist wahr,
ich befürcht mich trefflich sehr, denn ihr sehet auch leibhaftig wie
ich, und euer Sprache ist auch eben wie die meine, daß meine
Frau nicht anders meinen solte, als wäre ichs, und ihr soltet
wol tausend Nacht bei ihr schlafen und sie solte meinen, ich
wäre es.

Hans. Ist die Sprache auch eben wie euer, wenn ich so
aussehe?

Wilhelm. Ja, gar recht als redet ich selber.

Hans. Aha haha, das habe ich noch nicht eins gewust, ja,
das ist ein Kunst! O wenn ich diese Kunst vor ein Jahr oder
zwölf gewust, aha, so solte es recht angangen sein. Denn wenn

mich alsdenn ein Kerl viel gebrühet hätte, und wäre es auch der
König gewefen, fo wolte ich ihn darfür bei feiner Frauen ge=
fchlafen haben; glåubt mir diefes zu bei meiner ehrenfeften Reb=
lichfeit, denn nun frage ich fo fehr nicht nach, und vornehmlich
wil ichs derhalben nicht thun. Umb eurenthalben habe ich diefe
edle Kunft mich lernen laffen, diemeil ich euch in Verdacht hielt
mit meiner Frauen, als foltet ihr bei ihr fchlafen. Nun habe ichs
probiret und habe euch und meine Frau reblich und ehrlich fun=
den; denn wie ich in euer Geftalt zu ihr kam und fragte nach der
Schanz[1], begönnete[2] fie zu fchlagen, fagte: ich hab meinen herz=
lieben Mann Hans da, den liebe ich allein.

　Wilhelm. O, das vergebe euch Gott, ihr habt fo ein ehr=
liche Frau. Ich danke euch aber darneben freundlich, daß ihr
meine Frau verfchonen wollet.

　Hans. Das habe ich euch gelobet und wils auch halten,
gleich eim ehrlich Hans. Aber hätte ich meine Frau untreu fun=
den, fo hätte ich euer Frau auch gar behalten.

　Wilhelm. Ja, derhalben ift euer Frau und ich gar zu
ehrlich. Mein lieber Hans, es ift doch gar ein kunftreiche Kunft,
laß fie doch all unfere Bauren fehen, ich wil die Glock ziehen und
fie zufammen låuten.

　Hans. Das wil ich thun; die Bauren werden fich gewaltig
verwundern. Sehet euch umb, ich wil Wilhelm werden.

　Wilhelm. Sehet, fehet, er fiht wieder als ich, leibhaftig
fihet er aus, als wäre er mir hinden aus dem Auge, damit ich
ihn muß fehen, gekrochen. Wanne, wanne, ein kunftreich Hans!

---

　1 nach der Schanz fragen, fragen, wie das Spiel ftehe; hier zwei=
deutig. — 2 begönnete, begunte, begann.

Finis.

Druck von F. A. Brockhaus in Leipzig.